기도의 세계

Die Welt des Gebetes (1951, ²1992)

© Johannes Verlag Einsiedeln, Freiburg

Korean translation copyright © 2023 Catholic Publishing House
All rights reserved.

No part of this book may be used or reproduced in any manner without written permission, except in the case of brief quotations embodied in critical articles or reviews.

기도의 세계

2023년 6월 8일 교회 인가
2023년 8월 15일 초판 1쇄 펴냄
2023년 10월 13일 초판 2쇄 펴냄

지은이 • 아드리엔 폰 슈파이어
옮긴이 • 황미하
감수 • 신정훈
펴낸이 • 정순택
펴낸곳 • 가톨릭출판사
편집 겸 인쇄인 • 김대영
편집 • 강서윤, 강병권, 정주화
디자인 • 정호진
마케터 • 임찬양

본사 • 서울특별시 중구 중림로 27
등록 • 1958. 1. 16. 제2-314호
전자우편 • edit@catholicbook.kr
전화 • 1544-1886(대표 번호)
지로번호 • 3000997

ISBN 978-89-321-1865-9 04230
      978-89-321-1864-2 (SET)

값 35,000원

성경 © 한국천주교중앙협의회, 2023.

이 책의 한국어 출판권은 (재)천주교서울대교구 가톨릭출판사에 있습니다.
저작권법에 의해 한국 내에서 보호를 받는 저작물이므로 무단 전재와 무단 복제를 금합니다.

가톨릭의 모든 도서와 성물을 '가톨릭출판사 인터넷쇼핑몰'에서 만나 보실 수 있습니다.
http://www.catholicbook.kr | (02)6365-1888(구입 문의)

기도의 세계

―

아드리엔 폰 슈파이어 지음 · 황미하 옮김 · 신정훈 감수

Adrienne von Speyr
Die Welt des Gebetes

가톨릭출판사

옮긴이의 말

그리스도인에게 기도는 신앙생활의 핵심이자 중요한 소명입니다. 따라서 그리스도인의 생활은 기도가 중심을 이루어야 하고, 매일 바치는 기도는 꼭 필요한 신심 행위입니다. 여기서 그리스도인으로서 실제로 이러한 의무를 다하고 있는지, 기도를 통해 하느님께서 바라시는 삶을 추구하고 그분의 뜻을 따르고 있는지 뒤돌아보게 됩니다.

이 책은 바로 이러한 '기도'를 주제로 다루면서 기도에 관한 중요한 점들을 상세히 알려 줍니다. 영성 작가이자 신비가였으며 의사로도 활동한 저자는 자신이 일군 깊은 영성과 신학적 지식, 기도 체험, 성경을 토대로 다양한 각도에서 자신의 생각을 펼칩니다. 기도의 본질과 원천을 비롯해 기도의 종류와 기도하는 방법, 기도가 이루어지는 과정, 기도의 효과 등에 관해 심도 있게 설명합니다.

특히 저자는 성삼위이신 성부와 성자와 성령의 관계를 생동감 넘치고 인상 깊게 묘사하면서 우리가 신학적 사고 영역으로 쉽게 다가가도록 이끌어 줍니다. 이해하기 어렵고 딱딱하거나 지루할 수도 있을 이러한 신학적 측면을 부부 및 연인 관계, 남녀의 사랑과 결부시켜서 알기 쉽게 풀어냅니다. 또한 중간중간에 가정생활, 다양한 인간관계, 의사로서 한 체험, 성인들의 삶 등과 같은 구체적인 사례와 그에 맞는 짤막한 비유는 이 책의 묘미를 더해 줍니다. 성자 예수님께서는 하느님 아버지와 얼마나 긴밀한 관계를 이루시고 아버지의 뜻을 어떻게 따르셨는지, 아버지께 어떻게 기도하셨고 또 우리를 위해 어떻게 기도하셨는지 이 책을 통해 잘 알게 됩니다. 성경에는 간략히 언급되어 있지만, 마리아는 어떤 삶을 살았고 어떤 마음을 지녔을지, 그리고 어떻게 기도했을지도 생생하게 그려 볼 수 있습니다.

"기도는 인간이 하느님과 결속되는 것이고, 이는 깨어 있는 믿음을 가리키는 표지다. 믿음 안에서 하느님과 인간 사이에 생생하게 이루어지는 교환, 주는 것이자 받는 것이다. 기도는 하느님께서 인간을 위해 항상 준비하고 계심에 대한 응답으로서 인간이 그분께 '예.' 하고 말씀드리는 것이다."

그렇습니다. 이렇게 생각하면 기도가 달라지고 하느님과 맺는 관계도 더 깊어질 것입니다. 주로 개인적 차원에 머물고 지금 처한 상황이나 시간을 핑계로 청원 기도만 바치는 것으로 그칠 때가 많은 편협한 기도 생활을 반성하게 됩니다. 하느님께 무언가를 달라고, 바라는 일이 이루어지게 해 달라고 떼쓰는 수준을 넘어 기도의 폭을 넓히고 기도 안으로 더 깊이 들어가겠다고 다짐해 봅니다.

 이 책을 통해 '기도의 세계'를 두루 돌아볼 수 있습니다. 그러나 이렇게 주유하는 것에서 그치지 않고 기도를 삶 속으로 끌어들여야 할 것입니다. 그리하여 기도가 우리 삶의 참된 양식이 되고, 기도를 통해 영적으로 더 성장하며 성숙한 신앙인으로서 살아가기를 염원해 봅니다.

2023년 초여름
황미하

머리말

아드리엔 폰 슈파이어가 쓴 책의 특징은 이 책에서도 여실히 나타난다. 이와 관련해 간략히 언급해 보겠다. 지금까지 슈파이어가 집필한 대부분의 작품은 성경을 깊이 묵상한 내용과 하느님의 말씀을 늘 새로운 관점에서 듣고 풀어내려 한 내용이 함께 담겨 있다. 이렇듯 슈파이어는 새롭게 도약하기 위해 끊임없이 노력했다. 독자 여러분도 이런 모습을 본받으면 좋겠다. 또한 이 책을 관련 주제를 다룬 논문이 아니라 스스로 묵상하도록 초대하는 책으로 여기고 읽기를 바란다.

이 책은 슈파이어가 기도에 관해 쓴 글을 선별하여 출간하였다. 이는 색색의 꽃으로 만든 꽃다발에 비유할 수 있다. 꽃다발의 꽃이 제각각이듯, 기도와 관련해서 선별한 글들 역시 분량이 더 긴 것이 있는가 하면 더 짧은 것이 있고 달리 구성된 것도 있다. 독자 여러분이 이 책을 발행하며 붙인 소제목, 내용의 분류 같은 외적인 면보다 각각의 글이 지닌 내용과 가치에 주목하기를 바란다.

이 책에 실린 글들은 기도를 비롯해 그리스도교 신앙 전반에 관한 슈파이어의 생각과 견해를 일관성 있게 명확히 전해 준다. 기이하게 들릴지도 모르겠지만, 이 책의 어느 부분을 펼쳐서 읽기 시작하든 크게 중요하지 않다. 펼쳐진 쥘부채의 살들이 중심으로 모아지듯, 모든 길은 중심을 향해 곧장 나아간다. 여러분은 이 책에 담긴 모든 내용이 내적 일치를 이루고 있음을 알아차리게 될 것이다.

모든 인간적 시각이 교회의 시각으로, 교회의 모든 시각이 그리스도의 시각으로, 그리스도의 모든 시각이 삼위일체의 시각으로 옮겨 가고 거기서 토대가 마련되어야 일치를 이룰 수 있다. 이로써 이 책에 담긴 탁월하고도 일관된 기본적 사고가 이미 밝혀졌다. 즉, 하느님께서 예수 그리스도 안에서 자기 계시를 하심으로써 모든 것이 인간에게 전달되듯이, 기도는 은총처럼, 믿음과 희망과 사랑처럼, 그리스도와 교회의 관계처럼 하느님 안에, 삼위일체로 생명을 교환하시는 그분 안에 최종적인 뿌리를 두고 있다. 그리스도인의 기도는 순전히 인간적인 동기와 간청을 넘어 삼위일체적 생명과 기도에 참여하는 것, 세상에 오신 우리 주 예수 그리스도께서 들으시고 이루어 주시는 것을 말한다. 이것이 이 책의 주요 골자이기에, 기도의 삼위일체적 토대를 명확하고 상세히 다룬 대목이 앞부분에 배치되어 있다.

이해하기 힘든 신학적 사고 과정을 따라가기가 어려운 독자들은 서론을 읽은 다음에, 그리스도의 기도를 이야기하는 다음 장은 잠시 건너뛰고, 독립적이고 잘 구성된 마리아의 기도 또는 인간 안에서 기도가 이루어지는 과정이 담긴 장을 먼저 읽는 편이 좋을 것이다. 그리고 나중에 삼위일체론, 그리스도론을 다룬 장을 꼭 읽기 바란다. 이것이 이 책의 핵심 내용이다. 그러나 앞부분에서 더 쉽게 접근할 수 있는 대목들도 있을 것이다. 어떤 관점에서 보면, 앞에서 이미 이 책의 내용을 종결지을 수도 있다.

기도에 관해 다양하게 다뤘음에도 이 책이 모든 것을 말한다고 할 수는 없을 것이다. 그러나 기도에 관한 가르침의 영역들, 활동과 관상에 관한 물음들, 묵상 기도의 본질과 실행 방식, 믿음을 위한 기도와 신비적 기도, 성인들의 기도 형태에 관해 저자는 이 책에서 상세히 다뤘고 나중에 출간될 책들에서도 일부는 그럴 것이므로, 저자의 관점을 최종적으로 평가해서는 안 된다. 그러니 이 책은 교회 안에서 참된 기도 생활을 하도록 독자들의 마음을 새롭게 불러일으키고 기도에 관한 신학적 가르침을 착실히 배우도록 일깨워 줄 것이다.

1951년 주님 공현 대축일
한스 우르스 폰 발타사르

《기도의 세계》로 들어가면서

이 작품은 크게 세 부분으로 나눌 수 있다. 처음은 기도의 본질과 원천을 다룬 1~2장이다. 그다음으로 그리스도인이 일상에서 다양한 상황을 맞이하며 바치는 기도의 과정, 각 직분에 따라 바치는 기도, 기도의 종류, 직접 바치는 기도와 간접적으로 바치는 기도, 하느님을 체험하는 과정을 다룬 3~7장이다. 마지막은 본성과 은총, 사랑이신 하느님과 기도의 열매를 다루는 부분이다.

1장과 2장은 이 작품의 핵심을 다룬다. 슈파이어는 1장에서 기도의 본질을 "기도는 하느님과 함께 사는 영적이고 신비스러운 삶이자, 그분의 현존하심에, 그분의 신적이고 삼위일체적인 사랑에 참여하는 것"이라고 말한다. 기도의 본질을 알기 위해서는 관상 기도부터 시작해야 한다는 것이다. 또한 기도를 삼위일체적인 사랑에 참여해야 한다는 것으로 풀어내고 있다. 곧 "기도의 삼위일체적 토대"에 주목하였는데, 이는 성부께서 성자를 낳으시고, 성부와 성자께서 성령을 발출하신다는 삼위일체 신비를 기도로 이해한 것이다. 또한 삼위일체, 세 위격 안에서 대화, 관계, 사랑을 발견한다. 그녀의 신학적 비전에는 성경 묵상이 자리 잡고 있다. 삼위일체적 체험인 대화, 관계, 사랑에서 이 세 가지 핵심어를 토대로 매우 난해한 삼위일체론, 창조론, 그리스도론, 마리아론을 조명하고 있다. 그 이외에도 성경 묵상, 부르심을 받은 사도들, 성인들(특히 모든 성인의 통공), 교회의 전승, 교회의 가르침 등에 대한 확고함이 곳곳에 스며들어 있다.

앞서 언급한 세 가지 핵심어, 그 외 키워드들은 이후에도 반복되고 있다. 이는 각각 독립적으로 구성되었지만, 그녀의 신학적 핵심 비전인 "기도의 삼위일체적 토대"가 줄곧 일관되게 유지되고 있다.

머리말에서 발타사르가 밝히고 있듯이, 이 책은 신학 논문이 아니다. 게다가 슈파이어가 출간하기 위해 처음부터 전체적으로 구성하여 한 번에 써 내려간 글이 아니라, 이전에 써 둔 기도에 관한 글들을 선별하여 모은 것이다. 그리하여 기도라는 주제를 다양한 관점에서 바라볼 수 있도록 하였다.

슈파이어의 글이 난해하다고 느끼는 이도 있겠지만 기도하면서 조금씩 읽어 나가다 보면 저자가 체험한 기도의 세계를 맛볼 수 있을 것이다.

참고로 이 책은 처음 출간된 1950년대 시대상이 반영되었음을 인지하고 읽어 주길 바란다. 이 책을 출간하면서 독자들이 책에 더 쉽게 다가갈 수 있도록 독일어 원문에 없는 요약 글을 각 장에 추가하였음도 미리 밝힌다.

차례

옮긴이의 말 · 5
머리말 · 8
《기도의 세계》로 들어가면서 · 11

1장 기도의 본질에 관하여 · 19

2장 기도의 원천

1. 삼위일체 하느님 안에서 이루어지는 기도 · 51
   기대(기다림)와 실현 | 믿음, 바라봄, 사랑
   활동과 관상 | 하느님께서 하느님께 드리는 흠숭
   신적 청원 기도 | 인간의 결정, 하느님의 결정

2. 창조 세계가 바치는 기도 · 128

3. 그리스도의 기도 · 136
   사람이 되신 분의 기도 | 성자의 신적 사명
   인간과 하느님을 이어 주는 다리 | 묵상

4. 마리아의 기도 · 170

유년 시절 | 성장기 | 발현한 천사 앞에서 | 천사 | 잉태
예수의 탄생 | 이집트로 피신함 | 예수의 어린 시절
열두 살 소년 예수를 찾아다님 | 나자렛에서 홀로 지냄
십자가 옆에서 | 그리스도의 부활 이후
그리스도의 승천 이후 | 죽음

3장   기도의 과정

1. 아이의 기도 · 223
2. 기도하기로 결심함 · 236
3. 삶에 대한 결정 과정 · 248
4. 기도와 부르심에 대한 선택 · 259
5. 개인 기도와 공동체 기도 · 276

4장   직분에 따라 바치는 기도

1. 수도자의 기도 · 291
2. 사제의 기도 · 306
3. 혼인한 이들의 기도 · 333

차례

5장 기도의 세 종류

1. 흠숭 · 359
2. 감사 · 372
3. 청원 · 382

6장 직접적으로 그리고 간접적으로

1. 성인 · 393
2. 사제 · 407
3. 믿는 이 · 417

7장 하느님 앞에서

1. 만남의 과정 · 427
2. 하느님에 의해 형성됨 · 433
3. 홀로 그리고 함께 · 440
4. 하느님 앞에 서는 세 가지 방식 · 445
5. 하느님 앞에 선 인격과 직무 · 457

본성과 은총

　　1. 연습과 헌신 · 489

　　2. 기분과 지속성 · 508

　　3. 능동적으로 그리고 수동적으로 · 511

　　4. 절망과 위로 · 516

　　5. 하느님께서는 우위에 계신다 · 530

사랑과 열매

　　1. 기도 안에 깃든 사랑 · 541

　　2. 기도의 효과 · 553

아드리엔 폰 슈파이어의 생애와 영성

　　"지상에서 천국의 삶을 살도록 부르심받은 이" · 567

1장

기도의 본질에 관하여

1장에서 슈파이어는 이 책의 핵심 부분을 다뤘다. 기도는 하느님과 함께 사는 영적이고 신비스러운 삶이자, 그분의 현존하심에, 그분의 신적이고 삼위일체적인 사랑에 참여하는 것이라고 말한다.

인간은 원죄 때문에 하느님과 관계가 단절되었다. 그 이후 인간은 하느님과 대화를 시작한다. 때문에 기도는 먼저 회개할 것을 밝힌다. 기도는 믿음 안에서 관계를 회복하는 것이다. 기도는 우리가 하느님 앞에 항상 서 있음, 하느님과 맺는 친교, 온갖 장애를 걷어 내고 하느님의 말씀을 듣고 그분을 따르는 우리의 의지를 뜻한다. 그러기 위해서 주님의 모든 말씀을 묵상해야 한다. 성경을 읽어야 하고 하느님과 교류하는 법을 배워야 한다. 묵상 기도를 시작한 이후 관상 기도로 나아갈 수 있다. 이러한 기도는 곧 그리스도인들에게 소명이자, 부르심이다. 또한 단절된 관계에서 기도를 통하여 하느님과 대화함으로써 우리가 하느님의 자녀가 되는 것이 그분이 우리를 창조한 목적이다.

기도가 무엇인지는 정확히 규정하기 어렵다. 기도는 하느님과 함께 사는 영적이고 신비스러운 삶이자, 그분의 현존하심에, 그분의 신적이고 삼위일체적인 사랑에 참여하는 것이기 때문이다. 중심에서 멀리 떨어져 있는 형상들은 하나하나 상세히 윤곽이 그려지므로 비교적 수월하게 묘사할 수 있고 그 경계도 그을 수 있다. 그러나 기도의 본질을 알기 위해서는 기도에서, 관상 기도에서 출발해야 한다. 인간은 기도 안에서 하느님과 가장 긴밀히 결속되어 있고, 관상 기도 안에서 하느님을 통하여 그분의 뜻을 오롯이 따르게 된다. 관상 기도 안에서 하느님께서는 친히 인간을 당신이 원하시는 상태에 두신다. 그리고 인간은 하느님의 뜻을 정확히 깨닫고 당신 자신을 드러내시는 그분께 명확히 응답한다. 여기서 하느님의 말씀은 매우 강력하므로, 그것을 표현하기 위해 그 어떤 말도 필요하지 않다. 하느님께서는 무언가를 보여 주시고, 인간은 자신이 본 것을 더 이상 낯선 표상으로 옮길 필요가 없다. 그는 하느님께 속하는 것에 다가가고, 또 그것에 동화된다. 놀이에 푹 빠진 아이가 누군가에게 그 놀이를 설명해 주려면 자기 세계에서 나와 바깥 세계를 향해 다리를 놓아야 하듯이, 기도에 몰입한 사람은 자기가 무엇을 행하는지 다른 사람들에게 설명해 주어야 한다.

A. v. Speyr

하느님과 나누는 모든 대화는 사실 당혹스럽다. 그것을 더 깊이 알아들으려면 어떤 대안이 필요하다. 우리가 죄를 짓지 않았다면, 하느님을 사랑하고 그분의 말씀에 응답하는 일은 당연할 것이다. 하느님께서는 에덴동산에 있는 아담에게 묻지 않으신다. 아담은 단순히 하느님 앞에서 산다. 그분을 믿고 행복을 누리며 산다. 그가 행하는 모든 것은 하느님의 의도에 일치한다. 하느님께서 "온갖 것을 다스려라."(창세 1,26) 하고 그에게 말씀하신다.

이에 아담이 어떻게 대답했는지 성경은 말하지 않는다. 그가 하느님의 말씀을 이해하고 그대로 행한 것은 자명하다. "오 하느님, 제가 어떻게 동물들을 다스릴 수 있습니까? 어떻게 제가 그 일을 하겠습니까?" 하고 질문하지 않는다. 인간이 죄를 지은 뒤에 하느님께서 그에게 물으신다.

"너 어디 있느냐?"(창세 3,9)

이때부터 비로소 하느님과 인간의 대화가 시작되고, 이로써 오늘날 우리가 기도라고 부르는 것이 시작된다. 기도는 양심의 가책을 일으키는 발판이 되고, 나쁜 일이 일어났을 때 최상의 결과를 끌어내며, 하느님에게서 멀어져 있는 이들에게 다시 그분께 다가갈 마음을 불러일으켜 준다. 이런 까닭에 예수님께서는 '주님의 기도'에서 우리에게 죄를 돌아보게 하신다.

죄가 존재하지 않는다면, 우리는 "아버지의 이름이 거룩히 빛나시며"라고 말할 필요가 없다. 하느님의 이름은 언제나 거룩히 빛나실 것이기 때문이다. 또한 우리는 "아버지의 나라가 오시며"라고 말할 필요가 없다. 그분의 나라는 항상 있을 것이기 때문이다. 우리는 또 "아버지의 뜻이 하늘에서와 같이 땅에서도 이루어지소서"라고 말할 필요가 없다. 하느님의 뜻은 하늘과 땅을 구분하지 않고 어디서나 이루어질 것이기 때문이다. 오늘 일용할 양식을 달라고 청하는 일도 불필요하다. 하느님께서 인간을 위해 만들어 놓으신 것은 의심할 바 없이 존재할 것이기 때문이다. 나머지 다른 청원들도 고찰할 필요 없을 것이다.

기도 안에서 하느님께서는 인간에게 다시 당신께 다가갈 가능성을 열어 주신다. 대다수 사람들이 하느님에게서 멀리 떨어져 살고 있다. 따라서 기도의 첫째 과제는 그들에게 자신이 하느님에게서 멀어졌음을 의식하게 하는 일이다.

그들은 지금까지 살아온 삶이 무엇을 형성했는지, 하느님과 예수 그리스도와 성령께 무엇을 감사해야 하는지, 또 무엇을 감사하지 않았는지 기도의 빛 안에서 깨달아야 할 것이다. 그들은 마음을 열고 참회하면서 자신과 하느님 사이에 벌어진 틈을 메우기 위해 노력해야 한다. 그리고 하느님에게서 멀어진 상태에서 벗어나 그분께로 향하기 위해 기도를 시작해야 한다. **기도하려면 먼저 회개해야 한다.**

그런데 기도가 무엇인지 전혀 모르는 사람도 있다. 그들은 지극히 자명한 것, 의심할 바 없는 확실한 것이 세상에 존재하는 듯 기도하기 시작한다. 그들은 하느님께서 자기 말을 들으시고 응답하시며 소원을 이뤄 주실 거라고 믿는다. 아니면 자기가 멀리한 것을 알지만 그것을 너무 의식하지 않으려고 애쓴다. 그것을 기도 안으로 가져올 마음이 없다. 그들은 있는 그대로의 모습으로 하느님 앞에 선다. 모든 것을 그분께 맡겨 드리고, 자신에게서 멀어진 것을 잊으려 한다. 그러나 기도는 진실이 아닌 것에 근거를 둘 수 없다. 믿음을 바탕으로 살기를 바라는 신앙인이라면 적어도 하루에 한 번은 자신이 저지른 잘못과 멀리한 것을 들여다보고,[1] 그것들을 하느님께 아뢰고 용서를 청할 것이다. 믿는 이는 이렇게 성찰하여 깨달은 것을 바탕으로 한다. 그러니 자기가 바치는 기도의 내용을 만들어 낼 필요가 없다. 물론 그렇게 해서도 안 된다. 그렇지 않으면 그에게는 하느님께 다가가 그분을 흠숭하고 감사 기도를 바칠 시간

---

1 이는 성직자와 수도자들이 규칙적으로 하는 양심(의식) 성찰을 의미한다. — 역자 주

이 너무 적을 것이기 때문이다. 스스로 하느님에게서 멀어졌음을 통찰해야, 자기 죄를 뉘우쳐야, 복음서에 나오는 '되찾은 아들'(루카 15,11-32)처럼 겸손해져야 그분께 다가갈 수 있다. 그 아들은 아버지가 베푸는 사랑을 과분한 선물로 여겼기에 변화할 수 있었던 것이다. 하느님에게서 멀어져서 느끼는 고통이 그의 영혼을 불태워야 비로소 은총이라는 신적 불꽃이 그 사람 안에서 타오를 수 있다.

우리는 하느님께로 향하고 그분에게서 멀어진 상태에서 돌아오는 가운데 하느님의 세계인 기도의 세계로 들어섰음을 알게 된다. 이제 우리는 기도가 자신에 의해 임의적으로 이루어지는 행위, 자신이 시작하고 또 원하는 대로 그만둘 수 있는 행위, 서로 연관성 없는 다른 인간적 행위 가운데 하나라고 생각하지 않는다. 우리는 자신이 원래 관련되고 지속성을 띤 무언가에서 벗어났음을 안다. 그리고 하느님께서 신앙인에게 그렇게 선사하듯이, 기도는 본디 한 사람이 탄생했을 때 시작되고 죽음을 맞이했을 때 끝나는 것임을 안다. 기도 생활로 다시 들어선 사람은 그동안 자신이 이러한 삶을 얼마나 많이 놓쳤는지 깨닫고, 놓친 것을 다시 만회할 수 없음을 반드시 알게 된다. 다시 태어나 삶을 새롭게 시작할 수는 없기 때문이다. 그러나 이렇게 절망감에 빠트리는 무능함을 인식하고 회개할 때 하느님께서는 우리에게 다시 태어날 가능성을 선사하신다. 이제 우리는 새로 태어난 사람으로서 날마다 하느님 앞에 설 수 있다. 우리 삶을 마칠 때까지 그분 곁에 충실히 머물도록 애쓰면서 말이다.

그렇게 이해한다면 기도는 우리가 하느님 앞에 항상 서 있음, 하느님과 친교를 이루면서 방해받지 않음, 우리 안의 온갖 장애물을 걷어 내어 하느님의 말씀을 듣고 그분을 따르려는 우리의 굳은 의지(결의)일 것이다. 그러므로 우리는 모든 개개의 대화 및 기도 행위의 토대가 되는 철저히 준비된 자세를 지녀야 한다. 오늘 하루를 보내면서 이렇게 준비된 자세를 유지할 때, 더 좁은 의미에서 기도라 부르는 것은 특정한 시간에 그 농도가 짙어질 수 있다. 그런 상태에 이르면 우리 안에 하느님의 음성을 듣기 위해, 그분을 공경하기 위해 마련해 놓은 자리 외에 다른 자리는 더 이상 없을 것이다.

이렇게 더 좁은 관점에서 보면, 염경 기도[2]가 자리를 점하고 있다. '주님의 기도'에 염경 기도가 요약되어 있다고 볼 수 있다. '주님의 기도'는 하느님의 아들이신 예수님께서 우리에게 가르쳐 주신 기도이기에 기도에 대한 그분의 마음가짐, 하느님을 섬기기 위해 완전히 준비된 자세가 표현되어 있다. 예수님께서 그렇게 여기셨듯이, 또 우리에게 듣고 싶어 하셨듯이 우리는 '주님의 기도'에 나오는 말씀을 따라 기도하려고 애쓴다. 우리는 하느님 아버지께서 이

---

2 구송 기도, 소리 기도라고도 함. 주로 성무일도, 주님의 기도, 묵주 기도, 십자가의 길 기도 등 기도서에 수록된 내용에 따라 바치는 기도를 말하지만, 자유 기도도 이에 포함된다. 기도를 바치는 형식에 따라서 염경 기도, 묵상 기도, 관상 기도가 있다. — 역자 주

기도를 당신 아드님의 입으로 가장 먼저 들으셨다는 것, 이제 은총을 베푸시어 우리의 기도 또한 듣고 받아들이려 하신다는 것을 안다. 또한 '주님의 기도'에 나오는 말씀들 안에는 하느님 아버지께 청하도록 예수님께서 우리에게 권하신 모든 것이 내포되어 있다는 것, 그 말씀들이 우리에게 충만하고 단순하게 다가오지는 않더라도 예수님의 특성을 드러낸다는 것, 성자 예수님께서는 우리에게 당신의 성령을 보내시어 우리도 당신처럼 생각하고 이야기할 수 있게 하신다는 것도 인지한다.

우리는 '주님의 기도'를 바치면서 하느님께서는 당신 아들의 아버지이시자 우리 아버지이시라는 점, 하느님께서는 아드님의 말씀처럼 우리가 드리는 말씀도 똑같이 받아들이신다는 점을 떠올린다. 그리고 이런 까닭에 '주님의 기도'에 나오는 모든 문장과 모든 청원에서 예수님께서 부여하신 의미를 다시 발견하려고 노력한다. 그렇게 되면 그 의미가 우리 안에서 힘을 발휘하며 하느님께서는 우리의 기도를 들어주시고 우리는 이러한 기도 생활을 통해 그분께 새롭게 다가갈 수 있을 것이다. 기도하는 사람은 지금 자기가 구하는 것을 미리 발견할 필요가 없다. 오히려 모든 기도는 찾는 것이고, 기도에 대한 하느님의 응답에는 언제나 새로운 충만함이 깃들어 있다. 어떤 기대가 실현되었다면, 이는 하느님께서 우리의 준비된 자세를 보시고 이루어 주신 것이다. 그러나 우리가 실제로 그렇게 인식하기는 어렵다. 우리는 참된 기도 안에서 하느님께 새롭게 다가가고 이를 통해 변화된다.

주님의 영 안에서 소리 내어 진실하게 기도하려고 애쓰는 사람, 기도하면서 그분의 영을 주목하는 사람은 모든 말씀이 연관되어 있음을 발견할 것이다. '주님의 기도'에 담긴 모든 청원은 복음서에 퍼져 있다. 그 청원들은 주님의 다른 말씀들과 연관되어 있고, 그분의 활동을 통해 이해되며, 결국엔 성경과 하느님의 계시를 통해서 해석된다. 주님의 그 어떤 말씀도 따로 떼어 놓을 수 없다. 모든 말씀은 연관되어 있다. 바로 기도 안에서 이러한 연관성이 보인다.

주님의 모든 말씀(그분의 활동 역시 가르침이자 말씀이다)은 기도하는 이에게 다른 연관성들을 파악할 힘을 주고, 예수님의 지상 생활 및 그분께서 하느님 아버지 안에서 지니신 영원한 생명의 신비로 나아갈 힘도 준다.

그것을 깨닫는 사람은 그러한 연관성을 탐구하기 시작할 것이다. 더 정확히 말하자면, 주님의 말씀을 묵상하려고 애쓰면서 탐구할 것이다. 기도는 심화되고 길어지며, 기도 안에 더 오랫동안 머물게 된다. 어쩌면 기도할 시간이 부족해질 것이다. 이런 경우에는 자기가 바친 기도의 말들 가운데 하나 또는 몇 가지를 하루를 지내는 동안 간직하고, 자유로운 시간에 그것을 끄집어내어 새롭게 기도와 연관 지을 수 있다. 또 성경을 더 많이 읽을 마음이 생길 것이다. 그는 복음서에 나오는 주님의 말씀에 머무르고, 성경을 즐겨 읽게 될 것이다. 이는 영원한 생명 안으로, 영원한 말씀의 본질로 들어가기 위해서다. 그는 자신의 출발점을 간과하지 않을 테고, 세속적이고 호기심을 일으키는 탐구에도 빠지지 않을 것이다. 오히려 기도하는 이는 기도에서 출발했다는 것, 기도에 대한 올바른 마음가짐만이 심오한 말씀을 옳게 깨닫도록 해 줄 수 있음을 떠올릴 것이다.

그렇게 하느님의 말씀과 교류하는 법을 배우면, 주님의 말씀을 마음속에 간직하고 언제든지 끌어낼 수 있게 되면, 한결같이 기도의 마음가짐을 지니고 살아가는 법과 더는 기도에서 떨어져 나가지 않는 법을 배우게 될 것이다. 또한 주님의 은총을 통해 예수님께서 하느님 아버지 앞에 서 계셨듯이 항상 말씀 앞에 서 있는 법을 배우게 될 것이다. 대체로 말로 표현할 필요 없이 그분과 지속적으로 교류하면서, 그리고 하느님 아버지께서 행하시고 바라시는 것에 늘 주목하면서 말이다. 기도에서 순종의 태도가 자란다. 기도가 서서히 삶을 주도하면, 일상의 모든 사건을 하느님과 관련지어 이해하게 된다. 그런 가운데 먼저 거의 의식하지 못한 채 깨닫게 되는 점이 있다. 모든 사건과 일, 사물은 하느님을 향해 가는 신비로운 이정표가 되고 하느님께서 계심을 부분적으로 증명하며 그분께 가까이 가는 길을 제시한다는 점이다. 이러한 체험은 끊임없이 기도의 마음가짐을 추구하도록 기도하는 이를 더욱 강화시켜 줄 것이다. 개별적인 것, 떨어져 나간 것, 연관성 없는 것이 그렇듯이 그의 참된 자아는 사람들과 사건들 편에는 덜 서게 되고 기도와 관련된 것에서 더 이상 떨어져 나가지 않을 것이다. 그가 세상을 바라보고 판단하는 것은 기도에 대한 그의 마음가짐에서 나오는 것이다. 세상 만물은 그에게 더 이상 낯설거나 이해할 수 없는 것으로 비치지 않고, 오히려 하느님의 세계에 속하는 것으로 보일 것이다. 하느님께서는 기도 안에서 당신의 세계로 나아갈 열쇠를 늘 새롭게 주신다.

모든 것을 토대로 묵상 기도가 전개되고, 기도하는 그리스도인은 묵상할 시간을 낸다. 모든 것 안에서 하느님과 맺는 관계를 규명해 보겠다고 결심한 신앙인은 모든 것을 예수님의 눈으로 바라보고 그분의 생각에 따라 평가해야만 제대로 보게 된다는 것을 안다. 따라서 그는 기도할 때뿐만 아니라 성경을 읽을 때에도 점점 더 깊이 묵상하면서 나아갈 것이다. 다시 말해 주님께서 지상에 머무르셨을 때 생각하신 대로, 지금은 하늘에서 생각하시는 대로 모든 것을 이해하려고 애쓸 것이고, 영원한 말씀이신 그리스도는 하느님 아버지 앞에 계셨으며 지금도 그렇다고 믿을 것이다. 그분께서 강생(육화)하신 모습에서, 영원히 존재하시는 분이시라는 것에서 말씀이신 그리스도를 인식하게 될 것이다. 다시 말해 강생하신 그분의 면모가 구체화될 때 그분께서 영원히 존재하신다는 것이 가장 선명하게 인식될 것이다. 지금까지 바친 기도 안에서 뒤로 물러났던 자아는 이제 모습을 더 많이 드러내다 결국엔 사라진다. 중요한 것은 하느님의 말씀, 진리, 현존하심이다. 자아는 영혼 안에서 성장한다. 자신이 영혼 안에서 완전히 충만해질 때까지, 하느님의 의미가 제 삶의 의미가 될 때까지, 영혼이 주님의 종으로 완전히 변모될 때까지 자아는 영혼 안에서 성장한다. 그러나 하루를 보내면서 묵상하는 데 시간을 할애하지 않는 그리스도인은 이러한 묵상 열매를 맺을 수 없다. 일상적인 일과 묵상 사이에 변화가 일어나야 하고, 관상 생활이 행동으로 녹아들어 가야 한다. 그렇게 되기 위해서 그리스도인에게는 오롯이 묵상에 몰두할 시간이 필요하다. 그는 기분이나 분위기에 따라서 어쩌다 조금 하느님과 맺는 관계를 인지하는 것, 그 관계를 느슨하게 유지하는 것으로 만족하지 말아야 한다. 신앙인이 하느님 안에서 사는 것은 표면적이거나 뜬구름 잡는 일이 아니다. 그것은 하느님께서 세상과 인류 구원을 위해 수고하시고 인간에게로 결연히 향하신 만큼 인간의 노력과 단호한 태도를 요구한다.

이렇게 하느님께로 향하는 데 묵상이 기여하고, 결국엔 모든 기도가 기여한다. 따라서 그리스도인은 기도에 몰입한다. 관상하는 동안 미학적 기분에 젖어서는 안 된다. 그런 기분은 그리스도인의 진실한 삶에서 멀어지게 한다. 그리스도인은 신앙생활을 더 성실히 해야 한다. 기도 중에 그는 하느님께서 자기에게 바라시고 기대하시는 모든 것에 대한 확신을 얻고, 하느님의 뜻을 실행하고 그분의 말씀을 오롯이 받아들일 준비가 되어 있어야 비로소 그분 앞에 계속 설 수 있음을 인식한다. 이는 하느님께서 자기를 돌보신다는 것, 일상에서 우연히 일어나는 일은 아무것도 없다는 것, 모든 것은 하느님 안에서 그 의미를 지닌다는 것, 자기는 신앙인으로서 이 의미를 찾고 주변 사람들도 그렇게 하도록 도와주라고 부름받았다는 확신이다. 이렇게 확신하면서 그는 하느님의 종이자 도구가 되고, 자기가 하느님을 섬긴다는 것을 결코 간과하지 않을 것이다. 기도와 봉사는 하나이며 나뉠 수 없다. 신중함, 준비된 자세, 자발적 태도도 나뉠 수 없으며, 수용한 것을 간직하고 전수하려고 애쓰는 태도도 그러하다.

따라서 기도는 믿음의 한 표현이 된다. 하느님과 늘 결속되어 있지 않은 채 믿음을 가질 수 있는 사람은 아무도 없다. 하느님께서는 세상 창조 때 이러한 결속을 만들어 내셨고, 최초의 인간인 아담에게 그것을 선사하셨다. 그러나 그가 죄를 지었기 때문에 하느님과 맺는 관계는 끊어지고 거리는 멀어지고 말았다. 기도는 믿음 안에서 하느님과 인간의 관계를 회복하는 것이다. 믿음은 사람들이 수용하고 자기 삶에 포함시키는 객관적이거나 관념적인 내용이 아니다. 믿음의 진의眞意는 참된 신적 생명으로서 신앙인 안에서 생생하게 살아 있고, 그에게 신앙생활을 할 수 있게 한다.

믿음은 인간이 하느님에 관해 이해하는 것이다. 하느님께서는 믿음 안에서 모습을 드러내시며 인간에게 당신을 이해시키기 때문이다. 인간은 믿음 가운데 서 있다. 믿음 안에서 살고, 그 안에서 움직인다. 믿음은 인간에게 끊임없이 영향을 주고, 늘 새로운 요구를 한다. 그의 영적이고 의식적인 삶과 관계있는 요구 말이다. 그렇기 때문에 인간은 이 믿음과, 더 정확히 말하면 하느님과 끊임없이 대결할 수밖에 없다. 하느님께서는 믿음 안에서 인간에게 당신을 알리신다.

기도는 인간이 하느님과 결속되는 것이고, 이는 깨어 있는 믿음을 가리키는 표지다. 믿음 안에서 하느님과 인간 사이에 생생하게 이루어지는 교환, 주는 것이자 받는 것이다. 기도는 하느님께서 인간을 위해 항상 준비하고 계심에 대한 응답으로서 인간이 그분께 "예." 하고 말씀드리는 것이다.

기도하는 이는 이렇게 하느님께서는 준비되어 계시다는 것, 기도의 왕국은 자기에게 항상 열려 있다는 것, 하느님과 맺은 관계가 깨졌다면 이에 대한 책임은 언제나 한결같이 준비하고 계시는 그분이 아니라 자신에게 있음을 안다.

인간은 먹기를 거부할 수 있는 것처럼 기도를 거부할 수 있다. 그러나 음식을 먹지 않으면 몸이 죽듯이, 기도하지 않으면 영혼이 죽는다. 기도는 영혼에게 하느님의 양식을 공급한다. 이 천상 양식은 언제나 제공된다. 하느님께서는 두드리는 사람 앞에서 결코 문을 닫지 않으신다. 아버지의 집을 소유하고 있지만 그 안으로 들어가지 않으면서 자신이 고아라고 주장할 수는 없다. 하느님께서는 당신의 자녀를 받아 주시려고 늘 그곳에 계신다. 예수님의 구원 업적을 통해 기도는 새로운 꼴을 갖췄다. 기도의 의미가 천국에 있는 것과 동일한 의미를 갖게 된 것이다.

기도는 하느님과 교류하는 것이다. 그 시대 사람들은 기도하시는 예수님, 십자가 위에서 죽음을 맞이하시는 예수님을 목격했다. 또 하느님 아버지께서 자기들을 위해 얼마나 전력을 다하셨는지 기도에 대한 그분의 마음가짐에 비추어 깨달았다. 그리고 예수님의 신성은 알아보지 못했지만, 그분께서 바치신 기도에서 그분의 신성을 늘 인지했다. 나아가 예수님을 바라보면서 어떻게 해야 자기들도 기도하면서 하느님 아버지께 이를 수 있는지, 어떻게 해야 예수님처럼 똑같은 기도를 바치면서 하느님께 의탁할 수 있는지 알게 되었다. 이런 맥락에서 볼 때, 기도의 의미는 우리가 성부와 성자와 성령 앞에 서는 것, 또한 이 세 위격 안에서, 이 세 위격을 통하여 하느님의 자녀가 되기 위해 노력하는 것이다. 우리가 하느님의 자

―

기도의 의미는 우리가 성부와 성자와 성령 앞에 서는 것,
또한 이 세 위격 안에서, 이 세 위격을 통하여
하느님의 자녀가 되기 위해 노력하는 것이다.
우리가 하느님의 자녀가 되는 것이
그분께서 우리를 창조하신 목적이다.

―

녀가 되는 것이 그분께서 우리를 창조하신 목적이다.

—— *A. v. Speyr* ——

선한 것은 모두 헌신적인 것, 사랑하는 것을 의미한다. 선한 것은 하느님께 투명하다. 그것은 안을 들여다보아야 무엇이 들어 있는지 알 수 있는 뿌연 유리컵 같은 것이 아니다. 선한 것은 실제로 투명하다. 그것은 안을 들여다보라고, 하느님과 교류하라고 관찰자를 압박한다. 믿음 안에서 하느님을 만나는 것, 그분과 교류하는 것, 기도의 마음가짐을 지니는 것은, 예수님을 통하여 하느님 아버지께 나아가지 않고서는 불가능하다. 우리는 믿으면서 하느님께 추상적인 태도를 취할 수 없다. 우리는 예수님 안에서, 그분을 통하여 살아 계신 하느님과 만나야 한다. 하느님께서 당신 자신을 보여 주시자마자, 우리는 그분을 흠숭하고 감사드리며 헌신할 마음이 든다. 예수님을 (그리고 그분을 통하여 우리를) 하느님 아버지 앞에 그렇게 직접 서게 하는 것은 그분의 사랑이다. 하느님 아버지에 대한 그분의 사랑, 그리고 우리에 대한 그분의 사랑인 것이다. 우리에 대한 그분의 사랑 안에 하느님 아버지에 대한 그분의 사랑이 반영되어 있다. 우리 안에서 이렇게 하느님께로 향할 마음을 불러일으키는 것은 사랑에 관한 그분의 명시적인 말씀이 먼저가 아니다. 그분의 전˚ 존재와 태도가 이미 그럴 마음을 불러일으킨다. 하느님 아버지의 말씀, 하느님 아버지 안에서 기도이신 예수님께서는 우리 마음을 사로잡으면서 기도의 세계로 이끌어 주신다. 그분의 말씀과 기도는 전염된다. 예수님께서 하느님 아버지께 기도하셨듯이, 우리도 동일한 기도 안으로 들어가야만 하느님을 바라볼 수 있다.

하느님께 지고한 방식으로 간주되는 것은, 그분의 은총 안에서 살고 그분의 사랑에 참여하는 이들에게도 그러하다. 인간의 사랑이 진실하고 헌신적이라면, 그 사랑은 하느님의 사랑에 가까워질 수 있다. 어떤 사람이 상대방이 자기를 사랑하는 방식에 비추어 하느님께서 자기를 사랑하시는 방식을 이해한다면, 이는 지적 측면에서 볼 때 맞다. 다른 사람이 신성한 것을 바라보고 경탄하며 그것을 상대방에게 가리켜 보이면서 그도 똑같이 경탄하도록 한다면, 이는 정서적 측면에서 볼 때 맞다. 인간의 사랑은 훨씬 더 근원적인 의미에서 하느님께로 이끌어 준다. 사랑받는 사람은 투명하기에 갑자기, 늘 어디서든 주목을 끌 수 있고, 본인은 알아채지 못하더라도 사람들에게 하느님께로 나아가는 길을 열어 줄 수 있다. 그는 자신의 행동 방식을 통해 자신과 하느님의 관계에 대한 무언가가 무의식적으로 머릿속에 문득 떠오를 것이다. 또는 이유를 알지 못해도, 존재하기에 단순히 기도할 수밖에 없고, 기도 안으로 들어갈 것이다. 우리는 자신이 느낀 사랑을 말로 표현할 수 있다. 그러나 말하지 않더라도 사랑 안에서 살 수 있다. 할 말은 이미 다했거나 단순해서 더는 말할 필요가 없거나 함께 있는 것 자체로 기도가 되기 때문이다.

사랑하는 사람과 함께 살듯 하느님과 함께할 수 있다. 사랑하는 사람에게 하듯 하느님과 대화할 수 있다. 그리고 기도 안에서 말할 수도, 말하지 않을 수도 있다. 그러나 말없이 함께하면서 사랑받는 사람은 투명한 분위기, 하느님께 다가가는 분위기를 자아내고, 이는 행복과 침묵으로 이어진다. 하느님을 사랑하는 사람은 그분을 사랑하고 그분의 삶을 함께 나누는 모든 이를 위해 항상 기도의 문을 열어 놓는다. 자기도 모르게 그렇게 하는 것이다. 탁월한 연주자가 악기를 연주하며 음악의 왕국 문을 열듯이, 하느님을 사랑하는 사람은 천국 문을 연다. 악기 연주를 좋아하나 많이 배우지 않아 기술이 부족한 사람이 있다. 그래도 그의 연주는 혼이 담기지 않은 명인名人의 연주보다 사람들을 음악 속으로 훨씬 더 깊이 끌어들일 것이다. 기도에 대한 사랑도 그렇게 생겨난다. 반면에 사랑이 없는 속이 텅 빈 덕목은 사람의 마음을 차갑게 한다. 수영하려는 사람이 물속으로 들어가듯이, 진정한 음악가는 음악 속으로 들어간다. 그는 점잔 빼지 않으며, 변명하지도 않는다. 단순히 음악에 몰입한다. 자기가 할 수 있는지 없는지 고민하지 않고 음악을 연주한다. 그는 자기 안에서 살지 않고, 악기가 내는 음 안에서 산다. 그는 자기가 만들어 낼 효과가 아닌 음악의 효과를 생각한다. 연주회에 온 사람들은 그의 연주에 사로잡히는 게 아니라, 음악의 위대함에 매료된다. 이와 마찬가지로 사랑하는 사람은 하느님 안에 산다. 사랑하는 사람은 하느님을 가리켜 보이고, 자기가 지금 만나는 이를 하느님과 활기차게 교류하도록 이끌어 준다.

하느님께서는 남녀의 사랑 안에 있는 인간적 본성을 통해 천상적 사랑을 알 수 있도록 해 주셨다. 남녀의 사랑이 하느님의 뜻에 따라서, 순수하고 헌신적인 믿음 안에서 일궈질 때, 그 사랑은 기도할 마음을 불러일으킨다. 아내는 남편에게 자기를 내어 준다. 남편을 진정으로 사랑하는 아내는 그에게 응답할 준비가 항상 되어 있다. 늘 자신의 준비된 마음이 남편에게 받아들여질지 살피면서 자신을 넘어서고 있는 것이다. 그녀는 이루어져야 하는 사랑을 구체적으로 표현한다. 남편의 사랑은 계산하지 않고 아내에게로 향한다. 이렇듯 남편은 자신을 희생하고 지속적으로 자기를 내어 준다. 이러한 넘치는 사랑에 비추어 성체성사 때 우리가 받아 모시는 주님의 몸을 이해할 수 있다. 육체적 사랑의 행위가 사랑의 숭고함을 드러내 보여 주듯이, 모든 개개의 기도는 관상의 충만함 속으로 들어간다. 사랑하는 이들의 늘 준비된 마음과 자세는 지금 또는 다른 때라도, 아니면 훨씬 나중에라도 행동으로 이어진다. 그러나 이로 인해 그들의 사랑이 줄어드는 건 아니다. 이와 마찬가지로 우리는 기도 중에 하느님께서 가까이 계심을 느끼며 그분을 향한 준비된 자세를 지니고, 그 시간을 오롯이 하느님의 뜻에 맡긴다. 그러나 하느님과 가까워지는 것은 우리가 바란다고 얻어지지도 않고, 어떤 수단을 통해 촉진될 수도 없다. 육체적 사랑과 기도는 비교되는 것이 아니라 연관되어 있으므로 아내는 남편을 통해서, 남편은 아내를 통해서 하느님께 나아가고, 각자 상대방 안에서 사람이 되신 하느님의 사랑에 대한 비유나 묘사를 알게 된다. 이는 부부가 나누는 사랑이 순수하고 각자 상대방 안에서 하느님의 사랑을 더 생생하게 느낄 때, 그리고 그들이 하느님을 흠숭하고 그분께 감사드리며 헌신하고 순종할 때 그러하다.

―― A. v. Speyr ――

개인이 하느님과 친밀한 관계를 맺으려면 기도를 통해야 한다. 그러나 기도 안에는 인간과 하느님 사이에 맺는 직접적인 관계가 아니라 일종의 중간층이 존재한다. 이 중간층에 하느님께서 기도로부터 만들어 내시는 것이 있다. 개인이 바치는 기도, 예컨대 청원기도에 대해 하느님께서는 독창적이고 변화를 일으키는 방식으로 응답해 주실 것이다. 이러한 변화는 기도하는 이들의 공동체, 특히 교회가 간직한 기도의 보화에 부분적으로 좌우된다. 하느님께서는 개인적인 외침에 직접적으로 응답하시는 것으로 그치지 않으신다. 그분께서는 기도하는 이들, 특히 성인^{聖人}들에게로 향하시면서 힘을 북돋아 주신다. 하느님과 인간 사이에 존재하는 중간층은 본디 성인들, 기도가 소명인 그들이 영향을 주는 장소다.

그렇다. 이 중간층은 그들이 바친 기도의 열매가 대부분을 차지한다. 그곳은 하느님 옆에 있는 사람들이 소유한 집과 같다. 파견의 삶을 마친 이들이 머무는 안식처다. 사람들이 하느님과 함께 있는 곳, 혼자서는 풀 수 없는 힘든 상황을 함께 생각하는 곳이다. 또는 사람들이 지친 나머지 어떤 문제를 더는 깊이 생각할 수 없거나 기도를 끝까지 바칠 수 없어서 그 사안을 하느님께 의탁하는 곳이다. 그분의 은총에만 기대지 않고, 자신이 바치는 모든 기도에서 기대할 수 있는 도움을 신뢰하면서 말이다. 여기서는 누군가가 어떤 사안을 하느님께 맡길지 아니면 성인들 가운데 한 분에게 맡길지는 중요하지 않다. 후자의 경우에 해당 성인은 그 사안을 하느님께 말씀드리고 그분 앞에서 해결하는데, 이때 전제되는 것이 있다. 모든 것은 하느님과 관련되어 있는 가운데, 그리스도인이 받는 파견 내에서 움직인다는 것이다. 이 중간 지대에서 인간은 자신이 바치는 기도의 힘과 영향에 대한 통찰력을 잃는다. 그러나 동시에 자기가 이 영역에 있기에 자신의 모든 사안이 골머리를 앓는 것보다 훨씬 더 잘 풀린다는 것을 알게 된다.

예수님께서 지상에서 기적을 일으키셨다고 그분과 하느님의 관계가 끊어지는 것은 아니다. 그분의 활동은 그분께서 바치신 기도의 열매일 뿐만 아니라, 그분과 하느님의 관계를 직접적으로 표현한 것이다. 그것은 예수님의 기도의 세계에서 비롯되었다. 하느님의 아들인 그분께서는 그러한 일을 행할 힘을 달라고 늘 아버지께 간청하셨다. 이에 비추어 그리스도교가 간직한 기도의 보화를 이해할 수 있다.

예수님께서는 전 공동체를 위해 하느님과 끊임없이 대화를 나누셨다. 특정한 시간에 수많은 사람이 기도한다든지, 몇 사람만 기도한다든지, 아니면 우연히 기도하는 사람이 아무도 없다든지 따위는 중요하지 않다. 대화는 멈추지 않는다. 교회인 신부와 신성을 지닌 신랑인 그리스도가 맺은 사랑의 관계는 늘 새롭고 샘이 솟는다. 교회가 은총으로서, 기도로서, 대화로서 보존하는 것, 교우들이 바치는 기도가 힘이 되도록 그들 뜻대로 하게 두는 것, 그러나 하느님의 뜻에도 맡기는 것, 이로써 교회가 양편에 열려 있는 것 등 이 모든 것은 냉담함, 무의미, 소모, 죽음의 층으로 덮이지 않으며, 늘 생기 넘치고 쓰일 준비가 되어 있다. 개인뿐만 아니라 공동체를 위해서도 그러하다. 이 모든 것은 이 둘의 근원에서 유래했기 때문이다. 그리스도인은 누구나 자신이 바친 고유한 기도의 열매만이 아니라 모든 기도의 열매를 나누어 받을 권한이 있다. 기도가 보편성을 지니기 때문이다. 홀로 기도하는 이는 자신이 바치는 기도의 효과가 공동체 전체가 바치는 기도의 효과 속으로 들어간다는 것을 안다. 그가 바치는 기도의 강도가 약하든지 세든지 기도를 통해 도달하는 것의 경계는 이미 희미해졌다. 그는 진실하게 기도하고 하느님께 자기를 내어 드리며 예수님과 함께 자신을 희생하면서 자기보다 더 큰 것에, 사람들이 각자 바치는 모든 기도의 목소리보다 더 큰 것에 참여한다고 확신하기 때문이다. 그 기도는 예수님께서 하느님 앞에서 바치는 기도와 일치를 이루는 가운데 교회가 바치는 기도의 성과와 열매에 통합되기 때문이다. 인간이 바치는 기도는 신적 샘, 따라서 무한한 샘에서 나오는 것이기에, 그가 얻는 어떠한 성과나 열매, 기도의 보화에서 나오는 모든 것, 그리고 그 유한한 관계들은 결국 의미가 없어진다. 모든 것은 예수님께서 이루신 업적에 기반을 두고 있으며, 그 업적은 다시 그분께서 하느님 아버지를 영원히 바라봄에서 비롯된 것이다.

　교회가 간직한 기도의 보화는 하느님을 위하여 쓰이기에 그것이 사람들을 위해 쓰인다고 해서 잃는 것이 아니다. 이에 대한 최종적 근거는 성부께서 성자를 낳으신 것에 있다. 성자께서는 자신이 영원히 낳아졌음을 아신다. 이렇게 성자께서는 자신이 낳아졌음을 아시고, 자신을 낳으신 성부의 권한을 침해하려 하지 않으신다. 발출되신 성령도 그러하시다. 성령께서는 자신이 성부와 성자께 받은

성부께서 교회 안에 계시듯이,
기도의 보화도 교회 안에 있다.
성자께서 모습을 드러내시듯이,
기도의 보화도 눈으로 볼 수 있다.
성령이 영원한 생명이시고
우리에게 양식을 주시며
두 위격과 교환되고 변모하시듯이,
기도의 보화도 우리에게 양식을 주고 교환된다.

숨의 열매임을 아시고, 자신의 근원이신 성부의 권한을 침해하려 하지 않으신다. 그 근원은 바로 자신의 근원이기 때문이다.[3] 또한 성령께서는 수동적으로 발출되신 분이지 능동적으로 발출하신 분이 아니기 때문이다. 성자께서는 자신이 영원히 낳아졌음을 근거로 자기를 낳는 힘을 지니신 성부께 자신의 소망을 이루게 해 달라고 간청할 권한이 있다. 그러나 이 힘은 동시에 성부의 의도이며, 성자께 침해되지 않는다. 마찬가지로 모든 사람에 대한 하느님의 의도도 있다. 그분의 의도는 사람들이 받아들여야 하는 것이지, 사람들이 만들 수 있는 게 아니다. 그 의도 내에서 인간과 하느님의 관계가 펼쳐지고, 인간은 기도를 바치며 자기 모습을 형성해 나가야 한다. 그래야 근원이신 하느님의 모습으로 빚어질 수 있다. 그러나 이러한 포괄적이고도 더 큰 것 안에 자신의 능동적인 면이 숨어 있으므로, 스스로 할 수 있는 것보다 훨씬 더 많은 것을 이룰 수 있다.

기도의 보화 안에는 발출, 교환, 근원이 있다. 발출은 성자께서 성부에게서 나온 것에 부합하고, 교환은 성령이 성부와 성자 사이에서 교환된 것에 부합하며, 근원은 성부께 부합한다. 성부께서 교회 안에 계시듯이, 기도의 보화도 교회 안에 있다. 성자께서 모습을 드러내시듯이, 기도의 보화도 눈으로 볼 수 있다. 성령이 영원한 생

---

3   성부와 성자께서 그러하듯 성령께서도 고유한 권한을 가지고 있다는 뜻이다. ― 역자 주

명이시고 우리에게 양식을 주시며 두 위격과 교환되고 변모하시듯이, 기도의 보화도 우리에게 양식을 주고 교환된다.

2장

기도의 원천

1. 삼위일체 하느님 안에서 이루어지는 기도

슈파이어는 기도의 원천에서 삼위일체 신비를 으뜸으로 삼는다. 기도는 삼위일체 하느님, 성부와 성자와 성령 안에서 이루어진다. 삼위일체 신비 안에 기도의 내적 근원이 숨어 있다.

삼위일체 대화의 모든 말씀은 흠숭이자, 결속이다. 이러한 결속은 강생에서 결정적으로 분명해진다. 성삼위의 대화는 기도다. 영원한 대화는 기도다. 그것은 하느님을 바라보는 것이기 때문이다. 바라봄은 관상의 핵심이자, 서로 기대하고 청을 들어주는 것이다.

삼위일체 신비 안에 믿음, 바라봄(희망), 사랑의 근원이 자리 잡고 있다. 이는 성부께서 느끼시는 믿음, 희망, 사랑이 동일한 형태로 성자와 성령 안에서 발견되기 때문이다.

"세 위격은 서로 관계를 이루고 서로에게 전력을 다하면서 동일한 굳셈을 유지하시고, 그렇게 동일한 모습으로 계신다."

하느님의 지고한 선물, 하느님의 신적 생명으로부터 직접 나오고, 삼위일체적 생명에 참여하는 선물인 믿음, 희망, 사랑은 하느님의 본질을 밝히는 데 적합하다. 그리스도인의 하느님 체험은 그분의 본질에 다가가는 것을 말한다.

또한 슈파이어는 삼위일체, 성부에게서 성자가 낳으심을 받은 그 행위에서 하느님의 활동을 이해한다. 성자께서는 이에 응답한다. 하느님의 활동은 창조 활동에서 잘 나타난다. "그분의 창조 활동은 그분 뜻의 영원한 관상 안에 이미 완전히 들어 있었다." 강생의 신비 역시 성부의 활동이다. 성부의 이 활동은 전적으로 관상 안에 근거하고 있다. 타락과 원죄 이후 구원의 주역으로 등장하신 성자, 강생의 신비, 성부께서 베푸시는 구원, 성자의 영원한 헌신은 관상적이다.

하느님께서는 다른 위격의 신적 본질을 진실하게 바라보신다. 이는 흠숭에서 나온다. 흠숭이란 사랑 안에서 하느님과 하느님의 만남을 표현한다. 이는 다음과 같은 사실에서 알 수 있다. 성부는 성자 안에 계시는 하느님을 바라보시고 들으시며, 냄새 맡으시고 맛보신다. 구분의 모든 감각은 성자 안에 신성이 빛나는 곳에서 반응한다. 흠숭은 자신의 모든 것을 상대방에게 내어주는 것, 끝없는 사랑 안에서 상대방의 발아래 엎드리는 것이다. 상호적 사랑의 표현이다. 흠숭 안에서 세 위격이 서로 사랑을 주고받으시는 가운데 활동과 관상이 이루어진다. 세 위격은 능동적으로 사랑하시고 수동적으로 사랑받으신다. 모든 활동과 모든 관상의 핵심은 사랑으로 증명된다. 흠숭은 하느님의 모든 계시 안에, 그분의 자기 계시 안에 담겨 있는 중요성에 응답하는 것이다. 따라서 흠숭은 하느님의 개별적 특성들 옆에 머무르는 게 아니라, 그분의 모든 특성 안에서 전체를 보는 것이다.

성부, 성자, 성령의 세 위격 안에서 슈파이어는 청원 기도의 근원을 밝힌다. 성부께서는 성자께 청하고 성자께서는 성부의 의도를 받아들인다. 청을 받아들이는 이에게는 그것을 들어주는 기쁨이 있다. 그래서 성부께서는 가장 먼저 청하신다. 성자께 청하시어 그것을 들어주는 기쁨을 누리게 하신다. 또한 성부께서 성자를 낳으심 자체에 이미 일종의 청원이 포함되어 있다고 말한다. 그것은 이미 허락된 청원이다. 아울러 창조 안에서 세 위격의 역할은 신적 청원 기도로 이루어진다. 창조 활동 안에서 행해진 청원과 허락은 하느님의 최고 작품, 그분의 근원적 작품인 마리아 안에서 가장 선명하게 드러난다.

인간이 바치는 모든 기도 안에는 결정이 들어 있다. 기도는 총체적으로 하느님을 위한 결정의 결과이자 표현이다. 인간이 내리는 결정은 언제나 이미 하느님의 결정에 대한 응답이다. 이러한 방식으로 하느님과 인간은 상호 관계를 맺으신다. 하느님의 결정은 우리의 청원에 대한 응답이다. 그러나 그분의 결정은 인간의 청원과 거의 무관한 응답일 수도 있다.

결정의 예는 삼위일체 안에서도 다시 발견된다. 세 위격의 상호적 흠숭과 바라봄은 사랑 안에서 내린 결정의 열매다. 세 위격 안에서 결정을 내리신다는 것은 하느님의 본질에 속한다.

―

기대(기다림)와 실현

기도에는 시작이 없다. 성부와 성자와 성령께서는 태초부터 서로 마주 보시고 대화하시며 함께 기다리시고 결정하시기 때문이다. 성부께서는 유일한 말씀을 소유하고 계신다. 그 말씀은 바로 성자이시다. 성자께서는 그분의 말씀이고, 성부께서는 늘 당신의 유일한 말씀을 낳으신다. 그 말씀은 성부와 성령 안에서 언제나 실현된다. 성부께서 계획하시고 생각하시고 이야기하시는 모든 것은 언제나 말씀이신 성자 안에서 이해되고 파악된다. 성부의 말씀은 기도다. 그 말씀은 동시에 성부와 성령이 나누시는 대화이기 때문이다. 성부께서 하시고 보내신 말씀은 당신의 고유한 말씀 안에서, 당신이 나누시는 고유한 대화 안에서 응답한다. 언제나 성부의 뜻 안에 담긴 기대에 따라서 그렇게 응답하는 것이다. 아무것도 일어나지 않게 하는 대화는 없다. 잡담도 없다. 모든 것은 사전에 이미 확정되고 합의되었을 것이기 때문이다. 성삼위가 대화를 나누시는 가운데 모든 것이 계획되고 수행된다. 대화 속의 모든 말씀은 흠숭이자 결속이다. 하느님께서는 흠숭하시면서 흠숭을 완성하시고, 대화는 하느님께로 향한다. 말씀은 그것을 건네는 존재를 언제나 신적으로 묶어 놓기 때문이다. 그러한 결속은 강생이 결정된 것에서 분명해진다. 성자께서는 성부의 뜻과 관계가 있고,[4] 성부께서는 성자께서 가기로 결정된 길과 관계가 있으며,[5] 성령께서는 두 위격과 결속되어 있기 때문이다. 약속된 것은 유지되고, 그 약속을 이행하는 것도 보증된다.

성부 하느님께서는 태초부터 완전히 사랑하시기를 바라셨다. 하느님 안에서 바람과 실현은 하나다. 그분께서는 처음부터 바람을 지니셨기에 성자를 낳으셨다. 두 위격이 가장 먼저 하신 공동 작업은 성령을 발출시키시고 당신들의 신적 사랑을 이 새로운 위격에게 주는 것이었다. 성부께서 성자를 낳으시고 사랑하신다는 것이 그분의 본질 안에 깃들어 있듯이, 이렇게 성령을 새롭게 발출시키시는 것도 그러하다. 따라서 두 위격, 곧 성자와 성령께서는 성부의 본질을 지니고 계신다. 두 위격은 뒤에 오거나 낯설거나 받아들여진 존재가 아니다. 두 위격은 처음부터 성부에게서 나왔으며, 성부의 본질을 그분과 함께 나누신다. 성자와 성령이 가장 먼저 하신 일은 성부께 감사를 드리는 것이었다. 성부께서 자신들을 낳으시고 숨을 불어넣어 주신 것, 그러면서 당신 자신과 같은 본질을 지니게 해 주신 것, 자신들에게 신성을 부여하시고 당신의 사랑 안에서 이 신성

---

4   성자께서는 성부의 뜻을 따른다는 의미다. — 역자 주
5   성부께서는 성자가 가기로 결정되어 있는 길을 함께 간다는 의미다. — 역자 주

을 자유롭게 펼치게 해 주신 것을 감사드린 것이다. 성자와 성령께서는 성부와 본질이 같았기에 그분과 영원히 결속되어 있지만, 모든 교환이 가능하도록 맞은편에서 그분과 만나실 수 있다. 성부께서는 두 위격이 이렇게 표하는 감사를 받아들이신다. 당신은 완전한 사랑이시기 때문이고, 당신의 본질로부터 이 사랑을 선사하시고 이로써 두 위격의 감사를 피할 방도가 없으시기 때문이다. 또한 성부께서 그 감사를 받아들이는 것은 그것을 당신 안에 숨기기 위함이 아니라, 감사하는 두 위격에게 계속 주시기 위해서다. 이렇듯 두 위격이 당신의 본질을 당신과 함께 나누기를 받아들인 것에 대해 성부도 감사하신다. 성부의 뜻, 그분의 기대, 그분의 사랑에 따라서 영원한 두 위격이 완성되었다.

감사한다는 것은 자신에게 생겨난 사랑을 가장 먼저 알리는 것이다. 성부께서는 성자를 낳으려 하신다. 그러면서 당신이 원하는 아들을 기다리신다. 성자께서는 낳아지면서 처음부터 성부의 간절한 기대[6]를 실현하신다. 그러므로 성부께서는 성자가 감사하면서 태어난 순간에 이미 당신의 아들과 결속되었음을 느끼셨다. 완전하신 성부께서는 완전하신 성자를 낳으신다. 그렇지만 성자께서 성부 앞에 계시는 순간에 그분의 특별한 기대를 처음부터 뛰어넘으신 듯

---

6 독일어 'Erwartung'은 '기다림', '기대' 두 가지 뜻을 지니므로, 문맥에 따라서 적절한 말로 번역했다. — 역자 주

하다. 성자께서는 죽은 모상이 아니라, 무한하고 충만한 신성을 지닌 살아 계신 '너'이시다. 성자께서 낳아지면서 무한한[7] 신성이 가장 먼저 나타난다. 성자께서는 성부의 기대를 넘칠 정도로 실현하신다. 성부 홀로 계신 순간은 없다. 성자를 낳기로 계획하신 순간에도, 성자를 낳으시기 전에도 그랬다. 따라서 기대는 넘칠 정도로 충만한 실현에 앞서지 않고, 실현과 하나가 된다. 마찬가지로 하느님 안에서 당신의 아들이 실제로 존재하지 않고서 형성되어 가는 순간은 없다(아기는 태어난 뒤에야 하루가 다르게 자라고 훨씬 후에야 비로소 의식이 깨어나듯이). 오히려 성자께서는 성부께서 자기를 낳으신 순간부터 자신의 존재를 함께 형성하신다. 따라서 실현은 어디서도 기대와 분리되지 않고 그것과 하나가 된다. 그렇지만 이렇게 하나를 이룬 가운데 실현의 끝없는 충만함이 들어설 공간이 생긴다.

사랑에 빠진 사람은 연인이 오리라는 것을 알고 애타게 기다린다. 그렇지만 실제 연인이 도착하면 기다릴 때보다 더욱 충만함을 느낀다. 더 풍요로움을 느끼는 것이다. 사랑이 자기가 기대할 수 있는 것이 무엇인지 알 때에도 그러하다. 즉 실현되는 '더'는 단순히 기대한 '더'의 모상이 아니다. 성자께서는 성부의 첫 번째 기대(기다림)이자 첫 번째 실현이고, 영원히 그러한 기대와 실현으로 머무신

---

[7] das Je-mehr, 본래는 '더욱더', '점점 더 많아짐'이라는 뜻인데, 문맥에 따라 형용사 '무한한' 또는 명사 '무한함'으로 번역했다. ― 역자 주

다. 그러나 과도한 기대는 실현을 앞질러 가기 마련이다. 하느님 안에는 어떠한 한계도, 어떠한 실망도 없음을 성자께서는 항상 그분께 증명하신다. 이는 최저한도 내에 있지 않으므로 바로 실현된다. 그리하여 기대는 실망으로 이어지지 않고, 과도하거나 헛된 소망을 앞질러 갈 수 있다. 성령이 발출되면서 그러한 충일充溢함이 다시 한 번 이루어진다. 성부와 성자께서는 당신들의 상호적 사랑이 이러한 방식으로 숭고하다는 것을 아셨기 때문이다. 그 사랑은 셋째 위격으로서 두 위격으로부터 발출되고, 두 위격 앞에 생기 넘치게 서 있으며, 두 위격의 가장 내재적인 것을 표현한다.

하느님 본질의 이 무한함, 곧 풍요로움 안에 기도의 가장 내적인 근원이 들어 있다. 하느님의 본질은 동일성을 이루면서 세 위격을 내포하고 있다. 신적 사랑이 세 위격을 일치시키고, 이 사랑 안에서 세 위격은 하느님의 완전한 영과 함께 서로 흠숭하신다. 하느님께서 하느님 앞에 서 계신다. 성부 하느님께서 성자 하느님 앞에, 성령 하느님 앞에 서 계시고 두 위격 안에서 하느님을 알아보신다. 그러나 성부께서는 두 위격 안에서 당신과 같은 본질을 흠숭(공경)하시는 것이 아니라, 두 위격의 고유한 것, 두 위격과 당신을 구분하는 것을 흠숭(공경)하신다. 성자와 성령도 성부를 흠숭하신다. 세 위격은 본질은 같지만 서로 구별되고, 다른 위격 안에서 자신을 바라보지 않고 다른 위격에만 있는 고유한 것을 보신다. 세 위격은 각각 성부에게서 나왔기에 하나이지만, 근원 관계는 서로 다르기 때문에 구별된다.

세 위격은 서로 마주 서 계시고 신적 사랑으로 본질이 같지만, 태초부터 모든 시대를 관통해 가면서 서로 대화를 나누실 수 있다. 그 대화의 본질은 기도다. 세 위격이 서로에게서 기대하시고 서로를 위해 실현하시며 서로 전해 주시는 것 가운데 신적 사랑 밖에 있는 것은 아무것도 없고, 기도 밖에 있는 것도 아무것도 없다.

성부의 기대는 당신의 무한한 의도 안에 담겨 있었고, 그분의 뜻은 완전한 신적 사랑으로 어떤 대상을 창조하시는 것이었다. 성부 하느님께서는 전능하시고 완전하신 분이시므로, 당신을 닮았을 어떤 대상에게 당신의 사랑을 주시는 것보다 더 큰 갈망은 품지 않으셨다. 또한 태초부터 모든 것을 아시고 보시기 때문에, 성자 외에 당신을 사랑하게 될 다른 피조물들도 창조하실 것임을 이미 아신다. 그러나 그들은 피조물이고 하느님과 본질이 같지 않으며 그분과 구별되고 그분을 실망시킬지도 모른다. 그렇지만 하느님께서는 창조 세계에 앞서 영원한 아들을 낳으셨기에 당신의 사랑으로 결코 실망하지 않으리라는 것, 그리고 두 위격은 피조물들로 인해 실망하지 않으리라는 것, 두 위격의 사랑은 태초부터 베풀어진 사랑이므로 결코 식지 않으리라는 것을 아신다. 성부께서는 결코 실망하지 않는 성자 안에서 피조물들과 함께 느끼게 될 실망에 대처하기 위한 힘을 길어 내신다. 그리고 피조물들은 자신들을 처음부터 이끌어 주는 대화, 곧 기도 안에서 하느님과 나눌 모든 대화의 토대를 마련하고 세상으로부터 하느님께로 올라가야 하는 모든 기도의 토대도 마련한다.

영원한 대화는 무엇보다 기도이기도 하다. 그것은 하느님을 바라보는 것이기 때문이다.

'봄'(바라봄, Schau)은 관상의 핵심이자 침묵하면서 귀 기울이는 것으로서 서로 바라보는 것, 서로 느끼는 것, 서로 맞추는 것, 서로 점점 더 많이 아는 것, 서로 기대하고 청을 들어주는 것이다. 이렇게 완전하고 충만한 생명이 세 위격 사이에 흐른다. 각 위격은 항상 다른 두 위격을 바라보면서 서 계시기 때문이다. 다른 위격 앞에서 자신을 감추거나 물러나지 않으신다. 세 위격 사이에는 언제나 받아들이고 주는 것, 자신을 열고 보여 주는 것, 내보이고 사랑하는 것만 존재한다.

성부와 성자께서는 함께 계시자마자 성령을 발출하신다. 두 위격의 긴밀한 결속, 생명의 증인으로서 성령께서는 발출된 순간에 생명을 증명하는 이 역할을 즉시 받아들이신다. 성부와 성자께서는 처음부터 대화를 나누시면서 성령 안에 있는 풍요로움의 표지를 인지하시고, 성령께서는 처음부터 생명을 증명하면서 두 위격의 풍요로움에 참여하신다. 성령께서는 성부 맞은편에서 자신이 성자와 본질이 같음을 증명하시고, 성자 맞은편에서는 성부와 본질이 같음을 증명하신다. 그리고 그러한 충만함 속에서 성부와 성자의 기대를 실현하신다. 성부와 성자께서는 성령 안에서 당신들이 기대하신 것 이상을 보시고, 또한 성령 안에서 당신들의 사랑이 생각지도 않게 증명되었음을 아시고 성령에게 감사를 표하신다. 성령이 당신들에게 감사를 표하시듯 그렇게 감사하신다. 성령께서는 그 어떤 연습 없이 즉각 두 위격의 기도와 대화 속으로 들어가신다. 그리고 두 위격과 함께 기도는 언제나 흠숭이자 실현임을 아시고, 이에 관해 이야기하고 귀 기울이고 침묵하신다. 하느님께서 하느님 앞에 서 계시기에 서로 흠숭하시는 것이고, 하느님께서 하느님께 모든 것을 기대하실 수 있기에 그 기대가 실현되는 것이다.

상호적으로 발출함과 존재함에 대한 두 위격의 기쁨이 그토록 크기에, 성부께서는 성자를 낳는 것을 그만둘 수 없으시고, 성부와 성자께서는 성령을 발출시키는 것을 포기할 수 없으시다. 성자와 성령도 (더 수동적인 방식으로) 태어나면서 이미 모든 특성을 유지하시고, 성부의 뜻을 따르기를 포기할 수 없으시다. 이러한 기쁨의 영원하고 신비스러운 관계는 언젠가 세상과 사람들을 신적 기쁨 안으로 받아들이기 위한 발판이 된다. 진심으로 사랑하는 이들이 함께 있는 것이 다른 사람들, 아직 사랑하지 않는 이들을 사랑의 관계로 이끄는 데 하나의 연습이 되기도 하는 것처럼.

믿음, 바라봄, 사랑

성부 하느님께서는 영원히 성자와 성령 맞은편에 서 계신다. 성부께서는 두 위격이 어떻게 보이는지 처음부터 아셨지만, 두 위격과 함께 계시면서 언제나 새롭게 시작하신 듯하다. 그분 안에 이러한 시작의 토대가 이미 마련되어 있었기에 태초의 것도 준비되어 있었다. 시간 건너편에서는 이 태초의 것 안에서 믿음과 희망과 사랑의 근원이 생겨났다. 성부 하느님께서는 당신 자신을 아시고 기다리시면서, 그 속에서 성자 하느님과 성령 하느님을 새롭게 발견하신다. 성부 하느님께서는 당신의 기대가 항상 두 위격 안에서 실현되었음을 아신다.

믿음은 하느님 안에서 성자께, 하느님 안에서 성령께 결코 실망하지 않는 것이다. 하느님께서는 바로 당신이 간직하시는 것을 기대하시기 때문이다. 일치하는 것은 충만함 속에서도 언제나 완전한 것이기 때문이다. 충만함 가운데 이러한 앎, 기대는 자신 안에 믿음의 근원을 지니고 있다. 왜냐하면 믿음은 언제나 매우 새롭고, 일치하는 것은 늘 새롭게 선물 받은 것처럼 보이기 때문이다. 성부와 성자와 성령의 사랑 관계에 비추어 볼 때, 미리 아는 것은 성부께 결코 방해가 되지 않을 것이다. 이로써 성부께서는 당신 안에서 성자와 성령이 주시는 충만함을 발견하실 것이기 때문이다. 오히려 성부께서는 그러한 충만함을 두 위격이 주는 영구한 선물로 여기신다. 성부께서 늘 기대하신다면, 그분의 끝없는 앎은 그분께 방해가 되지 않는다. 성부께서 당신의 앎을 사랑하는 데 쓰시는 순간에(그분께서는 성자를 영원으로부터 낳고 성령을 발출시킨 순간부터 영원히 그렇게 하신다) 그 앎은 그분 안에서 믿음과 신뢰와 조화를 이루게 된다.

 이 믿음은 신적 사랑 안에 자리를 잡고, 이 신적 사랑은 실망에 이르지 않을 것임을 보증한다. 이 사랑은 언제나 완전하고 그렇게 완전한 가운데 언제나 하느님의 완전한 본질에 참여하기 때문이다. 우리가 성부 하느님 안에서 믿음과 신뢰를 언급할 수 있는 것은 사랑이 언제든지 펼쳐질 수 있을 때에만, 늘 진부하게 이미 안다는 것에서 사랑이 일어날 여지를 주지 않아야만 가능한 일이다. 헌신하지 않고서는, 마음이 움직이고 날아오르지 않고서는 사랑이 존재할 수 없기 때문이다. 사랑 안에는 언제나 이러한 신뢰의 요소, 이러한 유형의 갈망이 깃들어 있으며, 상대방의 자유와 그의 즉각적인 개방과 그의 예측할 수 없는 선물에 대한 경건한 기대도 담겨 있다. 사랑의 이러한 면들을 인정하지 않는 것은 사랑을 죽이는 것이다. 이러한 경건한 신적 기대 안에 근원이, 희망의 근원이 들어 있다. 성부께서 성자와 성령에게 거시는 희망의 세포가 들어 있는 것이다. 성부께서는 성자와 성령을 당신의 앎에 완전히 참여하게 하시므로, 두 위격은 그분과 본질이 같다. 그리하여 성부께서 느끼시는 믿음, 희망, 사랑은 흐릿해지지 않고 동일한 형태로 성자와 성령 안에서 다시 발견된다. 성부께서 영원히 성부로 머무시면, 성자와 성령도 영원히 자기 자신으로 머무실 것이다. 그렇지만 성부께서 느끼시고 기대하시고 실현하신 것과 같은 정도로 서로 만나실 것이다. 그 어떤 위격도 다른 위격이 지니신 것에 소극적으로 참여하지 않으신다. 세 위격은 서로 관계를 이루고 서로에게 전력을 다하면서 동일한 굳셈을 유지하시고, 그렇게 동일한 모습으로 계신다.

똑같은 재능을 지닌 남녀가 서로 사랑한다면, 하나에게서는 강한 면이, 다른 하나에게서는 약한 면이 번갈아 나타나고 때로는 긍정적인 면과 부정적인 면이 부딪칠 것이다. 그러면서 사랑의 관계가 깊어지고 서로에게 부족한 면을 보완한다. 그러나 하느님 안에서는 그렇지 않다. 하느님 안에서는 이질적인 것뿐만 아니라 동질적인 것을 통해서도 긴장이 생기기에 지루할 틈이 없다. 긴장은 줄어들지 않고 늘 새롭게 근원 안에 있으며 모든 신적 특징을 내보이기 때문이다. 이렇듯 긴장은 신적인 것에 완전히 상응한다. 따라서 우리는 하느님 안에서 바라보는 것에 앞서는 믿음, 그분 안에서 기대가 실현에 앞서는 믿음에 대해 이야기할 수 없다. 하느님 안에서 믿음은 언제나 바라봄 안에서 이루어진 믿음이다. 그러나 믿음은 사랑에 기인하므로 관상으로부터 늘 새롭게 성장한다.

하느님 안에서 믿음의 요소에 관해 말하기에는 불충분하고 애매한 것이 있다. 그렇지만 이 개념은 꼭 필요하다. 하느님 안에서 기도에 관해 다룰 경우에 그렇다. 신적 생명을 설명하기 위해 믿음의 개념을 사용하지 않는다면, 우리는 더 이상 믿음에 다가갈 수 없을 것이다. 하느님께서는 우리를 사랑의 세계로 이끄시고 삼위일체적 본질에 이르는 길을 제시하신다. 그리고 우리를 무한하신 당신께로 인도하시면서 은총을 베푸시어 불충분하지만 변경될 수 있는 우리의 인간적 개념을 사용하게 하신다. 하느님의 지고한 선물들, 그분의 신적 생명에서 직접 나오고 그분의 삼위일체적 생명에 참여하는 선물들인 믿음, 희망, 사랑은 그분의 본질을 밝히는 데 피조물인 우리가 인간적 본성에서 끌어낼 수 있는 것보다 훨씬 더 적합하다. 그리스도인의 하느님 체험은 그분의 본질에 다가가는 것으로, 그분의 존재를 해석하는 수단으로 사용되어야 한다. 그렇게 하지 않는다면, 우리는 이 현세적 세상 속에 숨어 버린 채 우리를 하느님께 다가가게 해 주는 가장 값진 선물을 던지게 되는 것이다. 이어서 하느님께서는 우리에게 참으로 좋은 것을 주셨지만, 우리가 하늘나라로 들어가면 그 좋은 것은 세속적이고 일시적이고 덧없고 불필요한 것으로 드러날 거라는 기이한 생각마저 품을지도 모른다. 물론 우리의 믿음은 하늘나라로 들어가면서 달라질 것이다. 하느님께서는 우리의 대담한 기대를 넘어 믿음을 완성시켜 주실 것이다. 하느님께서는 당신 자신을 드러내시면서 더 위대한 분이 되실 것이기 때문이다. 하느님께서 우리에게 선사하실 직접적인 바라봄은 믿음이 훨씬 더 구체적이고 더 명백하고 더 많이 증명된 형태가 될 것이다. 바라봄은 믿음을 없애 버리는 것이 아니라 오히려 완성할 것이다. 믿음은 바라봄을 위로 올라오게 하는 뿌리일 것이다. 지금은 믿음이 드러난 것이고 바라봄은 숨어 있는 것이라면, 그다음에는 바라봄이 드러난 것이고 믿음은 바라봄을 숨어 있게 한 전제 조건일 것이다.

두 지체를 연결하는 매체는 지상에서의 신비적 바라봄[8]이다. 신비주의는 믿음을 표현하는 한 방법이다. 신비주의는 믿음 안에서만 태어날 수 있다. 믿음은 하느님 현존 체험을 받아들이기 위해 추상적이고 사변적인 성격을 잃어버린다. 그러나 믿음에서 벗어나면 바

---

8 지체들은 먼저 열려 있어야 한다. 그래야 닫힐 수 있다. 하느님 안에도 영원히 닫혀 있음의 전제 조건인 열려 있음의 자리가 있다. 성부와 성자께서는 두 개의 반지처럼 나란히 있거나 맞닿아 있지 않으시다. 두 위격은 서로 스며들어 계시며, 서로 맞추신다. 그러기 위해서는 열려 있는 자리를 마련하셔야 한다. 성부께서 열려 있음은 성자를 낳으시는 것과 받아들이시는 것 안에 있고, 성자께서 열려 있음은 성부로부터 낳음을 받으시는 것과 성부께로 돌아가시는 것 안에 있다. 믿음과 바라봄에 대해서도 이와 유사하게 말할 수 있다. — 저자 주

라봄 안에서 쉴 수 없다. 나아가 바라보지 않는 믿음은 바라봄이 빼앗긴 상태라고 설명할 수도 없다. 환시에 대한 믿음은 바라봄에 대한 믿음과 크게 다르지 않다. 바라봄 안에서의 믿음과도 다르지 않을 것이다. 어느 신비가가 많이 바라볼수록 더 적게 믿을 거라는 말은 사실이 아니다. 오히려 믿음과 바라봄은 신비주의에서 긴장 상태를 형성하고, 이 긴장 상태는 때로는 한쪽에 의해서 더 많이, 때로는 다른 쪽에 의해서 더 많이 강조된다. 하느님께서 그 상태를 형성하는 것에 따라서 말이다.

우리의 지상석인 신앙생활로부터, 그리스도인의 가장 사적인 것으로부터, 하느님의 매우 특별한 선물인 은총으로부터 무언가가 우리의 영원한 바라봄 안으로 들어가듯이, 지상적 신비주의에서 믿음과 바라봄을 동시에 일어나게 하는 것이 하늘에서는 복된 바라봄(지복직관) 안으로 들어간다. 어린아이는 자기가 찾아낸 작은 물건들을 아빠에게 가져간다. 아빠를 기쁘게 해 주려는 것이다. 아이는 아빠의 사랑을 매우 소중히 여긴다. 아이가 훗날 성장하면 가치 있는 선물을 줄 수 있다. 그러나 이는 사랑과 헌신이 자라났음을 의미하지 않는다. 아빠는 두 가지를 한결같은 사랑으로 받아들인다. 하느님 아버지께서도 우리가 바라보는 것의 열매만 받으시려고 우리 믿음의 열매를 거부하지 않으실 것이다. 열매는 행위, 행동과 분리될 수 없다. 주님이신 예수님께서는 지상에서 아이였을 때 이미 (포용하는 분으로서) 바라봄을, (순례자로서) 믿음을 지니셨다. 그저 바라보고 아시기만 하고 믿지 않으셨다면, 그분께서는 최초의 그리스도인이 아니었을 테고 모든 것은 대단히 쉽게 되었을 것이다. 그분께서는 아버지이신 하느님의 이끄심을 아이처럼 끝없이 신뢰하셨다. 그리고 아버지께서 주신 모든 것을 받아들이셨다. 그것이 쉬운지 어려운지, 이해할 수 있는지 없는지 따지지 않고서 그대로 말이다. 그분께서는 모든 것을 혼자서 판단하는 어른으로 행동하기를 바라지 않으셨다. 모든 것을 아버지로부터 주저 없이 받아들이셨고, 이러한 태도를 평생 지니셨다. 그러므로 신비가에게 믿음과 바라봄이 동시에 일어날 수 있듯 지상 생활을 하신 예수님과 종국엔 하늘에 있는 성인들에게도 마찬가지로, 아니 훨씬 더 완전한 형태로 믿음과 바라봄이 동시에 일어날 수 있다. 지상에서도 참된 사랑 안에서 참회와 기쁨, 존중과 경멸이 동시에 일어날 수 있듯이 말이다. 유한한 피조물인 인간에게는 실제로도 서로 뒤섞여 있는 많은 것을 잇달아 체험하려는 경향이 있다. 사랑 안에서, 그리스도인의 삶에서, 신비주의 안에서, 그리스도 안에서, 하늘에서 말이다. 이렇게 동시에 일어나는 것은 믿음 안에 영원한 것이 들어 있다는 것, 그리고 우리가 유사한 방식으로 삼위일체 하느님을 바라보는 가운데 믿음에 관해 이야기할 수 있다는 것을 증명한다.

A. v. Speyr

하느님께서는 먼저 당신 안에서 바라보신다. 성부께서는 당신 사랑의 표현으로 성자를 낳으시고, 처음부터 당신이 소유하신 모든 것에 참여하신다. 성부께서 성자를 바라보시는 순간에 성자도 성부를 바라보신다. 성자를 바라보시는 성부의 사랑은 성부를 바라보시는 성자의 사랑과 동시에 이루어진다. 신적 사랑은 그러한 힘이 있기에 사랑받는 이가 사랑에 속하는 것을 바라보는 순간조차도 잃지 않게 한다.

한 남자가 한 여자를 사랑하지만 그 사실을 당사자에게 명확히 알려 주지 않는다면, 이는 그가 그 여자를 완전히 사랑하지 않음을 드러내는 것이다. 사랑에는 미루는 것을 참지 못하는 조급함이 있다. 사랑하는 사람은 자신의 사랑에 만족하지 못하고, 사랑이 주는 기쁨에 충족할 수도 없다. 그는 즉시 사랑받는 사람이 되어야 하고, 자신의 사랑을 상대방에게 알려야 한다. 이를 효과적으로 전하는 방법은 상대방 안에서 사랑이 깨어나게 하는 것이다. 이렇듯 바라봄이 처음부터 사랑과 결부되어 있다고 해서, 바라봄이 사랑의 표현이라거나 사랑이 바라봄의 표현이라고 말해서는 안 될 것이다. 갑작스러운 출발, 모든 것을 충만하게 하는 예기치 않은 만남 같은 것이 있다. 두 가지 일이 동시에 일어나고 가장 깊이 일치하는 경우도 있다. 성부께서는 지금 성자 앞에 서 계실 만큼 성자를 간절히 기다리셨다. 그렇지만 자신처럼 완전하신 성자를 소유하는 것으로 당신의 사랑을 입증하려고 애쓰지는 않으셨다. 모든 것이 전개되면서 충족되고 완전히 실현되는 반면, 영원한 순간은 무한 속으로 들어가 앞을 향해서도 또 뒤를 향해서도 작용하면서 처음부터 있었던 모든 것과 앞으로 있을 모든 것을 끌어들인다.

'지금'은 언제나 이미 존재했다. 그것은 완전하므로 견줄 만한 게 없다. 활동의 자유는 현재로 인해 제한받지 않을 것이고, 기대와 실현은 정확히 일치한다. 성자께서 성부께 드리는 인상이 완전한 진실로 입증되는 바로 이 순간에 성자도 성부를 자신이 처음부터 지닌 기대를 입증해 주신 분으로 바라보신다. 성자께서는 자신을 낳으신 이 원형原形 안에서, 처음부터 성부의 기다림 속에서 사신 듯하다. 그리고 이렇게 영원한 기다림이 끝나고, 이제 드디어 모습을 드러내신 듯하다. 성자께서는 이제 드디어 성부를 바라보시면서 그분의 영원한 기다림, 기대를 충족시켜 드린 듯하다. 성자께서는, 영원하신 그분께서는 기다릴 시간이 없으셨을지라도 이렇게 실현된 것을 영원한 기다림의 결과로 체험하신다. 그렇다. 이렇게 실현된 것을 통해 성부와 성자께서는 영원한 기다림에 주목하시고, 기다림을 통해서는 실현에 주목하신다. 그리고 두 위격은 이렇게 갑작스러운 순간에, 기한 없이, 잇달아 서로 바라봄 없이 동시에 상호적 사랑을 아신다. 또한 처음부터 그러셨고 지금도 그러하시듯 이렇게 함께 계시는 가운데 성령에 대한 당신들의 말로 표현할 수 없는, 간절히 기다리는 사랑을 아신다. 두 위격의 공통된 뜻과 공통된 영원한 기다림의 표현인 성령께서는 바로 지금 두 위격으로부터 발출되신다. 그리하여 성부께서는 동시에 처음부터 사랑하시고 기다리셨던 성자를 바라보시고, 성자와 함께 처음부터 사랑하시고 기다리셨던 성령을 바라보신다. 성령께서는 처음부터 성부와 성자께서 자신을 기다리셨음을 아시고, 두 위격을 자신이 기다린 것을 이루어 주신 분들로서 바라보신다. 성령께서는 두 위격의 사랑의 증인이 되어야 한다는 필연성을 처음부터 지각하신 듯하다. 그리고 두 위격과 함께 신적인, 본질이 같은 관계를 유지하기 위해서 성부와 성자를 항상 바라보신 듯하다. 동시에 성령께서는 자신의 발현이 얼마나 환영받았는지도 아신 듯하다. 이로써 성부와 성자 사이에 자신의 숨이 불어넣어지면서 친밀함이 생겨났을 것이다. 성자께서 성부께 환영받았듯이, 성령도 그렇게 되기를 바란다. 따라서 성령께서는 두 위격의 기대를 완전히 실현하실 수 있다. 두 위격도 자신이 영(성령)이 되기 위해 필요한 실현(충만함)을 선사해 주듯이 말이다.

  이렇게 서로 바라봄의 근원 안에서 세 위격이 맺으신 관계가 확정되었다. 어떤 영원한 놀이를 하듯이, 세 위격은 구별되었다가 하나가 되시고 서로 충족시켜 주면서 다시 기대하신다. 관계 안에서 세 위격은 완전한 신적 사랑을 체험하시고, 이렇게 충족된 사랑 안에서 우리가 믿음과 희망이라 부를 수 있는 것, 각자 안에서 자유를 일깨우고 인식하게 하는 것, 각자에게 좋게 비치는 것을 행할 가능성을 선사하신다. 이와 관련해서는 "바람(영)은 불고 싶은 데로 분다."(요한 3,8)라는 말씀보다 더 적절한 표현은 없다. 영(성령)은 성부 안에서, 성자 안에서 일치를 이룬다. 본디 이렇게 영(성령)이 부는 것은 어떤 본체처럼 서로에 대한 신적 믿음과 신적 희망을 위한 것이다. 이 둘은 상호적 사랑에 의해서 영원히 보완되고 충족되지만, 하느님께서 계시는 곳이면 어디서나 감지될 수 있고 영원 속으로 따라 들어갈 수 있다.

현세적 사랑과 바라봄 안에서 행위와 상태로서 동시에 일어나는 일이 영원한 바라봄과 사랑 안에서도 발생할 수 있다. 남자와 여자가 사랑을 나눌 때 정태적情態的인 것과 행위적인 것이 번갈아 나타난다. 정태적인 면은 여자에게서 더 많이 나타나고, 행위적인 면은 남자에게서 더 많이 나타난다. 하느님 안에서는 이 둘이 원칙으로서 존재한다. 성부께서는 성자를 낳으시고 한결같이 사랑하신다. 그렇지만 이 사랑과 낳음은 언제나 바로 지금 일어난 사건이다. 바로 지금 성부께서는 성자와 함께 성령을 발출하신다. 하느님의 정태적인 면은 그분의 영원한 위격적 사랑이고, 그 사랑은 지금 낳고 영을 불어넣고 바라보는 행위에서 특별한 현재성을 강조할 것이다.

또한 하느님의 정태적인 면은 그분의 영원한 낳으심과 바라봄이고, 이 두 가지 요소 내에서 세 위격의 상호적 사랑은 행위적인 것이다.

남자와 여자가 지금 나누는 사랑은 두 가지 측면에서 자극을 받을 수 있다. 예전에 만족을 느꼈던 경험과 지금 바라고 기대하는 마음이다. 후자는 각자 자신을 위해 계획하고 구상하는 것뿐만 아니라, 두 사람이 서로 맞춰 가는 과정에서 일어난다. 따라서 여러 관점이 다양하게 얽혀 있다. 실현과 기대, 지금 생겨나는 것과 앞으로 새롭게 만들어질 것, 상태와 행위가 교차되듯이 말이다. 행위는 사랑에 생기와 무한함을 선사한다. 참된 사랑은 결코 지루해지지 않는다. 참된 사랑은 자기 자신으로부터 새로워진다. 그러나 인간적 사랑이 이렇게 활기찬 것은 끝없이 활기찬 신적 사랑을 닮은 것에 불과하다. 그러므로 남자는 자기를 위해 무언가를 계획할 수 있지만, 여자와 맞춰 가면서 계획하는 것이 중요하다. 성부께서는 성자를 기다리면서 계획하시지만, 성자께 부합한 것도 마련해 놓으신다. 성자께서 항상 신성을 지니셨지만, 인성에 늘 완전히 부합하시는 이유도 이 때문이다. 신적인 것과 인간적인 것 사이에 있는 영역에서 신적 사랑의 풍요로움과 고유한 부유함이 깃든 끝없는 영역이 나타난다. 이와 유사하게 여자는 사랑하는 사람이자 여자로서 남자의 기대에 응답한다. 남자 역시 사랑하는 사람이자 남자로서 기대를 가지고 있다. 그러나 그가 사랑하지 않는다면 전혀 다른 기대를 품을 것이다. 그의 기대는 한편으로는 훨씬 조화를 더 잘 이루며 더 잘 보이고 더 옳지만, 다른 한편으로는 훨씬 더 잘 구별되고 더 남자다운 특성을 드러내 보인다. 사랑이 일치해야 비로소 성별과 인격체가 참으로 구분될 듯하다.

결국, 남녀가 나누는 사랑은 당사자들이 지금 행하는 것이 무엇인지 정확히 아는 것과 전혀 모르는 것에 따라서도 대비된다. 남자는 합일의 본질이 무엇인지 알지만, 여자가 자기를 받아들여 줄지는 알지 못한다. 그는 그것이 사랑 안에서 이루어지기를, 여자 안에서 자기에 대한 더 큰 사랑이 깨어나기를 바랄 뿐이다. 처음에는 홀로 계획하고 생각하지만, 두 사람이 점점 더 깊이 결합하는 가운데 그렇게 숙고한 것이 실현되고 두 사람은 점점 더 각자의 힘을 잃게 된다. 이때 남자가 어느 정도는 우위에 있지만, 결국엔 자기 자신을 내준다. 이와 유사하게 첫 번째 바라봄은 하느님 안에서 발출하는 것들의 토대가 된다. 성부 하느님께서는 모든 것 안에 질서를 세우시고 계획하신다. 성자를 낳으시는 행위는 이러한 근원적 바라봄 안에 포함된 것과 같다. 그러므로 성자께서 낳아지고 성령이 발출되는 것은 모든 것을 감싸 안는 관상 내에서 이루어지는 행위와 같다. 마리아가 천사에게 한 "예." 응답도 관상으로서 모든 것을 포괄하는 "예." 응답 내에서 하나의 행위와 같다. 하느님 안에는 행위와 낳음 없이 단지 계획하고 바라보는 순간은 없다. 오히려 성부의 바라봄은 즉시 성자의 낳음이고, 성부와 성자의 바라봄은 즉시 성령에게 숨을 불어넣는 것이다. 이러한 신적 바라봄은 매우 지배적이므로 자기 자신 안에서 자신이 바라보는 대상을 발출시키고, 따라서 사랑받는 이의 실재實在와 사랑의 결속을 통해 바라보는 이를 압도하고 충만하게 할 듯하다.

행위는 바라봄에서 나온다. 그러나 바라봄은 행위와 그 결과를 통해 즉시 새로운 중요성을 얻는다. 하느님께서는 무한하신 분이다. 그분 존재의 무한함은 그분의 이해 지평의 무한함에 늘 새로운 문을 열어 준다. 또한 하느님의 이해 지평의 무한함은 그분 존재의 새로운 무한함을 위한 창조적 발판이 된다. 사랑하는 사람이 상대방의 마음을 완전히 간파할 수 없음은 사랑의 법칙이다. 아무도 상대방의 반응을 예측하거나 통제할 수 없으며, 자유로운 사람은 그러지 않을 것처럼 생각하지도 않는다. 만일 누군가가 그렇게 한다면, 상대방은 즉시 그는 영적인 사람이 아니라고 여길 것이다. 그러나 사랑은 본질적으로 사랑받는 사람의 이러한 예측할 수 없음에 근거를 두고 있다. 사랑받는 사람은 항상 새롭게 마음을 열고 새롭게 헌신하면서 사랑하는 사람을 새롭게 놀라게 하고 능가해야 한다. 이러한 움직임이 서로 아는 것으로 끝낼 결심으로 언젠가 중단된다면, 그 사랑은 머지않아 막을 내릴 것이다. 마찬가지로 완전하게 아는 듯 보이는 것은 실제적 유한함을 나타내는 신호일 것이다.

그러나 하느님 안에는 유한한 것이 없다.

활동과 관상

하느님 안에서는 모든 것이 완전한 일치 안에서 이루어진다. 따라서 성부께서 성자를 낳으신 것 안에는 처음부터 성자는 성부의 행위에 대한 응답이라는 뜻이 담겨 있다. 마찬가지로 성부와 성자의 신적 의지 안에는 처음부터 하나의 응답이 들어 있다. 성자의 신성은 출산 행위 자체에서 이미 완성되었다. 성자께서는 낳아지면서 낳음에 대한 성부의 완전한 의도를 아시고 그 일이 이루어지게 하면서 그분의 뜻을 따르신다. 행하는 것과 행하게 하는 것은 삼위일체 하느님 안에서 하나다. 왜냐하면 행하는 분은 행하게 하는 분에게서 이해를 받으시므로 후자(낳아진 분, 영을 받은 분)는 활동하시는 성부께서 행하시는 것을 이해하고 그분과 함께 그분께서 낳으시는 것과 영을 불어넣으시는 것에 참여하기 때문이다. 그리고 처음부터 성부의 본질은 낳아지는 분 또는 영이 불어넣어지는 분의 본질과 같고, 따라서 이해와 바람도 모두 하나로 일치하기 때문이다. 성자께서는 성부의 뜻을 주시하면서 이 뜻이 무엇인지, 성부께서 목적으로 하시는 게 무엇인지 즉시 이해하고 성부의 뜻을 처음부터 자신의 뜻으로 받아들이신다. 따라서 낳으시고 낳아지는 행위에서 수행하는 능동적인 태도와 수행되도록 하는 수동적인 태도가 완전한 일치를 이룬다는 것이 드러난다. 이렇게 일치하면 갈라질 수 없다. 이렇게 일치를 이루면서 모든 것이 완전히 함께 있게 된다. 능동적인 것과 수동적인 것은 각자 다른 것을 포함하고 이해하며 함께 완성한다.

이는 활동과 관상의 근원적 일치, 이 둘의 탄생의 일치이자 존재의 일치다. 일치는 핵심, 원세포와 같다. 신적 사건을 표현하기 위해 활동과 관상이라는 두 개념에 다가가기는 어려울 것이다. 그러나 그다음에 바라봄의 행위가 존재한다(하느님 안에서, 그분께서 지으신 피조물 안에서). 이러한 근원이 존재하기에 바라봄의 행위는 관상으로 증명될 수 있다. 바라봄의 행위는 그 자체로 따로 떼어 놓은 듯하고 규정하기가 어려워 보이며 이 근원으로 되돌려지겠지만, 성부의 뜻에 담겨 있는 일치를 보여 준다. 신적 관상도 있는데, 이는 결과 없는 바라봄의 텅 빈 내용이 아니라 능동적인 것으로 증명될 수 있다. 그 안에 둘이 하나가 되는 핵심이 있기 때문이다. 하느님의 창조 행위는 그분의 바라봄 안으로 놀라움이나 변화를 가져오지 않는다. 세상 창조 이전에 이미 성부 하느님의 뜻 안에서 혼돈 상태가 정리되고 사라졌다. 창조에 관한 구상이 전능하신 그분의 활동 안에 들어 있기 때문이다. 예상치 못한 그 어떤 장애물도, 변경이나 분산을 야기할 만한 것은 무엇이든 그분의 바람과 행위 사이로, 의도와 실현 사이로 들어갈 수 없다. 하느님께서는 당신이 구상하신 작품을 바라보시면서 어떻게 완성하실지 이미 아셨다. 그분의 창조 활동은 그분 뜻의 영원한 관상 안에 이미 완전히 들어 있었다. 창조된 세상은 그분께서 구상하신 세상과 다르지 않다. 세상 편에서 보면, 세상이 창조된 것은 완전히 새로운 것, 기대하지 않은 것, 이끌 수 없는 것을 의미한다. 그러나 하느님께서 보시기에 세상이 창조된 것은 당신의 영원한 관상 안에서 활기차게 된 것에 대해 스스로 주신, 우리가 지각할 수 있는 대답에 불과하다. 행하는 것, 창조하는 것에 따르는 모든 수고는 이미 관상 안에서 이루어졌다. 활동이 관상의 결과라면, 관상 안에는 앞으로 기대되는 활동이 이미 완전히 포함되어 있다.

하느님께서는 하시던 일을 모두 마치시고 이렛날에 쉬셨다. 이는 그분의 창조 활동이 특정한 일을 의미했음을 보여 주는 표지다.

그러나 이 창조 활동은 관상이 힘들지 않음을 보여 줄 목적으로 외부에서 덧붙여진 것이 아니다. 활동은 언제나 관상 안에 포함되어 있었다. 하느님의 관상이 언제나 그분의 창조 활동 안에 포함되어 있듯이 말이다. 그분의 관상은 우리가 볼 수 있도록 이렛날에 모습을 드러낸 것이다. 하느님의 영원한 관상 안에서 능동적인 것은 아직 볼 수 없다. 세상은 아직 창조되지 않았고, 따라서 시간도 아직 구분되지 않았기 때문이다. 모든 것이 동시에 일어나는 영원한 하늘에서는 일과 휴식이 교대될 가능성이 없었다. 피조물의 필요에 따라서 비로소 활동과 관상, 일과 쉼의 일치가 영원으로부터 나와 시간 속으로 옮겨 가고 분리되었다. 하느님 안에서 그러한 일치가 이루어지듯이 말이다. 그렇게 분리되는 것은 우리가 하느님과 그분의 영원한 생명에 대한 것, 그리고 그분의 의도와 실현의 일치에 대한 것을 이해하기 위함이다. 어떤 동작을 슬로 모션으로 세밀히 분석하면 동작을 정확히 알 수 있는 것처럼, 또는 어떤 사람이 상대방을 제압하려고 모든 행동을 아주 천천히 그리고 단호히 해야 하는 것처럼.

창조가 그러하듯, 강생도 하느님의 행위, 성부의 활동이다. 성부의 이 활동은 전적으로 관상 안에 근거를 두고 있다.

성부께서는 처음부터 성자를 신성과 전능함을 모두 갖춘 분으로 보셨다. 사람들이 되돌아갈 수 없을 정도로 타락했기 때문에 전지하신 하느님께서는 당신의 한 위격을 통해서만 그들이 구원되고 본래의 모습을 지닐 수 있음을 처음부터 아셨다. 인간이 원죄를 지은 순간에야 비로소 아신 게 아니다. 성부 하느님께서는 성자의 신성을 바라보시면서 구원 활동을 위해 필요한 모든 것이 그 신성 안에 들어 있음을 처음부터 아셨다. 그러므로 성자께서는 낳음 받은 분으로서 성부 앞에 서신 순간부터, 다시 말해 처음부터 구원의 주역으로 등장하시고, 성부의 이러한 앎을 함께 나누셨다.

성자께서는 자신이 그렇게 할 수 있음을 아셨다. 성부께 감사하면서, 성부와 결속된 가운데 그것을 아셨다. 이러한 앎은 성자께 하나의 선물이다. 성부께서 성자께 이 선물을 주셨고, 성자께서는 신성을 지닌 것에 대한 감사로서 성부께 이 선물을 드릴 수 있다. 성부도 성자께서 당신을 위해 사람이 될 것이고 인성을 지니더라도 신성을 잃지 않을 것임을 처음부터 아셨다. 성자께서 신성을 잃지 않는 까닭은, 그분의 인성과 신성이 성부에게서 비롯되었고 성부께서 성자께 주시는 모든 것은 결정적이며 또 성자께서 그것을 넘겨받았기 때문이다. 성자께서는 사람이 되셨어도 신성을 버리지 않으시고, 하늘로 돌아가서도 인성을 잃지 않으실 것이다. 따라서 그분께서는 성부 하느님께서 사람들에게 주시는 가장 값진 선물, 곧 믿음을 하늘로 그리고 천상적 바라봄 안으로 가져가실 것이다.

성부의 영원한 바라봄과 그분께서 베푸시는 구원, 성자의 영원한 헌신은 완전히 관상적이다. 그러나 성부께서는 씨앗을 주실 것이고, 성자께서는 그것이 열매 맺게 하실 것이다. 그리하여 동정녀 마리아는 성령에 의하여 잉태하게 된다. 그것은 마리아의 신성하고 일관된 활동이 될 것이고, 그 활동은 이제 마리아의 관상 내에서 활발히 전개된다. 이번에도 관상 안에 들어 있는 의도와 활동의 실현 사이로 그 어떤 장애물도 들어갈 수 없다. 성부와 성자와 성령께서는 하느님으로서 전능하시고, 세 위격이 계획하고 행하시는 그 어떤 것도 흔들릴 수 없다. 전능하신 세 위격은 불변하시기 때문이다. 완전한 의미에서 말하자면, '구상된 것은 행해진 것'이다.

성자께 적용되는 것은 성령께도 적용된다. 성부와 성자께서는 영(성령)이 부는 것을 보시면서 성령이 당신들의 상호적 사랑을 표현하는 데 참으로 적합하다는 것을 아신다. 또한 성령이 이러한 사랑의 표현으로서 당신들의 창조 계획을 따른다는 것을 아신다. 성령께서는 성령 하느님으로서 하느님께서 주신 씨앗을 세상으로 나르거나 세상 창조 때 이미 하느님의 영을 언제나 새롭게 세상에 드러내 보이는 데 적합한 특성을 지니셨기 때문이다. 성령께서는 성부와 성자께서 자신에게서 기대하실 수 있고 기대하셔도 되며 또 기대하셔야 하는 모든 것을 자신이 지녔음을 처음부터 밝히셨다. 그리고 단순히 존재함으로써 성부와 성자께서 제시하시고 스스로도 내놓는 모든 요구를 처음부터 완전히 실현하신다. 왜냐하면 세 위격은 다른 위격의 신성을 알고 계실 뿐만 아니라, 각자 자신의 신성 안에서 살고 계시기에 다른 위격들에 대한 요구와 자기 자신에 대한 요구를 분리할 필요가 없다는 것도 지각하시기 때문이다. 이는 일관성 있는 요구들이다. 다른 위격의 뜻대로 하게 하는 것 역시 일관성 있듯이.

신적 관상에서 나오는 활동은 우리가 이해할 수 있는 뚜렷한 윤곽을 지닌다. 이렇게 영원히 뒤섞인 역할의 특징이 있는데, 하느님께서는 은총을 베푸시어 그 특징을 우리에게 보여 주신다. 그 특징은 우리에게 성삼위 안에서 진행되는 것에 대한 감각을 열어 주고, 세상 안에서 이루어지는 관상 또는 활동의 본질을 규명해 주고, 결국엔 이웃을 근본적으로 이해하는 법도 알려 준다. 하느님과 하느님의 관계로부터, 다른 위격들에 대한 한 위격의 이해를 토대로 하느님께서는 우리에게 이웃을 이해하는 길을 열어 주신다. 하느님 안에서는 삼위일체의 신비가 감춰져 있거나 사라지지 않았으므로 그리스도인이 이 신비 안으로 들어가지 않고 이 신비를 자신의 삶 속으로도 포함시키려 하지 않는다면, 이 신비를 이해할 수 없다. 하느님께서 바라보시듯이, 그리스도인도 바라보면서 바라보는 법을 배운다. 하느님께서 하느님과 함께 사시듯이, 그리스도인도 바라보면서 이웃과 함께 사는 법을 배운다. 어딘가에 도착하여 그곳에 받아들여지리라는 막연한 희망을 품고서 모든 활동과 관상이 지상에서 하늘로 향해 가는 것으로는 충분하지 않다. 활동과 관상은 영적으로도, 의식적으로도 하느님의 방식에 참여해야 하고, 그분의 방식을 지침이자 본보기로서 하느님 안에서 사는 현세적 삶에 활용해야 한다. 인간은 그저 하느님의 관객이 아니다. 인간은 하느님께서 바라보시는 것을 바라본다. 그러나 하느님께서는 바라보시면서 관상과 활동을 통합하신다.

서로 사랑하는 남녀가 밤이나 낮이나 같은 공간에서 아무 일도 하지 않은 채 단둘이 있도록 강요당한다면, 그들은 이렇게 함께 있는 것을 더는 참지 못하는 순간이 올 것이다. 이제 그들의 사랑은 시들고 결국엔 죽을 것이다. 사랑이 활기차게 유지되기를 바라는 사람들은 자유의 여지를 두고 자신의 관심사를 추구할 줄도 알아야 한다. 그래야 무언가를 새롭게 발견하고 결과를 얻고 성과도 내면서 상대방에게로 돌아갈 수 있다. 풍요로움을 유지하기 위해 사랑은 새로운 기대로 가득 차야 한다. 이런 까닭에 순전히 인간적인 사랑은 세 위격이 영원히 함께 계시는 것을 상상하기 어렵거나 전혀 상상할 수 없다. 순전히 인간적인 사랑은 하느님 안에서도 멀리 있는 시간, 거리를 두는 시간이 있어야 그분의 사랑이 살아 있을 거라고 생각한다.

하느님께서는 인간에게 사랑의 단조로움을 피하도록 두 가지를 선물하셨다. 하나는 부부가 성을 통해서 육체적으로 풍요로움을 체험하고 아이를 낳아 기르는 것이다. 자녀는 성장해 가고 자신의 삶을 살아감으로써 부모에게 보람을 안겨 준다. 이렇게 자자손손이 새로운 활력을 얻게 된다. 그러나 그것을 넘어서 하느님께서는 인간에게 더 큰 선물을 주셨다. 인간적 사랑이 당신의 신적 사랑에 참여하도록 허락하신 것이다._ 하느님께서는 당신의 무한하심 안에서 모습을 드러내시므로, 인간적 삶과 사랑은 새롭고 더 심오하고 더 무한한 의미를 지닌다. 이제 새롭게 찾는 것과 발견하는 것이 있다. 이 둘은 하느님과 가까움에, 하느님께 협력함에 기인한 것이다. 이제 새로운, 예상치 못한 부유함이 존재한다. 가능한 변화, 일치, 순응과 함께 존재하는데, 이는 초자연적 사랑의 무한함을 표현하는 것이다. 이러한 부유함을 먹고 사는 그리스도인에게 저 인간적인 멀어져 있음과 부재不在는 전혀 필요 없다. 그는 본성이 아니라 하느님 안에서 산다. 숨겨져 있는 것과 밝혀진 것, 놀라운 것과 압도하는 것이 그를 근심에서 벗어나게 하고, 인위적으로 떨어져 있음으로써 그의 사랑이 활기를 띠게 만든다. 그리하여 자신의 체험을 바탕으로 하느님 안에서 느끼는 사랑이 무료함의 반대임을 갑자기 깨닫는다. 우리를 무료함에서 멀어지게 하는 것은 모두 신적이다. 하느님 안에서 일치와 차이는 서로 반대되는 것이 아니다. 오히려 차이를 통해서 완전한 일치, 영원히 풍요로운 일치를 이룰 수 있다. 따라서 하느님께서는 당신의 관상을 새롭게 하기 위해 활동 안에서 출발하실 필요가 없으시다. 그분의 사랑은 일치와 차이 사이에 다리를 놓으므로 활동과 관상도 연결한다.

성자께서는 항상 성부 안에서 하느님을 낳을 수 있는 분을 보신다. 전능하시고 전지하신 성자께서는 성부께서 자신을 낳으시면서 이러한 전능하고 전지한 것을 만들어 내셨음을 아신다. 성부께서는 성자를 낳으심으로써 당신의 위대하심과 성부다움에 이르신다. 성부께서는 낳으시는 분으로서 낳으시는 분과 낳아지는 분을 구분 짓는 차이가 있음을 성자께 알리신다. 그러나 이 차이는 일방적이지 않고, 성자께서 성부께 경외심을 지니시는 것뿐만 아니라 성부께서 성자께 경외심을 지니시는 것도 전제로 한다. 성자께서는 영원히 낮아진 분으로서 성부 앞에서 이러한 특성을, 곧 전지하시고 전능하신 분으로서 자신이 낳음 받은 것을 늘 새롭게 내보이신다. 그리고 성부와 성자께서는 성령을 바라보시면서 이 셋째 위격 안에서 당신들에게서 발출된 분을 보신다.

이로써 두 위격은 차이가 나는 중에도 사랑 안에서 새롭게 일치하신다. 성령께서는 두 위격이 차이 나는 것이 결코 분리가 아님을 증명하시는 듯하다.

영속적으로 커지는 차이를 자신의 사랑으로 항상 새롭게 극복하시기 때문이다. 이와 같이 차이 남과 받아들임은 성삼위 안에서 움직이는 힘이다. 이 둘은 항상 증대될 수 있고 하느님의 생명 안에 깊이 뿌리내리고 있으므로 이 신적 생명을 늘 새롭고 풍요롭게 유지한다.

우리는 세상을 바라보며 하느님과 맺는 관계의 끝없는 다양성을 생각해 볼 수 있다. 세상의 다양성이 다채롭고 흥미롭고 긴장감 넘치고 끝이 없다면, 이러한 다양성의 근원은 얼마나 풍요롭겠는가! 하느님께서는 당신의 은총 안에서 사는 사람들에게, 그들의 기쁨에, 그들의 사랑에, 그들이 당신과 관계를 맺는 수많은 방법에 당신의 기쁨을 두신다. 따라서 그분께서는 무료하지 않으시고, 그 기쁨은 당신의 무한한 전능하심에 대한 기쁨이나 당신이 영원히 나누시는 고유한 사랑에 대한 기쁨보다 훨씬 클 것이다. 성부 하느님께서는 사람이 되신 성자께서 모든 것을 사람들과 함께 행하는 것을 바라보신다. 성자께서는 성부께서 사람들을 위해 무엇을 계획하시고 또 그것을 어떻게 실행하시는지 바라보신다. 그리고 성부와 성자께서는 성령이 세상에서 예기치 않은 일들과 기적을 어떻게 행하는지 바라보신다. 이 모든 것은 어느 위격도 아무리 보아도 싫증 나지 않는 장면이다. 그렇지만 하느님께서 세상에서 행하시는 모든 일은 신적 사랑 안에서 신적 긴장과 차이와 합일로 구성된 바다의 물방울 하나하나에 불과하다.

영원한 현존은 그렇게 모든 부재를 보완한다. 하느님께서는 전지하심에도 불구하고 우리를 그토록 사랑하시므로 사랑하는 사람을 통해서 언제나 우리를 능가하시고 놀라게 하신다. 아이들은 무언가 숨기기를 좋아한다. 찾는 기쁨을 주려는 것이다. 동화 속 왕자는 공주를 얻기 위해 농부의 종으로 변장하거나 심지어는 오랫동안 종의 신분으로 지내다가 나중에야 (본인도 깜짝 놀라면서) 정체를 드러낸다. 어느 전문 분야에 정통한 두 친구는 각자 전문 지식을 뽐내면서 서로 겨루거나 압박하지 않는다. 오히려 서로 각자의 영역으로 이끌어 주면서 점점 더 공통된 것을 찾아낸다. 그러나 각자 다르게 본 것, 다르게 이해한 것을 발견하고 이렇게 다른 것 안에서 보완할 점을 찾아낸다. 누군가에게 찾는 기쁨을 주려고 공을 숨기는 아이는 지금 자기가 공을 가지고 노는 듯 행동해야 한다. 그러나 둘이서 숨바꼭질을 한다면 뭔가를 옮겨 놓거나 바꿔 놓을 필요가 없다.

하느님께서는 지금 홀로 계시지 않고, 삼위일체를 이루신다. 각 위격은 다른 위격들에게 자신의 특성을 보여 주시고, 다른 위격들에 의해서 그것이 발견되도록 하신다. 성부께서는 성자께 당신의 전지하심이 아닌 당신의 사랑으로, 모든 사랑을 더 밝게 비추는 그 사랑으로 향하게 하신다. 성부께서는 당신의 사랑은 앞으로 나아가게 하시고 당신의 전지하심은 뒤로 물러나게 하신다. 영원한 관계에서 중요한 것은 바로 사랑이기 때문이다. 사랑으로 섬기는 것 안에는 앎도 들어 있다. 이때 하느님 안에서 놀라움을 일으킬 모든 것은 항상 다른 위격의 법칙에 맞게 이루어진다. 성부께서는 성자 안에서 아들다움의 법칙을 결코 변경하거나 강화하지 않으시고 실현하고자 하신다.

모든 선물은 받은 사람이 다시 돌려줄 수 있다. 선물에는 선물하는 기쁨이 담겨 있다. 상대방의 다름을 배려하는 마음이 담겨 있다. 세 위격의 선물은 어느 개인에게 주는 선물이 아니라, 서로 섬기는 가운데 주는 선물이다. 성부의 모든 활동은 결국 당신 자신을 새롭고 다르게 보여 주시고 비추시려는 목적을 지니고 있다. 성자의 사랑을 새롭게 불러일으키고 그 사랑에 새로운 대상을 일깨워 주기 위해서다. 성부의 모든 활동은 새로운 차이와 전망을 만들어 낸다. 관상하는 성자께 성부에 대한 새로운 기쁨을 주기 위해서다. 같은 방식으로 다른 위격들도 그러하다. 이는 신적 활동의 모든 형태에 적용되는데, 신적 본질 내에서 또는 창조 세계에서 그렇다. 모든 신적 활동은 늘 다른 것에도 근거를 두고 있으며, 결국엔 신적 사랑을 증진시키는 데 항상 기여한다. 성부 하느님께서는 세상을 창조하시어 성자께 선물을 주셨고, 성자께서는 사람이 되는 것으로 이 창조 활동에 화답하셨다. 세상의 구원과 회복을 통해 성부께 자신의 사랑을 증명하고 기쁨을 안겨 드리기 위해서다. 성부와 성자께서는 분명 모든 것을 함께하신다. 그러나 이 말은 두 위격의 특징들이 두 위격의 모든 활동 안에 내포되어 있다는 뜻이 아니다. 각 위격의 고유한 활동은 없고 각 위격은 사랑 안에서 고유한 활동에 똑같이 참여한다는 뜻이 아니다.

이 모든 것에 비추어 볼 때, 하느님 안에서 활동과 관상은 참으로 하나임이 다시 한번 분명해진다. 세 위격의 더 크지만 극복된 차이는 관상에 근거를 두고 있다. 활동과 관상은 서로 영향을 미친다. 그렇지만 관상은 자신 안에 깃들어 있는 활동을 통해서, 그리고 서로 바라보시는 세 위격의 본질을 통해서 그 윤곽이 드러난다는 것이 중요하다. 이러한 영원한 바라봄 내에서 바라보시는 하느님께서는 바라봄의 주체이자 객체시다. 이렇게 바라보시면서 하느님께서는 삼위일체적 사랑을 촉진하기 위해 늘 차이를 만들어 내신다. 따라서 영원한 생명도 이러한 존재 방식과 바라봄의 방식에 부합하게 더 이상 동일한 형태가 아니라 그런 방식들을 통해서 영원히 새롭게 주어지고 형성된 것으로 보인다.

하느님께서 하느님께 드리는 흠숭

성부 하느님께서는 다른 위격 안에서 당신 자신을 인식하신다. 성부께서는 당신 자신이 하느님이심이 중요하지 않으신 듯하다. 그분께서는 성자께 신성을 선물로 주시는 바로 그 순간에 신성의 이루 말할 수 없는 위대함과 숭고함을 인지하시는 듯하다. 성자께서는 현존하심으로써 성부께 신성의 무한함을 드러내 보이시는 듯하다. 그 이유는 이렇다. 성령 안에서 성부와 성자를 결속시키는 사랑이 성부께는 성자의 위대하심을, 성자께는 성부의 위대하심을, 성령께는 두 위격의 위대하심을, 그리고 두 위격에게는 성령의 위대하심을 어디서나 드러내기 때문이다. 사랑은 이렇게 드러내는 것의 토대가 되고, 모든 신적 특성과 결부되어 있다. 성부께서는 그렇게 성자께서 하느님이심을 알아보신다. 하느님께서는 완전한 사랑이시기에 진실하시다. 완전한 사랑이시기에 세상의 구원을 준비하고 계신다. 또 영(성령)이 분다는 것을 아신다. 영(성령)이 부드럽게 불기 때문이다. 이에 관해서는 그 밖에도 많은 것을 기술할 수 있을 것이다. 사랑은 각 위격에게 다른 위격 안에 있는 신적인 것을 먼저 인식하게 한다. 하느님께서는 당신께 적합하고 당신 앞에 서 계시는 하느님께도 적합한 사랑 안에서 당신이 누구이신지 마치 새로운 듯이 발견하신다. 그분께서는 당신의 숭고함을 인지하시고, 당신의 사랑을 감지하신다.

하느님께서는 당신의 본질을 어떤 매개체 없이 늘 새롭게 유지하신다. 그리고 이렇게 다른 위격의 신적 본질을 진실하게 바라보신다. 그때 흠숭이 나온다. 흠숭이란 사랑 안에서 하느님과 하느님의 만남을 표현하는 것이다.

흠숭해야만 하느님께서 하느님을 만나실 수 있다. 그분께서는 성부, 성자, 성령으로서 마주 보고 계신다. 하느님께서는 그런 분이시기에 모든 흠숭은 사랑 안에서만, 그분을 따를 때에만 올바를 수 있다. 그렇기 때문에 사랑 안에서 늘 체험하고 이해하는 것이기도 할 것이다. 사람이 되신 성자께서 성부께 흠숭 형태로 자신의 사랑을 증명하신다면, 새로운 것을 행하시는 게 아니다. 성자께서는 태초부터 이미 행하셨던 것을 행하신다. 성부에 대한 그분의 내적 태도는 그분께서 사람이 되셨다고 해서 달라지지 않았다. 그분의 인성은 바로 신적인 것, 천상적인 것을 표현해야 한다. 성자께서는 태초부터 성부를 하느님으로 체험하셨듯이, 지상에서도 기도하면서 성부를 자신이 흠숭을 드리는 하느님으로 체험하신다. 아드님은 아버지를 자신보다 위대하신 분이라 하시고(요한 14,28), 하늘을 향하여 눈을 들어 아버지께 말씀하시며(요한 17,1), 아버지를 자신의 하느님이시며 우리의 하느님이라고 부르신다(요한 20,17).

성부께서도 분명 당신 자신에 대해 알고 계신다. 당신이 하느님이라는 것, 당신이 어찌하여 하느님인지, 왜 하느님인지 알고 계신다. 그러나 이 앎은 그분 안에서만 전개되면서 그분께 관심을 일으키지 못했을 것이다. 네가 있던 곳에서, 사랑을 주고받는 곳에서 앎은 인식으로서 생생해진다. 사랑은 늘 상대방을 끌어당긴다. 사랑 안에서 나와 너를 비교하려는 모든 시도("우리 둘 중 누가 더 멋진 사람일까?")는 처음부터 우스꽝스럽다. 사람들 사이에서 상호적 가치나 무가치, 상대방의 좋은 면이나 나쁜 면을 평가하면서 사랑을 쌓는 것은 중요한 게 아니다. 사랑은 먼저 상대방을 끌어당겨야 시작된다. 이렇게 끌어당기는 가운데 상대방의 특성들이 보이지만, 그것들은 이미 사랑에 의해서 채색되었다. 서로 사랑하는 사람들은 상대방의 좋은 면을 '객관적으로' 평가할 수 없다. 사랑 밖에서는 그렇게 평가할 수 있겠지만 말이다. 하느님께서는 사랑이 절대적이므로, 사랑을 바라볼 때 그분의 참되고 객관적인 선하심이 드러난다. 각 위격이 사랑 안에서 선한 것을 인지할 때 하느님의 선하심이 드러난다. 그렇게 세 위격이 서로 교환되는 가운데 그분의 선하심이 드러난다.

하느님께서는 당신 맞은편에서 하느님을 인식하신다. 성부께서 성자 안에서 보시는 모든 것은 성자의 신성에 속한다. 이는 성자께 완전하고 당연하며 그분과 조화를 이루는 것이다. 성부께서는 성자께서 하느님으로서 당신과 본질이 같은 분임을 아신다. 그러나 그분에게 중요성을 지니는 것은 이렇게 당신께로 환원되는 인식이 아니다. 오히려 성부께서는 하느님이시기에 당신이 아시는 것과 느끼시는 것에 비추어, 그리고 신적 인식 능력을 펼치심으로써 어디서나 성자 안에 계시는 하느님을 알아보신다. 성부께서는 성자 안에 계시는 하느님을 바라보시고 (그분의 말씀을) 들으시며, 냄새 맡으시고 맛보신다. 그분의 모든 감각은 성자 안에 있는 신성이 빛나는 곳에서 반응한다. 이러한 인상은 모든 개개의 것에서 나와 모여들면서 드는 일관된 인상이자, 일치된 것에서 나와 개개의 것으로 향

―

하느님께는 사랑이 절대적이므로, 사랑을 바라볼 때
그분의 참되고 객관적인 선하심이 드러난다.
각 위격이 사랑 안에서 선한 것을 인지할 때
하느님의 선하심이 드러난다.
그렇게 세 위격이 서로 교환되는 가운데
그분의 선하심이 드러난다.

―

하면서 드는 특별한 인상이다. 따라서 신적 인식 능력은 모든 관점과 방향에서 사랑을 발견하는 데 그리고 흠숭하는 데 발휘된다. 사랑받는 사람 안에서 하느님의 완전한 본질을 발견하는 일은 참으로 지고한 체험이다. 그렇기 때문에 그것은 늘 새롭게 흠숭할 마음을 불러일으킨다. 흠숭은 하느님을 친근하게 인식하는 것이다. 따라서 이러한 흠숭은 자신의 모든 것을 상대방에게 내어 주고 끝없는 사랑 안에서 상대방의 발아래 엎드리는 것밖에 할 수 없다. 흠숭 안에는 경이로움과 감사가 많이 담겨 있다. 하느님께서 그렇게 위대하신 것은 경이롭다. 하느님을 바라보는 것은 감사하는 마음을 지니게 한다. 성부께서는 성자를 바라보시면서 당신 자신이 누구이신지 점점 더 많이 아시는 듯하다. 그러나 이렇게 바라보는 것과 체험하는 것은 성부께서 성자 안에서 다음과 같이 인식하실 때에만, 즉 성자께서 신성이라는 완전한 선물을 늘 받아들이고 감사하면서 당신에게 모든 것을 내맡길 수 있으며 당신이 기대하시는 존재가 되었음을 인식하실 때에만 그분께 중요한 듯하다.

    이러한 첫 번째 흠숭은 성부와 성자 사이에 큰 침묵이 흐르는 것과 같다. 두 위격은 먼저 서로 흠숭하면서 바라보고 인식하는 것 외에는 아무것도 하지 않으려 하신다. 그러나 이 두 가지 행위는 단순한 지적 행위가 아니라, 처음부터 상호적 사랑의 표현이다. 따라서 흠숭 안에서 세 위격이 서로 사랑을 주고받으시는 가운데 활동과 관상이 이루어진다. 세 위격은 능동적으로 사랑하시고 수동적으로 사랑받으신다. 모든 활동과 모든 관상의 핵심은 또다시 사랑으로 증명된다. 이 사랑이 사랑을 드높인다. 그러나 인식이 다시 사랑을 드높이므로, 하느님 안에서 인식과 사랑은 나란히 서 있지 않고, 분리되어 나오고 뒤섞이면서 생동감 넘친다.

사랑하는 사람이 "이건 내가 즐겨 읽는 책이야!" 하고 말하면, 상대방도 그 책을 읽고 좋은 책이라고 여긴다. 이때 그가 사랑하는 사람의 말을 듣지 않고 이렇게 확신할지는 의문스럽다. 상대방을 사랑하기에 본인도 그 책을 즐겨 읽을 수 있다. 그러나 실제로 그 책이 무척 마음에 들 수도 있을 것이다. 두 사람은 서로 사랑하기에 비슷한 취향을 가지고 있거나 이미 가졌을 수도 있을 것이다. 하느님 안에서는 이 모든 가능성이 동시에 생겨난다. 하느님 안에는 사랑 외에는 객관적인 것이 없다. 사랑 자체가 가장 객관적인 것이다. 사랑은 절대적이기 때문이다. 하느님 안에 있는 사랑은 서로 바라보고 영향을 주고받는다. 그러나 그 사랑은 위격적임에도 불구하고 완전히 실제적인, 객관적인 사랑이기도 하다. 지금 어떤 책을 똑같이 마음에 들어 하는 두 사람이 참으로 좋은 취향을 가지고 있다면, 그 책의 개별적인 것들에 대해서 내리는 평가도 동일할 것이다. 각자 자기 눈으로 그것들을 바라보고 자신의 고유한 언어로 표현하더라도 말이다. 이렇게 의견이 일치함에도 각자 개인적 관점이 있으니, 둘이 함께 좋아한 대상에 관해 나누는 대화는 풍요롭다.

그러나 그것은 사랑 안에서만 가능하다. 그들의 사랑이 완전하지 않다면, 그 사랑은 분별없게 될 위험이 매우 클 것이다. 이런 경우에 한 사람은 상대방에게 될 수 있는 한 깊게 '감정 이입'을 하도록 애쓸 수 있을 것이다. 그러나 속으로는 상대방 안에서 자기 자신을 찾을 것이다. 그는 낯선 자아를 찾아낼 테고, 낯선 특성을 자신의 자아 속으로 들여보낼 것이다. 그는 요란한 사랑과 열광에 빠져 심지어 더는 자기 자신이 아닌 상대방이 된 듯 행동할 것이다. 그가 자신이 사랑하는 사람의 기도를 엿보고 그 사람의 영혼 안에서 하느님을 만나는 장소를 알게 되면, 그가 기도하는 사람 옆에서 무릎을 꿇고 '지금 이 사람은 내 영혼 안에서 펼쳐지는 이 일 또는 저 일을 알아채는구나.' 하고 생각하면, 이는 분별없음의 극치일 것이다. 참된 사랑 안에서는 대리하는 것이 없다. 대리하는 것은 존재하지 않는다. 하느님 안에서도 대리하는 것은 없기 때문이다. 하느님 안에서 인식은 사랑보다 우위에 있지 않다. 통찰이 사랑보다 중요도가 높아질 가능성은 없다. 성부께 성자 안에서 성자가 아닌 당신 자신을 인식할 가능성은 없다. 위격을 그렇게 대리하려는 시도는 사랑을 악용하는 것이다. 바로 이 지점에서 흠숭이 자리를 잡기 때문이다. 흠숭의 근본적 특징 하나는 경외敬畏다. 흠숭 안에서 사랑은 차이를 만들어 낸다. 누구나 상대방을 존중하면서 실제로 상대방을 원하지, 상대방 안에서 결코 자기 자신을 원하지 않는다. 사랑은 나와 너를 비교해서는 생겨나지 않는다. 사랑은 너를 영원히 바라보는 가운데 생겨난다.

나는 도구다. 그것은 너를 인식하고 사랑하는 데 기여한다. 내가 도구가 된 것은 언제나 네 안에 깃들어 있는 목적을 위한 수단일 뿐이다. 너는 상대방 자신을 위해 원했고 사랑받은 것이지, 상대방의 특성 하나하나를 위해 그렇게 한 게 아니다. 나도 상대방의 특성들을 지닐 수 있겠지만, 그것들은 사랑 안에서 너를 위해서만 인식하고 좋아하고 놀라는 것들이다. 사랑이 상대방의 특성 하나하나와 장점들에 대해 경탄하는 것에 기인한 것이라면, 그 사랑은 실제로는 본인의 단점들을 모아 놓은 것에 불과할 것이다.

"너는 나보다 더 멋지고 더 똑똑해."

사랑이 이렇게 말한다면, 이와 관련된 것은 이런 면들이 부족한 나일 것이다. 그런 사랑은 너에 대한 사랑에서 한 걸음 떨어져 있는 것이리라. 그렇게 말하는 것은, 너는 나에게 없는 힘이나 수단을 가지고 있기 때문이다. 그런 사랑은 나를 더 근사하게 만들고 돋보이게 하고 들어 높이기 위해 너를 내리누를 것이다. 그것이 사랑이라면, 철저한 자기 성찰과 자기 인식이 사랑에 앞서고 또 사랑을 동반해야 한다. 어떤 사람이 자신에 대해 더 많이 알수록, 그는 자신에게서 나와 네 안으로 더 깊이 들어갈 수 있다. 이는 흠숭을 못 하게 막는다. 흠숭은 사랑이 자기 것에 의지하기를 바라지 않는다. 흠숭은 곧장 '너'에게로 가고, '너' 외에는 아무것도 원하지 않는다.

 인간이 아는 바와 같이, 흠숭은 완전하신 하느님께 사로잡히는 것이다. 흠숭은 집중하게 하고, 하나가 되게 한다. 흠숭은 양심 성찰과 고해성사 때 요구되는, 마음을 상세히 살피는 것과 반대다. 흠숭은 하느님의 모든 계시 안에, 그분의 자기 계시 안에 담겨 있는 중요성에 응답하는 것이다. 따라서 흠숭은 하느님의 개별적 특성들 옆에 머무르는 게 아니라, 그분의 모든 특성 안에서 전체를 보는 것이다. 흠숭하는 사람은 이 전체에 압도되므로, 흠숭할 때 능동적이거나 수동적이거나 상관없다. 하느님께서 현존하신다는 것, 이것만이 중요하다. 따라서 흠숭은 어떠한 준비도, 어떠한 동의도, 어떠한 전개도 요구하지 않는다. 흠숭은 완전히 동일한 형태를 띤다. 흠숭은 우리가 실제로 하느님 앞에 섰을 때 그분께서 우리에게 주시는 틀이다. 그러나 이는 흠숭이 삼위일체적 흠숭에서 나오는 은총이기 때문이다. 흠숭보다 하느님 안에 기반을 두는 것은 아무것도 없다. 흠숭은 그렇게 영원한 것, 영원으로부터 나오는 것, 그리고 영원 속으로 들어가는 것이므로, 우리가 하느님께 사로잡히는 것은 하느님께서 하느님께 영원히 사로잡히시는 것의 희미한 반향에 불과하다.

 우리가 하느님께 드리는 흠숭은 공허한 게 아니다. 흠숭 안에서 하느님의 충만하심이 드러난다. 이는 묵상 때와 전혀 다른 방식으로 이루어진다. 전체로서의 영 안에서 모든 부분적인 것을 묵상할 수 있고, 따라서 그 부분적인 것에 머물게 된다. 흠숭 안에서는 모든 부분적인 것이 즉시 전체로 되돌아간다. 하느님의 충만하심, 그분의 신성이 전면에 서서 모든 것을 통치한다. 흠숭하는 이는 어디에 있더라도 중심으로 돌아간다. 마찬가지로 하느님의 완전하심, 그분의 전체성, 그분의 단일하심 역시 하느님께서 하느님을 흠숭하시도록 늘 새롭게 자극한다. 기도하는 이는 하느님을 바라보면서 먼저 자기 자신에 대해 말씀드리고 신비로 들어가도 되지만, 흠숭하는 이는 그렇게 해서는 안 된다. 하느님도 당신의 관상 안에서 통합되실 수 있다. 예컨대 성자께서는 성부의 뜻에 맞추고 그것을 자신의 뜻과 비교하면서 그렇게 되실 수 있다. 흠숭 안에서 나에게로 향한 모든 시선은 너에게로 향한 순수한 시선에 잠겨 든다.

신적 청원 기도

하느님께서는 하느님을 마주 보고 서 계신다. 이어서 하느님께서는 하나의 뜻을 지니고 있음을 아신다. 또한 하느님의 쉼 안에는 의도가 숨어 있음을 아시고, 하느님의 관상 안에서 그리고 관상을 통해서 하느님의 활동이 가시화된다는 것도 아신다. 하느님 안에서 의도를 드러내신 첫째 위격은 성부이시고, 그분의 의도를 실현하시는 위격은 성자이시다. 성자께서 낳아진 것은 그분을 사랑하시는 성부의 의도에 근거를 두고 있다. 우리가 성부를 바라보는 한, 그분의 의도는 오롯이 그분 안에, 그분께서 인식하시고 원하시는 것의 필연성 안에 깃들어 있으며, 이 필연성은 늘 행동으로 드러난다. 성부와 성자께서는 본성적 의도에서 얻는 동일한 힘으로 성령을 함께 발출하신다. 이때 원래 성부 안에 있는 의도가 성자 안에서도 발견되었으므로, 성령께서는 두 위격의 의도로부터 발출되신다. 세 위격은 서로 마주 보고 서 계시므로, 갑자기 그분들의 뜻이 새로운 색채를 띤 것 같다. 지금까지 하느님의 본성 안에 묶여 있던 것은 그분께서 낳으시고 숨을 불어넣으심으로써 자유롭게 되고, 본질의 필연성으로 인해 더 이상 묶여 있지 않은 형태를 띤다. 세 위격은 각자 다른 위격 안에서 이러한 신적 뜻을 아신다. 그러나 본성적으로 묶여 있던 뜻이 발출의 필연성 내에서 성부에서 성자께로 그리고 두 위격에서 성령에게로 옮겨 가면서 본성적으로 묶여 있는 결과가 나온 반면, 지금 세 위격이 서로 마주 보고 서 계시는 가운데 나타나는 뜻은 자유와 단일성 안에서 발출로 인해 세워진 위계질서를 내보인다. 하느님 안에서 자유는 필연적 발출이 우위에 있음을 아는데, 이 우위는 자유 내에서 위계질서에 따른 우위를 전제로 한 것이다.

 그것이 자유의 원형이며 본래 모습이다. 어떤 뜻이 자유로우려면 그 뜻은 위계질서 내에 있어야 한다. 성부께서 성자에 앞서 세우신 질서에 대한 것, 성부와 성자께서 성령에 앞서 세우신 질서에 대한 것은 가장 높은 수준의 자유 안에서도 볼 수 있어야 한다. 인간은 성부 하느님 안에 먼저 세워진 뜻이 있음을 떠올려야 한다. 그렇기 때문에 그리스도인의 순종은 자유 의지의 행위다. 성자와 성령께서는 성부께서 앞서 세우신 질서를 인식하셔야 하고, 성부께서는 두 위격을 의식하셔야 한다. 그래야만 당신의 아들에게 다음과 같이 말하도록 허락하실 수 있다.

"제 뜻이 아니라 아버지의 뜻이 이루어지게 하십시오."
(루카 22,42)

성부의 첫 번째 본래 의도는 자유롭지 않다. 더 명확히 말하자면, 그것은 필연성과 자유 건너편에서 절대적 주권을 지닌다. 그러나 낳음을 받은 성자께서는 성부의 뜻을 넘겨받고 그분의 의도에 합당한 것을 자신이 자유로이 행하기를 바라신다. 이제 이러한 자발성으로부터 성부께서 성자를 낳으신 것과 성자께서 낳아진 것도 자유의 성격을 띤다. 성부와 성자께서는 자유 안에서 당신들의 본성적 관계를 끝까지 유지하시고, 당신들에게 필요한 것을 자유로이 행하신다. 인간적 관계에서는 본디 반대된 것이 이루어진다. 남자는 여자와 사랑을 나누겠다고 자유로이 결심하지만, 필연적인 자연적 진행 과정을 따른다. 그렇지만 하느님 안에서 필연성은 그분의 영적이고 위격적인 면에 앞서는, 눈에 보이지 않는 자연적 필연성이 아니다. 하느님의 필연성은 그분의 영적 본질을 표현한다. 피조물인 우리 인간은 하느님의 필연성을 그 어떤 유사한 것으로도 증명할 수 없고, 피조물의 모든 자유와 필연성을 넘어서는 것으로만 묘사할 수 있다.

세 위격은 모두 자유로우시다. 그러나 성부의 뜻은 성자의 뜻에 앞서 있고, 성부와 성자의 뜻은 성령의 뜻에 앞서 있다. 성자께서는 성령을 보내실 수 있는 것이다. 그러나 성령께서는 두 위격에게 의존하므로 성자보다 성부께 더 강하게 묶여 있을 거라고 말할 수는 없다. 예속隸屬의 방식은 다르다. 성자께서 성령의 뜻을 받아들인다면, 자신이 그러하듯이 성령이 성부께 똑같이 예속되어 있음을 고려하지 않고서는 그렇게 하실 수 없다. 성자께서는 성령이 자신(성자)의 뜻을 성부의 뜻으로 합당하게 여긴다고 확신해야 성령의 뜻을 받아들이실 수 있다.

성부께서는 성자께 모든 것을 주셨기에 성자께서는 모든 것을 자유로이 행하실 수 있다. 성부께서는 이 모든 것과 함께 당신의 뜻을 실행할 권한도 성자께 넘겨주셨다. 그리하여 성자께서는 확신을 품고서 모든 결정을 내리고 자신이 행하는 모든 일에서 성부의 뜻을 따르며 성부께 더 큰 만족을 드릴 수 있다. 그러나 성부께서는 성자께 당신의 뜻을 강요하지 않으시고, 신적 분별을 통해 당신의 뜻을 위에 두도록 하셨다. 성자께서는 원래 자신의 뜻을 실행하는 데 자유로우시다. 그러나 성부의 뜻이 상위에 있는 것은 성자께 자신의 뜻이 완전함에도 불구하고 성부의 뜻을 더 탁월하고 완전한 것으로, 아들로서의 사랑을 더 잘 표현한 것으로 여기게 한다.

성자께서는 낮아지면서 자신을 낮으시는 성부를 체험하셨다. 낮아짐의 목표는 성자 자신이 그것을 바라보는 것이 아니다. 성자께서는 전능하심이 드러나는 성부의 그 행위에 경탄하신다. 반면에 성부께서는 성자께서 낮아지면서 당신의 필연적 의지를 완전히 펼친다는 것, 어떤 방법으로든지 당신이 형성하시는 것에 협력하기 위해 자신의 자유 의지는 보태지 않는다는 것을 아신다. 오히려 성자께서는 성부께서 바라시는 대로 낮음을 받으신다. 그렇다. 성자께서는 자신이 지닌 자유의 첫째 행위를 이용하시고, 자신 안에서 커져 가는 성부의 뜻을 위해 자기 뜻을 접으신다. 그리하여 낮음 받음을 넘어서 있는 성부의 의도를 따르기 위해 점점 더 자유로워지신다.

이는 아직 성부의 뜻을 받아들이는 게 아니다. "제 뜻이 아니라 아버지의 뜻이 이루어지게 하십시오."(루카 22,42)라는 말씀과 다르다. 성부의 필연적 의지는 본래 성자의 자유 의지와 만났고, 그러면서 성부의 뜻에 예속된 성자의 뜻이 앞서 실행된 듯하다. 이는 성자께서 자신의 자유 의지를 사용하고 성부께서 자유 의지를 지니셨음을 주목하기 전에 이루어진다. 성자께서는 처음부터 자신의 뜻을 지녔지만, 성부도 당신의 뜻을 지니셨다는 것, 자신은 성부의 생산 행위에서 드러난 뜻 외에는 아무것도 바라보지 않는다는 것에 주목한다. 이와 관련해 세속적인 비유를 들어 보겠다. 어느 수도자가 처음에는 장상의 요청에 맞섰다. 그러다가 돌연 그 직책의 중요성을 인식하고, 자발적 순명이 실제로 순명임을 깨달았다. 더 명확히 말하자면, 친구 사이인 두 사람은 갑자기 직장에서 상사와 부하의 관계가 된 것이다. 성자께서 자유 의지로 분별하면서 성부께 이의를 제기하지 않는다면, 이는 성자께서 그 순간에 이 자유 의지를 전혀 주목하지 않는다는 것, 성자께서는 자기 자신을 돌아보지 않고서 처음부터 성부의 의도를 따른다는 것을 의미한다.

성부의 의도는 그분의 필연적 의지를 표현하는 것이다. 진정한 자유 의지는 자기 자신을 확실히 아는 것을 전제한다. 그러한 자유 의지는 충동적인 게 아니라, 영적 의도와 숙고에서 비롯된 것이다. 그러나 성자께서는 자신의 근원 안에서 자기를 낳으시는 성부를 바라보는 데 전념하신다. 그래서 이렇게 바라보고 흠숭하는 것에서 주의를 돌리게 할 것은 모두 피하신다. 그리고 성부께서 영구히 자신을 낳으시는 것을 바라보면서 성부께서는 하느님으로서 훨씬 더 위대하시다는 것, 성부께서는 완전한 영원함과 무한함을 지니셨다는 것, 따라서 성부의 필연적 의지 안에 그분의 고유하고 위격적이고 적극적인 자유 의지가 숨어 있음을 알아채신다. 이 자유 의지는 자신이 적절하다고 여기는 만큼 성자께서 사용할 수 있는 것이다. 성자께서는 성부를 바라보면서 그분의 무한한 능력과 잠재된 의도를 알아채시고, 이 의도는 자신과 관계있다는 것, 따라서 자신은 성부의 뜻을 따라야 한다는 것을 아신다. 그러기 위해서는 새로운 방식으로 자기 자신을 바라보아야 하고, 자신이 누구인지, 자신과 관련된 성부의 의도를 따르면서 누구를 세울지 구체적으로 표현하셔야 한다. 그렇기 때문에 성자의 자기 인식은 성부의 뜻과 자신과의 관계에서 꼭 필요한 것이 된다. 지금 성자께서는 성부께서 당신의 의도를 드러내시면서 자신의 협력을 생각하시고 동시에 성령의 협력도 생각하신다는 것을 인지한다. 이로부터 성자께서는 성부께 자신이 필요함을 인식하면서 성령이 발출되도록 그분의 뜻을 따른다는 결과가 도출된다. 그러나 성자께서 이렇게 성부의 뜻을 따르는 것은 자신의 필연적 의지뿐만 아니라 자신의 자유 의지에도 부합한다. 성자께서는 성령이 발출되도록 자신의 예속된 의지를 성부께 내맡기기 위해 자신의 자유 의지를 사용하시는 듯하다. 성자 안에서 두 개의 결정적 의지가, 곧 자발적 의지와 본성적으로 결정된 의지가 만나는 듯하다.

그렇게 성령이 발출되신다. 성령께서는 세 위격 가운데 가장 많이 묶여 있는 분으로 보이는가 하면, 자유 의지를 완전히 소유한 분으로도 보인다. 의지는 성령의 본질적 특성이다. 성령(영)은 자신이 원하는 대로 부는 것이다. 성령께서는 성부의 필연적 의지와 성자의 필연적 의지에 묶여 있으며, 나아가 성자의 자유 의지에도 묶여 있다. 성자께서 자신의 자유 의지를 접고 성부께 순종하는 모습을 보면서 성령께서는 두 위격에게, 성부와 성자께 순종하고자 하신다. 이제 성부와 성자께서는 성령의 이러한 삼가는 태도, 이러한 일종의 자기 부정을 알아차리신 듯하고, 지금 이 순간에 아니라고 외치시면서 성령에게 완전한 신적 자유를 선사하시는 듯하다.

성령께서는 하느님 안에서 한참 뒤에야 태어난 분이 아니다. 성부께서 규정하신 순서에 따라 성자는 성부의 모상으로서 나타나고 성령은 성자의 모상으로서 성부 앞에 서 있는지 관리하는 분이 아니다. 오히려 성령은 성부와 성자와 완전히 새롭고 근원적인 관계를 이루시는데, 성령이 이중으로 묶여 있기에 이러한 관계가 생겨난 것이다. 그러나 바로 이 순간에 이러한 결속은 성령에게 강력히 요구한다. 성부의 주도적 의지와 성자의 예속된 의지에 대한 것을 본래적이고 일관된 방식으로 새롭게 드러낼 것을 말이다. 이러한 방식으로 상위와 하위의 관계는 더 이상 완전히 가시화되지 않는다. 오히려 성령이 발출되는 방식과 가장 긴밀히 연관된 것이 생겨나고, 그것은 성령이 성부와 성자에 맞서 완전한 자유의 소유자임을 드러낸다. 성령도 성부와 성자 사이에서 이 자유를 늘 행동으로 표현하신다. 성령의 이 자유는 성부와 성자의 의도 안에 깃들어 있는 것에 늘 영향을 미친다. 자유로운 방식으로 말이다.

성령께는 특별한 방식으로 선택하는 것이 적합하다. 선택의 자유는 성령의 작용을 제한하는 전제 조건으로 그치지 않고, 내적 특성으로서 성령의 모든 작용 안으로 들어간다. 선택의 자유는 하느님께서 세상에서 내리시는 '은총의 선택'에서 볼 수 있다. 이에 따르면, 하느님께서는 이 사람에게는 은총을 내리시고 저 사람에게는 내리지 않으신다. 겉으로 똑같이 보이는 씨앗들 가운데 어느 것은 열매를 맺게 하시고 어느 것은 맺지 않게 하신다. 영(성령)은 성부와 성자 사이에서 영원히 불면서 이러한 선택의 특성을 드러낸다. 성령이 왜 존재하는지 그 이유를 물을 필요는 없어 보인다. 성령께서는 왜 이 사람을 선택하시고 저 사람은 선택하지 않으시는지, 어떤 사람이 하느님께 드리는 응답과 그가 쌓은 업적에 근거하여 선택하는 것인지도 물을 필요는 없을 듯하다. 성령의 이러한 자유는 이미 성부와 성자 사이에 있는 자신의 지위에 근거를 두고 있다. 성령의 자유는 하느님 안에 있는 것, 창조 세계에 의해서 제약을 받지 않는 것이다.

성령께서는 언제나 자기가 원하는 것을 해도 되는 사람과 같으시다. 그러나 자신을 발출하신 성부와 성자 사이에 놓여 있는 것만 행하실 수 있다. 자신에게 모든 것이 선사되고 허락되었더라도 성령께서는 자유로이, 늘 새롭게 성부와 성자의 신적 법칙 안으로 들어가신다. 마찬가지로 자유로운 그리스도인도 마음 깊은 곳에서 묶여 있다. 그는 자발적으로 믿지만, 자신의 자유로운 믿음의 법칙에 의해서 묶여 있다. 그가 자신의 믿음의 자유에서 빠져나온다면 노예 신분으로 전락하고 말 것이다. 때문에 그는 자신의 믿음의 법칙 내에서 움직이려 한다. 성령께서는 자신의 신성 안에서 자유로우시다. (성령께서는 바로 자기 자신이 되실 수 있다.) 그렇기 때문에 성부와 성자 사이에 서 계시고 또 활동하신다. 성부와 성자를 바라보시고 영원히 흠숭하시며, 두 위격의 의도를 실현하신다.

그리스도인은 믿음 안에 자신의 의지를 들여놓는다. 그리고 그 의지가 자신의 믿음 내에서 실현되도록 그 의지에 요구한다. 그는 믿음을 법칙으로서 자신의 의지 앞에 세운다. 성령께서는 자신과 성부와 성자의 관계를 법칙으로서 자신의 의지 앞에 세우신다. 그러나 이때 성자를 모방해서는 안 된다. 성령께서는 자기 자신이 되셔야 하고, 성부와 성자로부터 자유로워지셔야 한다. 그러므로 성령께서는 사람이 되신 성자께도 '규칙^{Regel}'이 되실 수 있다. 성령께서는 자유로우시지만 성부와 성자의 의도를 자신 안에서 통합하시기 때문이다. 자신에게 요구되지는 않지만 성부와 성자의 사랑에 부합하고 이 사랑이 실현되도록 도움을 주는 모든 것을 사랑으로 실행하시면서 말이다. 세 위격의 차이가 여기서 다시 중요해진다. 성령께서는 성부와 성자 사이에서 억눌리지 않고 점점 더 자유로워지신다. 성령께서는 성부와 성자의 사랑을 위해 자신이 늘 할 수 있는 것이 무엇인지 자유로이 찾아내신다.

   이 모든 것은 하느님 안에서 청원 기도의 근원을 볼 수 있게 한다. 성부께서는 성자를 바라보시면서 성자 안에서 사랑이 어떻게 즉시 당신께 응답하는지, 성자께서 당신을 어떻게 흠숭하고 동시에 흠숭할 수 있는지, 당신을 어떻게 바라보고 동시에 바라볼 수 있는지 아시기에 청원을 끌어들이신다. 성부께서는 성자를 바라보시는 가운데 드러난 의도와 당신 자신의 의도를 계속 실행하라고 성자께 청하신다. 성부께서는 당신의 모든 의도를 성자께 넘기시고, 이로써 그것들을 실행할 독자적인 능력, 당신의 본질에는 포함되지 않은 고유한 능력도 주신다. 이제 성자께 넘겨진 성부의 의도들은 싹, 근원과 같다. 그 의도들은 실현되기 위해서 성자께서 넘겨받은 것이다. 여기서 성자 예수님의 말씀을 떠올려 보자.

   "아버지, 제 영을 아버지 손에 맡깁니다."(루카 23,46)

   이와 유사하게 아버지는 아들의 손에 당신의 영을, 그러니까 당신의 의도와 당신의 일, 당신의 활동을 넘겨주신다. 성부께서는 성자를 낳으셨다. 이제 성자께서는 성부의 특정한 활동을 완전히 실행하신다. 성자께서는 성부의 계획을 떠맡고 또 완성하신다. 성부의 본래적 의도에서 그분의 뜻이 드러나고, 성자께서는 이 뜻을 떠맡고 실현하면서 자신의 뜻을 알리신다. 성부께서는 먼저 성자를 낳으시면서 당신의 뜻을 실현하신다. 옛 계약 아래에서 당신의 뜻을 실현하시어, 장차 오실 성자를 위해 사랑으로 앞서 일하신다.

성부께서는 성자께서 새 계약 아래에서 당신의 의도를 실현할 것임을 아신다. 청을 받는 이에게는 그것을 들어주는 기쁨이 따른다. 그래서 성부께서는 가장 먼저 청하신다. 성자께 청하시어 그분이 그것을 들어주는 기쁨을 누리게 하신다. 성자께서 낳아진 것에서 성부의 필연적 의지가 표현되었다고 말하는 사람들도 있을 것이다. 만일 그렇다면, 성부께서는 당신의 필연적 의지를 통해 당신의 자유 의지에게 청을 들어주게 하신 듯하고 성자를 낳으시면서 당신 자신에게 무언가를 허락하신 듯하다. 의지, 뜻과 관련해서 인간 안에서도 긴장이 생길 수 있다. 더 많은 영적 뜻과 더 많은 본성적 뜻 사이에 긴장이 생길 수 있는 것이다. 지친 상태에서 더 일해야 하는 사람은 자신에게 휴식을 허락할 수 있다. 이와 유사한 방식으로 성부 안에서 필연적 의지는 자유 의지에게 성자의 출산을 허락한다. 성부께서는 성자를 원하신다. 성자를 소유하셔야 하는 것이다. 그러나 우리는 성부께서 당신의 청을 이렇게 '허락'하시면서 기쁨을 누리신다고 말할 수 없다. 오히려 성부께서는 이 기쁨을 성자 안에 두신다. 청을 들어주는 기쁨은 기껏해야 미리 기뻐함 같은 것이다.

그러나 이렇게 미리 기뻐하는 것은, 모든 기대가 하느님 안에서 이미 실현된 것처럼 성자 안에서 충만함과 분리될 수 없다. 성부께서는 성자에 대해 영원히 기뻐하신다. 그러나 성부 앞에 영원히 서 계시는 성자께서는 전능하시고 전지하신 성부 하느님께서 기대하시는 것 이상이고, 성자의 기쁨은 영원히 미리 기뻐하는 것 이상이다. 성자께서 낳아진 것은 훨씬 더 값진 열매를 맺었다. 따라서 성부께서는 당신이 성자에게 허락하시는 것 안에 신적 무한함이 내포되어 있음을 아신다. 이러한 드높음, 이러한 놀라움, 이러한 충일함은 어디서나 다시 발견되는 신적 요소이므로 당신의 기쁨은 결코 사라지지 않을 것임도 아신다. 바로 이 체험을 성부께서는 즉시 성자께 전해 주고자 하신다. 성자께서 청하기 전에 이미 성부께서는 성자의 청을 들어주려 하신다. 이로써 그분께서는 허락에 대한 당신의 주도권을 잃으시려는 듯하다. 신적 기쁨이 허락된 것을 토대로 해야만 완전한 자유가 성령의 특성임을 이해할 수 있다. 성부와 성자께서는 성령의 이 자유 뒤에 놓여 있는 허락의 방식을 함께 만들어 내신다. 두 위격은 성령에게, 말하자면 당신들의 의도에 대해 자유로이 결정해 달라고 청하신다.

따라서 낳음 자체에 이미 일종의 청원이 포함된 듯 보인다. 그러나 그것은 이미 허락된 청원이다. 성부께서 성자를 낳으실 때, 성자께서는 벌써 와 계셨다. 성부께서 사랑의 입맞춤을 하시려 할 때, 성자께서는 이미 뺨을 내밀고 계셨다. 그렇게 성자께서는 성부의 첫 번째 의도를 받아들이시고, 이를 준비하시고, 그것을 (성부의 활동이자 의도로서) 실현하신다. 하느님 안에는 모든 것이 근본적으로는 삼위일체의 이해에 기여하는 그러한 다정한 사랑으로, 실현의 토대가 된 그러한 앞선 합의로 가득 차 있다. 성자께서는 낳아질 준비를 해 놓고 낳아지면서 이미 낳음에 협력하신다. 이러한 본성적 관계 내에서, 자유로운 관계 안에서 모든 것이 되풀이된다.

"인자하신 하느님께서는 제게 주고자 하시는 것을 항상 갈망하게 하십니다."

아기 예수의 데레사 성녀가 이렇게 말한 것은 삼위일체적 사랑의 본질을 깊이 인식한 것이다. 바로 가장 순수한 사랑이 끊임없이 흐르는 것이자 허락과 실현을 직물처럼 엮어 놓는 것이다. 소망과 청원이 있다는 것은 순수하지 않거나 이기적인 사랑의 특징이 아니다. 어느 아내는 나중에 화해할 때 뭔가를 요구하기 위해서 남편과 싸운다. 이는 바라는 사랑을 악용하는 것이다. 사랑은 사심 없는 소망을 지니고 있다. 그 소망이 이루어졌을 때, 자기 자리를 찾았을 누리신다고 말할 수 없다. 오히려 성부께서는 이 기쁨을 성자 안에 두신다. 청을 들어주는 기쁨은 기껏해야 미리 기뻐함 같은 것이다.

그러나 이렇게 미리 기뻐하는 것은, 모든 기대가 하느님 안에서 이미 실현된 것처럼 성자 안에서 충만함과 분리될 수 없다. 성부께서는 성자에 대해 영원히 기뻐하신다. 그러나 성부 앞에 영원히 서 계시는 성자께서는 전능하시고 전지하신 성부 하느님께서 기대하시는 것 이상이고, 성자의 기쁨은 영원히 미리 기뻐하는 것 이상이다. 성자께서 낳아진 것은 훨씬 더 값진 열매를 맺었다. 따라서 성부께서는 당신이 성자에게 허락하시는 것 안에 신적 무한함이 내포되어 있음을 아신다. 이러한 드높음, 이러한 놀라움, 이러한 충일함은 어디서나 다시 발견되는 신적 요소이므로 당신의 기쁨은 결코 사라지지 않을 것임도 아신다. 바로 이 체험을 성부께서는 즉시 성자께 전해 주고자 하신다. 성자께서 청하기 전에 이미 성부께서는 성자의 청을 들어주려 하신다. 이로써 그분께서는 허락에 대한 당신의 주도권을 잃으시려는 듯하다. 신적 기쁨이 허락된 것을 토대로 해야만 완전한 자유가 성령의 특성임을 이해할 수 있다. 성부와 성자께서는 성령의 이 자유 뒤에 놓여 있는 허락의 방식을 함께 만들어 내신다. 두 위격은 성령에게, 말하자면 당신들의 의도에 대해 자유로이 결정해 달라고 청하신다.

따라서 낳음 자체에 이미 일종의 청원이 포함된 듯 보인다. 그러나 그것은 이미 허락된 청원이다. 성부께서 성자를 낳으실 때, 성자께서는 벌써 와 계셨다. 성부께서 사랑의 입맞춤을 하시려 할 때, 성자께서는 이미 뺨을 내밀고 계셨다. 그렇게 성자께서는 성부의 첫 번째 의도를 받아들이시고, 이를 준비하시고, 그것을 (성부의 활동이자 의도로서) 실현하신다. 하느님 안에는 모든 것이 근본적으로는 삼위일체의 이해에 기여하는 그러한 다정한 사랑으로, 실현의 토대가 된 그러한 앞선 합의로 가득 차 있다. 성자께서는 낳아질 준비를 해 놓고 낳아지면서 이미 낳음에 협력하신다. 이러한 본성적 관계 내에서, 자유로운 관계 안에서 모든 것이 되풀이된다.

"인자하신 하느님께서는 제게 주고자 하시는 것을 항상 갈망하게 하십니다."

아기 예수의 데레사 성녀가 이렇게 말한 것은 삼위일체적 사랑의 본질을 깊이 인식한 것이다. 바로 가장 순수한 사랑이 끊임없이 흐르는 것이자 허락과 실현을 직물처럼 엮어 놓는 것이다. 소망과 청원이 있다는 것은 순수하지 않거나 이기적인 사랑의 특징이 아니다. 어느 아내는 나중에 화해할 때 뭔가를 요구하기 위해서 남편과 싸운다. 이는 바라는 사랑을 악용하는 것이다. 사랑은 사심 없는 소망을 지니고 있다. 그 소망이 이루어졌을 때, 자기 자리를 찾았을 때, 일보다 사람이 우선일 때 사랑은 감사한 마음을 지닌다. 그러고 나서 자기를 맞출 기회를 잡는다. 누군가가 자기 자신을 위해 행하는 것과 다른 사람에게 기쁨을 주기 위해 행하는 것 사이의 경계가 허물어진다. 사랑은 충족되지 않기도 하기에 상대방이 바라는 것을 입으로만 들어주게 된다. 그렇게 되면 상대방은 바라는 게 없어지면서 무료함에 빠지고 만다. 사랑은 소망과 충족 안에 존중을 요구하는 거리를, 관계를 활기차게 유지하기 위해 요구되는 자유의 여지를 두어야 한다.

누군가는 상대방을 홀로 있게 한다. 외로울 때에도 자신을 펼칠 가능성을 주려는 것이다. 그는 상대방을 생각하거나 사랑에 대한 새로운 계획을 짜기 위해, 새로운 놀라움을 일으키기 위해, 또는 사랑에 붙잡히지 않고 자기 자신으로 있기 위해 시간을 가져야 한다. 하느님 안에서는 공간적 분리가 불가능할뿐더러 필요하지도 않다. 그러나 발출의 위계적 차이가 그것을 보완한다. 태초에 성부 '홀로' 존재하셨다. 성자 없이는 결코 계시지 않았더라도 말이다. 그분께서는 유일하게 홀로 있는 가운데 성자를 낳으셨다. 성자께서는 성부 안에서 이것을 인식하시고, 성부께서는 성자께서 그렇게 인식하게 하신다. 그분께서는 성자께 모든 것을 나누어 주시기 때문이다. 성자는 성부께서 홀로 계시는 것을 허락하신 듯하다. 그러나 성부도 즉시 성자께 똑같이 그렇게 하신다. 성부께서 바람직하다고 여기시는 모든 것은 성자께 바람직하다. 우리가 가까이 있을 때 더 낫게 말할 수 있는 일이 있고, 멀리 있을 때 더 낫게 말할 수 있는 일이 있다. 지금 서로 멀리 떨어져 있는 연인들은 그동안 함께 키워 온 사랑을 조용히 바라보면서 떠오르는 생각이나 함께 있을 때에는 표현하지 않았던 생각을 편지에 적어 상대방에게 전할 수 있다. 편지를 받은 사람은 이러한 외로움이 상대방에게 좋은 영향을 미쳤고 이로써 자신들의 사랑이 더욱 단단해졌음을 알게 된다.

자유로움은 낳음 안에 깃들어 있는 차이로 돌아가게 한다. 성부께서는 자신 안으로 들어가 낳지 않으시고, 자신 밖으로 나와서 낳으신다. 진정한 사랑을 하는 이들은 서로에게 집착하지 않고 필요한 거리를 둔다. 그래야 서로 오롯이 바라보고 만날 수 있다. 하느님 안에서 선물은 언제나 당신이 바라셨던 것이다. 그러나 이때 '시간'과 어떤 가능성이 요구된다. 선물을 준비할 '시간'이 필요한 것이다. 성자께서는 성부께 자신의 뜻을 알릴 가능성을 열어 드리고, 이로써 성부께서 자신의 뜻을 받아들이실 수 있게 한다. 결혼과 관련해서도 남자는 여자에게 시간을 충분히 주어야 하고, 여자 역시 남자에게 그렇게 해야 한다. 성부의 특정한 바람들은 성자께서 이루지 못하시고 성령이 이루실 것이다. 남편은 친한 직장 동료와 필요한 대화를 나누려 한다. 그러나 아내는 이 대화에 끼어들 수 없다. 그렇다고 해서 자신의 여성적 특성을 바꾸고 남성적 특성을 덧붙이려고 애쓰지는 않을 것이다. 오히려 자기가 그 자리에 없을 때 그 대화가 잘 이루어지도록 노력할 것이다. 하느님 안에서 셋째 위격인 성령께서는 물론 결코 배제되지 않으셨다. 그러나 성령께서는 다른 방식으로 그 자리에 계시고 보완할 능력도 지니셨다. 성령께서는 여지를 둠으로써 두 위격이 행동하시게 할 것이다. 뜻, 사랑, 바람은 특정한 형태를 지니고 있다. 순전히 결과인 것, 똑같은 형태로 흐르는 것은 아무것도 없다. 오히려 상황들이 서로 다르기에 동일한 것을 얻을 수 있다. 합계가 동일하다고 해서 그 구성 요소들도 동일하다고 결론지을 수는 없다.

성자께서는 성부의 뜻 외에는 아무것도 행하지 않으신다. 낳아지면서 이미 아버지의 뜻을 실행하셨기 때문이다. 피조물은 태어나기 위해 "예." 하고 말할 수 없다. 그러나 성자께서는 그렇게 하신다. 성자께서는 성부의 출산 행위에 즉시 순명으로 응답하신다. "저는 낳아지겠습니다." 성자 안에서 항상 자유로운 것은 낳아지는 데 바람직하게 작용하는 듯하다. 다른 한편으로, 성부께서는 성자와 차이도 두시지만, 그 안에는 독자성이 깃들어 있다. 성자께서는 독자적인 일도 행하신다. 자유롭고 독자적으로 되라는 성부의 허락과 요구 내에서 그렇게 하신다.

성자께서는 성부의 뜻을 실행하면서 싫증을 느끼지 않으실 것이다. 성부께서는 성자께서 자신의 뜻을 실행하길 바라시고, 성자께서는 성부의 이러한 바람을 거절하지 않으신다. 성령이 지상에 있는 성자께 '규칙'을 의미한다면, 성부께서는 하늘에 있는 성자께 '직무'를 의미한다. 강생한 사건을 바라보면 이러한 관계가 더욱 분명해진다. 성부 하느님의 뜻을 세상에 드러내 보이기 위해 성자께서는 다른 뜻이 아닌 바로 이 뜻을 알아야 하고, 스스로도 가장 높은 수준의 순명을 하셔야 한다. 그래야 믿는 이들에게 그와 같은 순명을 요구할 수 있다.

성자께서는 사람이 되어서야 비로소 이러한 앎과 순명을 체득하신 게 아니다. 하느님으로서 처음부터 행하셨던 것을 지금은 인간으로서 행하신다. 하느님으로서 사람이 되시기 위해 성자께서는 하느님으로서 성부와 맺는 관계에 대한 모든 면을 아셔야 하고, 영원히 성부께 자발적으로 예속된 채 사셔야 한다. 이러한 예속이 이미 신적 필연성에 근거를 두고 있더라도 말이다. 그렇게 해야만 성자께서는 지상에서 신적인 것을 보여 주실 수 있다. 지상에서는 하늘에서와 반대로 된다. 신앙인은 먼저 자발적으로 "예." 하고 응답하고, 그런 다음에 하느님께 받아들여진다. 그리고 자신의 본성이 원하지 않는 고통을 겪게 될 것이다. 그러나 그가 자발적으로 응답한 "예."는 그가 당하는 비자발적인 고통도 포용한다. 반면에 성자께서는 먼저 신적 본성 내에서 "예." 하고 말씀하신다. 이어서 자발적으로 "예." 하고 말씀하시기 위해서다. 하늘에서는 신적 필연성 내에서 성부께서 원하시는 모든 것을 받아들이신다. 이 "예."는 성자의 아주 미미한 비자발성을 내포한 게 아니라 오히려 그분의 본성 전체를 표현한다. 그렇기 때문에 성자께서는 자신의 모든 자유를 이 "예." 안으로 들여놓으신다. 그리고 사람으로서 새롭고 인간적인 자유 의지를 지니시지만, 자신을 온전히 성부의 뜻 아래 두기 위해 사용하신다.

"제 뜻이 아니라 아버지의 뜻이 이루어지게 하십시오."

(루카 22,42)

성자께서는 올리브산에서 이렇게 기도하면서 새로운 방식으로 청하신다. 그분께서는 자신의 영원한 근원 안에서 이미 그렇게 청하신 바 있다. 성자 그리스도의 인성과 죄인들을 위한 대속代贖은 순명과 복종의 새로운 측면을 보여 준다.

수도원에서 양성 중인 어느 수련자가 수련장에게 전적으로 순명한다고 가정해 보자. 그 수련자는 행동 하나하나, 숨 쉬는 것조차 수련장의 뜻에 따른다. 그런데 어떤 이유인지는 모르지만 수련장이 그에게 순명의 의무를 몇 시간 면해 주어야겠다고 마음먹었다고 해 보자. 그럼에도 수련자는 수련장의 뜻으로 여겨지는 것 외에는 아무것도 하지 않을 것이다. 수련자가 이렇게 독자적으로 아무것도

하지 않으니, 수련장은 그에게 명령을 내릴 수도 없을 거라는 생각이 들 것이다. 순명의 의무를 면해 주는 대신에 관계를 역전시켜 수련장이 수련자에게 한 시간 동안 순명한다면, 수련자는 자신이 지금까지 해 온 순명의 의미로 여겨지는 것 외에는 아무것도 명령하지 않을 것이다. 그렇게 하여 원래의 관계로 돌아가든지 아니면 수련장은 자신의 의향에 따라 수련자가 어떤 일을 해 주기를 바랄 수도 있을 것이다. 수련자는 명령 내리기를 거부하지 않겠지만, 지금 자기에게 순명하는 사람이 했던 대로 명령을 내릴 것이다. 수련장이 명령할 때 나온 영은 수련자가 자신 안에서 살고 있고 지금 자기가 그것을 토대로 명령하는 참된 영으로 인식하는 영이다.

이와 유사하게 성자께서는 하느님 안에서도 독자적이고 자유로우실 것이고, 그리하여 늘 새롭게 순명하실 것이다. 성자께서는 성부의 영을 지니셨으므로, 성부께 순명하는 것보다 그분을 사랑하는 더 좋은 방법은 알지 못하신다. 이미 하늘에 계실 때 성자께 성부의 뜻은 탁월하게 보였으므로, 그분께서 지상에서 살 때 비로소 순명하는 법을 배우신 게 아니다. 성자의 인간적 순명은 그분께서 모든 것 안에서 성부의 뜻을 더 중요하고 주도적인 것으로 여기신 것에서 생겨나기 때문이다. 그리고 성자께서는 처음부터 하늘에서 그렇게 하셨다. 그분께서 지상에서 자유롭고 주도적으로 수행하실 모든 활동은 바로 성부에 대한 순명을 표현한 것이다. 성부께서는 바로 이 자유를 성자께 허락하셨고 또 바라셨기 때문이다.

　삼위일체 하느님께서 세상 창조를 마치셨을 때, 앞으로 등장할 죄에 대해서는 아직 전혀 언급되지 않았을 때, 성자께서 성부의 계획을 받아들이셨을 때, 성부께서는 만물 안에서 활동하시면서 그 안에 거처를 마련하셨다. 이는 성찬례의 밑그림과 같다. 성사적 형태는 전혀 나타나지 않았고, 아직 고난과 결부되지 않았으며, 몸과도 결코 결부되지 않았다. 오히려 성자께서는 자신이 낳아진 것과 하느님의 은총을 받은 피조물의 발출 사이에서 큰 유사점만 먼저 보시고, 세상에서 아들을 만나는 아버지의 완전한 기쁨을 상상하신다. 성부께 기쁨을 드리기 위해 성자께서는 모든 사람 안에서 그러한 만남이 이루어지기를 바라신다. 성자의 이러한 바람에 매우 구체적인 형상을 부여하기 위해, 성자의 성찬례가 거행될 최고 걸작을 준비하기 위해 성부와 성자와 성령께서는 함께 한 사람을, 성자께서 아기로 머물게 될 한 여인을 택하신다. 그 여인은 아기를 받아들이고 아기의 엄마가 되어야 한다.

　이런 의미에서 볼 때, 하와는 아담을 남편으로 맞아들이기 전에 하느님을 먼저 알았기에 하느님께서 이미 계획하신 여인이다. 신비스럽게도 그리스도와 마리아가 최초의 짝을 이룬 것이 마치 숨겨진 이유처럼 세월이 흐르면서 유보되었기 때문이다. 하느님과의 결정적 차이는 그리스도와 마리아에 의해서 정해졌지, 아담과 하와에 의해서 정해진 게 아니다. 아담과 하와는 자신들이 만들어 낸 차이에서 나와 그리스도와 마리아가 만든 궁극적인 차이 안으로 들어간다. 성자의 구원 계획보다 더 앞서고 더 결정적인 영광스러운 계획은 처음부터 마리아를 그 안에 끌어들이고, 마리아를 통해서 모든 피조물도 끌어들인다. 피조물은 성부 하느님의 영광을 증진하는 데 협력해야 한다. 성부께서 아버지다운 관점에 부합한 계획을 창조 세계 안에 두셨듯이, 성자도 아들다운 관점에 부합하는 계획을 가지고 계신다. 성령도 계획을 가지고 계신데, 그 이유는 가장 자유로운 방식으로 성부와 성자의 계획을 실현하시기 때문이다. 성령께서는 마리아가 원죄 없이 잉태되게 하시고, 마리아의 몸에 아기가 잉태되게 하시며, 동정 출산이라는 기적을 낳게 하신다. 따라서 세 위격은 창조의 본질을 구체화하는 최초의 짝 옆에 서 계신다. 그러나 각 위격이 창조 사업에서 수행하시는 역할들은 결국 신적 청원 기도 내에서 결정되지, 활동이 열매로서 나오는 바라봄(관상) 내에서 결정되는 게 아니다. 여기서 이러한 역할들의 윤곽이 그려진다. 그러나 이 역할들은 성자와 성령이 성부의 뜻을 실행하실 때, 성부도 두 위격의 협력을 청하시듯이 두 위격도 협력할 것을 청하실 때 비로소 구체화된다. 세 위격은 훗날 사람들이 청원 기도를 바치고 체험해야 하는 것을 영원히 시험하시고 알고자 하신다.

"너희가 내 이름으로 청하는 것은 무엇이든지 내가 다 이루어 주겠다."(요한 14,13)

주님의 이 말씀은 하느님 안에 근거를 둔 것이다. 세 위격은 서로 함께 청하듯이 서로 허락하신다. 창조 세계의 전 활동은 이러한 신적 허락 안에 놓여 있다. 그리고 각 위격은 기꺼이 다른 위격의 뜻을 실행하신다. 먼저 다른 위격에게 사랑의 기쁨을 주고자 하시기 때문이고, 그다음으로는 다른 위격의 뜻이 자신의 뜻에 부합하기 때문이며, 마지막으로는 다른 위격의 뜻과 견해를 통해서 자신의 뜻이 형성되었기 때문이다. 창조 활동 안에서 행해지는 청원과 허락이라는 이러한 사랑의 유희는 하느님의 최고 작품, 그분의 근원적 작품인 마리아 안에서 가장 선명하게 보인다.

인간의 결정, 하느님의 결정

인간이 바치는 모든 기도 안에는 결정이 들어 있다. 그렇다. 기도는 총체적으로 하느님을 위한 결정의 결과이자 표현이다. 기도하는 이는 하느님께 의지하겠다고, 그분 앞에서 살겠다고, 그분을 바라보겠다고, 그분께 자신을 내보이겠다고, 그분께 무언가를 청하겠다고 결정한다. 그러나 이렇게 인간적으로 내리는 결정은 언제나 이미 하느님께서 하신 결정에 대한 응답이다. 하느님께서는 인간이 당신을 흠숭하고 당신을 바라보기를 원하신다. 하느님께서는 인간에게 당신을 드러내 보이겠다고, 인간에게 다가가겠다고, 인간의 청을 들어주겠다고 결정하셨다. 하느님의 이러한 결정은 인간이 기도 안에서 내리는 결정을 포함하고 이 결정 안에 이미 전제되어 있다. 하느님의 결정은 특별한 결정도 포함한다. 이는 우리의 기도를 통해서 결정으로 이끈다는 것이다. 우리가 바치는 기도에 대한 하느님의 응답은 당신을 드러내시는 것, 당신과 대화하도록 우리에게 허락하시는 것에서만 느낄 수 있는 것은 아니다. 하느님께서 친히 이 대화를 이끄시고 인간의 간청에 대해 당신이 선호하시는 결정 방식에 따라 응답하시고 인간과 진정한 상호 관계를 이루시는 것에서도 감지할 수 있다. 따라서 하느님의 결정은 우리의 청원에 대한 적절한 응답으로 비칠 수 있다. 그러나 그분의 결정은 (순전히 인간적 관점에서 보면) 청원과는 거의 무관한 응답일 수도 있다.

하느님께서 하느님과 대화하실 때에도 결정의 모든 형태가 다시 발견된다. 세 위격의 상호적 흠숭과 바라봄은 사랑 안에서 내린 결정의 열매다. 그러나 기도와 허락 안에서도 항상 결정을 내릴 수 있다. 예컨대 성자께서는 성부께 무언가를 청하기로 결정하시고, 성부께서는 그 청을 들어주고 다른 청은 들어주지 않겠다고 결정하신다. 신적 기도에 대한 이러한 결정의 특징은 신적 본질을 표현한다. 하느님 안에서 결정되지 않은 것은 아무것도 없다. 하느님께서는 성부와 성자와 성령으로 구별되신다는 것, 그리고 이 세 위격 안에서 항상 결정을 내리신다는 것은 하느님의 본질에 속한다. 선물에 대한 결정뿐만 아니라 수용에 대한 결정도 있다. 하느님의 대화는 일정한 형태가 없는 것이 아니다. 그분의 관상은 형태가 희미해지지 않는다. 모든 것은 가장 높은 단계에서 구별되고 결정되고 분리된다. 그러나 그렇기 때문에 모든 것은 늘 새롭게 일치로 되돌아간다. 삼위일체 하느님께서는 늘 새롭게 일치하기 위해 구별되신다. 그러나 늘 새롭게 결정하기 위해서도 일치하신다.

이에 대한 상징으로 성자 그리스도의 성찬례가 있다. 성찬례 안에서 그리스도는 자신을 늘 새롭게 나누어 주시고, 이러한 나눔을 통해 점점 더 많은 일치를 추구하신다. 그분께서는 모든 친교를 통해 더 많은 일치를 이루신다. 삼위일체 하느님 안에서도 친교가 이루어지고 신적 본질이 교환된다. 이렇게 신적 본질이 교환되는 가운데 분리된 것과 통합된 것이 하나를 이룬다. 하느님 안에서 이루어지는 이러한 교환은 매우 구체적이다. 사랑 안에서 나누어지는 구체적인 것은 사랑에 의해서 감싸 안아진다. 그것은 사랑을 표현하는 것이며 사랑을 명료하게 하는 것이다. 사람들 사이에서는 교환이 제한된다. 아무도 상대방에게 자신의 추억이나 생각을 줄 수 없다. 그것을 전달할 수 있을 뿐이다.

하느님 안에는 넘겨주지 못하는 것이 아무것도 없다. 선물은 그 자체로 있는 것이지, 보여 주기 위한 것이 아니다. 누군가는 자신의 어린 시절 추억을 상대방에게 이야기할 수 있지만, 그 어린 시절을 줄 수는 없다. 최면 상태, 정신 분석 같은 일들은 때로 신성 모독과 비슷하다. 이런 것들은 하느님께서 남겨 놓으신 영역을 빈번히 침범하기 때문이다. 그러나 주님께서는 지상에 계실 때 추억(기억)에 잠기지 않으시고, 생기 넘치게 현존하시면서 당신 자신을 구체적으로 드러내셨다. 그러한 능력은 삼위일체적 삶에서 나온 것이다. 따라서 주님께서 성체 안에 실제로 현존하심을 비난하는 사람은 삼위일체적 교환에 다가가기 어렵다.

 어떤 사람들은 자신이 더 이상 따라가지 못할 때, 하느님께서는 순수한 실재라는 의미를 더 이상 수용할 수 없을 때 '알맹이 없는 상징'에 대해서만 자주 이야기한다. 믿는 이들에게 성체를 영하는 것은 하늘로 오르게 하는 다리 역할을 한다. 성체를 영함으로써 하늘에는 결정과 구체적인 것이 존재함이 명백해진다. 결정은 하느님 안에서 구체적으로 내려진다. 마찬가지로 믿는 이가 성체를 받아 모실 때 주님께서 그에게 구체적으로 다가오신다. 하느님 안에서 소망과 의지 행위가 실현된다. 성부 하느님께서는 성자께서 무엇인가 청하기를 바라실 수 있고 성자께 이러한 소망을 불어넣어 주실 수 있으므로, 성자께서는 소망을 품게 된다. 구체적으로 말하면, 이로 인해 성자의 위격은 훼손되지 않는다. 이는 최면 상태와 반대된다. 최면술사의 뜻은 최면에 걸린 사람의 뜻을 제압하고 몰아낸다. 따라서 최면에 걸린 사람은 자신의 뜻을 약화시킴으로써 최면 상태에서 깨어난다. 사랑하는 남녀가 상대방에게 자신과 똑같은 사람이 되기를 요구한다면, 그 사랑은 악용될 테고 두 사람은 자기 사랑, 나르시시즘에 빠질 것이다. 성부 하느님께서는 성자 안에서 당신이 아니라 성자를 보시고, 성령 안에서는 당신이나 성자가 아니라 성령을 보신다. 하느님 안에는 혼동될 것이 없다. 성부께서는 성자가 마치 당신인 양 행동하기를 바라지 않으시고, 성자의 활동에서 당신의 영광이 아닌 성자의 영광을 보기를 바라신다. 하느님 안에 있는 세 위격은 각자 자기 자신으로 존재하지, 다른 위격의 모상이 아니다. 그리고 각자 다른 위격에게 자기 자신을 나누어 주시므로, 자기 자신이 더 작아지도록 강요받은 것이 아니다. 이는 하느님의 단호함에 속한다.

  성부와 성자와 성령께서 서로 더 많이 바라보시고 더 많이 흠숭하시며 더 많이 대화를 나누실수록, (다른 위격의 위임을 받고서) 각자 더욱더 자기 자신이 되신다. 낳으시는 성부에게서 성자가 나올수록, 성부께서는 더욱더 성부다워지시고 결코 성자가 되겠다고 생각하지 않으신다. 성자 역시 성부가 되겠다는 생각은 결코 품지 않으신다.

"내 아버지의 집에는 거처할 곳이 많다."(요한 14,2)

주님께서 이렇게 말씀하시고 당신 아버지의 집에 마련해 놓으신 '많은 거처'는 하느님 안에서 구별된다. 인간적 사랑에서 남자는 여자가 되기를 갈망하지 않는다. 여자 역시 남자가 되기를 바라지 않는다. 두 사람이 하나가 되면 될수록 상대방은 더욱더 ('나'가 아닌) '너'가 된다. 상대방이 구별되면 될수록 그/그녀는 더욱더 사랑스럽게 보인다. 두 사람이 사랑을 나누며 하나가 되는 시점이 있을 것이다. 이때 한 사람이 어떻게 시작하고 다른 사람이 어떻게 끝낼지는 아무도 모른다. 그러나 바로 이렇게 일치하면서 '너'는 더욱 근사하게 고양된다. 그리고 각자 사랑 안에서 일치하는 것에 대해 결정할 권한을 가지고 있다. 여자 역시 자기 뜻대로 하면서 남자의 뜻을 따를 수 있다. 마찬가지로 성자께서 독자적으로 결정하시는 것은 성부의 마음에 드신다. 성자께서 자신을 영광스럽게 할 때 성부께서 보고자 하시는 것은 성자의 영광이다. 성령께서는 두 위격의 영광을 보기를 바라시지만, 자기 자신이 두 위격의 최종적 영광임에는 주목하지 않으신다.

   그러나 신적 기도에 관해 언급할 수 있는 모든 것은 흠숭으로만 머문다. 사랑 밖에서 우리는 모든 것을 특정한 개념이 내포된 것으로 환원할 수 있고, 그것은 "~일 뿐"이라고 말할 수 있다. 사랑 안에서 우리는 모든 것이 우리가 표현할 수 있는 것보다 훨씬 더 풍요롭고 다채로움을 안다. 우리가 하느님의 사랑을 묘사해야 한다면, 그 사랑은 자기 자신 안에서만 표현될 수 있다. 그러나 누군가가 사랑하면 할수록, 그는 하느님의 사랑에 더 가까이 다가간다. 그리고 하느님께서 얼마나 많이 사랑하시는지 더 잘 깨닫고, 삼위일체적 생명은 모든 사랑의 살아 있는 샘이라는 것도 더 잘 인식한다.

2. 창조 세계가 바치는 기도

"하느님께서는 창조 활동 안에서 당신을 밖으로 드러내 보이신다. 이 창조 활동은 기도 내에서 하는 활동이다."

이 또한 하느님의 창조 활동을 기도로 보는 슈파이어의 독특한 신학적 비전임을 알 수 있다. 하느님께서는 창조 활동에 성자와 성령을 초대하신다. "우리와 비슷하게 우리 모습으로 사람을 만들자."(창세 1,26)라는 성경 묵상을 통하여 창조를 삼위일체와 기도로 풀어내는 것이다. 성부, 성자, 성령께서는 처음부터 창조 활동에 참여하셨고, 기도하는 이는 성부와 성자와 성령께서 나누시는 영원한 대화에, 가장 심오하고 가장 숭고한 대화에 참여해야 할 것이다.

하느님의 창조 활동 마지막은 안식일(이렛날)이다. 하느님께서는 창조 활동 안에서 쉼과 관상 기도의 가능성을 선사하신다. 이날에는 오직 하늘에 계신 하느님만 바라보아야 한다. 활동과 거리를 두는 날이 있어야 한다. 그리하여 창조 세계에 참여할 수 있게 된다. "인간은 눈으로 볼 수 없는 하느님과, 쉬시는 하느님과 대화를 나누게 될 것이고, 그분의 지성소에 들어가게 될 것이다." 그렇게 하도록 초대받은 것은 은총이다. 기도할 수 있는 것, 그 기도가 들어지는 것은 은총이다.

―

영원하신 아드님은 다양한 형태로 아버지께 기도하신다. 성령께서는 이 기도를 고취시키신다. 그렇기 때문에 그분께서는 기도의 영이시다. 성부께서 성자와 성령을 바라보시는 것은 처음부터 당신의 기도 방식이다. 그것은 고갈되지 않는다. 성부께서 당신을 드러내시고 기도로 이끄시며 기도의 소재를 주시기 때문이다. 또한 성부 하느님께서는 자기 계시 안에서 당신 자신의 기도를 보여 주신다. 그리고 세상의 창조주가 되시면서 당신의 본질을 바꾸지 않으시고, 당신의 창조 활동도 바꾸지 않으신다. 하느님께서는 창조 활동 안에서 당신을 밖으로 드러내 보이신다. 이 창조 활동은 기도 내에서 하는 활동이다. 믿는 이들의 활동이 그리스도인의 활동으로서 기도에서 비롯되고 그 활동이 지속될 때, 그들은 그 안에서 하느님께서 활동하심을 알게 된다. 하느님의 활동은 그분의 신성에 기인한 것이지만, 그분의 기도에서도 나온 것이다. 하느님께서는 당신의 활동을 설명하지 않고서는 아무것도 행하지 않으신다. 하느님께서는 창조 활동을 마치시고 당신이 행하신 것을 매일 저녁에 돌아보면서 "좋았다."고 평가하신다. 이 말씀은 성자와 성령에게로 향한 것이다. 동의하면서 당신의 일에 참여하도록 두 위격을 초대하시는 것이다. 따라서 그것은 성자와 성령이 함께 계시고 협력하시며 함께 자신을 드러내 보이시고 함께 기도하신다는 것을 인정하는 것이기도 하다.

하느님께서는 세상 창조 이전에 이미 일치를 이루면서 사셨다. 성삼위는 함께 나누시며 사셨다. 우리는 이러한 삼위일체적 일치를 고착된 상태라고 생각해서는 안 된다. 이렇게 일치하는 것은 활동하는 것, 섬광이 번쩍이는 것, 자극하는 것, 사건, 교환하는 것, 창조된 것에서 나와 다른 창조된 것으로 들어감으로써 새로운 창조를 이루어 내는 것이다. 그것은 가장 지고한 형태의 삶, 영원한 삶이다. 성부 하느님께서는 이제 창조주가 되시면서 이러한 활동 안에서, 이러한 새로운 자기 계시 안에서 성자와 성령을 새롭게 상상하신다. 그러나 당신이 창조하신 모든 것이 참 좋았다고 평가하시면서 성자와 성령에게로 돌아가시어, 두 위격에게 이 일에 참여하도록 초대하신다. 성자와 성령께서는 이 창조 활동에 협력하셨을 것이다. 하느님께서 이렇게 말씀하셨기 때문이다.

"우리와 비슷하게 우리 모습으로 사람을 만들자."(창세 1,26)

두 위격이 협력하셨음이 성부의 창조 활동에서 드러났다. 이렇게 드러난 것은 사람이 되신 하느님 안에서 성부와 성령이 드러난 것과 유사점이 있을 것이다. 창조 행위가 이루어지는 동안 우리는 하느님의 얼굴만 볼 수 있다. 그러나 하느님께서는 이렛날에 당신이 하신 일을 말씀하시고 평가하시므로, 완성된 창조의 관점에서 볼 때 그분께서는 성자와 성령에게로 향하신다. 그분께서 "참 좋았다."라고 말씀하시는 것은 일종의 기도다. 그것은 하느님께서 하느님에 관해 이야기하시는 것이기 때문이다. 우리는 하느님께서 그렇게 말씀하실 필요가 없다고 생각할 수도 있을 것이다. 창조 활동을 하시는 동안에도 성부께서는 성자를 낳으시고 성령이 발출되기 때문이다. 성자 안에서 모든 것이 창조되고, 성령(하느님의 영)이 물 위를 감돌고 있다. 따라서 두 위격은 처음부터 창조 활동에 참여하신다. 그러나 하느님께서 그렇게 말씀하실 필요는 없다. 기도는 일종의 대화이고 말씀은 형상을 갖춘 것이니 이 말씀이 결국 기도이기 때문이다. 그리고 창조주 하느님께서는 인간에게 당신과 교류하고 당신께 기도하고 그 기도를 들어줄 가능성을 주시고, 인간에게 당신의 신적 보화를 나누어 주실 것이기 때문이다. 영원한 것은 이미 인간 안에 그 토대가 마련되어 있다. 인간은 기도하면서 어떤 새로운 것을 자신 안으로 끌어들이지 않을 것이다. 그의 기도는 성부와 성자와 성령이 나누시는 영원한 대화에, 가장 심오하고 가장 숭고한 이 대화에 참여하는 것이 될 것이다. 하느님께서는 인간에게 세상을 참 좋게 창조해 주셨다. 그에게도 이 영원한 대화가 가능하도록 하시기 위해서다. 세상 만물은 참 좋게 있어야 한다. 그래야 역시 좋게 창조된 인간이 자신과 동시대 사람들을 통해서 그 영원한 대화에 지속적으로 참여할 수 있다.

창조 활동의 마지막에는 하느님의, 창조 이전의 영원함을 볼 수 있게 하시는 분의 안식일이 있다. 안식일은 거룩한 날이다. 하느님께서 이날에 쉬셨기 때문이다. 이날은 하느님의 날, 더 이상 창조하지 않으시는 분의 날이기 때문이다. 하느님께서는 하시던 일을 모두 마치시고 "참 좋았다."라고 말씀하신 뒤에 당신의 거룩한 삼위일체적 삶 속으로 돌아가신다. 이제 그분께서는 더 이상 앞으로 나오지 않으시고, 거리를 두신다. 하느님께서는 당신의 성전으로 가시어 성자와 성령과 함께 그곳에 머무시며 쉬신다. 이로써 당신의 창조 세계에도 쉼과 관상 기도의 가능성을 선사하신다. 하느님께서 지금 행하시는 것은 더 이상 좋은 게 아니라 거룩하다. 이제 더 이상 활동은 없고, 관상만 있다. 더 이상 행하는 것은 없고, 이루어지는 것만 있다.

이날은 하느님께서 쉬시는 날이기에 거룩하다. 안식일에 하느님께서는 성자와 성령에게서, 당신이 창조하신 만물에게서 흠숭받으시는 것 외에는 아무것도 하지 않으신다. 하느님께서 만물을 창조하신 날들을 알고 있는 인간은 이제 안식일을 지킨다. 이날에는 오직 하늘에 계신 하느님만 바라보아야 한다.

하느님께서는 당신이 하신 일에 대해, 기도 안에서 성자와 성령과 함께 "보시니 참 좋았다."고 표현하신 것에 대해 기뻐하신다. 하느님께서는 이렇게 말씀하심으로써 안식일에 사람들이 당신께 감사를 표할 수 있게 하셨다. 당신의 활동이 아닌 당신의 말씀을 통해서 말이다. 그러므로 감사는 단순한 인간적 평가에 근거한 자의적인 것이 아니다. 감사는 인간이 마음대로 할 수도 있는 것이 아니라, 하느님께 속하고 그분에 의해서 부여된 거룩한 것이다. 그렇기 때문에 인간은 하느님의 거룩하심에 참여한다.

그리스도인들은 하느님께서 거룩하다고 말씀하신 안식일 규정을 지켜야 한다. 실제로 기도하는 날, 활동과 거리를 두는 날이 있어야 한다. 그래야 창조 세계에 참여할 수 있게 된다. 활동하면서가 아니라 기뻐하면서, 스스로 선택한 의미가 아니라 거룩하신 하느님께서 부여해 주신 의미에서 말이다. 그렇게 하도록 초대하는 것은 은총이다. 기도할 수 있는 것, 그 기도가 들어지는 것은 은총이다.

그러나 성사와 하느님의 현존에 참여하는 것도 은총이다. 하느님께서는 어디에나 계시면서 당신을 드러내 보이시고 당신을 내주신다.

우리는 하느님의 활동에 참여하면서 순응할 수 있다. 우리에게는 보기 위해 눈이 있고, 듣기 위해 귀가 있으며, 지각하기 위해 감각이 있다. 그러나 이제 우리는 순응하지 않고도 거룩한 날에 참여하도록 초대받았다. 우리가 순응할 수 없는 부분은 은총으로 극복된다. 우리의 능력보다 훨씬 더 강한 것, 훨씬 더 근본적인 것이 있는데, 바로 초자연적인 것이다. 초자연적인 것은 우리의 본성을 가엾이 여기고, 우리를 하느님 앞에 세우며, 성전에 계신 하느님께서 우리에게 바라시는 일을 받아들일 수 있게 한다. 초자연적인 것은 가시적일 수 있고 실제로 이루어질 수도 있지만, 창조된 세상을 넘어 존재하며 하느님의 거룩한 세계에서 유래한 것이다. 하느님의 거룩한 세계는 창조된 세상에 처음에는 포함되지 않았지만, 이 창조된 세상과 긴밀히 연결되어 있다. 이렛날은 하느님께서 일하신 여섯 날에 이어지기 때문이다. 하느님께서는 이 이렛날에 틀을 주신다. 이날은 당신이 쉬시는 날, 거룩한 날인 것이다. 하느님께서는 이러한 틀을 널리 알리시고, 이날을 부르신다. 그러나 동시에 이날에 의미를 부여한다. 이날 자체에 당신의 거룩하심과 쉼이 깃들어 있는 것이다. 이 의미는 이 세상에서 나온 게 아니다. 다른 날들에 주어진 틀은 구별되지 않았던 것이 구별되었다는 것, 창조되지 않았던 것이 창조되었다는 것이고, 다른 날들에 담긴 의미는 그분의 활동이었다. 안식일에 담긴 의미는 더 이상 하느님의 활동이 아니라 하느님 자신이시다. 인간은 눈으로 볼 수 없는 하느님과, 쉬시는 하느님과 대화를 나누게 될 것이고, 그분의 지성소로 들어가게 될 것이다. 그곳에서 하느님께서는 인간에게 당신의 은총을 넘치도록 주신다. 주일은 자연적인 것에 근거를 둔 초자연적인 것을 기리는 날이다.

3. 그리스도의 기도

예수님께서는 사람들 가운데, 사람들 안에서 하느님께 기도하신다. 인간이 하느님과 좋은 관계를 맺기 위해서 자신의 인성을 통하여 십자가 위에서, 지상 생활 가운데에서, 강생의 신비 안에서 당신의 기도를 보여 주신다. 지상에 계시는 성자께서는 그리스도인의 기도 안으로 들어가는 길이 되셨다. 진정한 기도가 무엇인지를 사람들에게 보여 주고자 하신다. 사람이 되신 그리스도는 인간이 어떻게 하느님께 기도해야 하는지를 보여 주신다. 또한 성자는 새 계약의 믿음을 보여 주셨다. 사람들은 죄를 지어 하느님의 충만함을 잃어버렸다. 그러나 성자는 그것을 되찾아 주신다.

성자께서는 세상 만물 안에서 하느님께 흠숭하신다. 인간으로서 성부를 흠숭하신다. 자신이 완성하는 옛 계약과 자신이 가져와 사람들에게 선언하시는 새 계약을 토대로 흠숭하신다. 새 계약을 가져오는 것은 성자의 신적 사명 가운데 하나다.

청원 기도는 그리스도인들이 하느님을 구체적으로 볼 수 있도록 그들의 말을 들어주는 것이다. 그리스도인에게 청원 기도는 자신의 세계와 하느님의 세계를 이어 주는 다리가 된다. 성자께서는 하늘에 계실 때 이미 청원 기도의 본질을 아셨다. 하늘에서 성삼위는 각자 다른 위격들에게 청하여 그 위격들이 원하는 것을 실행하신다. 그런데 성자는 죄에 물든 세상으로 파견되었다. 그리고 세상을 구원하신다. 이것이 성자의 청원 기도다. 성자는 세상을 위해 기도하면서 자신이 성부의 뜻을 실행하고 세상을 구원할 수 있도록 성부께서 은총을 주시기를 기도하신다. 그리고 성부께 받은 파견 전체를 청원 기도 안으로 옮겨 놓고 늘 기도를 바치면서 그 파견을 적극적으로 수행한다. 따라서 그분의 파견 전체는 청원 기도에서 잘 드러난다. 아울러 파견과 함께 십자가에서도 성자의 청원 기도는 발하신다. 파견과 십자가는 성자의 구원 사명을 실현한다. 성자께서는 세상을 구원하는 데 성부께 필요한 모든 사람들을 위해 늘 청하신다. 나아가 잘못과 덕행, 약함과 강함, 모든 집단이 직면한 장애물을 치우기 위해, 공동체와 개인, 가정과 모든 백성을 위해, 세상을 형성하는 모든 것, 모두에게 도움이 되는 것을 위해 항상 청하신다.

성자께서는 세상 만물 안에서 하느님을 흠숭하는 것(신적 사명)과 청원을 넘어 사람들이 자신의 묵상에 참여하기를 바라신다. 그러기 위해서 하느님의 아들임을 드러내셨고, 사람들이 다가오도록 자신의 영원한 근원으로부터 받으신 것을 드러내셨다. 묵상을 시작하기 전에 예수님께서는 하느님의 말씀에 귀 기울이신다. 옛 계약, 율법서에 나오는 말씀이 새 계약으로 확대된다. 예수님께서는 청중들에게 말씀하시고 그들은 말씀을 묵상한다. 이 묵상의 중심점은 주님이시다. 하느님께서는 당신 아드님을 인간에게 보내 주셨고 인간을 위해서 이제 새 계약의 하느님이 되신다. 사람이 되신 예수님께서는 옛 계약과 새 계약 사이에 감도는 긴장 속에서 기도하고 묵상하신다. 이렇게 묵상하면서 사람들에게 그리스도인이 될 가능성을 선사하신다.

사람이 되신 분의 기도

아드님은 사람들 가운데 계시면서 아버지께 기도하신다. 따라서 그 기도를 사람들에게 전달하실 수 있다. 그분께서 하늘에서 바치셨던 기도는 순수한 바라봄(지복직관)이었다. 이제 그분께서 지상에서 경험해야 하는 것은 사람들 안에서 하는 믿음의 기도다. 인간이 어떻게 해야 하느님과 좋은 관계를 유지할지 아드님은 자신의 인성 안에서 경험하셔야 한다. 아드님은 아버지의 바라봄을 간직하고 계시지만, 지금은 그것을 드러내지 말고 가려야 하며 뒤에 두고 감추어야 한다. 훗날 십자가 위에서 자신의 영을 아버지께 맡기듯이, 그것을 아버지 손에 맡겨야 한다. 그분께서 하늘에서 바쳤던 기도는 아버지께서 자신을 낳으신 것과 자신이 아버지를 바라본 것이 일치한 가운데 나온 것이다. 지금 아드님이 지상에서 바치는 기도는 자신이 사람이 되신 것에서, 그리고 사람들이 지녀야 하고 새 계약으로 이끄는 믿음에서 나와야 한다.

인간은 무無에서 생겨난 순수한 피조물이다. 성자께서는 자신의 영원한 근원으로부터 사람이 되셨다. 우리가 창조된 것과 성자께서 사람이 되신 것의 차이는, 그분께서 인성을 취하시면서 우리를 이 상태에서 나오게 하여 믿게 해 주신 것이다. 하느님 앞에 있는 사람은 환시(바라봄)의 은총을 받을 수도 있고, 해마다 특정한 축일의 신비를 보았을 수도 있다. 그러나 언젠가 하느님께서는 그에게 그러한 바라봄을 허락하지 않으실 것이다. 그렇게 되면 그는 바라봄 없이 살아가는 법을 배우거나 예전에 바라보았던 것을 지금 바라볼 수 없는 것과 연관 짓는 법을 배워야 할 것이다. 그런 가운데 축제를 가톨릭적인(보편적인) 것으로 여기고 예전처럼 기쁨도 함께 누릴 수 있을 것이다.

이와 유사하게, 사람이 되신 하느님의 아드님은 천상적 바라봄과 창조된 인간에게 주어진 믿음의 차이를 지니고 계신다. 그것을 토대로 사람들에게 줄 그리스도교 신앙을 준비하시기 위해서다. 그분께서는 사람의 아들로서 하느님 아버지를 바라보신다. 그러나 우리가 하느님과 교류할 때까지 그분의 힘이 이에 미치지 않았다면, 믿음이라는 선물은 실제로 그분에게서 나오지 않았을 것이다. 만일 그렇다면, 그분께서는 우리의 자리에 설 수 없으셨을 테고 우리를 대리할 수도 없으셨을 것이다. 그분의 바라봄과 우리 믿음의 차이는 어떤 것을 다른 것과 분리하는 데서 생기는 게 아니라, 두 가지 일이 동시에 일어나는 데서 생긴다. 아드님은 그렇게 사셔야 하기에 두 가지 유한함을 마주하신다. 그러나 특히 인간적 유한함을 마주하신다. 아버지께 순명하는 일은 그분께서 실제로 인간임을 전제로 한다. 그리고 그분께서는 자신을 인간으로서 철저히 체험하고 고난을 겪어야만 아버지께 계속 순명하실 수 있다. 따라서 인간적인 순명을 할 수 없게 만드는 것은 아버지께 맡겨 드려야 한다. 어느 유능한 의사가 간호사를 가르치려 한다고 가정해 보자. 그는 의사로서 환자를 전혀 다른 방식으로 대하는 법을 먼저 배워야 한다. 간호사들을 대하는 법도 스스로 습득해야 한다. 단순히 이론적 지식만으로는 충분하지 않다. 시간이 지나면서 그 의사가 더 수준 높고 더 완전한 지식을 지닌다는 것은 자명하다. 또한 그가 습득해야 하는 새로운 지식이 의사라는 자신의 직업에는 필요하지 않다는 것 역시 자명하다.

삼위일체적 기도의 모든 형태는 바라봄 안에 그 근원을 두고 있다. 이 바라봄은 하느님께서 하느님께 마음을 여시는 것이고, 똑같이 흠숭하고 바라보고 청하게 하시는 것이다. 이제 지상에 계시는 성자께서는 사람들에게 주실 기도 형태를 찾아내셔야 한다. 아버지의 위임을 받으셨으니, 최초의 그리스도인으로서 아버지 앞에서 행

이제 지상에 계시는 성자께서는
사람들에게 주실 기도 형태를 찾아내셔야 한다.
그분께서는 사람들에게
아버지께로 가는 일반적인 길이 되셔야 할 뿐만 아니라,
그리스도인의 기도 안으로 들어가는 길도 되셔야 한다.

동하는 법을 배우셔야 한다. 하늘에서 그러셨듯이 자신을 위해 기도하실 수도 있을 것이다. 그러나 그렇게 하면 사람들을 도와주실 수 없다. 그분께서는 사람들에게 아버지께로 가는 일반적인 길이 되셔야 할 뿐만 아니라, 그리스도인의 기도 안으로 들어가는 길도 되셔야 한다. 이제 성자께서는 두 가지 이유를 가지고 기도하신다. 먼저 신적 필연성을 토대로, 하느님의 아들로서 자신의 본질과 바람을 토대로 기도하신다. 이 신적 필연성 안에는 신적 기도의 자발성도 포함되어 있다. 동시에 그분께서는 인간으로서 피조물이 지닌 자발성을 토대로 기도하시는데, 이런 형태의 자발성 안에는 뒤따르는 필연성이 포함되어 있다. 이 두 번째 기도의 샘은 다시 둘로 나뉜다. 성자께서는 자신이 창조된 것이 좋다는 것과, 하느님과 결속된 인간이 누구인지를 성부께 보여 드리려 하신다. 그리고 기도하는 자신의 태도를 통해서 진정한 기도가 무엇인지 사람들에게 보여 주고자 하신다.

  성자께서는 하늘에서 성부 곁에 계셨고 또 그분을 바라보는 동안 옛 계약도 아셨다. 또한 아버지이신 하느님께서는 사람들에게 어떻게 비치셨는지, 그분의 음성은 사람들에게 어떻게 들렸는지, 그분께서는 아담에게, 예언자들에게, 기원전의 모든 믿는 이에게 어떻게 당신을 드러내셨는지 아셨다. 그리하여 사람들에게 주어진 믿음의 토대를 아셨고, 율법도 아셨다. 하늘에 계신 하느님으로서 이 모든 것을 아신 것이다. 이제 그분께서는 사람이 되셨고, 지상에서 살아가며 인간이 어떻게 하느님을 아는지 경험하신다. 작은 그릇이 큰 그릇 안에 들어 있듯이, 두 번째 경험은 첫 번째 경험 안에 들어 있다. 그렇지만 두 번째 경험은 독자적이기를 바란다. 옛 계약의 경험이 자신만을 위해서 받아들여져서는 안 된다. 성자께서는 새 계약의 믿음을 가져오려고 하시기 때문이다. 따라서 자신이 사람이 되신 것을 함께 고려해야 하고, 그러기 위해서 자신과 성부와의 내밀한 관계를 함께 받아들이셔야 한다. 그리고 자신과 성부의 관계처럼 성령도 받아들이셔야 한다. 옛 계약 아래에서는 성삼위가 성부 뒤에 숨어 계셨다. 성자께서는 이제 당신 자신을 드러내신 삼위일체 하느님의 대표가 되셔야 한다. 그러나 동시에 구약의 하느님께서는 삼위일체이심을 밝히셔야 한다.

따라서 성자께서는 자신의 삼위일체적 기도 체험을 구체화하는 법을 배워서 그 기도 체험이 하느님을 바라보지 않는 사람들에게 도움이 되게 하셔야 한다. 그리고 옛 계약에 대한 앎과 자신이 가져온 새 계약을 사람들에게 선사하여 그들이 살아 있는 그리스도교 신앙의 토대와 가능성을 그 안에서 찾아내게 하셔야 한다. 그들은 하느님의 아드님이 단지 사람이 되시어 자신들에게 '맞는 것', 그분께서 지니신 것 가운데 나머지를 가져온다고 생각해서는 안 된다. 오히려 그분께서는 당신이 주시는 것을 통해 충만함을 이루시고 점점 더 큰 충만함으로 이끌어 주신다는 것을 생각해야 한다. 하느님이신 성자께서는 자신을 작게 만들면서 우리 인간의 믿음을 성장시켜 주신다. 다른 한편으로, 성자께서는 성부께 "아버지, 보십시오. 사람들에게 무언가를 주기 위해 제가 무엇을 포기했는지!"라고 말하면서 그분 앞에 나서실 수 없다. 성부께 다음과 같이 제시하실 수 있어야 한다.

"아버지께서 사람이 된 저에게 그러한 충만함을 주셨으니, 그 충만함을 혼자 누릴 수는 없습니다. 저를 가득 채운 충만함을 사람들과 함께 나누겠습니다!"

성자께서는 이제 지상에서 기도하는 사람으로서 얻는 것을 하늘에 계셨을 때 이미 알고 소유한 것의 보잘것없는 한 조각으로 여겨서는 안 된다. 오히려 참으로 사람이 되시어 피조물을 위한 하느님의 선물을 넘쳐흐르는 것으로 여기셔야 한다. 성자께서는 성부께서 원래 사람들을 위해 마련해 놓으신 충만함을 체험하신다. 그러나 사람들은 죄를 지어 그 충만함을 잃어버렸고, 이제 성자께서 그것을 되찾아 주신다. 그분께서는 사람들을 위해 충만함을 체험하시기 때문이다. 그리고 이에 대해 그들에게 감사하는 마음을 지니신다. 그리스도교 신앙은 멍하게 바라보는 것, 부정적으로 바라보는 것, 아직 이루어지지 않은 것이 결코 아니다. 그리스도교 신앙은 고유한 방식으로, 고유한 법칙에 따라 하느님과 통교通交하는 것이다.

그리스도교 신앙은 바라봄으로서 다른 영역에 있다. 이 둘은 일치하지 않지만, 실현되어야 하고 인간에게 충만함을 가득 채워 주어야 한다. 사랑을 표현하는 방법은 다양하다. 연인에게 특별한 선물을 주거나 입을 맞추거나 안아 주거나 정신적 도움을 줄 수도 있다. 이때 이렇게 표현하는 것이 저렇게 표현하는 것보다 더 낫거나 더 근사하거나 더 완벽하다고 말할 수는 없다.

성부도 성자께 인간으로 살 수 없다는 생각이 드는 것을 바라지 않으신다. 성자 역시 성부 앞에서 이런 감정을 불러일으키는 것을 바라지 않으신다. 성부와 성자께서는 '마치 ~인 듯이' 놀이하지 않으신다. 따라서 신적 능력들이 옆으로 밀쳐진다기보다는 인간적 능력들이 펼쳐져야 하고, 이 인간적 능력들 가운데 최상의 것을 끌어내는 것이 중요하다. 천상에서 흠숭받으면서 탄생하신 성자께서 이제 그 상태에서 나와 지상에서 흠숭한다면, 이것으로는 너무 부족할 것이다. 그렇게 되면, 사람들은 이렇게 말할 수 있을 것이다.

"그분께서는 신적 생명이 충만하시니, 그 영원한 시간을 하느님 아버지와 함께 보내셨고 이제 그 상태에서 나오셨으니 흠숭하시는 게 쉬울 것이다. 그런데 우리는 무엇을 해야 하는가?"

성자께서는 옛 계약과 자신이 가져와 사람들에게 선사하실 새 계약으로부터 자신이 지금 토대로 살고 기도하는 그것을 끌어내셔야 한다. 그리고 또다시 자신이 살고 기도하는 것에서 자신이 사람들에게 주는 것, 곧 믿음을 끌어내셔야 한다. 바로 그렇게 하기 위해서 그분의 인성으로는 충분하지 않다. 성자께서는 자신의 신성에서, 하느님으로서 주실 수 있는 것에서 힘을 길어 내셔야 한다. 그래야 믿음이라는 이 선물을 사람들에게 주실 수 있다. 성자께서는 인간으로서 자신의 신성을 의식하고 그 안으로 들어가셔야 한다. 그래야 사람들을 자신의 신성에, 삼위일체적 신성에 다가오게 하실 수 있다. 그러나 자신의 신성을 드러내 보이고 내줌으로써 사람들이 그것을 이해할 수 있게 해 주셔야 한다.

성자께서는 이제 옛 계약을 받아들이시고, 예언된 것들을 이루기 위해 그것들을 살펴보신다. 따라서 여기서도 인간의 말과 본래의 삼위일체적 연관성 사이에 다리를 놓으셔야 하고, 이러한 연관성을 말씀으로 명확히 표현하시면서 다시 배후에서 유지하셔야 한다. 사람들이 과도한 것, 바라보아야만 실제로 이해될 수 있는 것들에 압도되지 않게 하기 위해서다. (그리스도교 신비가들의 체험에서도 이와 유사한 면을 종종 보게 된다. 그들은 사람들에게 전혀 알리고 싶지 않은 것들을 체험한다. 그러나 무조건 알려야 하는 것을 그것들에서 끌어내야 한다. 따라서 그들은 자기 자신을 위해 전달할 수 없는 것을 체험하는 게 아니라, 자신들을 통해서 무언가를 경험해야 하는 이들을 위해 그렇게 하는 것이다.) 믿는 이들이 모든 것을 이해했더라면, 그들은 틀림없이 하느님이 되거나 적어도 하느님의 자리에 있기를 열망했을 것이다. 그러나 인간인 그들은 자기 자리에 머물러야 하고, 성자께서는 자신이 바라보신 것을 그들에게 알려 주셔야 한다. 그래야 그들이 믿음을 토대로 그것을 이해할 수 있다. 따라서 믿음은 신적 바라봄에 걸맞은 영역을 확보해 준다는 것을 이해하게 된다. 우리가 인간으로서, 그리스도인으로서 사물들을 체험하는 것보다 하느님께서는 그 사물들을 더욱 폭넓게 보신다는 것을 믿음을 바탕으로 이해할 수 있다.

성자의 신적 사명

성자께서 지상에서 성부께 드리는 흠숭은 옛 계약에 의해서 크게 제한받는다. 그분께서는 선택받은 이들이 있는 곳에서, 더 명확히 말하자면 그들이 지속적으로 저지르는 죄가 참된 흠숭을 드리는 그들을 방해하지 않을 때 그들이 서 있어야 하는 곳에서 흠숭을 시작하려 하셨다. 성자께서는 흠숭을 통해 옛 계약이 완전히 전개된 곳에서 흠숭하신다. 그분께서는 아담 옆에서 흠숭을 드리지 않으신다. 아브라함이나 솔로몬 옆에서도 흠숭을 드리지 않으신다. 성자께서는 지상에서 사시는 동안 하느님 아버지를 흠숭하신다. 옛 계약이 전개된 과정에서 일어난 모든 것, 즉 성부 하느님의 계시와 약속, 그리고 성자께서 장차 이루실 것에 대한 앎이 흠숭 안에 포함되어 있다. 성자께서 드리는 흠숭은 지금 이 순간에 하느님 아버지께 마땅히 드려야 하는 것이다. 옛 계약이 새 계약으로 말미암아 파기

되기 때문이다. 인간이 하느님 앞에서 거리를 느끼는 가운데 드리는 흠숭이 있다. 그러나 이러한 거리, 차이는 하느님의 신성을 통해서 메워졌다. 이로써 먼 거리, 갈라놓는 차이가 아닌 바라봄이 존재한다. 바라봄은 직접 보는 것이 아니라 살아 계신 하느님에 대한 체험적 앎을 의미한다. 옛 계약 아래에서 흠숭하는 사람이 하느님 앞에 서 있던 곳, 그곳에 지금 성자께서 서서 배우셔야 할 점이 있다. 성부-성자라는 신적 차이를 하느님-인간이라는 그리스도적 차이로 전환시키셔야 한다. 달리 말하면, 하느님-인간이라는 차이가 있음에도 불구하고 흠숭하면서 아버지-아들이라는 가까움 안으로 들어가 기도하셔야 한다. 이렇게 아버지-아들이라는 가까움을 체험하고 하느님-인간이라는 차이를 잊으려면 그 안으로 들어가 기도하셔야 한다. 성자께서 배우셔야 할 차이가 있지만, 자신 안에 둔 차이도 있다. 그렇지만 종국엔 그 차이를 자신 밖으로 끌어내셔야 한다. 그래야 그 차이를 배우실 수 있다. 완전히 '배우는 것'은 그분의 사명에 포함되어 있고, 이 사명을 그분께서는 전능하시고 전지하신 하느님으로서 받아들이셨다. 지상에 오신 성자께서는 자신이 무엇을 행하는지 아시고, 인간으로서 배우는 것이 무슨 뜻인지도 아신다.

　성부께서 완전하고 죄에 물들지 않은 신앙인에게서 흠숭받기를 기대하시듯이, 우리는 성자께서 성부를 그렇게 흠숭하신다는 것에서 출발할 수 있다. 이러한 순수함이 깃든 그분의 흠숭은 (그 본질에 부합하게) 늘 새롭고 고양된 흠숭을 부른다. 성자께서는 자신이 만나는 성부께 매료되신다. 그러므로 흠숭하면서 성부를 만날 수 있는 곳이면 어디서나 행복을 느끼신다. 지상에서 사시기 위해서는 그분께 이러한 행복이 필요하다. 이기적인 의미가 아니라, 자신이 순수한 사람에게 부여하시고 자신의 사명 안에 담겨 있는 의미에서 그러하다. 성자께서는 흠숭에 의해서 충만해지시므로, 당신의 전 존재의 충만함으로부터 사람들이 당신을 바라보기만 해도 그들에게 흠숭할 마음을 불러일으키실 수 있다. 성자께서는 성부를 흠숭하시면서 옛 계약의 약속을 이행하신다. 그러나 옛 계약을 바라보기보다는 모든 약속과 그 주변 환경, 그 약속들이 들어지는 것, 그 약속들의 실현에 대한 기대를 자신의 흠숭 안으로 받아들이고 이루어지게 하면서 그렇게 하신다. 절친한 두 친구가 함께 여행하기로 약속하고 이에 기뻐한다면, 그들의 기대 안에 이미 실현이 깃들어 있다. 실현은 여행의 일부인 것이다. 그들의 약속이 실제로 이루어졌다면, 그 안에는 이러한 선先실현이 내포되어 있다.

이와 유사하게 성자께서는 이미 자신을 향해 이루기 시작하신 모든 것을 자신 안에서 이루신다. 이때 당신 자신이 약속의 내용이자 실현임은 거의 잊으신다. 그분께서는 지시하시는 하느님의 영광을 어디서나 보시고, 모든 것을 그 참된 의미에서, 그 완전한 맥락에서 이해하신다. 그러므로 그분께서는 세상 만물 안에서 하느님을 흠숭하신다. (어느 의사가 동료에게 치료를 받을 때 그의 의술이 뛰어나도 그다지 놀라지 않는 것과 같다.) 그럼에도 불구하고 성자께서 성부께 드리는 흠숭은 인간으로서 드리는 흠숭이다. 그분의 신적 바라봄은 단순히 결과가 없거나 단순히 지속되는 것이 아니다. 오히려 그분께서 지상에서 드리는 흠숭 안에서 하느님께서 지금까지 사람들에게 주시고 드러내 보이신 모든 것의 원인들이 부각되면서 명확히 분리된다. 주된 원인은 성자 자신이시다. 그러나 성자께서는 자기 자신을 바라보지 않고, 구원 활동을 펼치면서 당신 자신을 알리시는 성부 하느님의 영광만을 바라보신다.

따라서 출발점은 이렇다. 성자께서는 인간으로서 성부를 흠숭하시는 것이다. 그분께서는 자신이 완성하고 있는 옛 계약과 자신이 가져와 사람들에게 선언하시는 새 계약을 토대로 흠숭하신다. 여기서 그분께서는 출발점을 크게 넘어서신다. 새 계약을 가져오는 것은 그분의 신적 사명이다. 새 계약이 성실히 지켜지도록 하느님께서 당신의 아들을 보내실 때 분명해지는 것이 있다. 이 일이 이루어지기 위해서는 한 위격이 필요하다는 것이다. 그 위격은 구원 사업뿐만 아니라 지금까지의 믿음과 흠숭을 새로운 흠숭과 믿음으로 전환하는 일도 완성할 수 있다. 그러므로 성자께서는 그리스도로서 지상에서 성부를 당연히 그리고 분명히 흠숭하신다.

이와 관련된 것들이 있다. 첫째, 성자는 하늘에서는 하느님으로서 그 안에 머무셨고 지상에서는 그리스도로서 그 안에 머무시는 바라봄으로 변형된다. 둘째, 이 바라봄은 성자 안에서 분배된 바라봄이 되는데, 이는 후대의 많은 사람의 바라봄이 되기 위해 성자 안에서 근원이자 선봉에 서 있는 것이어야 하고, 믿음과 긴밀히 연관되어 있다. 그렇다. 그 바라봄은 천상적 바라봄보다는 믿음에 더 많은 근거를 두고 있다. 셋째, '기억'의 바라봄이 있는데, 이는 일시적인 것 안으로 들어가 잇달아 작용하는 것을 의미한다. 반면에 영원한 바라봄 안에서는 모든 것이 시간을 초월하여 함께 있고, 경우에 따라서는 시간적으로 일치하는 형태나 단일한 형태로 볼 수 있게 된다. 예를 들면 영원한 바라봄 안에서 강생의 현실성은 사람이 되신 성자의 약속 안에 이미 포함된 것과 같다. 지상에 머무시는 동안 성자께서는 바라봄 안에서도 시간적 일치가 이루어지지 않음을 경험하신다. 이러한 '기억'은 그분 안에 천상적 약속을 실현할 마음을 크게 불러일으킨다. 성자께서는 결심한 바를 실행하시는 데 긴장할 필요가 없으시지만, 지상에서의 인간적 삶을 저 근원의 영원한 충만함에 맞춰야 한다는 것을 늘 유념하셔야 한다. 그리고 자신의 인성 전체를 천상적 바라봄에 맞추셔야 한다. 어느 산모가 자신의 약혼식과 결혼식 장면을 떠올리면서 출산의 고통을 참다가 아기가 태어난 순간에 드디어 기쁨을 맛보듯이 말이다.

성자 그리스도께서 드리는 이러한 흠숭은 당신 자신에게 하는 것과 다르게 보일 수도 있다. 이 흠숭은 애타게 찾는 것을 찾아내는 것에, 약속 뒤에 촉구되는 실현에 비유할 수 있다. 성자께서는 흠숭에 완전히 전념하신 듯하다. 흠숭은 성자께서 성부와 가까워지게 하고, 그분의 완전한, 결코 채워지지 않을 사랑을 내포하고 있다. 이 사랑은 모든 것을 위해서 행하고 살며, 오직 사랑만을 위해서 그 자리에 있다. 이 사랑은 인간적인 길로 이끌기 위해 애쓴다. 성부 하느님께서 성자뿐만 아니라 인간에게도, 당신을 사랑하고, 믿고 당신이 파견하시는 사람에게서도 다정한 흠숭 안에 깃든 공경을 받으시게 하려는 것이다.

본디 파견 자체에서, 그 파견을 받아들이고 성실히 수행하는 것에서 성자께서 흠숭을 통해 성부와 이루는 일치가 표현되고 실현되었다. 일치가 더 많이 추구되어야 십자가에서 완전하게 보일 때까지 신앙인들이 일치를 이룰 수 있다. 성자께서는 성부께서 자신 안에서 점점 더 사람의 모습을 바라보시도록 그분을 흠숭하면서 자신의 신성을 점차 보이지 않게 하시려는 듯하다. 흠숭 안에서 하느님께서는 위대하시므로 흠숭하는 이는 사라지고 더 이상 문제가 되지 않는다. 이렇게 사라지는 것과 더 이상 문제가 되지 않는 것은 바로 성부를 흠숭하시는 성자께 그 원인이 있다. 흠숭하시는 그분에게 하느님인지 사람인지는 거의 중요하지 않다. 그러나 성부께 받은 파견을 지상에서 수행해야 하므로 성자께서는 흠숭하시면서 우리 가운데 하나로 있기를 바라신다. 성부께서 지상에서 흠숭받으신다는 것을 아시게 하려는 것이다. 흠숭은 성자의 삶 전체를 형성하므로, 흠숭이 중심을 이루는 그분에게는 지상에서 보내는 나날이 첫날처럼 보인다. 이는 그분께서 십자가에 매달려 죽기까지 점점 인간이 되기를 추구하시는 것과 같다. 십자가에 달리신 그분께서는 더 이상 흠숭할 힘이 없고, 아버지를 흠숭한다는 것을 증명해 보이실 수 있을 뿐이다.

십자가 위에서 그분께서는 그저 힘없는 사람으로 있기 위해 신성을 버리셨다. 사람으로 있기 위해 이렇게 신성을 버린 것은 그분께서 지상 생활을 하면서 아버지께 드린 흠숭 안에 이미 반영되어 있다.

여기서는 찾아내는 것이 관건이었다면, 십자가에서는 찾는 것이 관건이다. 인성이 늘어나려면 신성이 줄어들어야 한다.

인간과 하느님을 이어 주는 다리

성자께서는 지상에서 성부를 흠숭하실수록 사람들의 관심사를 더 명확히 보신다. 이제 그분의 청원 기도가 시작된다. 그분께서는 사람들이 필요로 하는 것을 보신다. 그러면서 그들이 하느님과 결속되어 사는 것이 얼마나 중요한지, 이렇게 결속된 것이 얼마나 구체적으로 드러나야 하는지 아신다. 청원 기도는 그분께서 말씀으로 표현하시는 것뿐만 아니라 사람들이 하느님을 구체적으로 볼 수 있도록 그들의 말을 들어주시는 것에도 담겨 있다. 여기서 사람들은 자신과 관계있는 모든 것을, 물질적인 것과 정신적인 것, 사적인 것과 공적인 것, 가정을 포함해 모든 단체의 사안을 하느님 앞으로 가져갈 수 있다. 그리고 하느님께서 어떤 응답을 주시길 기대할 수 있다. 흠숭에서는 인간보다는 하느님, 그분의 위대하심, 그분의 사랑, 그분에 대한 경외가 중요하다. 청원 기도에서 하느님과 사람들의 관계가 명확히 드러난다. 인간의 일상 전체가 그 안에 포함될 수 있다. 인간은 이 세상에서 하느님을 흠숭하기만 하며 살 수 없다. 인간은 다양한 상황 속에서 살고, 운명이 있으며, 다른 이와 연결되어 있다. 다른 이 역시 각자의 운명이 있다. 따라서 인간에게 청원 기도는 자신의 세계와 하느님의 세계를 이어 주는 다리가 된다.

   성자께서는 하늘에 계실 때 이미 청원 기도의 본질을 아셨다. 하늘에서 성삼위는 각자 다른 위격들에게 청하여 그 위격들이 원하는 것을 실행하신다. 그리하여 청하는 기쁨과 허락하는 기쁨을 누리시고, 그런 가운데 영원으로 들어가신다. 그러나 성자께서는 죄로 물든 세상에 오셨기 때문에, 청원 기도가 다른 얼굴을 지닌다. 그분의 파견은 이미 성부의 청이 들어진 듯 보인다. 성부 하느님께서는 죄로 인해 당신이 창조하신 세상을 이제 막 잃으실 참이었다. 그런데 성자께서 그분의 청을 따르면서 죄에 물든 세상을 되찾으신다.

이제 이 파견은 인간의 일상으로 옮겨지고 구체화된다. 성자께서는 세상을 위해 기도하면서 자신이 성부의 뜻을 실행하고 세상을 구원하도록 그분께서 은총을 주시기를 바란다. 그리고 성부에게서 받은 파견 전체를 청원 기도 안으로 옮겨 놓고, 늘 청원 기도를 바치면서 그 파견을 적극적으로 수행하신다. 따라서 그분께서 받으신 파견 전체는 청원 기도에서 인지할 수 있다. 성자께서는 세상과 사람들에게 결여된 모든 것을 가리켜 보이시고, 그것들을 실행하면서 사람들을 청원 기도로 이끄신다. 또 사람들에게 부족한 것을 보여 주시고, 하느님께서 은총을 베푸시어 그들을 구원하실 수 있고 또 구원하고자 하신다는 것을 알려 주신다. 그러기 위해 하느님께서 어떤 길을 택하실 것인지도 그들에게 알려 주신다. 하느님의 아드님은 사람들을 위해 기도하시지만, 지금 자신이 속한 세상, 그 안에서 자신을 드러내지 않으시는 세상을 위해 기도하시는 것이다. 따라서 모든 그리스도인이 하느님께 청하듯이 그렇게 청하신다. 구원 사명은 전적이고 나눌 수 없는 사명이다. 그러나 이 사명을 받아들이는 것과 십자가 위에서 이 사명이 종결된 것 사이에는 얼마나 많은 수고가 있는가! 그렇기 때문에 청원 기도는 다양하고, 많은 것을 포괄한다.

어떤 사명을 받고 그 사명에 얼마나 많은 개개의 행동이 요구되는지는 보통 나중에야 알게 된다. 성자께는 이러한 행위가 결코 간과될 수 없다. 세상에는 개별 인간들, 그들이 저지른 죄, 낯선 것들이 존재한다. 그리고 시대마다 모든 사람이 겪는 운명, 자기 말이 이해되기를 바라는 특별한 인물이 존재한다. 이 특별한 인물은 지금 자기가 말해야 할지 아니면 침묵해야 할지, 지금 기적을 일으켜야 할지 아니면 아무 기적도 일으키지 말아야 할지 자문한다. 구원은 집을 짓는 것과 같다. 완성된 집은 십자가다. 그러나 집을 지으려면 수많은 우려와 협의와 고려가 요구된다. 주님의 삶은 이것들로 이루어졌다. 청원 기도 안에는 두 가지 움직임이 있다. 개인적인 것 안으로 들어가는 움직임과, 교회와 세상을 위한 기도가 될 때까지 모으고 통합하는 움직임이다. 주님께서는 당신의 기도 안에서 두 가지 움직임을 모두 알고 계신다.

성자께서는 성부께서 자신의 모든 청을 들어주신다는 것을 아신다. 그러나 성부의 뜻에 따라 그것들이 이루어지도록 그분께 자유도 드린다.

"아버지의 뜻이 이루어지게 하십시오."(마태 26,42)

성자께서는 구원 계획을 실행하시고, 성부께서는 이 계획을 이미 허락하셨을 것이다. 이어서 성자께서는 성부의 창조 사업이 중요함을 떠올리고, 성부께로 항상 몸을 돌리신다. 아버지의 뜻 안에서 활동하기 위해서다. 성부께서는 성자께 모든 것을 허락하신다. 성자의 사명이 당신의 활동 내에서 완성되도록 하기 위해서다. 성부께서는 성자께 특히 사명, 파견 자체를 허락하신다. 성부께서는 성자께서 처음부터 세상의 죄를 없애고 십자가에 못 박히지 않도록 그분의 사명을 가볍게 해 주지 않으신다. 만일 성자의 사명을 가볍게 해 주셨더라면, 구원은 물거품이 되고 말았을 것이다. 성자의 파견과 십자가는 청원 기도를 실현한다. 청원 기도는 성자께서 성부를 구원 사업에 포함시키는 방법이기도 하다. 따라서 성자께서는 성부께서 들어주신 청을 스스로 생각해 낼 수 있는 모든 것보다 더 좋아하신 듯하다. 성자께서는 성부에게서 받은 파견이 자신에게만 관련된 것처럼 대하지 않으시고, 항상 성부와 함께 느끼면서 파견을 수행하신다. 그리고 성부께서 바라시는 것을 추구하고, 청원 기도를 통해 성부의 의도에 다가가려고 애쓰신다. 성자께서는 자신이 청하는 것을 통해서 세상을 어떻게 일궈야 할지, 성부와 결속되기 위해 어떤 기회들이 주어질지, 이제 사람으로서 세상 사물들을 어떻게 바라보아야 할지 성부께 늘 전하려 하신다. 그리고 자신이 청하는 것들을 택함으로써 자신이 사람으로서 어디에 서 있는지, 자신이 중요하게 여기는 것이 무엇인지, 자신이 현재의 것을 미래의 것과 어떻게 구분하는지 성부께 보여 드린다.

성자께서는 성부께 겸손하게 청하신다. 그분께서는 드러내면서, 동시에 감추면서 청하신다. 성자께서는 성부 하느님께서 창조하신 인간에 대해서 그리고 어느 정도는 자연적 제약을 받아 생겨나는 일들에 대해서 늘 그분께 말씀드리려고 애쓰신다. 그러면서 죄로 인해 차이를 만드는 것을 가져가신다. 성부께서는 새 계약을 따르려는 선한 사람들의 욕구를 더 많이 바라보시는 반면, 성자께서는 죄로 인해 생기는 차이를 가져가신다. 성자께서는 성부께 사람들이 다양한 욕구를 지녔음을 알려 드리면서, 인간 삶에 속하는 모든 것(낮과 밤, 새벽과 초저녁, 온갖 어려움 등)을 앞에 내놓으면서 청하신다. 그분께서는 세상 전체와 어려움을 겪는 수많은 사람을 품으신다. 그들은 맞닥뜨린 힘든 상황으로 인해 어찌할 바를 모르기 때문에 새 계약 안에 담긴 사랑의 진리를 더는 이해하지도, 믿지도 못하고 그것에 따라 살 수도 없는 것처럼 보인다. 성자께서는 자신이 만나시는 모든 사람을 위해 끊임없이 청하신다. 또한 자신의 사명을 실현하는 데 필요한 모든 사람을 위해, 세상을 구원하는 데 성부께 필요한 모든 사람을 위해 늘 청하신다. 나아가 잘못과 덕행, 약함과 강함에 대해, 모든 집단이 직면한 장애물을 치우기 위해, 공동체와 개인, 가정과 모든 백성을 위해, 세상을 형성하는 모든 것, 각자에게 도움이 되거나 지금 없는 것을 위해 항상 청하신다.

그리고 성부께서 허락하시도록, 성부께서 세상과 더 긴밀한 관계를 맺으시도록, 성부께서 자신의 사명을 이루면서 당신의 뜻이 실행됨을 보시도록, 성부께서 자신의 삶을 형성하는 모든 것에 참여하시도록, 성부께서 그 어떤 순간에도 홀로 있다고 느끼지 않으시도록 청하신다. 성자께서는 겸손하게 청하신다. 자신의 활동에 주안점을 두지 않으면서, 모든 것에 대한 결정을 성부께 맡겨 드리면서, 자신이 한시적으로 행하는 모든 것을 성부 앞에 펼쳐 놓으면서 청하신다. 성자께서는 자기 삶이 그 어떤 상황에 의해서도 구속되기를 바라지 않으신다. 오직 성부만이 자신을 묶어 놓게 하려는 것이다.

묵상

세상에 오신 주님께서 묵상하신 것에서도 동일한 법칙이 나타난다. 주님께서는 사람들을 위해 천상적인 것을 지상적인 것으로 옮겨 놓으면서 묵상하신다. 다른 한편으로는 자신의 어머니 마리아의 "예." 응답에 이르기까지 옛 계약 아래에서 발견하신 것과 연관 지으면서 묵상하신다. 옛 계약 아래에서는 본래의 관상이 전개되었다기보다는 관상적인 태도가 더 많았다. 묵상 소재는 제한되었고, 무엇보다 약속과 관련된 것이었으며, 묵상하는 태도에서 잘 드러났다. 묵상하기 위해 사람들은 기대와 희망에 찬 상태에 있었고, 실현을 직접 체험하지 않고서 실현에 대한 믿음을 잃어서는 안 되었다. 구약 성경의 인간은 계명을 준수했다. 그들은 계명이 자신을 구속하고 삶 속에 뿌리내리며 하느님과 더 깊이 결속시켜 약속의 영 안에서 더 강하게 살도록 한다고 믿었다. 그리고 그 약속이 이루어지도록 죄를 짓지 않으려고 애썼다. 일종의 제한된 성의가 토대가 되었다. 인간은 자기가 기대한 것을 대체로 해냈고, 자신의 행위에 근거하여 하느님께서 언젠가는 더 많이 행하실 것임을 기대할 수 있었다. 따라서 율법을 지키는 것이 관상의 출발점이었다. 그러나 관상이 향한 희망은 먼저 약속의 말씀 안에 내포되어 있었다. 그렇지만 이 말씀을 실제로 대상화하기는 어려웠고, 이렇게 묵상하면서 개인적 입장을 표명하는 것 역시 결코 쉬운 일이 아니었다. 이스라엘 백성의 역사에서 하느님의 위대한 업적도 묵상 소재가 될 수 있었고, 그분의 업적은 약속 실현의 시작과 같았다. 이 위대한 업적은 사람들에게 먼저 하느님을 흠숭하도록 촉구했고, 이어서 관상할 마음도 불러일으켰다.

성자께서 세상에 오셨을 때 가장 선한 사람들에게서 그러한 움직임이 일었다. 그분께서는 성부를 바라보셨고, 성부께서 하느님임을 아신다. 그분께서는 흠숭과 청원을 넘어 사람들이 자신의 묵상에 참여하기를 바라신다. 그러기 위해서 성자께서는 자기 자신에게로 돌아가셔야 한다. 더 정확히 말하자면, 두 가지 방식으로 그렇게 하셔야 한다. 첫째, 자신이 누구인지, 즉 하느님의 아들임을 드러내셔야 한다. 단지 사람들 가운데 머무시는 것으로만이 아니라, 사람들이 자신의 말을 들으면서 하늘나라, 아버지의 나라가 있음을 깨닫게 하고 자신의 구체적인 모습을 통해 자기 뒤에 숨어 계시는 하느님께로 인도하면서 그렇게 하셔야 한다. 둘째, 사람들이 다가오도록 늘 자신의 영원한 근원으로부터 받으시는 것들을 통해 자신을 표현하셔야 한다. 첫째 방식은 자신의 인성을 인간의 방향에서 성부와 성령의 방향으로 확대하는 것이고, 둘째 방식은 자신의 본질을 사람들이 어느 정도 이해할 수 있는 것으로 제한하는 것이다. 성자께서는 사람들을 위해 믿는 분이 되신 듯하다. 하느님의 힘을 지닌 분은 믿음의 힘(자신이 성부의 뜻 안에서 행사하는 힘)을 지닌 분이 되신다. 성자께서는 성부께로 되돌아가실 것이고, 이렇게 되돌아가기 위해서 이미 (또는 항상) 영원히 바라보신다.

묵상을 시작하기 위해 성자 예수님께서는 하느님의 말씀에, 옛 계약으로부터 세상에 이미 드러난 그 말씀에 귀 기울이신다. 그분 자신이 이 말씀이고, 그분께서 하시는 모든 말씀은 하느님께로 향해 있다. 그러므로 예수님의 말씀 안에는 그분의 신성(이는 핵심과 같음)이 깃들어 있고, 그분께서 아버지에게서 듣는 말씀 안에는 감싸 안는 것, 목표 같은 것이 들어 있다. 예수님께서는 새 계약을 옛 계약의 연장이자 완성으로 이끄시므로, 묵상에 대한 그분의 가르침은 옛 계약에 근거한 것이다. 그분께서는 종종 '쓰여 있는 것'에 근거를 두신다. 그분께서 하시는 말씀은 이따금 율법서에 나오는 말씀과 진배없다. 그러나 그 말씀은 그분께서 받아들임으로써 새 계약으로 확대된다. 예수님께서는 율법서에 나오는 말씀을 자신에게까지 적용하신다. 다른 경우에는 예언서에 나오는 말씀에 바탕을 두고, 그 말씀을 자신이 세상에 오신 것으로 완성하신다. 그분께서 하신 말씀을 청중이 묵상하면, 그들도 그분과 동일한 길을 갈 수 있다. 그들은 자신들이 알고 있던 어떤 말씀, 하느님의 약속이 담겨져 있고 자신들의 믿음 안에 들어가 있기에 희망을 주는 말씀을 토대로 전개하고 이루고 적용하는 것을 자신들 앞에 서 계시는 분 안에서 찾는 법을 배워야 한다.

이와 유사하게 예수님께서 자신을 드러내 보이시는 것은 자신을 엄격히 바라보시는 것이다. 그분께서는 청중을 이렇게 이끄신다. 즉, 그들이 하느님 아버지의 은총으로 이미 가지고 있는 것에서 벗어나, 말씀이자 하느님의 아들로서 그들에게 주는 것, 자신의 본질에 관해 지금 이 순간에 그들에게 밝히고자 하는 것으로 향하게 하신다. 그들이 나중에 그 말씀을 다시 떠올린다면, 자신들이 그분의 제자들처럼 느껴졌던 상황에서, 그 상황에서 얻게 된 깨달음에서 더 이상 분리될 수 없을 것이다. 그들은 이 말씀을 그분께서 해 주신 다른 말씀들에 추가하고, 그런 가운데 점점 더 깊이 묵상하게 된다. 묵상의 중심점은 주님이시다. 그러나 묵상은 이 중심을 옛 계약 주위에 두게 하고, 하느님의 신비를 반영하며, 하늘과 창조 세계의 본모습을 풀이하고 보여 준다.

예컨대 예수님께서 "나는 아버지를 영광스럽게 하기 위해 왔다." (요한 17,1)라고 하신 말씀에서는 옛 계약의 아버지를 떠올리게 된다. '아버지'라는 단어는 듣는 이들에게 무언가를 말한다. 마찬가지로 그들은 '나'라는 단어에서도 무언가를 상상할 수 있고, 이 '나'와 관련해서 아버지를 영광스럽게 하는 법을 배운다. 그리고 나서 예수님의 삶과 행적을 바라보고, 그것들이 영광을 의미함을 깨닫게 된다. 이어서 하느님 아버지의 위대하심과 자비를 어렴풋이 알기 시작한다. 하느님께서는 당신의 아드님을 그들에게 보내 주셨고 그들을 위해 이제 새 계약의 하느님이 되셨기 때문이다. 그들은 묵상하면서 어떻게 해야 삶과 활동을 통해 하느님 아버지를 더 영광스럽게 해 드릴 수 있을지 깊이 생각해야 한다.

그러나 그들은, 예수님께서 자신들 가운데 오롯이 머무시는 것은 그분의 영원한 바라봄이 반영된 것임을 점점 더 깊이 이해하는 법도 배운다. 그분께서 해 주시는 말씀, 그들이 믿음 안에서 묵상할 수 있는 이 말씀은 그들에게 그분의 영원한 바라봄을 대신하는 것과 같다. 그들은 아버지를 바라보는 그분을 언제나 바라볼 수 있고,

자신들이 그분을 따르면서 행하는 모든 것은 그분께서 아버지를 바라보는 것과 연관되어 있음을 안다. 그들이 예수님을 바라보는 시선은 그분 안에서 끝나지 않고, 그분에게서 받아들여져 그분께서 아버지를 바라보시는 것이 된다. 예수님께서는 관상하려는 그들의 마음을 지속시켜 주시는 듯하다. 누군가에게 "저를 위해 기도해 주세요." 하고 말하는 사람은 그에게 기도의 의무를 지운다. 그리고 상대방은 기도를 청하는 이의 사안을 자신과 하느님의 관계 안으로 받아들인다. 예수님도 그러하시다. 그분을 묵상하는 사람은 그분께 의무를 지워 드리는 것이다. 예수님께서는 그러한 묵상을 자신이 아버지를 바라봄 안으로 받아들이신다.

   성자 예수님께서는 사람이 되셨으므로 옛 계약과 새 계약 사이에 감도는 긴장 속에서 기도하고 묵상하신다. 이렇게 묵상하면서 사람들에게 그리스도인이 될 가능성을 선사하신다. 자신 안에서 약속을 실현하기 위해 그분께서는 이 약속의 말씀을 묵상하는 사람으로서 반대된 길을 가셔야 한다. 그분께서는 자신에게서 나와 사람이 되시어 묵상하셔야 한다. 하늘에서 가져온 것을 이제 사람이 된 자신의 목표점에 두고 묵상하셔야 한다. 그리고 인간이 그것을 어떻게 받아들일 수 있는지, 그러기 위해서 인간과 인간임이 무엇을 의미하는지 아셔야 한다. 그래야 강생하신 이 목표점에서 하느님 체험을 새롭게 하실 수 있다. 구약 성경에는 이런 구절이 있다.

"네 이웃을 너 자신처럼 사랑해야 한다."(레위 19,18)

반면, 신약 성경을 보면 이렇게 나와 있다.

"내가 너희를 사랑한 것처럼 너희도 서로 사랑하여라."
(요한 13,34)

이 두 문장의 중간 지대에서 예수님의 묵상이 전개된다. 그분께서는 자신의 이웃 안에서 하느님을 보는 법을 배울 필요가 없으시다. 그분께서는 우리 인간이 행해야 하는 것과 반대된 것을 행하셔야 한다. 우리는 예수님께서 이웃인 것처럼 그분을 사랑하는 법을 배워야 한다. 또는 이웃을 자신 안에 받아들여서, 그 이웃이 예수님을 자기 자신처럼 이해할 수 있도록 이끌어 주어야 한다. 성자이신 그분께서는 하느님으로서 소유하신 것에서 눈을 돌림으로써 자신의 이웃들처럼 인간적인 힘만 사용하셨다. 그분께서 사람들에게 주고자 하신 것은 인간의 방식으로 받아들여진다. 그분께서는 사람들에게 하시는 말씀을 자신을 향한 것으로 묵상하신다. 이러한 묵상을 토대로 구약 성경적 사랑의 계명을 신약 성경적 사랑의 계명으로 대체하기 위해서다.

친구에게 특별한 선물을 주려면 우리는 그의 바람과 취향을 진지하게 고려한다. 이어서 그 선물을 어떻게 여길지 친구 입장이 되어 생각한다. 이때 자기에게 익숙한 것은 도외시하기 마련이다. 마찬가지로 사람이 되신 성자께서는 이제 자신을 제한하신다. 자신의 바라봄과 그것에서 얻는 유익으로부터 몸을 돌리신다. 그분께서는 무언가를 중요하게 받아들이기 위해서, 자신이 피조물임을 기리기 위해서 자신의 신성을 뒤로 미뤄 놓으신다. 이제 무엇보다 자신의 활동 안에서 아버지를 바라보려 하신다. 이제 하늘에서가 아니라 지상에서 마지막까지 아버지를 영광스럽게 하기 위해서다. 그분께서는 애쓰시고, 자신의 존재를 피조물로 확대하신다. 그리고 지금까지 자신 안에 바라봄이 있던 자리에 묵상이 들어서게 하신다.

이제 묵상은 그분에게 가장 중요한 것이 되어야 한다. 성자께서 그렇게 하시는 것은 그분의 사랑을, 자신을 포기하고 아래로 내려가는 사랑을 가장 잘 증명하는 것이다. 여기서 기도의 가르침에 대해 중요한 깨달음을 얻게 된다. 처음부터 묵상을 신비적 바라봄의 전 단계로 여겨서는 안 된다는 것이다. 이 두 가지, 바라봄과 묵상은 성자의 영원한 바라봄 안에 근원을 두고 있다. 그러나 인간에게는 묵상에서 바라봄으로 올라가는 문이 닫혀 있다. 하느님의 아드님은 우리 인간을 사랑하시기에 바라봄에서 묵상으로 내려오신 것이다. 그분께서는 이 두 가지를 하실 수 있다. 이 둘은 그분의 사랑을 보여 주는 표지다. 성자의 묵상은 그분의 의도 안에서 성부께는 물론 사람들에게도 향해 있다. 그분께서는 묵상하면서 아버지께 보여 드린다. 즉, 아버지께서 인간을 당신의 모습과 얼마나 비슷하게 창조하셨는지, 이 인간이 당신을 어떻게 묵상할 수 있는지, 그리고 그가 영원하시고 삼위일체이신 분을 묵상하도록 자신이 어떻게 이끌어 주는지 보여 드린다. 인간은 하느님께 가기 위해 그분의 아드님을 섬기고, 아드님도 이제 특별한 방식으로 아버지를 섬기신다. 성자께서는 지상에서 묵상하는 사람으로서 머무시지만, 그분께서 하느님의 아들임은 묵상하는 주체 안으로 들어가 완전히 감춰진다.

"씨 뿌리는 사람이 씨를 뿌리러 나갔다."(루카 8,5)

여기서 씨 뿌리는 사람은 하느님의 아드님이시다. 그러나 그분께서는 그 과정에서 아래로 내려가신다. 그분께서는 자신이 하시는 말씀 안에서, 그리고 자신의 활동 안에서 사라지신다. 이는 수도원을 세우고 그 수도원에 규칙을 부과하는 사람에 비유할 수 있다. 그는 분명 내면 깊은 곳에서, 자기 자신에게 그 규칙을 시험한다. 그러나 그 규칙이 쓰여 있는 텍스트 속으로 들어가 사라진다. 그는 자신의 정신이 수도회의 객관적 정신이 되게 한다. 그의 개인적 정신이 수도회 정신의 도구가 되었으니, 이 둘이 이어진 곳은 아무도 더 이상 발견할 수 없다. 이와 유사하게 성자께서는 묵상하는 사람으로서 묵상하신다. 묵상은 하느님의 뜻에 귀 기울인다는 것을 입증하고 하느님의 응답을 요구한다. 이어서 그다음 묵상이나 활동 안에서 이 응답을 받게 된다. 따라서 성자께서는 자신의 묵상을 어느 신앙인의 묵상으로 여기시고 그렇게 묵상하면서 성부께 응답하시고 또 그분께 감사하실 것이다. 이러한 방식으로 그분의 묵상은 하느님께 향해 있다. 성자 예수님께서 묵상하시면서 익명의 이웃을 구체적으로 표현하시고 그를 묵상으로 이끌어 주고자 하시는 한, 그분의 묵상은 인간에게도 향해 있다. 이웃을 자기 자신처럼 사랑하라는 말씀은 여기서 임의의 이웃이 되라는 뜻이다. 그러나 그분께서 그렇게 하시는 것은 누구에게라도 아버지에게로 가는 길이 되기 위해서다.

따라서 그분께서 우리를 위해 자신의 바라봄을 묵상으로 만드시는 것은 우리가 묵상을 통해 바라봄에 이르게 하기 위함이라고 말해서는 안 된다. 하늘에서는 이 말이 맞겠지만, 지상에서는 그렇게 하지 않도록 주의해야 한다. 지상에서 바라봄은 더 높은 수준에서 전개된 묵상이 아니다. 지상에서 바라봄이 허락된 사람은 그것을 즉시 묵상으로 전환하라는 것 외에 더 큰 요구를 받지 않는다. 바라봄이 더 높은 것이라면, 인간은 바라봄에 이르기 위해, 바라봄에 도달했다면 그 안에 머물기 위해 온갖 것을 행했을 것이다. 그러나 성자의 묵상은 이와 반대다. 바라봄은 하늘에서 빌려온 것과 같다. 바라봄은 지극히 신중하게 다뤄져야 한다. 바라봄은 음식에 맛을 내는 양념과 비슷하다. 음식은 묵상이다. 묵상은 영혼의 양식이다. 어떤 사람들은 바라봄이 묵상을 더 잘하고 더 오래하도록 영향을 미친다고 말할 것이다. 그렇다면 이는 바라보는 이에게 최상의 효과를 낼 것이다.

4. 마리아의 기도

　　슈파이어는 마리아의 기도를 조명한다. 어린 마리아는 기도하면서, 기도가 삶에 뿌리내리도록 애쓰면서, 기도를 자신이 돌아가야 할 본향으로 여겼다. 기도 안에서 하느님의 영역이 확장되고 마리아에게 열린다.

　　슈파이어는 마리아의 삶에서 개종자인 자신의 모습을 읽어 낸다. 마리아는 자신과 하느님 사이를 가로막는 가장 작은 장애물도 마음속에 자리 잡지 않도록 한다. 기도에 전념하고 기도 안에서 하느님께 자기를 봉헌한다. 마리아가 이 시기에 바친 기도는 무엇보다도 흠숭이다.

　　천사의 발현으로 마리아가 바치는 기도의 폭은 더 넓어진다. 마리아는 천사의 기도에 참여한다. 앞으로 올 것에 이미 진지하게 책임감을 갖고 있으며, 사랑에 대한 확신도 가득 품고 있다. 그녀의 기도는 일종의 모험과 같다. 이러한 불확실함은 어두운 밤과 유사하다.

천사가 왔을 때, 때가 찼음이 분명해진다. 세상 만물은 그것을 받아들일 준비가 되어 있었다. 마리아는 자기에게 요구되는 모든 것을 기도 안으로 가져온다. 마리아 안에 모든 것이 이 목표를 향해 있기 때문이다.

마리아가 잉태 초기에 바친 기도는 특히 성령께 향해 있다. 마리아는 기도 안에서 무한한 안도감을 느끼고 자연적인 것과 초자연적인 것을 견뎌 낼 힘을 얻는다. 성령께 바치는 기도에서 마리아가 하느님의 아들을 위해 바치는 기도가 탄생한다. 태중의 아기에게 성령께서 관여하심을 마리아는 확신한다. 마리아는 하느님의 아들이 사람이 되시어 세상에 오신 것을 안다. 마리아는 기도를 통해서 그분께 변화가 일어나고 자신도 변화되기를 바란다. 마리아는 그분과 긴밀히 교류한다.

마리아는 자신 안에서 기도이자, 말씀의 강생인 사건에 참여하고 이렇게 강생하신 말씀 안으로 들어가 새롭게 태어난다. 마리아 안에 말씀이 머물고 계신다. 마리아는 기도 안에서 약속이 실현되는 순간을 체험한다. 먼저 기도 안에서 아기를 체험한다. 시간이 지나 아기는 기도 밖으로 나와 은총의 열매, 마리아가 바친 기도의 신적 열매로서 그녀의 품속에 있다.

가족이 이집트로 피신하는 시기에 바친 기도는 요셉과 마리아가 함께 바치는 가정의 기도다. 세 사람이 함께 사는 삶 속으로 기도가 들어온다. 기도 안에서 마리아는 하느님께 셋 모두를 축복해 주시기를 청한다. 이 기도는 요셉과 함께 살면서 이미 탄생했고, 아기가 태어나 새롭게 탄생했다. 그러나 아기에게 닥칠 위험 때문에 예상치 않은 여행을 하게 된다. 이제 마리아는 하느님의 섭리를 따르는 요셉의 인도를 받는다. 또한 마리아는 아기를 불확실한 곳으로 데려가면서 하느님과 성령께서 아기를 보살펴 주시길 청한다. 기도 중에 떠오르는 모든 생각, 모든 묵상 기도와 관상 기도는 자기에게 전적으로 의지하는 아기와 모든 이를 이끄실 메시아 사이에서 전개된다.

예수의 어린 시절에 마리아는 가정 안에서 기도하는 그리스도인의 모습을 보여 준다. 마리아의 기도는 하느님께 투명하다. 그녀가 하느님께 제안하고 전달하는 것은 그리스도교에 제안하고 전달하는 것과 마찬가지다. 마리아는 자기를 버리고 아들의 활동을 기도 안으로 가져오면서 늘 새로운 자극을 받는다.

마리아와 요셉의 삶에서 충격적인 사건이 발생한다. 아들을 잃어버린 것이다. 장차 겪게 될 십자가 고난에 대한 훨씬 더 큰 불안이 몰려온다. 하느님께서는 마리아를 성장시키시고, 굳세게 하시고, 충만하게 해 주시지만, 그녀의 마음을 어둡게도 하신다. 기도는 이제 마리아를 거듭 어두운 밤으로 들어가게 한다. 그러나 사흘 뒤에 성전에서 아들을 찾는다. 이제 새로운 신뢰가 마리아 안으로 들어가 자란다. 마리아는 하느님께 온전히 의탁하고 새롭게 의탁할 힘을 받는다.

성인成人이 된 예수가 떠난 뒤 마리아는 홀로 머물고 있다. 외로움을 느끼지만 지금 아들에게 줄 수 있는 도움은 기도밖에 없음을 안다. 마리아는 자신의 안위를 바라지 않고 모든 것이 자기에게 전달되어 쓰일 수 있도록 하느님께 기도한다. 마리아의 삶은 점점 더 기도가 되었다. 그녀가 기도하는 것은 아들이 선사해 준 삶의 형상이 되었다. 기도에 대한 이러한 태도, 삼위일체 하느님에 대한 이러한 순종, 이러한 포기에 의해서 마리아는 완성된다.

마리아는 하느님에 의해서 아들과 함께 받아들여졌고, 십자가 안으로 넣어졌으므로 아들과 함께 고난을 겪는다.

그녀는 부활을 기리는 데 동참하고 부활에서 무엇을 경험한다. 마리아가 느끼는 기쁨은 너무 커서 아들에게, 요한 사도에게 그 기쁨을 선사한다. 또한 만나는 모든 이에게, 알지 못하는 사람들에게, 나아가 하느님께, 성령께도 그 기쁨을 선사한다. 마리아의 기도는 염경 기도이자 관상 기도다. 이 기도는 즉시 하느님께 받아들여지고 새롭게 형성된다. 그리하여 새롭게 울려 퍼지고, 하느님 아버지 안에서 완성되는 영원한 조화를 이루게 된다. 마리아의 기쁨은 천상적 기쁨의 일부이므로 저절로 보완되고, 부족한 말을 찾아내며 충만해진다. 하늘에서 바치는 기도가 있지만, 지상에서 바치는 기도도 있다. 하늘과 땅, 하느님과 인간, 사명과 그 열매는 새롭게 연결된다. 인류 구원을 위해 성부께 받은 예수의 파견의 길이 다시 한번 새롭게 발견된다.

마리아는 하느님께서 하늘로 올라가시는 모습을 바라본다. 이렇게 무한하신 분, 우리 가운데 살기 위해 영원으로부터 오신 빛나는 분을 바라본다. 예수는 지금 새로운 모습으로 영원의 빛 속으로 돌아가신다. 자신은 이해하지 못하지만, 하느님께서 부여하신 의미는 실현되었다. 이제 마리아는 이 진리에 참여하고 이러한 의미 실현에 참여한다. 이 진리에 의탁하고 그 안으로 들어간다. 모든 것은 새로운 빛 속으로 나아가고, 새로운 의미를 얻는다. 모든 것은 곳곳에서 씨앗으로 나타난다. 그 씨앗들이 밤을 지나 나무가 되고 열매를 맺는다. 부활 날은 열매를 맺는다는 약속이었다. 이제 승천 안에서 열매를 맺었다.

마리아는 하늘로 들어간다. 그리고 성부, 성자, 성령이신 하느님의 현존 안에서 산다. 이제 건너감, 멈춤, 중단은 없다. 마리아는 영원의 명백한 진리 안에서 살고 있다.

―

유년 시절

마리아가 어린 시절에 바쳤던 기도는 두 가지 형태를 띤다. 마리아는 자라면서 기도하고자 하는 마음을 가진다. 그것은 마리아의 본질 가운데 일부이고, 마리아가 하느님께로 향하고 있음을 표현하는 것이기에 그녀의 특성이기도 하다. 마리아가 말씀이신 하느님의 아들을 품기 훨씬 전에, 하느님을 알기 훨씬 전에 말이다. 티 없이 깨끗한 아이였던 마리아는 눈에 보이는 모든 것에 열려 있었고, 원죄에 물들지 않았으므로 일과 사건들을 매우 진지하게 또 근심 없이 받아들인다.

어느 날 아이는 처음으로 하느님을 알게 되었고 그분의 이름을 들었으며, 기도하는 법을 배우고 종교 의식儀式에도 참여했다. 어린 마리아는 드러내지 않았지만 이 모든 것을 이미 알고 있었다. 이것들이 한꺼번에 아이의 마음을 사로잡은 건 아니었다. 아이는 커 가면서 하느님을 더 많이 알았고, 기도와 기도에 대한 마음가짐을 자기 삶의 태도로 받아들이고 그러기 위해서 애쓴다. 그러나 성취감은 갖지 않는다. 자신 안에서 하느님을 발견할 수 있다고 여기지도 않는다. 다시 말해 주님의 은총으로 자신에게 주어진 삶의 태도는 말씀을 통해 새롭게 이해될 기도의 일부임을 깨달은 것이다. 어린 마리아는 기도하기를 좋아하고, 또 열심히 기도한다. 그러나 마리아는 완전히 순수하기에 명시적으로 표현된 기도 없이도 기쁨을 누릴 수 있다. 마리아가 늘 행하는 것은 하느님에게로 가는 문이 열리게 한다. 그러므로 마리아는 특별히 애쓰면서 기도할 필요가 없고, 무언가를 특별히 열정적으로 행할 필요도 없다. 모든 게 자연스럽다. 소리 내어 바치는 기도의 태도는 밖으로 드러난 태도와 같은 것이다. 어린 마리아는 기도하면서, 기도가 삶 속에 뿌리내리도록 애쓰면서 자신이 돌아가야 할 본향本鄕을 찾아낸 듯하다. 마리아는 자기에게 속한 더 넓은 영역으로 들어간다. 그리고 자신의 세계에서 나와 하느님의 세계로 들어가고, 자신의 세계가 그 세계에 잘 맞는다고 느낀다. 이는 성찰을 통해서가 아니라 근원적인, 아이다운 신뢰에서 나온 것이다.

　마리아는 하느님을 사랑하고, 자기가 만나는 모든 사람을 사랑한다. 그녀의 삶을 형성하는 모든 것은 이 사랑에 속한다. 어린 마리아는 순종하면서 사랑을 통해 성장한다. 그녀에게 순종은 바로 사랑이 확장된 것이다. 마리아는 하느님께 순종하겠다고 마음먹고 그분께 순종한다. 이는 그녀의 사랑을 표현한 것이다. 어린 마리아에게 누군가를 슬프지 않게 하는 것은 사랑하는 것일 테고, 순종하는 것도 마찬가지일 것이다. 훗날에 사랑을 더 많이 의식하면서 순종하는 것 역시 하느님께서 누군가를 신뢰하실 수 있음을 그분께 보여 드리기 위한 것이다.

마리아가 기도와 종교 의식에서 배운 것 가운데 낯설거나 이해할 수 없거나 그녀의 삶과 조화를 이루지 못한 것은 없다. 기도 안에서 하느님의 영역이 확장되고 마리아에게 열린다. 어린 마리아는 그것이 하느님의 세계임을 알고, 그 안에서 자연스럽게 움직인다. 마리아가 새롭게 체험하는 모든 것은 그녀가 이미 알고 있는 것을 보완하고 확장하며 또 아름답게 한다.

성장기

마리아는 성장하면서 자기에게 요구된 것을 마주하기 시작한다. 어떻게 보면 어느 개종자가 투쟁하는 것과 비슷하다. 그 개종자는 하느님을 사랑하고, 그분을 위해 자신을 내려놓으려 한다. 그러나 지금과 같은 모습은 충분하지 않다는 것, 궁극적인 것이 아님을 안다. 우리는 마리아가 특별한 것을 행하거나 '실현'하도록 부름받았다고 말할 수 없다.

마리아는 두 가지를 알고 있다. 첫째, 자기 자신이 '달성'할 수 있는 것은 모두 가능한 빨리 해내야 한다는 것이다. 배우기보다는 이해함으로써 말이다. 둘째, 자기는 준비가 되어 있어야 한다는 것, 그리고 자기가 이해하는 것과 준비된 자세는 결부되어 있다는 것이다. 마리아가 이해하는 것은 교의적인 것이 아니라 마음속에서 우러나온 것이며, 그녀의 삶 속에 깃들어 있는 신비를 통해 잘 알 수 있다. 이 신비에 비추어 마리아는 자기에게 어떤 요구가 주어질 것임을 예감한다. 그리고 자기에게 주어진 모든 것을 될 수 있는 한 하느님 앞에서 행한다. 마음을 활짝 열고서 말이다. 마리아는 자신과 하느님 사이를 가로막는 장애물이라면 가장 작은 것일지라도 마음속에 자리 잡지 않게 한다.

마리아가 성장기에 바친 기도는 무엇보다 흠숭이다. 이 흠숭은 이스라엘에게 하신 약속 주위를 맴돌고 있다. 마리아가 바라서가 아니라, 그녀에게 주어졌기 때문이다. 마리아는 기도에 전념하고, 기도 안에서 하느님께 자기를 봉헌한다. 하느님께 특별히 약속한 것은 아니지만, 자신의 열린 마음과 준비된 자세가 그분의 기대에 부응함을 알고 있다. 그리고 나서 깨달음을 얻는다. 일상적인 일들, 우연히 듣게 된 말들, 여러 만남, 다른 사람들에 대한 사랑의 표현은 마리아에게 기도 안에 들어가 있는 신적 신비의 일부처럼 비친다. 이때 마리아는 자기가 바친 기도의 열매보다는 기도 안에 들어가 있어야 하는 것들을 주시한다. 그리고 자신의 소소한 체험들을 하느님께 가져가 그분의 축복을 청하는데, 그 체험들을 아주 조그만 돌들을 놓아두듯 그분 앞에 내놓았을 것이다. 마리아는 하느님께서 무언가를 계획하고 계신다고, 그러기 위해 그분께서는 준비된 마음 같은 것을 필요로 하신다고 여기는 듯하다. 그래서 자신의 준비된 마음을 하느님께 매우 자연스럽게 또 소박하게 보여 드린다. 그렇지만 바로 이것을 하느님께서 바라신다는 것, 자기가 행하는 것이 그분께 응답하는 것임을 안다.

발현한 천사 앞에서

천사의 발현으로 마리아가 드리는 기도의 폭은 더 넓어진다. 자신 안에서가 아니라 주변 세계에 대해 그러하다. 마리아는 이제 더 책임감 있게 기도해야 함을 자각한다. 자기를 둘러싼 세상을 더 잘 이해할 수는 없지만 희생에 대한 준비된 자세를 자신에게 더 강하게, 더 실제적으로 요구하기 때문이다. 마리아는 천사의 기도에 참여한다. 이미 예전부터 그렇게 했지만, 이제 더 많이 그렇게 해야 하는 것이다. 마리아는 이제 기도는 넘겨주고 넘겨받는 것임을 알게 된다. 아직 명시적인 기도는 아니지만 자신의 생각을 완전히 펼쳐야만 현실 세계가 기도를 넘겨받는다고 여긴다. 하느님께서 기도를 넘겨받으시지만, 그분과 세상 사이에서 넘겨받는 것들이 있다. 마리아는 모든 게 어렵지만, 그럼에도 매우 좋다는 것도 지각한다. 이제 결정할 시간이 왔다는 것, 그러나 이미 결정되었다는 것도 감지한다. 이때 마리아는 무엇이 오는지 결코 알 수 없고 예감할 수도 없다.

마리아는 달라지지 않고 이해의 폭만 넓어진다. 앞으로 올 것에 이미 진지하게 책임감을 갖고 있으며, 사랑에 대한 확신도 가득 품고 있다. 마리아는 자신이 내맡겨졌다고 느끼지만, 동시에 보호받는다고 느낀다. 그녀의 기도는 일종의 모험과 같다. 마리아는 자신이 보호받는다고 느끼면 느낄수록 더 많이 내맡겨졌다고, 모든 것을 하느님의 뜻에 따라 행하도록 그분께 더 많이 청해야 한다고 여겼을 것이다. 훗날 등장한 신비가들의 밤은 아니지만, 이러한 모험, 이러한 불확실함은 어두운 밤과 유사하다. 마리아는 누군가에게 자리를 마련해 주려면 안전함과 보호가 중단되어야 한다는 것을 안다. 언젠가 다시 보호받게 되겠지만, 먼저 어떤 사건에서 직면한 난관을 통과해야 한다. 지금까지 누렸던 기쁨, 그러나 이 기쁨과 늘 함께 있던 작은 불안도 그것과 교환된 듯하다. 마리아가 고유하게 지녔던 것은 갑자기 더 이상 필요하지 않은 것이 된 듯하고, 하느님께서 지금까지 그에게 선사하신 것은 앞으로 더 이상 주지 않으실 듯하다. 마리아는 모든 관점에서 볼 때 새로운 것을 향해 준비되어 있어야 하고, 끝나지 않은 일의 끝, 마지막을 감지해야 한다. 마리아가 지금까지 살아온 삶은 깔때기 모양 같다. 이제 모든 것이 좁아지면서 하나의 사건을 향해 치닫는다. 그 사건 건너편에서 새롭고 드넓은 공간이 열릴 것이다.

천사

천사는 느닷없이 나타난다. 마리아는 천사가 오리라는 것을 예상하지 못했고, 자기가 메시아의 어머니가 될 수도 있다는 것 역시 생각하지 못했다. 그러나 천사가 왔으니 때가 왔음이 분명해진다. 세상 만물은 그것을 받아들일 준비가 되어 있었다. 이제 충만함이 흘러넘치는 듯하다. 마리아 안에는 자신이 요구할 만한 공간이 더 이상 없는 듯하다. 그곳은 하느님께서 요구하시는 공간이 되고, 천사는 그곳으로 그분의 충만함을 가져온다. 마리아가 성장하여 장차 맡게 될 집안 살림을 꾸리는 법을 배웠듯이, 이제 그녀의 영적 생활과 기도 생활에 새로운 과제가 부여된다. 마리아를 아는 이들은 이렇게 말한다. 마리아는 자기에게 요구되는 모든 것을 기도 안으로 가져오는데, 그 이유는 마리아 안에 있는 모든 것이 이 목표를 향해 있기 때문이라는 것이다.

천사가 나타났을 때 마리아가 취한 태도와 바치는 기도는 동일한 영역에 있고 긴밀히 연관되어 있음을 알게 된다. 마리아는 하느님의 은총으로 가득 차 "예." 하고 응답하지만, 이렇게도 묻는다.

"저는 남자를 알지 못하는데, 어떻게 그런 일이 있을 수 있겠습니까?"(루카 1,34)

이 말은 마리아가 냉철한 사람, 평범한 사람, 아는 게 많은 사람, 현명한 사람임을 드러내고, 동시에 완전히 헌신한 사람임을 알려 준다. 마리아는 인간적으로 생각하고, 모든 것을 신적 그릇 안에 놓는다.

"말씀하신 대로 저에게 이루어지기를 바랍니다."(루카 1,38)

자연적인 것과 초자연적인 것이 균형을 이루고 있다. 냉철함과 기쁨, 일상의 세계와 하느님의 세계가 마리아 안에 자리를 잡고 있다. 하나는 다른 하나를 배제하지 않는다. 오히려 하나가 다른 하나를 완성한다. 마리아가 말해야 하는 자연적인 것과 그녀가 말해도 되는 초자연적인 것, 이 둘은 하느님께서 그녀의 삶 속에 두셨고 이제 그분께서 바라시는 것이 된다. 마리아의 자연적 삶과 초자연적 삶은 이제 성숙해졌다. 그녀의 응답은 이러한 성숙함에서 나온 응답이다. 마리아가 천사를 바라보았을 때, 그녀의 초자연성은 놀라지 않았다. 이렇게 바라보는 것도 성숙한 것이다. 천사를 바라보는 것은 마리아의 초자연성에 부합한 것이다. 그러나 마리아의 건강한 이성은 초자연적인 것에 그 어떤 제한도 두지 않는다. 마리아에게는 문제가 없다.

믿음, 희망, 사랑이 마리아 안에서 영글어 갔다. 천사와의 만남은 메시아에 대한 그녀의 희망을 채워 준다. 그러나 희망이 믿음과 사랑 안에 포함되어 있기에 마리아는 앞으로 밀고 나가지 않는다. 충만함을 이룬 순간에만 희망을, 모든 믿는 이의 희망인 구세주에 대한 희망을 보게 되고, 자기는 선택받은 사람이라는 놀라운 희망도 갑작스럽게 알아차린다. 그러나 마리아는 선택받았기에 희망은 결코 고심하지 않고 그녀의 겸손 안에서 대상화되지도 않았다. 믿음과 사랑이 마리아의 기도 안으로 들어가 함께 성장해 갔다. 이제 하느님의 아들이 마리아의 신적 사랑과 인간적 사랑의 일치를 이루게 하실 것이다. 마리아는 하느님과 이웃을 사랑한다. 그러나 지금까지는 이웃 안에서 하느님을 사랑할 기회가 주어지지 않았다. 이제 하느님의 아들이 그것을 이루게 해 주실 것이다. 마리아의 믿음은 그녀의 사랑처럼 확대할 준비가 항상 되어 있었다. 아무것도 마리아 안에서 강제되지 않는다. 하느님께서 주도하시고 규정하시는 일이 전개되는 가운데 모든 것이 이해되고, 아이처럼 순수하게 사랑하는 마리아는 그 일에 응답한다. 마리아의 "예." 응답은 특정한 영역에서 신부가 신랑에게 헌신하는 것과 일치한다. 예전에 있었던 모든 것은 이러한 행위와 조화를 이룬다. 여기서 신부를 신부답게 교육시킨 존재는 바로 하느님이시다. 질투하시는 하느님께서는 신부의 믿음과 사랑을 지켜보시고 그녀를 키우셨다.

잉태

성령께서 강림하신 일은 무엇보다 기도 안에서 할 수 있는 체험이기에, 마리아가 잉태 초기에 바친 기도는 특히 성령께로 향해 있다. 그녀의 본성적 감각은 자신에게 일어난 엄청난 일을 이해하기에 충분하지 않았을 것이다. 그러나 마리아는 기도 안에서 무한한 안도감을 경험하고, 자연적인 것과 초자연적인 것을 견뎌 낼 힘을 얻는다. 따라서 먼저 자연적인 것을 기도 안으로 더 이상 가져오지 않고, 기도를 자연적인 것 안으로 옮겨 놓아야 한다. 그래야 자신이 잉태한 일을 성숙한 자세로 받아들일 수 있다. 기도 없이는 그 사건을 이해하지 못했을 테고, 기도 안에서만 마음을 평온히 유지할 수 있을 것이다. 성령께 바치는 기도에서 마리아가 하느님의 아들을 위해 바치는 기도가 탄생한다. 마리아는 그 기도 안에서 자신이 직면한 현실을 인식한다. 지금 자기 몸 안에서 하느님의 아들이 자라고 있는 것이다. 이제 마리아는 마음의 안정을 얻고 기도의 범위도 확대한다. 이렇게 기도하면서 그리스도교 안으로 한 걸음 들어간다. 이 시기에 성령께서는 마치 신랑처럼 마리아를 돌보신다. 모든 것을 조달해 주시고, 지금 그녀에게 필요한 것을 이루어 주신다. 마리아는 기도 안에서 성령께서 돌보아 주심을 인지한다. 그러나 그것을 자신에게 적용하지 않고 즉시 태중의 아기에게로 향하게 한다. 하느님 아버지의 영이 당신의 아들 안에 머무실 것이라고, 하느님께서는 아기를 위해 모든 것을 하신다고, 자신의 인간적 힘은 그 어디서도 충분하지 못할 것이고 성령께서 관여하신다고 확신하고 있다. 아기를 돌보는 어머니가 되는 것이 어려울지라도 마리아는 과도하게 걱정할 필요가 없다. 성령께서 그렇게 행할 마음을 불어넣어 주실 것이고 성령께서는 아기를 위해 그녀를 보호할 것이기 때문이다. 중요한 것은 충분하다는 의미를 의식하는 게 아니라, 기도의 의미에 더 부합하는 것이다. 이때 은총은 마리아가 해낼 수 있는 모든 것보다 더 큰 의미를 지닌다.

　마리아는 하느님의 아들이 사람이 되시어 세상에 오신다는 것을 안다. 그리고 기도 안에서 성령과 함께, 하느님의 아들과 함께 그분의 외적 성장 과정에는 물론, 이제 자신의 생각에 따라 그분과 관련된 모든 일에 참여한다. 그분의 정확한 계획은 모르지만, 그분께서 메시아임은 알고 있다. 마리아의 기도는 그분과 그분의 활동으로 향한다. 마리아는 그분을 위해서 하느님과 성령께 청한다. 사람이 되어 오시는 그분께서 자기 옆에 머물면서 자기를 통해 기도의 보화를 간직할 수 있도록, 혼자라고 느끼지 않도록, 하느님과 인간 사이에서 느끼는 거리가 이 기도에 힘입어 더 가볍게 여겨지도록, 곳곳에서 장애물에 부딪치지 않도록, 자신과 요셉 옆에서 안정을 누리고 당신을 돌보는 자기들을 통해 성부 하느님과 기도로 결속되도록 청한다. 이렇게 기도로 결속되는 것은 그분께서 하느님을 바라봄과는 다른 것이고, 이러한 바라봄은 하느님의 뜻을 따르기 위해 믿음 안에서 이해되는 기도인 것이다.

마리아는 하느님의 아들에게도 흠숭을 드린다. 마리아는 이미 기도 안에서 그분과 대화를 나누는 데 익숙해졌다. 그 대화는 자신과 관련되지 않고, 그분께서 주실 사랑의 계명에 관한 내용을 포함하고 있다. 마리아는 그분을 통해서, 그분과 함께 기도하면서 사람들을 다르게 사랑하는 법을 배운다. 그분께서는 사람들을 사랑하실 거라고, 사람들이 서로 사랑하는 것을 반기시리라고 상상하면서 말이다. 마리아는 기도를 통해서 그분께 변화가 일어나고 자신도 변화되기를 바란다. 자기는 앞서 구원받았고 주님의 은총으로 처음부터 이미 변화된 사람이기에 변화가 결코 구체화될 수 없을지라도 달라지기를 바란다.

마리아는 잉태한 시기에도 발전한다. 태중의 하느님의 아들과 늘 함께 있기 때문이다. 마리아는 중개자가 되는데, 예전에는 전혀 하지 않았던 역할이다. 마리아의 기도가 지닌 특성에서 이미 그것이 드러난다. 나아가 하느님의 아들은 마리아와 함께 살고, 끊임없이 새로운 것을 보여 준다. 이렇게 마리아는 그분과 긴밀히 교류한다. 마리아는 인간이지 하느님이 아니기 때문에 당연히 진보한다. 두 사람을 이어 주는 사랑은 완전할 수 있다. 두 사람이 서로 영향을 주고 변화되는 모습에서 사랑의 풍요로움이 드러날 것이다. 어머니는 아들의 소망을, 아들은 어머니의 소망을 이루어 주려고 애쓰기 때문만이 아니다. 어머니는 아들에 의해서, 아들은 어머니에 의해서 변화되기를 바라기 때문이다. 마리아는 여성이고, 변화되기를 특별히 바라는 것은 그녀의 여성적 본질에 속한다. 결국, 예전에는 성부 하느님으로만 알았던 삼위일체 하느님을 통하여 마리아의 기도 범위가 확대된다. 이 모든 새로운 영역이 열리면서 그녀의 기도 안으로 들어온다.

예수의 탄생

마리아가 아기 예수의 탄생을 위해 바치는 기도는 가장 신비로운 것이다. 여성이 순전히 몸으로만 겪는 일이 주님의 어머니에게서는 기도 안에서 이루어지기 때문이다. 모든 뼈마디가 늘어나고 몸이 부서지는 일, 더 이상 몸을 제어할 수 없는 상황, 상상했던 것보다 훨씬 더 힘들고 고통스러운 출산 등 이 모든 것을 마리아는 먼저 기도 형태로 체험한다. 하느님께서는 그녀가 바치는 기도 말을 들으시고, 그것을 어느 정도는 당신의 신적 말씀으로 채워 주신다. 마리아는 자신 안에서 기도이자 말씀의 강생인 사건에 참여하고, 이렇게 강생하신 말씀 안으로 들어가 새롭게 태어난다. 그때까지는 인간과 하느님 사이에 놓인 거리에 대해, 하느님의 위대하심과 무한하심에 대해 생각만 했다면, 지금은 이 거리를 통과해 그분의 무한하심 속으로 들어간다. 마리아 안에 말씀이 머물고 계신다. 그 말씀은 하느님의 말씀이지만 자신이 따르는 말씀이기도 하다. 마리아는 기도 안에서 약속이 실현되는 순간을 체험한다. 그것은 지금 일어나고 있는 것과 기도 안에서 자신에게 전달되는 것을 가슴 벅차게 바라보는 것이다. 마리아는 하느님의 절대성 안으로 들어간다. 그러므로 마리아의 기도는 여성이 겪는 출산의 고통과 비슷하다. 이러한 탄생을 위해 하느님께서는 당신 여종의 말, 그녀의 기도, 기도에 대한 그녀의 마음가짐, 그녀에게서 이루어지는 것이 필요하다. 이 모든 것은 분명 영적 의미에서 이루어지지만, 마리아의 몸에 그 의미가 반영되어 있다. 마리아는 기도하면서 출산한다. 동정녀인 그녀의 몸은 순수한 정신의 모상이 된다. 그리고 기도와 몸은 일치를 이룬다. 마리아는 더 이상 무언가를 제안할 필요가 없다. 하느님께서 섭리해 주신다.

그러나 하느님의 섭리는 마리아의 머리를 그저 스쳐 지나가지 않는다. 하느님께서는 그녀의 모든 힘을 끌어모으신다. 마리아는 자기 밖으로 내밀렸지만, 하느님께 받아들여졌음을 지각한다. 마리아는 이것을 체험한다. 불안하고 충분하지 않은 상태로 시작한 기도는 통상적인 출산 과정을 통과하는 듯하다. 그리하여 마리아는 환희의 기도, 넘쳐흐르는 기쁨의 기도, 감사의 기도 안으로, 그러나 경이로운 바라봄의 기도 안으로 들어간다. 마리아는 지금 아기를 품고 있는 것이다! 마리아는 먼저 기도 안에서 아기를 체험한다. 아기는 기도 밖으로 나와 은총의 열매, 마리아가 바친 기도의 신적 열매로서 지금 그녀의 품속에 있다. 마리아가 아기를 소유하면 할수록 더 많이 빼앗길 것이다. 하느님께서 그녀의 기도를 받아들이셨기에 아기는 그분의 말씀이 되었기 때문이다. 아기를 품고 있는 마리아는 마음이 갈라지거나 어려움 없이 놀라워하면서, 지극히 현실적으로 바라볼 수 있다. 은총 안에서 이 아홉 달 동안 자기가 품은 존재가 누구인지, 동시에 하느님께서 천사를 보내시어 자신 안에서 이루려고 하신 것이 무엇인지 알 수 있다. 하느님의 뜻과 자기 헌신이, 자신이 바친 기도의 열매와 자기가 낳은 아기가 분리되지 않고서 하나가 됨을 알게 될 것이다. 마리아는 아기와 하느님께서 자신의 보호 아래 두신 것을 구분하려고 애쓰지 않을 것이다.

마리아는 말로 표현하면서 기도한다. 모든 감각을 동원하여 기도한다. 지금은 아기가 주는 힘으로, 아기가 새롭게 부여해 주는 초자연적 힘으로, 자기가 아기에게 처음으로 해 주는 말로 기도한다.

이어서 자신의 이름으로 감사한다. 그러나 자기보다 앞서 살았던 모든 세대의 이름으로 그리고 후대의 이름으로 감사한다. 아기는 지상에 계시는 하느님이시다. 그러나 아기가 탄생한 순간에 마리아는 지상에서 사는 여느 사람이다. 그렇지만 아기의 어머니다.

이집트로 피신함

이 시기에 바친 기도에는 여러 층이 있다. 먼저 요셉과 마리아가 함께 바치는 가정 기도가 있다. 이 가정 기도는 소리 내어 바치지만, 아기에 대한 두 사람의 내적 태도에서도 드러난다. 그다음으로는 신분에 맞는 기도가 있다. 세 사람은 지금 양부와 어머니, 아기라는 신분으로 관계를 맺고 있다. 어머니인 마리아에게 이 기도는 요셉에 대한 신뢰로 인해 영향을 받았다. 이렇게 세 사람이 함께 사는 삶 속으로 기도가 들어온다. 기도 안에서 마리아는 하느님께 셋 모두를 축복해 주시기를 청한다. 그리하여 아기가 실제로 올바른 곳, 확실한 곳에 있기를, 인간이자 하느님으로서 요셉과 자기를 통해 기대하는 것을 경험하기를 바란다. 이 기도는 요셉과 함께 삶으로써 이미 탄생했고, 아기가 태어남으로써 새롭게 탄생했다.

조용히 전개되어야 할 것 같은 이 기도는 이제 가족이 이집트로 피신함으로써 강도가 높아진다. 마리아는 마음이 평온하면서도 동시에 불안하다. 이렇게 마음이 불안한 이유는 자신과 관계있는 일이 아니라, 아기에게 닥칠 위험 때문이고 지금까지 자기가 해 온 것들을 이제 요셉에게 맡겨야 하기 때문이다. 마리아는 천사에게 "예."라고 응답했고, 이로써 책임을 떠맡았다. 그런데 예상치 않은 이번 여행은 책임이 요셉에게 맡겨졌다. 마리아는 천사, 성령, 하느님, 하느님의 아들에게 의탁한 뒤에 이제 한 사람에게 의탁하는 법을 배워야 한다. 마리아는 예의에 어긋나지 않고, 늘 순종하면서 새로운 관계에 자유로운 듯하다. 새로운 관계는 갑작스럽게 생겨나고 또 갑작스럽게 바뀐다. 하느님께서 주님으로 머무시더라도, 그분께서 모든 것에 깨어 계시더라도, 마리아가 성령께 충실하더라도 말이다. 이 모든 것은 마리아의 기도가 확대된 것이다. 그녀는 기도 안에서 점점 더 사라지기 때문이다. 겉으로는 제한된 것도 있는 듯하다. 동정녀로서 잉태와 출산을 겪은 전례 없는 마리아의 운명은 이제 피난으로, 인간적으로 말하면 실로 대담한 일로 이어지고, 다시 일상 속으로 들어가 더 깊이 묻혀 버리기 때문이다. 이제 마리아는 요셉이 말하는 것을 따르고, 천사를 보면서 알게 된 기도에 대한 섬세한 감각을 버려야 한다. 이제 하느님의 섭리를 따르는 요셉의 인도를 받기 위해서다.

    기도에는 주목할 만한 셋째 층이 있다. 아이를 키우는 믿는 여성들에게서 볼 수 있듯이, 이 셋째 층은 순전히 모성에서 시작해 완전히 초자연적인 것까지 이른다. 마리아는 기도하면서 아기를 안고 피난길에 올라야 한다. 아기가 전적으로 자기에게 의지하고, 여느 엄마가 아기를 사랑하듯이 자신도 아기를 사랑하기 때문이다. 또 아기를 불확실한 곳으로 데려가면서 하느님과 성령께서 아기를 보살펴 주시도록 청한다. 그러나 온갖 인간적 염려를 하면서도 아기가 하느님으로서 만족하도록 아기에게 청해야 한다.

 마리아는 아기를 돌보면서 동시에 아기에게 흠숭을 드려야 한다. 지금 품에 안고 있는 아기는 자기가 따라야 하는 하느님, 자기가 헌신하는 하느님이시다. 마리아는 피난길을 인도하는 요셉의 뜻을 아기에게 어떻게든 전달해야 한다. 그러나 요셉의 이 뜻은 바로 하느님의 뜻이므로, 아기는 그 뜻을 따르고 마리아는 둘 사이에서 전달자가 된다. 그리고 모든 인간적인 것을 조달해야 한다. 그러나 이 인간적인 것은 감춰져 있고 신적인 것, 관통할 수 없는 것에 가려져 있으므로 마리아는 아기의 본질을 결코 정확히 묘사할 수 없을 것이다. 따라서 더 많이 헌신하고 또 헌신할 수 있을 뿐이다. 기도 중에 떠오르는 모든 생각, 모든 관상(묵상) 기도는 지상 여정의 위험과 하느님 안에서의 안전함 사이에서, 자기에게 전적으로 의지하는 이 연약한 아기와 모든 이를 이끄실 메시아 사이에서 전개된다. 기도의 영역은 그렇게 넓으므로, 마리아는 어딘가에 서서 마치 그 자리에 우연히 있게 된 것처럼 거기서 기도하고 하느님을 흠숭한다. 이런 방식으로 하느님께서 아기를 통해 성령 안에서 자신에게 말씀해 주시도록 기도한다. 그러고 나서 아기에게 닥칠 위험을 완전히 인간적인 위험으로 이해한다. 두렵다. 여자인 자기에게는 위험에 맞설 무기가 없다. 이 위험은 믿음을 위협하는 위험이다. 메시아는 새로운 가르침을 구현하시기 때문이다. 그러나 마리아는 하느님 아버지께서 보호해 주실 것임을 안다. 영원하신 하느님께서 자기로서는 이해할 수 없고 그 어떤 조치도 취할 수 없는 이 사명에 협력하도록 자기를 택하셨더라도 말이다.

마리아는 창조주 하느님 앞에 서 있는 약한 피조물이자 그분 아드님의 사명을 돕는 현명한 동정녀다. 마리아는 지금 그렇게 하고 있으며, 또 그렇게 하는 데 협력해야 한다. 그리고 기도하면서 하느님께서는 자신의 기도를 기다리신다는 것, 그분께서는 자신의 기도를 필요로 하신다는 것을 지각한다. 나아가 자기가 소유한 것은 더 이상 아무것도 말해서는 안 된다고 여긴다. 그 이유는 모든 것이 이 기도 안으로 들어가야 하기 때문이고 자기는 하느님의 아들을 사랑하면서 그분께 자신을 내주어야 하기 때문이다. 마리아는 이제 자신의 영역과 개인적인 것을 포기하는 것으로 그치지 않고, 아들의 사명에 부합하도록 어머니로서 아들을 소유하려는 마음을 더 많이 포기한다. 이러한 포기가 완전하면 완전할수록 하느님의 뜻을 진실하게 실행할 가능성도 더욱 커진다. 그래야만 마리아는 자신의 사명 속으로 들어갈 수 있고, 이 사명을 결코 자기 것으로 여기지 않도록 하느님 아들의 사명 속으로 들어가 자기를 완전히 버릴 준비를 할 수 있다.

예수의 어린 시절

마리아는 아이를 둔 젊은 엄마다. 어머니인 마리아, 하느님의 아들인 아이, 요셉. 그들 모두의 삶은 행복한 모습을 보여 준다. 그러나 이는 미래의 모습으로 거듭 흐려질 것이다. 마리아는 미래가 어떻게 펼쳐질지 알지만, 그것이 실제로는 흐릿하지 않을 거라고 예감한다. 왜냐하면 하느님 아버지께서 지금 이 시기에 기도를 바라시기에 마리아는 현재의 것으로 향해야 함을 알기 때문이다. 마리아는 삼위일체 하느님을 흠숭하고, 사람이 되신 아들에게도 흠숭을 드린다. 마리아는 자신이 어머니임을 늘 진지하게 받아들일 것임에 틀림없다. 그리고 여느 엄마처럼 아기를 사랑하지만, 아기의 신성을 진지하게 받아들일 것임에 틀림없다. 마리아는 자신이 뭔가 새로운 것을 도입한다는 것을 기도 안에서 잘 알고 있다. 이는 가정에서 그리스도인의 기도를 바치는 것을 말한다. 이 기도는 마리아가 의지하는 것이며, 하느님의 선물이기도 하다.

마리아에게 가정에서 바치는 기도는 기쁨을 의미한다. 이 기쁨은 자신이 하느님의 어머니임과 하느님의 아들이 자기 곁에 있어도 되는 것에 대해 합당하게 누리는 기쁨을 포함한다. 또 이 기도는 책임도 의미한다. 마리아는 기도에 대한 자신의 마음가짐이 유익이 되어야 한다는 것, 하느님께서는 자기를 도구로 쓰실 것임을 알기 때문이다. 다른 어머니들에게 자기를 내어 주도록, 이러한 태도로부터 가정에서 취하는 그리스도인의 태도가 나오도록, 동시에 하느님의 아들에 대한 그리스도인의 태도를 그분을 따르는 모든 이가 가정 밖에서도 지니도록 하느님께서 자기를 도구로 쓰실 것임을 마리아는 자각한다.

그러나 지금, 예수의 어린 시절에 가정은 특별한 역할을 한다. 마리아는 하느님 아버지께 청해야 한다. 인간적으로 말하자면, 당신이 원하시는 바와 같이 자신이 아들을 만나도록, 여느 엄마가 할 수 있는 바와 같이 아들을 인간의 삶으로 이끌어 주도록, 동시에 아들의 모든 관심사에 대해 자신의 감각이 활짝 열리도록 자신에게 영을 달라고 청해야 한다. 마리아는 하느님께서 이렇게 주는 것과 받는 것을 섭리하실 것임을 안다. 마리아의 기도는 기쁘고 걱정이 없으며, 어머니로서 아들 앞에서도 완전히 자유로운 모습을 보여 준다. 하느님의 아들에게 흠숭을 드리는 것은 마리아에게 당연하고 좋은 것이지, 힘들거나 문제가 되지 않는다. 마리아는 모든 엄마에게 자기 아이를 하느님처럼 만들 권리가 있다고는 결코 생각하지 않는다. 두 가지 기쁨, 곧 아기와 함께하는 엄마의 기쁨과 하느님과 함께하는 그리스도인의 기쁨이 삶과 기도 안에서 자연스럽게 발견된다. 마리아는 미래에 다가올 힘든 시간을 자신과 요셉이 벗어나지 못할 것임을 인식하지만, 현재야말로 기쁨의 샘이라는 것도 알아차린다. 그리고 현재에 머물지 않으려는 것, 하느님께서 자기에게 주시는 대로 현재를 누리지 않는 것은 얼마나 배은망덕한지도 자각한다.

마리아의 기도에는 감사의 말이 많이 담겨 있다. 마리아는 하느님 아들의 어머니가 된 것에 대해, 모든 것이 있는 그대로 존재하는 것에 대해 감사한다. 그러나 아직 알지는 못했지만 자신 안에 이미 받아들인 모든 이를 위해, 자신의 기도 안에 자리를 마련해 놓은 모든 이를 위해 청할 뿐만 아니라, 앞서서 그들과 같이 기도하는 듯하다. 마리아는 당사자들에게 이미 전해졌지만 그들이 아직 말할 수 없는 것을 기도 안에서 행한다. 또한 자신의 모성 안에는 모든 어머니를 위한 하나의 과제가 들어 있음도 인식한다. 나아가 모든 세대가 자기를 기릴 것이고 자기는 하느님의 은총을 받은 모습대로 그들에게 지금이나 나중에도 한결같이 비쳐져야 한다는 것도 알고 있다. 마리아는 숨어 살지만, 자신의 순수한 영혼을 드러내면서 살고 있다. 그녀의 기도는 하느님께 투명하다. 마리아가 하느님께 제안하고 전해 드리는 것은 동시에 그리스도교에 제안하고 전달하는 것, 하느님의 아들이 가시는 길을 평평하게 하는 것이다. 예를 들어 마리아가 헌신하는 것은 다른 사람들도 당연히 그것으로부터 무언가를 얻도록 하기 위함이다.

  마리아는 기도할 때마다 하느님께 자기 영혼을 맡겨 드린다. 그녀는 지금 누리는 행복을 붙잡고 있다. 하느님께서 그것을 바라시기 때문이다. 그러나 이렇게 행복을 붙잡고 있는 것은 전적으로 그분의 손에 달렸다. 마리아는 하느님께 순종하고, 그분께 자신을 내어 드린다. 이렇게 마리아는 순종 안으로 들어가 굳건히 서 있지만, 자기 안으로 들어가 서 있는 게 아니다. 자기를 버리고 아들의 활동을 기도 안으로 가져오면서 늘 새로운 자극을 받는다. 그것은 결코 고갈되지 않는다. 마리아는 아들이 자기에게 마실 물을 준다고 알고 있는 어느 샘 옆에서 살고 있다. 그리고 그 물을 당연한 것으로 받는다. 아들도 자신의 젖을 먹고 자신의 돌봄을 받아들이듯이 말이다. 그것은 인간적 교환이지만, 하느님 안에서 이루어지는 것이다. 마리아는 아들의 인간적이고 신적인 면을 받아들인다. 자신의 기도 안에서 그것을 하느님과 사람들에게 선사하기 위해서다.

열두 살 소년 예수를 찾아다님

  마리아와 요셉의 삶에서 대단히 충격적인 사건이 발생했다. 아들을 잃어버린 것이다. 그들은 사흘 뒤에야 성전에서 아들을 찾아냈다. 이 사건은 천사가 나타난 것과는 비교할 수 없을 정도로 매우 충격적이었다. 마리아는 몹시 놀랐다. 아들을 찾아낼 것임은 알았을지라도, 이번 일을 십자가에 앞선 체험으로 여겼다. 이 체험이 그녀의 기도에 반영된 것은 드문 일이었다. 마리아는 신뢰에 찬 기도를 바쳤다.

"아들은 하느님입니다. 그러니 자신의 길을 갔습니다."

그러나 불안에 찬 기도도 바쳤다.

"아들은 저를 의지하고 있는데, 저는 아들이 어디에 있는지 모릅니다."

이러한 인간적 불안 속으로 장차 겪게 될 고난에 대한 훨씬 더 큰 불안이 몰려온다. 아들과 그의 수난에 대한 불안은 아들이 이미 길을 택했고, 그 길은 결국 십자가로 이끈다는 예감이었다. 이러한 불안이 마리아의 일상 속으로, 하느님께서 주신 기쁨 속으로 엄습한다. 마리아는 이러한 불안을 그저 지나가는 것으로 느끼지 않고 하느님께서 자기에게 주시는 것으로 받아들여야 한다. (앞으로 오랫동안 침묵의 시기가 올 것이다.) 하느님께서는 마리아를 성장시키시고 굳세게 하시고 충만하게 해 주시지만, 그녀의 마음을 어둡게도 하신다. 인간적으로 보면, 갑자기 마리아는 기도 안에서도 자기가 하느님의 어머니라는 것, 하느님을 아들로 둔 것, "예."라고 응답함으로써 이렇게 이해할 수 없고 힘들고 전적으로 하느님의 판단에 맡겨진 관계 속으로 들어간 것을 거의 더 이상 감내할 수 없다.

마리아는 죄에 대해 알게 된다. 죄를 짓는 사람들처럼 아는 게 아니라, 훗날 아들이 십자가에서 죄를 짊어졌을 때 알게 된다. 섬뜩하고 이해할 수 없는 무언가가 마리아의 내적인 힘을 소진시킨다. 따라서 가장 열심히 바치는 기도조차 이제는 끝낼 수 없게 된다. 기도는 이제 마리아를 거듭 어두운 밤으로, 전혀 이해할 수 없는 것 안으로 들어가게 하기 때문이다. 기도는 마리아로 하여금 자신의 한계를 넘어서게 하고 그녀를 위로 들어 올리면서 영원하신 하느님에 대한 무엇인가가 있는 곳으로 인도해 주고자 한다. 그러나 그것은 마리아에게 아직 모습을 드러내지 않는다. 이루 말할 수 없는 불안과 고통의 모습 외에는 그 어떤 것도 보여 주지 않는다.

　이 체험은 지나가고 하느님께서 다시 일상생활을 지속하게 하시면서 기도도 다시 시작된다. 그런 가운데 마리아와 예수, 요셉 세 사람은 하느님 안에서 안전함을 느낀다. 그러나 마리아가 아들에게 드리는 흠숭은 달라졌다. 아들은 섭리하시는 하느님, 전지하신 하느님이시다. 그 하느님께서는 당신의 길을 가셔야 한다. 자신의 사명에 성실한 그 어떤 사람도 이 길을 이해할 수 없다. 어머니인 마리아에게는 자신의 사명이 아들 사명의 문턱에서 산산조각 난 듯 보일 것이다. 셋이 함께 화목하게 살아온 삶은 이제 멈췄다. 새로운 것이 들어서기 위해 멈춘 것이다. 그러나 그사이에 아들을 잃었다가 찾아낸 일, 성전에서 일어난 놀라운 일, 율법 교사들 앞에서 아들의 현명함이 드러난 일, 아들과 하느님의 관계가 알려진 일 같은 사건들이 있었다. 마리아는 하느님과 아들에 관해 알고 있었지만, 이런 방식으로 밝혀질 것이라고 예상하지 못했다. 마리아는 이 모든 것을 잊어서는 안 되고, 그것들을 기도 안으로 가져가야 한다.

이로 인해 그녀의 기도는 더욱 씁쓸한 면을 띠게 되었다. 하느님께서는 마리아를 가혹하게 대하셨다. 그것은 가장 힘든 일일 것이다. 그럼에도 마리아는 아주 새롭게 신뢰 속으로 들어가 성장해야 한다. 하느님께서 그녀에게 신뢰를 선사해 주셨지만, 그 신뢰는 더 이상 여성으로서 지니는 본래적 신뢰가 아니다. 이제 새로운 신뢰가 하느님에게서 마리아 안으로 들어가 자란다. 그 신뢰는 하느님께서 주시지만, 그분께서 훨씬 더 많이 요청하신다. 마리아는 이러한 신뢰가 약간 낯설게 느껴진다. 그녀의 기도는 더 이상 자기 것이 아니다. 기도는 더 이상 완전한 피난처가 아니다. 이제 마리아의 기도는 자신을 새롭게 돌아볼 수 있는 더 큰 영역이다. 그리하여 자신을 새롭게 형성해야 한다는 것, 쉼은 자기에게 해당하지 않는다는 것도 알게 된다. 마리아는 하느님의 손에 넘겨졌다. 하느님께서는 무조건 마리아를 당신께 의탁하게 하시고, 또 새롭게 의탁할 힘을 주신다. 그러면서 당신께 의탁하도록 더 강하게, 더 심하게, 더 철저히 요구하신다.

마리아가 일상에서 드리던 기도는 한동안 멈춰 있었다. 이제 마리아는 다시 기도를 바쳐야 한다. 그러나 이 기도는 성전 체험과 십자가 사건 사이에 들어가 있다. 흠숭은 이제 그 신성이 더 잘 이해되면서도 이런 까닭에 더욱 이해할 수 없게 된 성자 하느님의 흠숭이어야 한다. 또한 흠숭은 성부 하느님께서 힘든 것을 요구하시는 성자 하느님의 흠숭이기도 하다. 그렇지만 동시에 가혹함을 통한 도움이 되어야 한다. 마리아는 하느님께서 아들에게 가혹함을 준비해 놓으셨음을 알고, 그 가혹함을 통과함으로써 하느님을 공경하고 그분의 뜻을 따르는 법을 배운다. 마리아는 아들이 하느님 아버지의 뜻을 실행하고 또 그것을 얼마나 힘들게 견뎌 낼지 인식해야 한다. 그리고 이러한 어려움에도 불구하고 아들이 하느님의 뜻을 실행하는 것에 대해, 아들에 대해, 자신에 대해, 사람들에 대해 감사해야 한다. 이렇게 감사하는 것은 성령에 의해서 인도된 성인成人의 기도다. 그러나 마리아 안에 있는 영의 기도, 성령에 의해서 형성된 그녀(마리아)의 기도이기도 하다. 그 기도는 하느님에 의해서 형성된 여인의 기도다. 그 기도는 나의 기도이자 너의 기도다. 그 기도는 도움이 되는 기도다.

 사람들은 그런 기도를 갈망하지만, 그렇게 기도하기를 조금은 두려워하기도 한다. 기도는 많은 신적인 것(신뢰, 감사, 바람, 두려움, 순종 같은 요소들)을 내포하므로, 사람들은 낯선 것 앞에 서듯이 때로는 기도 앞에 서기도 한다. 그러나 기도 앞에 서는 것이 낯설면 낯설수록 어머니인 마리아는 더 많이 알게 된다. 자신은 기도해야 한다는 것을, 하느님께서는 자신이 기도하기를 바라신다는 것을, 자신이 그렇게 기도하는 것은 옳다는 것을.

나자렛에서 홀로 지냄

아들과 함께 보낸 시절에는 사이가 가까웠으므로 마리아의 기도는 (자신에게) 분명해졌다. 어머니는 아들의 기도에 참여했고, 아들은 어머니의 기도에 참여했다. 이러한 기도는 당연한 것이었고, 마리아는 이에 익숙해졌다. 기도하는 것은 다른 필요한 일들처럼 그녀의 삶에 속했고, 그것을 결코 의무나 강제로 느끼지 않았다. 마리아에게 기도는 아들과 대화하는 것처럼 자연스러운 것이었다. 그러나 아들이 집을 떠난 지금, 기도는 일종의 의무가 되었다. 마리아는 이 의무를 수행하면서 마음이 무거워지고, 그에 따른 요구들도 감지했다.

이제 더 이상 아들과 함께 기도를 바치지 않는다. 마리아는 아들에 관해 아는 게 별로 없다. 아들을 볼 기회는 드물고, 소식도 많이 듣지 못한다. 아들이 하는 일, 아들의 적극적인 삶을 정확히 상상할 수 없다. 이제 아들의 삶에는 새로운 것, 알지 못하는 것이 우위를 차지한다. 그러한 것들은 집에서처럼 더 이상 익숙한 질서를 따르지 않는다. 마리아는 아들의 주변 세계에 대해서 거의 모르고, 아들이 만나는 사람들도 알지 못하며, 아들에게 익숙해진 것들도 알지 못한다. 주변 사람들이 아들에게 호의적인지 아니면 적대적인지, 아들이 하느님의 복음을 사람들에게 어떤 방식으로 전하는지, 그들의 마음을 끄는지, 제자들을 얻었는지, 필요한 도움을 받는지 알 수 없다. 아들이 어깨에 진 무거운 짐만 감지될 뿐이다. 마리아는 외로움을 느끼지만, 지금 아들에게 줄 수 있는 도움은 기도밖에 없음을 안다. 이제 이 기도는 규칙적이고 의무의 성격을 더 많이 띠어야 한다. 마리아는 아들이 시간을 어떻게 보내는지 더 이상 알지 못한다. 그렇지만 이제는 아들의 시간을 함께해야 한다. 예전에 아들과 함께 지냈을 때에는 구분되어 있던 일상이 지금은 통합되어 그녀의 기도 생활 속으로 들어와 있다. 그리고 알지 못하는 것들, 아들이 처한 온갖 어려운 상황이 그녀의 기도 안에 자리 잡고 있다. 마리아는 장차 아들에게 닥칠 고난을 상상해 볼 수 있지만, 지금은 그것이 감춰져 있다.

외롭고 황량하고 불확실한 가운데 힘들게 여겨지는 것은 기도의 일부가 된다. 마리아는 자신의 안위를 바라지 않고, 모든 것이 자기에게 전달되어 쓰일 수 있도록 하느님께 청한다. 하느님께서는 그녀의 불안을 받아들이시어 그녀가 다른 사람들을 도와주게 하실 것이다. 그러나 또한 하느님께서는 아들에게, 마리아의 아들에게 도움을 주고자 하실 것이다.

주님의 신적인 면과 그분 사명의 신적인 면은 마리아에게 더 피상적인 것이 되었다. 성부와 성령과 성자의 신적인 것, 관통할 수 없는 것에 마리아는 인간적인 방식으로는 다가갈 수 없다. 그것은 그녀의 생각과 희망 안에서 움직일 뿐이다. 마리아는 마치 밀봉된 것처럼 그것을 아들에게서 넘겨받았다. (하느님 자신이 아니고는 그분을 암시적 방식이 아닌 다른 방식으로 이해할 수 있는 사람은 아무도 없다.) 따라서 그녀에게 이러한 신적인 것은 신비에 싸여 있다. 마리아가 개인적으로 체험한 하느님의 첫 번째 신비는 그녀의 몸 안에서 전개되었다. 이제 신비의 중심은 그녀에게서 멀어진 아들의 삶 속으로, 아들의 육신과 정신(영) 속으로 점점 더 들어간다. 이렇게 옮겨 간 것이다. 마리아는 이렇게 옮겨 간 것 안으로 들어가 기도한다. 그것은 하느님에 대한 사랑의 기도, 따름을 위한 기도, 멀리 있는 아들을 통해서도 함께 형성된 기도다. 대체적으로 순수한 흠숭이고, 때로는 불안이나 고통일 뿐이기도 하다.

　마리아에게 기도할 마음이 불어넣어지고, 그녀는 기도를 체험한다. 마리아의 삶 속에서 전개되는 기도는 그녀의 삶을 지탱해 주고, 또 삶에 새로운 자국도 새겨 놓는다. 기도 안에서 마리아는 자기를 위해 사는 것을 포기했음을 명확히 깨닫는다. 그것은 자신이 바라지 않고 할 수도 없는 방향으로 나아가는 경우가 많기 때문이다. 마리아는 또 기도 안에서 인간적이고 부족한 것의 한계에 거듭 부딪칠 수밖에 없다. 이는 아들이 자기(마리아)에게서 인간적 한계를 체험하기 위함이고, 나아가 아들이 죄인들 가운데서 사는 것을 견뎌 내도록 필요한 위안을 자신(마리아)에게서 찾게 하기 위함이다. 또한 아들이 십자가를 통한 구원의 표상을 '앞서 구원받은 자die (Vor-) Erlöste'인 자신 옆에서 그려 보게 하기 위함이다. 이 모든 것이 마리아의 기도와 삶 속에서 전개된다. 마리아의 삶은 점점 더 기도가 되었고, 그녀가 기도하는 것은 아들이 선사해 준 삶의 형상이 되었다. 마리아는 기도에 대한 이러한 태도, 삼위일체 하느님에 대한 이러한 순종, 이러한 포기에 의해서 완성된다.

모든 일은 아들이 멀리 있었기에 재평가되었다. 모든 일은 아들의 위대한 사명을 통해 그 의미를 새롭게 얻었지만, 어느 정도는 의미를 잃기도 했다. 그것들은 이제 더 이상 고유한 중요성을 지니지 않기 때문이다. 어머니인 마리아는 중요한 것과 중요하지 않은 것을 결정할 수 없다. 두 가지를 있는 그대로 받아들여야 한다. 전에는 아들이 곁에 있었지만, 지금은 곁에 없다.[9] 아들은 어딘가에 살고 있다. 마리아는 이 모든 것에도 불구하고 아들이 현존하는 가운데 사는 법을 배운다. 다르고 새로운 방식으로 배운다. 마리아는 아들이 세상에 오기 전에 그가 현존하고 있음을 약속으로서 알았고, 이제 아들이 적극적인 삶을 사는 동안에는 그것을 약속의 실현으로

---

9 원서에는 예수님을 '성체'에 비유하였다. 그리하여 직역하자면 "지금 마리아에게는 성체가 없다."라는 말이 된다. — 역자 주

마리아는 아들이 세상에 오기 전에
그가 현존하고 있음을 약속으로서 알았고,
이제 아들이 적극적인 삶을 사는 동안에는
그것을 약속의 실현으로서 새롭게 아는 법을 배워야 한다.
그렇게 아들이 현존하는 가운데
마리아는 기도를 통해서, 기도 안에서 변화된다.

서 새롭게 아는 법을 배워야 한다. 그렇게 아들이 현존하는 가운데 마리아는 기도를 통해서, 기도 안에서 변화된다.

십자가 옆에서

이제 마리아는 두려움 속에서 무언無言의 기도를 바친다. 두려움에서 나온 기도는 아들 안에서 종결된다. 하느님과 성령께서는 마리아를 멀리하셨다. 마리아는 아들이 십자가에 달려 있는 모습을 본다. 어머니로서 마리아는 이제 힘이 다했다. 예전에는 알지 못했던 고난에 참여하면서 힘이 다한 것이다. 어머니로서 지닌 모든 것은 아들에 의해서 유지된다. 마리아는 아들을 바라보면서 그의 죽음을 체험한다. 동시에 아들 안에서 자기 하느님의 죽음을 본다. 그렇지만 사람의 아들과 하느님의 아들 사이에 이어진 것은 마리아에게 끊긴 듯하다.

두 사람, 모자의 관계는 끊어졌다. 마리아는 사랑하는 아들의 죽음과 자신이 흠숭 드린 하느님의 죽음을 본다. 그녀는 세상이 끝났음을 체험한다. 마리아는 자기를 구하거나 위로하기 위해, 이날을 지나 부활 날까지 아우르는 새 길을 감지하기 위해 그 어떤 생각도 지금 자신이 체험한 것과 결부시킬 수 없다. 마리아는 하느님에 의해서 아들과 함께 받아들여졌고 십자가 안으로 넣어졌으므로 아들과 함께 고난을 겪을 뿐이다. 마리아의 기도는 아들과 함께 고난을 겪는 것에 대한 기도다. 그 밖에는 아무것도 없다. 따라서 마리아는 고난 속으로 들어가거나 의도적으로 어떤 고난 체험들을 모으는 게 아니라, 어느 누구도 경험하지 못한 일을 경험하기 위해 고난을 받아들이는 것이다.

모든 것은 밤에 이루어진다. 지금은 밤이다. 하느님 아들의 밤이다. 마리아는 자신의 밤이 아닌 아들의 밤에 동참한다. 마리아는 아무 열매도 보지 못한다. 아들이 죽으면서 인류를 구원한다는 것을 알지 못한다. 이러한 최후, 끝을 유한한 것이 아니라 영원한 끝으로 여긴다. 그러나 끝이 없는 끝이 있다. 그러한 끝은 마리아 앞에 있는 모든 것을 삼켜 버린다. 지난날과 약속과 실현과 그녀의 "예." 응답의 의미와 아들과 함께 살았던 그녀의 삶 전체도 삼켜 버린다. 마리아는 예전에 자기 앞에 나타나 메시아의 어머니가 되어 그분을 마지막까지 동행하도록 요청한 천사에게 "예."라고 응답했다. 지금 일어나는 일에 대해서도 "예."라고 응답했다. 이 모든 가혹한 일에 대해 "예."라고 응답했고, 아들의 이 참혹한 죽음에 대해서도 분명 "예."라고 응답했을 것이다. 마리아는 자신이 한 "예." 응답을 이해하지 못한 듯하다. 그것은 주변을 가두어 놓고 출구도 내주지 않는 벽과 같다. 마리아는 이 벽에 대해 알았고 그 앞에서 물러나지 않았으며, 그 안에 갇혀 출구를 찾지 못했다. 따라서 단단한 이 벽은 이제 마리아를 사방에서 가둬 놓는다. 마리아는 바로 이것에 대해 자신이 "예."라고 응답한 것을 이해하지 못한다. 그러나 더 이상 질문도 받지 않는다. 그녀의 "예."는 어딘가에서 울려 퍼진다. 마리아는 그것을 알지만, 깊이 인식하지는 못한다. 마리아는 "예."라고 응답했지만, 그렇게 될 수도 있다는 것을 예상하지 못했다. 그럼에도 지금 십자가 옆에서 "예."라고 응답한 것이다. 마리아는 이것이 자신의 "예." 응답이 영향을 미친 것이라고만 알고 있는 듯하다.

그것을 이해하지 못한 채 마리아는 온 세상의 죄가 아들에게 지워졌다고 여긴다. 이 죄가 동시에 자신에게 지워졌음을 같은 의미에서 알지 못하고, 자신이 짊어질 수 없는 것을 짊어져야 한다는 것만 알 뿐이다. 마리아의 삶은 산산이 부서졌다. 무언가가 너무 커져 버렸기 때문이다. 마리아는 힘이 없다. 무언가가 자신의 힘을 삼켜버렸다. 제자들은 스승의 마지막을 바라본다. 그것을 인간적 관점에서 본다. 주님께서 친히 자신들을 불렀고, 당신께서 가시는 길을 함께 가자며 초대해 주셨다. 그래서 지금 이 사건에 동참하고 있다. 제자들은 지금 이 주님의 이해할 수 없는 것 앞에, 그리고 자신들의 운명에 대해 이해할 수 없는 것 앞에 서 있다. 그들의 믿음은 더 이상 아무것도 보지 못한다. 그러나 제자들은 무엇보다 믿음에 있어서는 고통받지 않는다. 그들은 지금 일어나는 일을 저지할 수 없다. 그것은 그들보다 힘이 더 셌다.

반면에 어머니인 마리아는 "예."라는 응답으로써 전체를 작동시키고 또 해제시켰다. 잉태와 출산, 풍요로움이 그렇게 이끌었다. 마리아에게 책임이 부과된다. 따라서 이제는 "예, 라고 응답하지 않겠어요."라고 말할 수 없을 듯하다. 그러나 마리아는 자신이 한 "예." 응답에서부터 십자가에 이르기까지 필연성을 인지한다. 그리고 자기는 아들 안에 그 어떤 형태로 숨어 있다가 다시 모습을 드러냈다고, 아들 곁에 있었다가 다시 홀로 있다고 여긴다. 이 사건을 남성적이고 신적 운명으로 받아들이지만, 여성인 자신이 "예."라고 응답한 것의 결과로서도 받아들인다. 아들과 어머니 사이로 바람이 불어온다. 한번은 아들이 "예."라고 응답한 듯하고, 한번은 어머니가 "예."라고 응답한 듯하다. 곳곳에 두려움과 어둠만 있고, 의미는 없다. 마리아의 기도는 마치 그녀의 전 존재를 억지로 열게 한 듯하다. 더 이상 자발적으로 응답하지 않을 "예."처럼 말이다. 무언가가 마리아에게 강요되고 그녀의 몸과 마음을 완전히 점유한 듯하다. 산모가 해산하면서 몸이 찢어지는 것과는 비교할 수 없을 정도로 마리아를 갈기갈기 찢어 놓는다. 어떤 사명이 그것을 수행한 사람에게 요구한 것과는 비교할 수 없을 정도로, 그것은 마리아에게 가혹하게 요구한다. 자신이 무언가를 이뤄야 하고 또 이뤄도 된다고 여겼던 바로 그 시점에, 그것은 마리아 자신을 멈추게 한다.

이러한 기도, 이러한 태도, 이러한 두려움은 응답을 받지 못한다. 마리아는 자기가 안전하지도 않고 주목받지도 않으며 무언가를 하라고 요구받았다고도 느끼지 않는다. 어머니인 마리아는 아들을 바라보지만, 아들은 자기를 바라보지 않는 것 같다고 여긴다. 아들과 눈을 마주칠 수 없기 때문이다. 마리아는 죽음을 본다. 아들이 외치는 소리를 듣는다. 그러나 아들의 외침은 어머니의 영혼과 더는 아무 관련이 없을 것이다. 마리아도 외친다. 두 사람은 서로 잇달아 외친다. 그러나 그것은 조화를 이루지 않는다. 아무 대답도 없다. 마리아는 "보아라, 내가 네 곁에 있다." 또는 "보아라, 내가 너와 함께 고난을 겪고 있다."와 같은 말은 결코 하지 않는다. 두 사람의 행동은 황량함이 승화된 것이다.

아들은 결국 죽으면서 이러한 두려움을 가져간다. 그러나 마리아는 그것을 알아채지 못한다. 아들은 이제 죽었다는 것, 그리고 이러한 두려움 가운데 자기는 마지막에, 최후에 봉착했다는 것만 알 뿐이다.

그리스도의 부활 이후

어머니인 마리아는 부활을 기리는 데 동참할 뿐만 아니라 부활로부터 무언가를 경험하는 듯하다. 갑자기 마리아는 선택된 방식으로 바라보았던 성토요일의 세계에서 나와 영원한 생명과 완전한 지상적 기쁨이 동시에 있는 세상으로 들어간다. 마리아는 자신이 체험한 모든 것과 함께 받아들여졌다. 육체적으로는 완전히 지쳤지만, 이 모든 것은 갑작스럽게 바뀐다. 그래서 마리아는 기쁨과 감사와 불가해不可解함이 감도는 새로운 세계로 거의 비틀거리면서 들어간다. 이 불가해함은 (뒤집어 표현하면) 십자가 옆에서 느꼈던 것과 비슷하다. 그러한 기쁨을 기도 안에서 체험하기 위해 마리아는 자신과 자신의 기도와 아들과 이웃들, 그리고 매우 혼란스러운 가운데 체험한 모든 것을 감사하는 마음으로 하느님 아버지께 내어 드리고 이 모든 것을 그분 앞에 펼쳐 보여야 한다. 또한 윤곽을 지니고 어떤 방식으로든지 이해할 수 있는 모든 것에 새롭게 감사하고, 새로운 기쁨을 터뜨려야 한다. 사람들뿐만 아니라 일과 사건들도 완전히 새로운 모습을 유지하면서 그녀의 삶 속으로 새롭게 들어간다.

마리아의 기쁨은 너무 커서 단 한 순간도 그녀에게 머무르지 않고 퍼져 간다. 마리아는 아들에게 그 기쁨을 선사한다. 사도들에게, 특히 요한에게 말이다. 또한 만나는 모든 이에게, 심지어 알지 못하는 사람들에게도 선사한다. 나아가 하느님께, 성령께 그 기쁨을 선사한다. 그렇지만 이 기쁨은 그녀가 느끼는 숨이 멎을 듯함, 혼란스러움, 예견할 수 없음과 함께 쉼의 성격을 띤다. 어머니인 마리아는 모든 사건과 체험 안에서 영원한 기쁨, 하느님 아버지의 기쁨에 대한 것도 늘 간직하고 사람들에게 계속 전해 주기 때문이다.

마리아가 바치는 기도는 염경 기도이자 관상 기도다. 마리아의 입을 통해 말이 나오면, 그 말은 즉시 하느님께 받아들여지고 새롭게 형성된다. 그리하여 새롭게 울려 퍼지고 새로운 조화를, 하느님 아버지 안에서 완성되는 영원한 조화를 이루게 된다. 그렇지 않았다면, 마리아는 수줍어했을 테고 앞자리에 앉는 것은 결코 바라지 않았을 것이다. 이제 마리아는 기쁨에 가득 차 나아가고, 어디서나 천상적 기쁨에 참여하며 그 자리에 있게 될 것이다. 그 기쁨을 이해할 수는 없더라도, 마리아는 자신이 어디에나 속한다는 것을 알기 때문이다. 그녀가 결단을 내리지 않고서 나아간다면, 자신의 기도와 삶 전체, 바라봄과 그녀가 하는 말들은 첫째 자리에 있지 못할 것이다. 마리아가 지금 소극적인 자세를 취하려 한다면, 그것은 책임 회피와 같을 테고 천상적 기쁨을 훼손하는 일종의 거부와 같을 것이다. 그녀의 기쁨은 이제 천상적 기쁨의 일부이므로, 저절로 보완되고 부족한 말을 찾아내며 충만해진다.

하늘에서 바치는 기도가 있지만, 지상에서 바치는 기도도 있다. 하늘과 땅, 하느님과 인간, 사명과 그 열매는 새롭게 연결된다. 이제 마리아의 "예." 응답은 어디서나 울려 퍼진다. 종소리처럼 이곳저곳에서 울려 퍼진다. 마리아의 "예." 응답은 분명해지며 퍼져 나가고 메시지를 계속 전달한다. "예." 응답은 실현되었다. 열매를 맺은 것이다. 천사와 마리아는 또다시 대화를 나눈다. 성령께서 나타나시고, 성자께서는 성령의 말씀에 귀 기울이신다. 그런 가운데 성부께로 가는 길, 인류 구원을 위해 성부께 받은 파견의 길을 다시 한번 새롭게 발견하신다. 어머니인 마리아는 이 연결 고리의 단단한 지체다. 그녀의 기도에 대한 하느님의 응답에서 이제 중요한 것은 바로 이 지체이고, 이 지체는 중요성을 지닌다. 그것은 신적 연결 고리에 속하기 때문이다. 마리아는 자신이 있어야만 했던 자리에서 거의 벗어났고, 이제는 갑자기 순수한 기쁨만 존재한다. 그러나 이 기쁨은 하느님 아버지와 그분 아드님의 기쁨이 혼재된 기쁨이다. 그러므로 부활 날은 마리아의 축제일이 된다.

그리스도의 승천 이후

아들이 승천할 때 마리아가 바친 기도는 본질적으로 다음과 같은 것들과 관련된다. 승천 때 바친 기도로부터 승천 이후의 기도가 전개된다. 아들이 승천할 때 어머니인 마리아의 기도 안에는 일종의 틈 같은 것이 생긴다. 마리아는 육안으로 그 과정을 바라보았을 것이다. 그러나 마리아는 인간의 눈으로 바라보는 것을 포기해야 한다. 그래야 신적 눈이 보게 하는 것만 볼 수 있기 때문이다. 마리아는 하느님께서 하늘로 올라가시는 모습을 바라본다. 이렇게 무한하신 분, 우리 가운데 살기 위해 영원으로부터 오신 빛나는 분을 바라본다. 그분께서는 지금 새로운 모습으로 영원의 빛 속으로 돌아가고 계신다. 마리아는 그리스도교 가르침이라 부를 수 있는 것을 바라본다. 말씀이 세상에 오셨고, 사람들은 그 말씀을 들었다. 그분께서는 사랑의 삶을 사셨고, 자신을 내주셨다. 일상 속에서 하느님의 뜻이 실행되어 늘 충만함이 넘쳤다. 이 모든 것을 마리아는 지금부터 변모된 듯이, 위로 향한 듯이, 승천하듯이 바라본다. 마리아는 자신에게 받아들여지기 위해 지금 비치는 어느 빛 안에서 변모된 듯하다. 오늘날까지 비추는 영원의 빛 안에서, 사랑으로 흘러들어 가는 사랑의 요구 안에서, 응답 자체인 사랑의 요구 안에서, 바로 이 순간에 마리아는 모든 것이 진실하다는 것을 안다.

오직 하느님께 속하는 진리는 참되다. 모든 의미는 실현되었다. 자신은 전혀 이해하지 못하지만 하느님께서 부여하신 의미는 실현되었다. 이제 마리아는 이 진리에 참여하고, 이러한 의미 실현에 참여한다. 그 모든 것이 이제 자신에게 진실해졌기 때문이 아니라, 자신은 하느님의 어머니이고 모든 것은 자신이 참여함으로써 있는 그대로 진실해졌기 때문이다. 또 이러한 진리에 의탁하고 그 안으로 들어갔기 때문이다.

존재하는 모든 것을 가까이 바라보면 개개의 것들이 작은 실루엣으로 나타나고 이제 그것을 부를 수 있거나 불러야 하듯이, 모든 이야기는 이제 완성된 진리의 조각들이고, 이제야 비로소 알 수 있는 위대한 내용이 담긴 작은 형식들이며, 사랑인 저 무한한 진리의 일부다. 그리고 수난과 십자가도, 황량함과 불가해한 것도, 크고 작은 불안과 두려움도, 이 모든 것은 이제 승천의 진리에 참여한다.

모든 것은 새로운 빛 속으로 나아가고, 새로운 의미를 얻는다. 모든 것은 곳곳에서 씨앗으로 나타난다. 그 씨앗이 밤을 지나 나무가 되고 열매를 맺은 것이다. 부활 날은 열매를 맺는다는 약속이었다. 이제 승천 안에서 열매를 맺었다. 탐스럽게 주렁주렁.

그리고 나서 요한과 함께 마리아는 다시 일상으로 돌아온다. 다시 작은 것들, 종종 의문스러운 것, 종종 불확실한 것도 등장한다. 여러 공동체에서 깜짝 놀랄 만한 소식이 들려오겠지만 기쁜 소식도 들려올 것이다. 주님께서 발현하셨다는 말이 널리 퍼져 나가면서 계속 영향을 미칠 것이다. 그렇다 하더라도, 어머니인 마리아는 승천에, 실현에 참여한다. 마리아의 기도는 이제 광도가 높다. 그래서 모든 것을 두루 비추고, 완성되어 가는 것도 환히 비춘다. 이는 마리아가 무엇보다도 그것이 언젠가 완성되면, 모든 열매가 익으면 어떻게 보일지 알기 위해서다. 또한 이제 그것에 대해 미리 기뻐하고, 일상의 근심들과 기쁨들을 승천의 기쁨 내에서 바라보기 위해서다. 마리아는 냉담한 채 있지 않다. 지금 그녀는 새로운 상태에, 기쁨과 고통 사이에서 덜 전율하고 이리저리 덜 흔들리는 상태에 있다. 마리아가 기도 안에 있는 상태는 이제 하느님에 의해서 한 영역에서, 그러니까 아들의 부활로부터 사는 영역에서 유지된다. 가치들은 다시 한번 바뀌고, 주안점은 하늘에 있는 아들 안에 있다. 마리아의 운명, 사람들의 운명, 그들에 대한 사랑, 하느님에 대한 사랑, 이 모든 것은 하느님께서 원하시는 곳에서 마리아가 들어가게 될 영원의 빛 안에서 유지될 것이다. 마리아의 기도는 이제 천상에서의 영원한 바라봄(지복직관)과 지상에서의 기도 사이에서 펼쳐진다. 지상은 하느님에 의해서 부활이 이루어진 곳이다. 마리아는 은총과 기도와 하느님의 가까우심을 사람들에게 전달해 주지만, 이 모든 것을 체험하기도 한다. 마리아가 전달해 주는 것은 그녀의 기도와 생각에, 그녀가 이해하는 것에 달라붙어 있고, 이로써 그녀와 접촉하는 이가 받게 된다. 왜냐하면 이제 마리아는 아들의 부활을 통해 영원으로부터 보게 된 광채 안에서 사물들을 바라볼 능력뿐만 아니라, 사물들에게 이러한 광채 한 줄기를 비춰 줄 능력도 지녔기 때문이다. 후자는 사람들이 믿음을 아직 마리아처럼 그렇게 강하게 체험하지는 못하더라도 부활 사건으로 인해 지녀야 하는 믿음을 전달하기 위해서다. 믿음은 그래야 한다. 마리아에게 선사된 진리는 이제 부활의 진리가 되었다. 마리아의 몸은 이제 하늘로 받아들여진 몸이 되었다. 마리아의 기도는 이제 부활의 진리가 속하는 영원 안으로 들어가 있다.

 마리아가 하느님 아버지께, 성자께, 성령께 기도한다면 이는 부활의 진리 안에서 기도하는 것이다. 하느님께서 무언가를 요구하시거나 청하신다면, 이는 언제나 그녀에게 선사된 진리의 빛 안에서 이루어지는 것이다. 마리아는 자신이 이해할 수 없는 것에 더 이상 마리아에게 선사된 진리는 이제 부활의 진리가 되었다.
마리아의 몸은 이제 하늘로 받아들여진 몸이 되었다.
마리아의 기도는 이제
부활의 진리가 속하는 영원 안으로 들어가 있다.

좌절할 필요가 없다. 그것은 거두어졌다. 마리아는 기도 안에서 하느님의 뜻에 완전히 부합하는 상태에 있다. 하느님께서는 마리아를 원죄 없이 잉태된 이로 여기시고 또 그렇게 널리 알리신다.

죽음

마리아의 죽음은 이 마지막 상태를 벗겨 내는 것이기도 하다. 부활의 진리는 동일한 상태에 머물고 있다. 그러나 그 진리는 더 이상 사람들이 마주 본다고 알고 있는 진리가 아니다. 부활의 진리는 이제 우리가 그 안에서 살고 있는 진리다. 진리는 그렇게 참되기에 모든 것을 포괄한다. 하늘은 더 이상 마리아에게 열리지 않는다. 이제 하늘은 마리아와 함께 열려 있다. 마리아는 열린 하늘에 속해 있다. 그리고 그 안으로 들어간다. 이제 성부와 성자와 성령이신 하느님의 현존 안에서 살고 있다. 이제 건너감, 멈춤, 중단은 없다. 예전에는 많은 것이 있었던 곳에 지금은 갑자기 모든 것이 있다. 드리워진 커튼은 이제 더 이상 떼어 낼 필요가 없다. 마리아는 영원의 명백한 진리 안에서 살고 있다. 마리아는 무언가를 앞서 가고 있지만, 그것은 그녀의 뒤에 있지 않다. 그것은 아들에게서 결코 분리되지 않았기 때문이고, 마리아는 예전에 체험했던 모든 것을 아들 안에서 그(아들)의 체험으로서, 아들의 삶에 필요한 것으로서, 아들의 진리로서, 아들의 영광으로서 다시 인식하기 때문이다. 아들이 지상에서 아버지의 뜻을 실행하듯이, 마리아는 아들 안에서 자신이 아들의 뜻을 실행한다고 여긴다. 그리고 사람들과 그들의 기도는 마리아와 새롭게 만나고, 그녀의 "예." 응답이 확장된 곳에서 그녀에게 이른다. 마리아는 지금 모든 이의 지복을 위해, 모든 이의 구원을 위해 천상에서 하느님의 아들과 함께 있다. 예전에 자신 앞에 나타났던 천사에게 "예."라고 말했듯이.

3장

기도의 과정

1. 아이의 기도

아이는 엄마에게 기도를 배운다. 엄마는 아이에게 보이지 않는 하느님에 관한 것을 설명한다. 하늘에 계신 성모님에 관한 것도 이야기한다. 기도의 세계는 눈으로 볼 수 없는 세계지만, 눈에 보이는 엄마 품에서, 엄마가 하는 말에서 어떤 실제적인 것을 얻는 세계다. 슈파이어는 성모 마리아에게서 모든 엄마의 예형을 상상한다.

―

엄마는 아이의 침대 옆에서 무릎을 꿇고 아이와 함께 기도한다. 그러나 아이는 아직 어려서 기도가 무엇인지 전혀 이해하지 못한다. 엄마가 날마다 자기를 품에 안고 두 손을 모으게 하면서 다정한 어조로 무언가를 말했다는 것만 기억한다. 그것은 늘 되풀이되고,

일상의 일부가 된다. 그런 가운데 아이는 조금씩 자라고 그때의 일을 더 잘 떠올리며, 뭔가를 버리거나 바꾸려 한다. 이 시기에 이르면 아이의 의식 속에는 이렇게 거행된 의식, 이러한 습관에 뭔가 불충분하다는 생각이 자리를 잡는다. 아이는 기도한다는 것이 무엇인지 모른 채 지금까지 기도 안으로 들어간 것이다. 의식 속에서 아이는 평상시와 다른 것이 이루어진다는 것, 이 다른 것은 엄마의 사랑에 속한다는 것만 느낀다. 이 다른 것을 엄마의 사랑이라고 여기는 이유는, 아이는 엄마의 사랑을 먹고 자라기 때문이다. 이는 아이가 늘 자기 곁에 있고 자기를 보살피는 엄마의 사랑을 체험하는 한 가지 방식이다.

아이가 펼치는 상상의 세계는 곧바로 확대된다. 이제 아이는 엄마가 항상 눈앞에 있을 필요는 없다고까지 생각한다. 그리고 엄마가 방에서 나가거나 집 밖으로 나가더라도 항상 자기와 연결되어 있음을 이해하는 법을 배운다. 엄마는 아이에게 줄 것을 마련하기 위해 외출했다가 집으로 돌아온다. 손에는 아이에게 줄 좋은 것을 들고 있다. 눈으로 볼 수 없는 것은 좋은 것일 수 있다고 생각하면서 엄마는 아이에게 인자하신 하느님에 관해 설명해 줄 수 있다. 여기서 두 가지, 기도의 말과 그것에 대한 설명이 만난다. 그러나 아이 안에 더 근원적인 인상을 남기는 것이 무엇인지는 알 수 없다. 엄마는 아이에게 하늘에 계신 성모님에 관해 이야기해 줄 것이다.

그러면 아이는 엄마가 하는 말을 들으면서 눈으로 볼 수 없는 성모님이 지금 자기가 바라보는 엄마와 비슷할 거라고 여기고, 그런 가운데 그분을 서서히 이해하게 된다. 나아가 하늘에 계신 성모님의 사랑과 활동에 관해서도 이해하게 된다. 그러면서 이러한 생각을 엄마가 기도할 때 취하는 태도와 하는 말과 연관 짓는 법을 배운다.

기도의 세계는 눈으로 볼 수 없는 세계지만, 눈에 보이는 엄마 품에서, 엄마가 하는 말에서 어떤 실제적인 것을 얻는 세계다. 아이가 자신의 세계에 대해서 아는 것은, 엄마는 언제나 자기 곁에 있다는 것, 자기는 엄마를 바라본다는 것(엄마는 늘 기도하기 때문에), 자기는 자명한 것 안에서 성장한다는 것이다. 우리가 부분적으로만 이해하더라도 그 자체로 옳은 것이 있다. 아이는 처음으로 함께 기도하는 법을 배운다. 먼저 "오소서, 인자하신 주님!" 또는 "은총이 가득하신 마리아님, 기뻐하소서!"와 같은 말로 시작할 테고, 사람들과 직접 접촉하기보다는 오시는 주님께 청하는 방법을 통해 하나의 관계를 이룰 것이다. 우리는 오셔야 할 분을 기다린다. 그분을 반갑게 맞아들인다. 그러나 우리가 기다리는 분이 누구이고, 환영하는 분이 누구인지 제대로 알기도 전에 그분께서는 이미 와 계신다.

그리고 나서 아이에게 두 가지 새로운 생각이 짙어진다. 첫째, 기도 시간이 있다는 것이다. 엄마는 기도 시간을 정해 놓고 기도하기 시작한다. 이렇게 시간을 규정한 것은 정상적인 하루 일과에 속

—

기도의 세계는 눈으로 볼 수 없는 세계지만,

눈에 보이는 엄마 품에서,

엄마가 하는 말에서 어떤 실제적인 것을 얻는 세계다.

—

한다. 둘째, 두 손을 모아 기도하고 이 시간에 다른 것은 아무것도 해서는 안 된다는 것이다. 아이는 이를 깊이 깨달아야 한다. 그렇지 않으면 아이는 손으로 무엇이든 하는 데 익숙해질 것이다. 인자하신 하느님과 이야기하는 동안에 그렇게 해서는 안 된다. 아이는 이것으로 미루어 기도하는 것이 실제로 중요한 일임을 깨닫는다.

엄마는 기도한다. 아이가 아직 알지 못하더라도 기도해야 한다는 것을 알고, 기도 안에서 아이가 바쳐야 할 기도를 넘겨받는다. 그래서 계속 기도한다. 기도를 이끌어 간다. 엄마는 이렇게 기도할 수 있고, 아이를 위해서도 기도할 수 있다. 그렇지만 이렇게 대신하는 것이 그 자리에 있어야 하고 주의를 기울여야 하며 엄마를 따라가야 하는 아이의 의무를 면해 주지는 않는다. 아이는 곧 자기 말로 함께 기도해야 한다. "은총이 가득하신 마리아님, 기뻐하소서!"라고 말로만 하고, 엄마가 혼자서 계속 기도하는 것으로 만족해서는 안 된다. 아이는 어찌할 바를 모르더라도 모든 것이 끝날 때까지 그 자리에 있어야 한다. 그렇게 아이는 기도 안에 일종의 역할 분담이 있음을 배운다. 그러나 자기 역할을 처음부터 끝까지 수행하지 못한다고 해서 용서를 구할 필요는 없다. 아이는 기도하는 것을 이해하지만, 무엇에 대해 기도하는지는 이해하지 못한다. 그러나 지금 중요한 것은 이렇게 이해하는 것보다는 그 자리에 있는 것, 따르려는 의지다. 엄마도 기도 시간에 두 손을 모으고 다른 것은 아무것도

하지 않는다. 이 시간에 방해를 받아서는 안 된다. 아이가 기도하고 있을 뿐만 아니라 엄마 자신이 기도해야 하기 때문이다.

어린 시절에 엄마는 나에게 다른 엄마들도 자기 아이들과 기도한다고 이야기해 주었다. 내가 아는 아이들, 밖에서 만나고 함께 노는 아이들도 자기 엄마와 함께 기도한다는 것이다. 엄마는 내게 이런 말도 했다. 둘이 함께 기도하면서 엄마는 인자하신 하느님께 나를 맡겨 드린다는 것, 인자하신 하느님께서는 엄마가 하는 말을 들으신다는 것, 엄마가 하는 말만 아니라 내가 하는 말도 들으신다는 것이다. 하느님께서는 우리 두 사람의 말을 똑같이 그리고 함께 들으신다. 그러나 모든 엄마가 하는 말도 들으시고, 모든 아이가 하는 말도 들으신다. 그런 가운데 서로 전혀 모르는 모든 엄마와 모든 아이는 대가족을 이룬다. 그들 모두 함께 하느님께 속해 있고 하느님께서는 그들의 말을 들으시기 때문이다. 그리고 하늘에 계신 성모님은 지상의 엄마가 자기 아이들을 돌보듯이 모든 엄마와 모든 아이를 돌보신다. 바로 이것이 나에게 가장 큰 관심을 끌었다. 그래서 그것이 어떻게 가능하냐고 엄마에게 물었다.

"아이가 셋 있는 엄마도 이렇게 할 일이 많은데, 하늘에 계신 성모님은 어떻게 그 모든 사람을 돌보시나요?"

아이 입장에서 던지는 이러한 실제적 질문은 지상과 하늘, 눈에 보이는 세계에서 사는 이들과 눈에 보이지 않는 세계에서 사는 이들이 구분된다는 것을 아이들이 이해하는 계기가 되었다. 이렇게 기도하는 모든 엄마와 모든 아이에서 시작해 교회를 이해하게 된다. 나는 또 엄마에게 이렇게 물었다.

"제가 어려운 말로 기도할 수 없는 것과 엄마가 저를 위해 어려운 말로 기도하는 것은 같은 건가요?"

그러자 엄마가 대답했다.

"그래, 그건 같은 것이란다. 엄마는 너를 위해 기도하고, 너는 엄마와 함께 기도하지. 그러나 너는 엄마를 위해서도 기도할 수 있고, 또 모든 아이를 위해서, 엄마가 없는 아이들을 위해서도 기도할 수 있단다. 그 아이들의 엄마도 곁에 있었다면 자기 아이들을 위해 기도하고, 또 어떻게 기도할지 설명해 주었을 거야. 너는 기도하기를 잊은 아이들을 위해서도, 스스로 기도하는 아이들을 위해서도 기도할 수 있어. 네가 그 아이들을 위해 기도하면 인자하신 하느님께서 그 아이들의 목소리를 더 또렷이 들으실 거야. 그리고 다른 아이들도 틀림없이 너를 위해 기도할 거야."

엄마는 내게 다른 사람들이 기도한다고, 기도하는 이들을 방해해서는 안 된다고 이야기해 주었다. 그래서 나는 지금도 다른 사람들이 어떻게 기도하는지 보아야 하고, 기도하는 이들을 방해하지 않으려면 어떻게 해야 하는지 알아야 한다. 엄마는 또 나에게 기도하는 집들이 있고 그런 집들은 문이 항상 열려 있다고, 기도하고 싶은 사람들은 그런 집으로 들어가 침묵하고 있어도 된다고 말해 주었다. 그런 사람들을 방해하면 안 되겠지만, 그들이 기도하는 모습은 볼 수 있다. 아주 조용하고 얌전히 있다면, 나도 그런 집에 가서 기도해도 된다. 거기서는 집에서처럼 큰 소리로 기도해서는 안 된다. 그러나 다른 사람들과 함께 기도하면 기도가 하나로 모아진다. 그러면서 주머니에 돈이 불어나듯 기도는 더욱 확대된다. 많은 사람이 함께 기도하면 인자하신 하느님을 위해 일치한다는 것을 이제 나는 깨닫는다. 다른 많은 사람이, 아이들과 어른들이 기도한다고 엄마가 말했을 때, 엄마가 옳았음을 이제 나는 안다. 지금 여기서 기도하는 이들 대다수는 내가 모르는 사람들이다. 그러나 엄마의 설명을 듣고서 나는 그럼에도 그들은 서로 긴밀한 관계를 이룬다는 것, 인자하신 하느님께서는 그들 모두를 알고 계심을 안다.

그리고 나서 얼마 뒤에 나는 미사를 비롯해 공동체의 기도가 병행되는 조배에 참례했다. 그때 성당에서 신부님을 처음 보았다. 신부님은 "형제 여러분!" 하고 말하면서[10] 기도하셨고, 나는 신부님의 말을 이해하지 못했다. 모든 것이 집에서 하는 것과는 달랐다. 그러나 그것도 기도임을 안다. 나는 조용히 있어야 하고, 신부님께 기도를 넘겨 드려야 한다. 내가 어찌할 바를 몰랐을 때 집에서 엄마에게

---

10 원서에는 "모든 사람의 이름으로"라고 표현되어 있다. ― 역자 주

그랬듯이.

엄마는 내가 유아 세례를 받았다고 말해 주었다. 당시에 나는 너무 어려서 아무것도 알아채지 못했다. 그러나 부모는 인자하신 하느님께 나를 바치겠다고 약속했을 것이다. 그리고 내가 인자하신 하느님께 속한다는 상징으로 내 몸에 물로 작은 십자 성호가 그어졌을 테고, 부모와 대모는 내가 실제로 하느님께 완전히 속하도록 돌봐야 했을 것이다. 그때 인자하신 하느님께서 내게 이렇게 말씀하신 듯하다. "네가 더 자라면, 너는 나를 위해 살 거란다. 그때까지는 어른들이 너를 위해 기도하고 너를 돌봐 주어야 한다. 그래야 세례 때 열렸던 천국 문이 닫히지 않을 것이다." 세례를 받고서 우리는 인자하신 하느님에 대한 기쁨을 얻을 것이다. 그리고 언제나 하느님을 생각해야 한다. 우리는 이미 그분께 속해 있기 때문이다. 우리는 세례받은 모든 이와 인자하신 하느님의 대가족을 형성할 것이다. 세례받았을 때 나는 너무 어렸기 때문에 아무것도 이해하지 못했다. 다른 사람들이 내 입장에서 이해했겠지만, 결국 그들도 모든 것을 이해하지는 못했을 것이다. 인자하신 하느님만이 모든 것을 이해하시기 때문이다. 엄마가 나를 성당으로 데리고 가서 다른 아이들이 어떻게 세례를 받는지, 주님께서 실체 변화 때 어떻게 제대 위로 내려오시는지 알려 주었을 때, 나는 그것을 제대로 이해하지 못했다. 그렇지만 어른들도 아이들처럼 하느님을 이해하는 것

같았다. 엄마는 또 내게 모든 사람이 많이 기도해야 한다고, 하느님을 많이 생각해야 한다고 말했다. 이 '많이'는 '더'를 배제하지 않고 즉시 불러낼 것이다. 모든 성사는 기도에 속한다. 모든 성사는 우리 안에서 하느님을 흠숭할 마음을 불러일으킨다. 흠숭은 우리의 이해 범주를 뛰어넘는 특별한 형태의 기도다.

엄마는 언젠가 내게 이렇게 말했다. 아이들이 금지된 것을 행하면 인자하신 하느님도 그것을 좋아하지 않으신다고, 그 이유는 인자하신 하느님께서는 모든 것을 보시기 때문이라고 했다. 아이들이 공손하지 않고 부당한 짓을 행하면 하느님께서는 슬퍼하신다. 아이들은 부모뿐만 아니라 하느님께도 용서를 청해야 한다. 엄마는 또 내게 기도하기 전에, 기도를 시작할 때 마음을 정리해야 한다고 말했다. 나는 부당한 행동만이 인자하신 하느님과 맺는 관계를 흐려 놓는다는 것, 신나게 놀 수는 있지만 모든 게 제대로 있어야 한다는 것을 알게 되었다. 노는 데에만 정신이 팔려서는 안 된다. 나중에 하느님께로 가는 길을 더 멀게 만들어 놓을 필요는 없다. 즉시 그분 옆에 있어야 한다. 일상과 인자하신 하느님 사이의 거리는 멀지 않다. 죄와 하느님 사이의 거리가 멀 뿐이다.

나는 잘못한 일에 대해 하느님께 용서를 청하고 다시는 그런 짓을 하지 않겠다고 약속하는 가운데 협력의 필요성을 더 강하게 더 의식적으로 알게 되었다. 내가 나쁜 짓을 저지른다면 "인자하신 하느님께서는 왜 그때 나를 막지 않으셨을까?"라고 말할 수 없다. 잘못은 내게 있다. 내 안에서 진심으로 용서를 청하는 것은 나에게 달렸다. 나쁜 짓을 저지를 마음이 생기고 그럴 기회를 만드는 것도 나에게 달렸다. 인자하신 하느님께서 나를 더 잘 참아 내시도록 나는 의연하게 있어야 한다. 그 밖에 나는 벌과 보속에 대해서도 알게 되었다. 한편으로, 나는 부모에게서는 물론 인자하신 하느님 앞에서도 벌을 받는다. 엄마는 나를 인자하신 하느님의 이름으로 벌하는 것을 그분으로부터 넘겨받을 수 있다. 다른 한편으로, 나는 보속하기 위해 몇 가지 일을 포기하는 것을 배워야 한다. 한번은 나의 잘못에 대해 보속했고, 다른 때는 인자하신 하느님 옆에서 용서를 청하지 않은 다른 아이의 잘못에 대해 보속했다. 인자하신 하느님께서는 이제 아무도 떠맡으려 하지 않는 보속 또는 벌을 넘겨받으신 듯하다. 나도 이에 일조하고 그에 대한 책임을 면하려 했을 것이다. 기도 안에서 그리고 다른 사람들에 대해 보속하는 가운데 누구를 위해 그것들을 넘겨받는지 알 때도 있고, 모를 때도 있다. 아이는 어떤 아이가 기도하지 않고 나쁜 짓을 저지르는지 알 수 있고, 그렇기 때문에 무언가를 넘겨받을 수 있다. 또는 엄마만 아이를 알고 있거나 아무도 아이를 알지 못하는 경우도 있다. 마찬가지로 우리는 비가시적인 교회와 모든 성인의 통공에 대해 배운다.

그러고 나면 우리가 다른 사람들에게 기쁨을 줄 수 있는 일들이 일어난다. 성모상 앞에 꽃을 놓거나 제단을 꽃으로 장식할 수 있다. 우리는 이곳에 인자하신 하느님께서 머무신다는 것만 알고 있다. 엄마는 하느님을 눈으로 볼 수는 없더라도 그분께서 어떻게 그곳에 오시는지 내게 설명해 주었다. 하느님께서는 당신의 집이 꽃으로 장식된 모습을 보시고 기뻐하신다. 우리의 기쁨을 당신께 나누어 드릴 때 기뻐하신다. 따라서 내가 많은 꽃을 가지고 있고 그 가운데 몇 송이를 하느님께 드린다면, 그분께서는 내가 꽃을 꺾으면서 느낀 기쁨을 함께 나누실 것이다. 다른 물건들, 예컨대 내가 아끼는 초콜릿은 하느님께 드릴 수 없다. 그러나 내가 그 초콜릿을 다른 아이와 나누고 그 아이에게 기쁨을 줄 때, 하느님께서는 기뻐하신다. 성당에 오는 사람들도 기뻐한다. 주님께서 기뻐하시기에, 자신들이 아름다운 것을 체험하기에 기뻐한다. 그들은 걱정거리를 안고 성당에 왔을 것이다. 그렇지만 성당 안에 아름답게 장식된 꽃을 보고 기뻐하고, 그러면서 마음이 한결 가벼워졌을 테고 주님과 대화도 더 잘 나누었을 것이다.

   이 모든 것을 통해 아이는 하루 안에 일어난 모든 일이, 유쾌한 일과 유쾌하지 않은 일이 하느님에 대한 생각과 어떻게 결부될 수 있는지 배운다. 나아가 특별한 계기가 없더라도 기도하고 하느님을 생각할 수 있다는 것도 배운다. 기도는 자기가 배운 말로만 하는 게 아니다. 후회하거나 기쁠 때에만 기도하는 것이 아니다. 어떤 계기가 없어도 단지 하느님 곁에 있기 위해, 그분을 더 잘 알기 위해 기도하는 것이다. 그분도 한때는 엄마와 함께 있던 아이였다는 것, 그 아이는 들판에서 꽃을 꺾고 들길을 따라 달리기를 좋아했다는 것, 아름다운 것에 마음이 끌렸다는 것, 아이들이 서로 사랑하지 않으면 슬퍼했다는 것, 아이들의 세계에 동참했다는 것 등과 같은 생각도 들 것이다. 그렇지만 그분께서는 아이로서 인자하신 하느님이셨기에 모든 것을 훨씬 더 잘 이해하셨고 훨씬 더 많이 사랑하셨다. 아이가 행한 일을 보면서 하느님께서는 어찌하여 그렇게 하게 하셨을까 하고 늘 곰곰이 생각해야 한다. 아이가 어떻게 그 일을 했는지 제대로 알지 못할 때도 많다. 이럴 경우에는 오직 아기(아이) 예수님만 바라보아야 한다. 그러면 즉시 그것이 분명해진다. 그분도 어린 시절에 계속 놀지는 못하고 엄마를 도와주기 위해서 달려갔을 것이다. 그러므로 아기(아이) 예수님께서는 아이의 놀이 친구이자 삶의 동반자가 되어 주신다.

2. 기도하기로 결심함

아이의 기도는 부모와 함께하는 개인의 기도에서 시작하여 교회 공동체 기도에 참여하게 된다. 아이는 그저 건성으로 입으로 소리 내어 바치는 기도는 충분하지 않음을 알게 된다. 또한 기도의 형식과 횟수가 아니라 내용이 중요함을 점차 알게 된다. 오롯이 내용에 머무르는 사람은 기도의 내용과 마음가짐을 활기차게 유지할 것이다.

그리스도인은 홀로 기도하지 않는다. 그리스도인은 교회 안에서, 모든 성인의 통공 안에서, 교회가 간직한 기도의 보화를 나누어 받으면서 기도한다. 그의 기도는 가톨릭적인(보편적인) 것이 되어야 한다. 그리스도인은 하느님 앞에서 홀로 있지 않다. 그는 거룩한 미사 공동체에 참여해야 한다.

아이는 어느 시기 동안 자기가 전해 받고 익힌 기도 안에서 산다. 이 기도는 우선 엄마에 의해서 전해진 것이고, 나중에는 여전히 부모의 보호 아래 교회에서 전해 받은 것이다. 아이는 주일 학교에서 교리 시간에 기도에 관해 배운다. 따라서 아이에게 작은 긴장이 생길 수 있다. 집에서 엄마에게 배웠고 아주 어릴 때부터 익숙해져 있던 기도와 교회에서 교리 교사들에게 새롭게 배우는 기도 사이에서 아이는 조금 긴장할 수도 있는 것이다. 이 기도 또는 저 기도를 배우는 것, 기도하기를 배우는 법뿐만 아니라 실제로 기도하는 것도 아이에게 주어진 숙제다. 아이는 순종하면서 이 두 가지를 한다. 이 둘은 거의 언제나 동일한 것이기도 하다. 본당 신부는 아이들에게 인자하신 하느님과 수호천사에게 기도하지 않은 채 잠들지 말 것을 당부하고, 엄마는 아이와 함께 이를 행한다. 아이는 가정과 교회 사이에 다리가 놓여 있음을 알게 된다.

그리고 나서 아이가 다른 사람들의 지도를 받지 않고 스스로 결정하여 하느님 앞에 서고 싶어 하는 시기가 온다. 엄마나 교회에서 멀어지려는 게 아니라, 성장하면서 서서히 하느님 앞에서 어떤 책임을 져야 한다는 생각을 하기 때문이다. 아이는 독자적으로 지금까지 배운 것에 연결되어 있고 이를 더 많이 펼칠 것이다. 그러나 자기 것도 덧붙이게 될 것이다. 여기서 첫 고해가 중요한 역할을 한다. 아이는 엄마와 함께 첫 고해를 준비한다. 엄마는 아이가 지금까지 해 온 것을 거의 대부분 알고 있다. 그렇지만 아이는 무엇보다 하느님께 자신의 잘못을 말씀드려야 함을 알고, 이를 이해하는 것을 배운다. 아이는 더 이상 엄마에게 모든 것을 말하지 않을 것이다. 이제 고해 신부님이 모든 것을 아는 것이 중요하기 때문이다. 이는 아이에게 독립심을 지니게 하고, 인간은 하느님 앞에서 유한한 존재라는 생각이 들도록 한다. 아이는 고해를 준비하면서 지금까지 바쳐 온 기도를 바치고 보속을 위한 기도도 바칠 것이다. 주위 사람들은 아이에게 그것을 넘어 자발적인 것을 행하라고 말할 것이다. 아이는 이에 관해 엄마와 이야기하고 본당 신부님과도 이야기하겠지만, 자기가 할 수 있고 기도가 필요한 일에 대해서 새로운 의미를 얻게 될 것이다. 믿음에 관한 책을 읽거나 다른 사람들과 이야기하면서도 아이는 염경 기도에 관해 알게 된다. 지금까지는 염경 기도를 알지 못했지만, 이 기도가 마음에 들고 기꺼이 전해 받는다.

　아이는 고유한 관심사도 지녔을 테고, 또 이를 위해 기도할 것이다. 아이의 관심사는 매우 많아서 긴 기도 사슬이 형성될 것이다. 아이들의 기도는 종종 매우 길고 복잡할 수 있다. 모든 사안을 하나하나 샅샅이 조사하고 사명감에서 결코 위반해서는 안 되는 규칙을 재빨리 만들기 때문이다. 그 안에는 위험이 깃들어 있다. 그러나 적절한 시기에 아이는, 입으로 소리 내어 그저 건성으로 바치는 기도는 충분하지 않음을 배우게 될 것이다. 아이들은 뭔가를 수집하기를 좋아하지만, 기도를 모아들이는 일에 몰두해서는 안 된다. 항상 완벽해야 한다고 생각해서도 안 된다. 그렇게 생각하는 아이들은 어떤 것을 건너뛰었다면 나중에 그것을 반드시 보완하려 할 것이다. 기도 내용이 정확해야 한다는 걱정으로, 심지어 완벽해야 한다는 걱정으로 기도 전반이 어두워져서는 안 된다. 형식과 숫자가 갑자기 내용보다 더 중요해져서는 안 된다.

염경 기도의 가치 역시 그 내용에 깃들어 있다. 기도 말에 머무르는 것, 그 말에 전적인 의미를 부여하는 것, 자신의 영혼 전체가 그 안으로 들어가는 것으로 족하다. 다른 장애물은 기도를 중요하게 여기지 않고 단순히 이러저러하게 길게 기도하는 일일 것이다. 그렇게 되면 기도 시간과 기도하지 않는 시간을 지나치게 면밀히 구분할 것이고, 나머지 모든 것은 기도에서 벗어날지도 모른다는 두려움을 지닌 채 기도 시간을 보내게 될 것이다. 반면에 기도 중에 오롯이 내용에 머무르는 사람은 하루 일을 하면서도 기도의 내용과 마음가짐을 활기차게 유지할 것이다. 물론 우리는 특정한 기도 시간에 익숙해져야 한다. 그러나 그 풍요로움은 오래 기도하는 것에 좌우되지 않는다. 다양한 기도를 봤을 때, 기도할 가치가 있어 보이고 그 표현에 마음이 끌릴지라도, 그것이 되풀이되면 어떤 위험이 생길 수 있다.

그리고 '주님의 기도'는 그 충만함으로 인해 결코 배제되어서는 안 된다. 그 기도는 예수님께서 권고하신 기도이기 때문이다. 이를 유념하는 사람은 동시에 기도에 대한 그분의 마음가짐, 그분께서 기도 중에 원하신 것, 그분께서 제자들에게 말씀하셨을 때의 상태에 관한 것이 떠오른다. 그렇게 되면, 우리의 기도는 마치 둘둘 말려진 듯이 그분의 영원한 바라봄 안으로 들어간다. 우리가 안고 있는 사안을 추가해서는 안 된다고 여겨지는 가장 단순한 기도에는 관상적인 면이 있다. 이는 예수님께서 바치신 기도에서 비롯된 것이다. 그분께서는 처음부터 당신의 기도 안에 관상을 넣어 놓으신 듯하다. 사람들에게 처음 말씀하실 때 이미 그분께서는 아버지를 바라보신다. 그분께서 하신 모든 말씀은 완전한 충만함에서 나온 것이다. 이러한 충만함이 그분께는 바라봄에서 비롯된 것이고, 우리의 경우에는 믿음에서 비롯되어야 한다. 이 믿음은 그분과 그분의 바라봄에 의해서 유지되고, 지속적으로 성장하며, 우리의 기도를 그분의 바라봄에 의해서 채우는 힘을 지니고 있다. 믿음 안에서 하느님과 대화하는 길이 열린다. 이렇게 대화를 나누는 가운데 하느님께서는 기도하는 아드님에게 당신 자신을 드러내 보이신 것과 유사한 방식으로 응답하신다. 우리가 바치는 기도 말은 단지 평범한 일상 속에서 하늘에 숨어 계시는 어떤 하느님을 향해 외치는 소리가 아니라, 신비스러운 방식으로 하느님의 강생에 참여한 말이다. 우리에게 선사된 천상의 말씀은 성자의 본질로부터 산다. 즉, 천상의 말씀은 그 지상적 내용과 시간을 넘어 자신을 생명으로 충만하게 하면서 자신 안에 머물러 있는 무언가를 성자께 받았다. 천상의 말씀을 제한하는 것은 폐지되었다. 모든 말씀은 처음부터 하느님께로 향해 있는 천상적 내용을 담고 있기 때문이다.

기도하는 이는 이제 말씀 안에 깃들어 있는 이러한 바라봄의 요소를 전체로서 받아들일 수 있고, 자신의 기도 전체를 그 안에 담을 수 있으며, 기도에 대한 마음가짐을 이러한 관상적인 것에 의해서 다스리게 할 수 있다. 그러나 그는 한 말씀에서 다른 말씀으로 나아갈 수 있다. 그리고 이러한 바라봄에 대해 밝혀 주는 각각의 말씀 안에 머물고, 그런 가운데 경외심을 지니고 다른 말씀들과 문장들을 깊이 되새기면서 말할 수 있다. 이러한 경외심은 그가 하느님 앞에 서겠다는 생각에서 나온 게 아니라, 아드님이 아버지를 바라보면서 이렇게 말씀하셨고 그분께서 하신 말씀들은 아버지에 대한 그분의 사랑, 흠숭, 순종으로 가득 채워져 있음을 아는 것에서 비롯된 것이다. 우리는 이러한 생각에서 출발할 수 있고, 이러한 생각을 자신이 기도하는 것의 서막처럼, 화음을 내기 위한 것처럼 만들 수 있다. 또 그것을 기도 안으로 가져갈 수 있으며, 이러한 생각의 빛 안에서 모든 것에 대해 기도할 수 있다. 그러므로 우리는 책 한 쪽을 읽는 것처럼 기도할 수 있다. 인쇄된 검은색 글자를 주목하고, 흰색 여백에는 부수적으로만 관심을 지니는 것이다. 그렇게 되면, 검은색 글자는 소리 내어 하는 기도 말에 해당하고 흰색 여백은 관상에 해당할 것이다. 또는 흰색 여백에 주의를 돌리고 그것을 집중적으로 바라볼 수 있다. 그렇게 되면, 글자들은 더 하나하나 보이고 각각 고유한 영역에 있게 된다. 그래서 때로는 이 영역을, 때로는 저 영역을 볼 수 있게 된다. 이런 관점에서 보면, 염경 기도는 관상의 한 구성 요소가 된다.

그리스도인이 바라봄과 소리 내어 하는 기도 말을 이런 방식으로 연결할 수 있음을 발견하면, 그는 즉시 이 두 요소의 관계에 대해 질문을 던질 것이다. 염경 기도를 바칠 때에는 바라봄에 마냥 머물 수 없다. 앞서 나가는 것은 우리 인간의 본질 가운데 하나이기 때문이다. 그렇지만 개별 문장들이 기도 시간 전체를 채우는 데 충분한 소재를 제공할 것이고, 우리는 결국 늘 처음에 소리 내어 하는 기도 말에만 머무를 것이다. 이 같은 딜레마에 빠졌을 때에는 다시 예수님을 바라보는 것이 도움이 된다. 그분께서는 소리 내어 기도하셨고, 그분께서 바친 기도에는 계속 소리 내어 기도하는 것을 방해하지 않는 바라봄이 동반되었다. 그러나 예수님께서는 밤에 기도하시면서 묵상하기 위한 특별한 시간을 확보해 놓으시고, 이렇게 묵상하시면서 말을 계속해야 한다는 법칙에 강요받지 않으신다. 그리스도인도 그렇게 할 수 있다. 그는 이 두 가지를 함께 가꿀 것이다. 자신이 발견한 관상에 대한 기쁨에 도취되어 염경 기도를 중단하거나 이 염경 기도에 대한 기쁨으로 예외 시간에만, 예를 들면 대축일에만 묵상하겠다고 마음먹지 않을 것이다. 기도 생활을 하기로 결심한 사람은 여기서 특정한 리듬을 따르면서 균형 잡힌 상태에 도달해야 할 것이다. 수도자들에게는 그렇게 하는 것이 규칙으로 정해져 있지만, 평신도들은 각자 개인적으로 노력하여 그런 상태에 도달해야 한다.

대다수 사람들은 그렇게 결심하지 않는다. 기도하는 것의 아름다움을 깨닫지 못했기 때문이다. 그러므로 독자적으로, 개인적으로 기도할 수 있는 젊은 사람들은 살면서 이러한 순간을 인지해야 하고, 자신에게 명확해진 것의 영향력을 진지하게 바라보아야 한다. 그들은 하느님께 말씀드릴 수 있으며, 또 개인적으로 그분께 다가간다. 그들은 입에서 입으로 하느님에 관해 전할 수 있고, 자신의 삶과 창조 세계 전체를 그분의 눈으로 바라볼 수 있으며, 늘 새롭게 그분의 빛에 잠길 수 있다. 문 하나가 그들에게 열려 있고, 그들에게는 그 문 안으로 들어갈 자유가 있다. 유감스럽게도 대다수 젊은 이들은 그럴 결심을 하지 못한다. 때문에 충만하고 깊이 있는 기도 생활을 할 수 있는 길이 그들에게 막혀 있다. 그들은 아이들처럼 건성으로 소리 내어 기도하는 수준을 넘어서지 못한다. 따라서 기도 생활을 하더라도 자기 삶을 참된 믿음으로 채울 힘이 부족하다. 이 지점에서 영적 지도자가 기도에 관해 사적으로 말해 주는 것이 반드시 필요하다. 모든 것이 그러하듯, 기도 생활에도 고유한 법칙이 있다. 이 고유한 법칙은 교회의 경험에 의해서 알려져 있고, 우리가 단순히 간과할 수 없는 것이다.

이에 속하는 것으로 앞서 언급된 염경 기도와 관상 기도의 관계를 들 수 있다. 그러나 겸손도 이에 속한다. 겸손한 사람은 기도 중에 그 어떤 열광이나 충분하고 올바르다고 여겨지는 무미건조한 생각에 끌려다니지 않는다. 오히려 교회는 기도의 대가라는 것, 교회는 하느님의 자녀들을 올바르게 기도하도록 이끌어 준다는 것, 자기 힘으로 기도하려고 교회가 제시하는 기도의 가르침을 멀리하는 사람들은 큰 위험에 빠져 길을 잃게 된다는 것을 인정한다. 그리스도인은 홀로 기도하지 않는다. 교회 안에서, 모든 성인의 통공 안에서, 교회가 간직한 기도의 보화를 나누어 받으면서 기도한다. 이 기도의 보화는 일종의 비상용품이나 사적 재산이 아니라, 기도하는 영혼 안에서 싹틀 수 있는 씨앗이다. 마찬가지로 교회의 기도 체험도 그리스도인이 개인적 체험을 하고 그 안에 뿌리내리며 힘을 모으게 하는 토양이 된다.

기도하기로 결심한 사람은 이로써 자기가 하느님과 완전히 사적 관계로 들어가지 않는다는 것도 이미 알고 있다. 그는 기도의 풍요

그리스도인은 교회 안에서,
모든 성인의 통공 안에서,
교회가 간직한 기도의 보화를
나누어 받으면서 기도한다.

로움을 알고 있으며, 기도가 이러한 풍요로움 속으로 들어가면 열매를 맺는다는 것도 알고 있다. 모든 것이 그에게 그러하듯이, 그의 기도도 가톨릭적인(보편적인) 것이 되어야 하고, 그가 기도하면서 하느님과 맺는 관계의 가장 사적인 것 역시 그래야 한다. 이렇게 그가 맺은 열매는 교회에 속하고, 모든 믿는 이와 아직 믿지 않는 이들에게도 속한다. 이런 이유로 기도하는 이는 될 수 있는 한 풍요로움 속으로 들어가야 한다. 그는 어떻게 해야 더 잘할 수 있는지 알아야 한다. 물론 어떤 특별한 지도로 인해 억눌려서는 안 된다. 기도의 본질과 올바른 기준이 기도 중에 곧 그에게 명료해질 것이다. 그러나 자기가 통찰한 것에 만족하고 그 안에 틀어박힌다면, 그는 관상에 대해 활짝 열린 마음을 지니지 못할 것이다. 하느님께 열린 마음과 겸손은 그리스도인에게 언제나 교회에 대한 열린 마음과 겸손이기도 하다. 그리스도인의 관상은 예수님 안에 계시는 하느님께서 주시는 힘으로 전개될 뿐만 아니라, 관상하는 이들, 믿는 이들이 바라보는 것, 결국엔 전체 교회의 관상에 의해서도 전개된다. 전체 교회는 공통된 열매를 가지고 있고, 어느 정도에 이르기까지 공통된 경험 안에서도 통합될 수 있다. 어느 의사가 한 신체 기관을 전문으로 할 수 있지만, 동시에 의학 전반에 대한 지식이 없거나 자신의 전문 분야만 확신하고 다른 연구에서는 더 이상 진보하지 못한다면, 그는 좋은 의사이기를 포기하는 것이다.

그리스도인은 하느님 앞에서 결코 홀로 있지 않음을 알고 있다. 그는 거룩한 미사 공동체에 참여해야 한다. 그리스도인은 항상 자기가 바치는 기도의 양식이자 방향을 제공하는 성사의 은총을 먹고 살아야 한다. 그는 처음부터 고립과 파벌적인 경향에서 나와 교회 공동체 안으로 들어간다. 교회는 청소년과 어른의 삶에서 점점 더 특정한 장소가, 개인적인 것과 기도 중에 이해된 것이 다시 더 위대한 것을 관상하도록 이끌어 주는 장소가 된다. 공동체는 개인보다 더 많이 이해하고 받아들이기 때문이다. 또한 공동체는 교회로서 각 개인을 위해 관상의 선물을 보존하고 있기 때문이다. 가톨릭 교회 밖에는 개인적인 면이 훨씬 더 많이 나타나는 기도가 있고, 그런 기도에서는 인간적 한계가 훨씬 더 선명하게 드러난다. 그런 기도에는 교회적인 것이 결여되었기에 관상으로 보완하기도 어렵다. 어떤 개신교 신자도 가톨릭 신자가 이해하는 것과 동일한 의미로 관상을 이해할 수 없다. 그에게는 미사, 성사들, 사제직, 기도의 전통이 결여되었기 때문이다. 교회 밖에서 관상으로 들어가려는 사람도 앞으로 나아갈 수 없다. 그에게는 교회가 간직한 기도의 보화가 없기 때문이다. 예수 그리스도의 바라봄과 모든 성인과 믿는 이들의 기도 체험으로 가득 차 있는 이 기도의 보화가 없는 것이다.

3. 삶에 대한 결정 과정

그리스도인은 기도하면서 주님의 말씀에 귀 기울이고, 그분을 본받아 자기 삶 전체를 그분의 말씀과 조화를 이루며 성숙해야 한다. 기도하면서 아멘, 하고 말하는 사람은 예전의 상태로 돌아가지 않는다.

초심자는 완전하고 모든 것을 포용하는 기도의 마음을 처음부터 가질 수 없다. 그러나 기도하는 시간을 지키는 한, 여러 장애물이 있어도 그는 일상에서 하느님과 결속되어 있다. 그의 하루 일과는 하느님의 영향 아래 있고 그분의 빛 아래에서 진행된다. 그의 하루 일과는 오늘에 해당하지만, 이를 넘어 모든 오늘에 해당한다. 그는 이 모든 오늘에 기도하는 것이다.

믿는 이는 자신의 삶과 기도의 일치를 이루고, 결심한 것을 삶 속으로 확대하고자 한다. 매 순간 하느님께 당신의 뜻을 일일이 정확히 알려 달라고 요구할 수는 없더라도, 그가 자신의 삶을 하느님께 온전히 내어 드린다면,

하느님으로부터 파견받을 수 있음을 알게 될 것이다. 그리스도인들은 그분 앞에서 자기 삶의 의미를 찾으려고 애써야 한다. 그것은 삶의 선택으로 종결되는 여정인 것이다.

슈파이어는 기도하는 이가 교회의 가르침을 통해 전승이 전하는 것 가운데 많은 것을 받아들여야 한다고 말한다. 교회는 오늘을 사는 그리스도인에게 성경과 전승을 상세히 설명해 주고 있다. 영성가이자 신비가인 슈파이어는 자신의 환시 체험과 기도 체험, 성서 묵상 체험, 신학적 비전을 교회의 가르침, 성경과 전승에 비추어 바라보고 있다.

―

그리스도인은 기도하면서 주님의 말씀에 귀 기울인다. 그러면서 자기가 예수님께서 하느님 아버지와 나누시는 대화 속으로 들어간다고 생각한다. 따라서 그분의 말씀을 그저 기계적으로 따라 말해서는 안 되고 그분을 본받아 자기 삶 전체에 대한 태도가 그분의 말씀과 조화를 이루며 성숙해져야 한다. 지금은 주님의 말씀에 귀 기울이지만 나중에는 다시 그것에서 완전히 멀어져 그 말씀과 조화를 이루지 못한다면, 그의 삶은 산산이 부서지고 말 것이다. 그는 예수님께서 하느님 아버지와 대화를 나누시면서 그분과 일치하시고 비록 그 대화가 끝났다 하더라도 하느님과 일치하신다는 것을 안다. 대화는 중단되지 않은 것이다. 아드님은 늘 아버지 앞에 서 계시고,

그분께서 행하시는 모든 것은 이렇게 아버지 앞에 서 있는 가운데 이루어진다. 기도하며 "아멘." 하고 말하는 사람은 예전의 외로운 상태로 돌아가지 않는다.

　기도에 초심자인 그는 완전하고 모든 것을 포용하는 기도의 마음가짐을 당장 지닐 수 없다. 특히, 젊은이는 기도와 삶의 어떤 괴리 때문에 괴로울 것이다. 삶이 산산조각 난 것처럼 느껴질 것이다. 자기는 하느님에게서 멀어졌다고 여기고, 두 세계가 조화를 이루지 못하는 것을 한탄한다. 기도의 작은 섬들이 죽 이어져 있듯이, 그는 기도 사이사이의 시간들에 다리를 놓으려고 힘쓸 것이다. 하느님을 즉시 떠올리기, 그분을 잠시 생각하기, 그분께 몇 마디 말씀드리기, 일상에서 나와 하느님의 세계를 바라보기 등 이 모든 것은 더 많은 기도 시간들을 연결하기 위해 실행하는 것이다. 대개는 모든 것을 하느님 앞에서 행하고 모든 것에서 그분과 함께하겠다는 말보다는 그러한 생각, 그러한 열망을 바탕으로 다리를 놓게 될 것이다. 이러한 바람은 나아가 하느님을 더 열렬히 찾는 태도에서, 그분을 바라보고 그분의 이끄심을 따르는 것 외에는 더 이상 아무것도 하지 않겠다는 굳은 태도에서 표현된다. 믿는 이는 이러한 태도, 하느님을 향한 이러한 갈망이 본래의 기도 시간에 대한 자신의 마음가짐과 점점 더 구별되기 어렵다는 것을 언젠가 알아차린다. 갈망은 그가 바친 기도에서 나오고 다시 그 기도로 돌아가므로 기도에 이중적으로 좌우된다. 갈망은 기도의 효과를 평가하지 않는 것과 얻지 못한 것과는 전혀 다르다.

기도가 이러한 열매를 맺고 차원 높은 기도로 이끌 때, 기도하는 이는 하느님께서 자기가 하는 일을 축복해 주신다는 것을 안다. 예전의 장애물은 하루 중에서 기도 시간을 너무 많이 끌어내는 것, 기도의 즐거움을 느끼지 못한 것, 때문에 기도에 대한 기쁨과 의무 사이에 갈등이 생긴 것이었다. 그는 순종하면서 이러한 장애물들을 극복했다. 이제 두 번째 장애물에 봉착할 것이다. 기도의 열매로 체험한 일에서 자신이 하느님과 결속되었으니 족하다고 여기는 것, 정해진 기도 시간을 줄이거나 빼먹는 것이 앞으로 그가 맞닥뜨릴 장애물이다. 그러나 예전의 체험이 그러지 않도록 그를 지켜 줄 것이다. 기도 시간을 지키는 한, 그는 일상에서 하느님과 결속되어 있다. 그가 기도를 일궈야만 기도의 열매를 얻게 되고 그가 하는 일은 기도의 성격을 띠게 된다. 이 기도 덕분에 일상에 대한 그의 태도는 그가 하느님 앞에 지속적으로 있는 것처럼 보이는 효과를 얻게 하고, 하루 일과는 축복을 받는다. 이렇게 하느님의 축복과 함께 기도 시간들은 매우 적절한 방식으로 연결된다. 따라서 기도하러 가기 위해 일에서 몸을 돌리거나 일하러 가기 위해 기도에서 몸을 돌릴 필요는 없을 것이다. 두 가지는 그렇게 연결되어 있기에, 우리는 존재함과 영이 일치하는 가운데 기도도 하고 일도 한다. 틈이나 모순

없이 어떤 것이 다른 것 속으로 흘러들어 간다. 그렇지만 시간들은 외적으로 죽 이어져 있다. 수월하게 해낸 것과 구별이 안 된다는 것은 동일한 의미가 아니므로, 기도가 단순히 삶 속에 스며들고 일이 기도를 대신할 수도 있을 것이다.

젊은이는 기도하기로 결심함으로써 자신이 이미 결정을 내렸음을 언젠가 알게 된다. 특정한 시간에 기도함으로써 그의 모든 시간은 달라졌다. 온종일 그리스도인으로서 살겠다고, 하루 일과를 실행하면서 주님에게서 결코 벗어나지 않겠다고 결심했음을 제대로 알아차리지 못한 채, 그가 하는 모든 일에 기도가 동반되었다. 그의 하루 일과는 하느님의 영향 아래 있고 그분의 빛 안에서 진행된다. 그의 하루 일과는 오늘에 해당하지만, 이를 넘어 모든 '오늘'에 해당한다. 그는 이 모든 '오늘'에 기도하는 것이다. 하느님께서 삶을 전체로서 주셨으므로, 그는 자신의 삶을 전체로서도 바라보고 그분께서 미치실 전체적인 영향을 기대한다. 그러면서 앞으로 내릴 모든 결정은 그분의 영향에 좌우된다고 여길 것이다. 지금까지 바쳤던 기도는 이제 한시적인 것으로 보인다. 그는 자신의 기도를 선택했고 또 일궈 왔다. 기도는 자연스럽게 다른 기도에 이어졌다. 모든 것은 좋았고 또 옳았다. 그는 기도를 통해서 달라졌다. 지금까지는 기도 시간을 하느님께 바쳤고, 그 사이에 들어 있는 시간들은 그분께서 주신 선물로 받았다. 이제는 이 선물 안에 어떤 요구가 들어 있음을 안다. 그는 자신의 삶도 자신의 기도와 일치를 이루게 하고, 이렇게 결심한 것을 삶 속으로 확대해 나가야 한다. 그는 자신의 삶 전체를 모아들이고 그것을 하느님 앞에 펼쳐 놓아야 하며, 그분께 전부 내 드려야 한다. 또한 자신의 삶에 새로운 의미를 부여하고, 하느님께 삼가는 태도를 취해야 한다. 그의 기도는 훈련, 연습이었다. 이제 이런 물음이 제기된다. "무엇 속으로?" 대답은 이렇다. "삶 속으로." 분명히 그렇다. 하느님께서는 삶이 하는 말을 점점 더 많이 들으실 것이다. 하느님께 매 순간 당신의 뜻을 일일이 또 정확히 알려 달라고 요구할 수는 없더라도, 그가 자신의 삶을 하느님께 온전히 내어 드린다면 그분에게서 파견받을 수 있음을 알게 될 것이다. 파견은 그의 삶의 핵심이자 내용일 테고, 그는 자기가 무엇을 해야 하는지 알기 위해 파견을 향해 서 있을 것이다.

이 지점에서 젊은이는 하느님과 단둘이 있다. 이제 '하느님과 영혼'이라는 모토가 등장한다. 그는 하느님을 마주한다. 그리고 그분 앞에서 자기 삶의 의미를 찾기 위해 애쓴다. 그것은 '삶의 선택'으로 종결되는 여정이다. 이제 깊이 있는 관상, 특히 그리스도의 삶에 대한 심오한 관상이 요구된다. 이렇게 관상하면서 선택할 때 자기중심적 태도를 취할 위험성을 (자기는 신심 깊다고 여기는 것도) 막아야 한다. 선택은 그러한 요구 아래 그리고 복음의 빛 안에서 내려져야 한다. 그는 묵상하면서 그리스도인의 삶이 나아갈 다양한 길을 적어도 시험적으로 주목해야 한다. 그리스도인의 삶을 하나로 통합하고 규정하는 하느님의 뜻은 그의 삶에 대한 객관적 기준을 포함하는 복음의 빛에서 보아야 한다. 개인적 기분의 빛에서, 하느님과의 주관적 관계의 빛에서 보면 안 된다.

젊은이는 전반적으로 주관적 믿음으로 기우는 경향이 있다. 그는 단순한 염경 기도의 단계를 넘어선 뒤에 어떤 감정에 도취되어 자기 삶 전체를 기도 안으로 들여보냈을 것이다. 그러면 일방적인 종교적 인격주의라는 위험에 빠질 수 있다. 이제 그는 복음의 틀 안으로 들어가지 않으면 모든 게 편협해진다는 것을 인식한다. (또는 이러한 위험을 주목해야 한다.) 복음만이 예수 그리스도가 하느님 아버지께 하신 말씀들의 참된 내용을 그에게 전달해 줄 수 있고, 동시에 사랑에 관한 그분의 가르침을 통해 이웃에게 그가 바치는 기도 안에서 올바른 자리를 찾아 줄 수 있다. 우리는 각자 개인적으로 기도하지만, 공동체 안에서 함께 기도한다. 우리는 주님과 일회적 관계를 맺었지만, 그 관계는 모든 이가 주님과 맺은 관계에서, 복음서가 분명히 밝히듯이 특히 주님과 사도들의 관계에서 늘 기준을 끌어내야 한다. 다른 한편으로, 성경은 주님의 전체 모습을 전해 준다. 성경은 기도하는 이에게 그가 실제로 누구에게로 향해야 하는지, 주님께서는 어떤 말을 듣고 싶어 하시는지, 또 어떤 응답을 반기시는지 알려 준다. 성령 없이, 성경이 주는 영감 없이 기도할 수 있다고

―

복음만이 예수 그리스도가
하느님 아버지께 하신 말씀들의
참된 내용을 그에게 전달해 줄 수 있고,
동시에 사랑에 관한 그분의 가르침을 통해
이웃에게 그가 바치는 기도 안에서
올바른 자리를 찾아 줄 수 있다.

―

생각하는 자가 지닌 하느님 상은 작아지고 매우 일방적이며 불충분해질 위험이 있다. 기도는 복음 말씀이 각인시키는 것을 곧바로 수용할 필요가 없다. 그러나 알아채지 못한 채 또는 매우 가시적으로 성경을 통해 기도는 그 범위가 확대된다. 그런 가운데 기도는 교회의 전승과도 접촉할 수 있게 된다. 전승은 주님의 시대와 현재 사이에 벌어진 간격을 역동성 있게 메운다. 그리고 오늘을 사는 그리스도인은 시간을 건너뛰는 방식이 아닌, 생동감 넘치는 시간적 순서를 통해서 복음과 연결되어 있다. 이러한 순서는 주님과 그리스도인 사이를 가로막지 않고 이어진다. 주님과 그를 갈라놓는 게 아니라 결속시키는 것이다. 이러한 순서는 그를 복음서에 등장하시는 주님께 다가간 이들 안으로 들여보낸다. 그리고 오늘날 기도하는 이를 주님 앞으로 데려가는, 다른 기도하는 이들을 통해서 다리를 놓는다. 주님 앞에서 수많은 사람이 기도하지 않았다면, 기도가 교회 안에서 완전히 전개되지 않았다면, 지금 그가 바치는 기도 가운데 많은 것은 생각할 수도 없었을 것이다.

 오늘을 사는 어느 그리스도인은 영 안에서 복음서를 읽고 묵상한다. 이 영에서 나온 어떤 것은 그가 사는 시대의 산물이고, 다른 것은 전승의 산물이다. 그리고 또 다른 것은 복음서에서 직접 유래하고, 그를 통해 새로운 전승을 구체화한다. 기도하는 이는 교회의 교도권을 통해 전승이 전하는 것 가운데 많은 것을 받아들이고, 교회는 오늘을 사는 그리스도인에게 성경과 전승을 상세히 설명해 주고 있다. 그리스도인의 삶에 대한 객관적 규범을 찾는 사람이라면 이에 주목할 것이다.

기도하는 이는 복음서를 읽으면서 자기가 존경하는 사도들, 예수님을 따르는 제자들, 신심 깊은 이들도 각자의 믿음 안에서 삶에 대한 결정을 내렸음을 알게 된다. 예컨대 막달레나는 더 이상 죄를 짓지 않는다. 막달레나는 나중에 예수님께서 달리신 십자가 옆에 있는 여인들 중 한 명이 된다. 그 여인들은 모두 주님과 만나서 새로운 삶의 의미를 얻었고, 이렇게 의미를 깨달으면서 옛 생활로 되돌아가지 않았다. 그리하여 그 의미를 마음대로 평가하지 않고 주님을 따르면서 실현할 수 있었다. 주님과의 만남(기도 안에서)은 그들에게 삶 전체가 완전히 달라졌음을 의미했다. 더 정확히 말하면, 감춰져 있는 내면에서뿐만 아니라 모든 외적인 것에서도 새로운 질서가 잡힌 것이다. 그것은 변모와 갑작스러운 시작이며 가지를 쳐내는 것이었다. 따라서 기도하는 이는 주님을 따르는 것도 순전히 영적으로 따르는 것이 아니라 자신의 전 존재를 변모시켜야 하는 것임을 깨닫는다. 그리고 결정을 내리지 못한 채 다른 사람의 기도에 의지하여 빈둥빈둥 살아가서는 안 되고, 자신의 모든 기도가 삶의 의미로 모아들여져야, 그것들이 주님의 손에서 결정되고 그분의 손에 의해서 분배될 수 있음을 인식한다. 그는 기도나 책을 읽은 것을 토대로 더 이상 수많은 자잘한 결정을 내려서는 안 된다는 것, 오히려 어떤 결정을 내리기 위해서 모든 것이 모아져야 한다고 여기는 순간을 맞이하게 된다. 그러기 위해 주님께서 제자들에게 주시는 모든 은총에 자신이 참여한다는 것을 깨닫는다. 다시 말해 세례성사와 성체성사와 충만한 영은 그 힘을 잃지 않았다는 것, 주님의 시대에 그랬듯이 모든 것은 살아 있다는 것, 그분께서 파견되어 세상에 오심으로써 그리스도교는 고갈되지 않았다는 것을 깨닫는다.

기도하는 이는 지금까지 무엇보다 자신의 관심사들을 생각했고, 그것들을 주님 앞으로 가져갔다. 이제 그는 주님께서 당신의 신적 관심사들을 자기 앞으로 가져오시고 이를 위해 자신의 삶을 바치기를 원하신다는 것을 깨닫는다. 그는 살아오면서 주님의 축복을 받았다. 이제는 주님께서 자기도 파견하시도록 많은 여지를 내 드려야 한다.

4. 기도와 부르심에 대한 선택

복음서에서 신심 깊은 이들과 주님 사이에 이루어졌던 만남, 그리고 거기에서 도달하게 되는 선택은 지속적으로 영향을 미치는 기도에 비유된다. 항상 주님은 그를 기도로 이끄신다. 슈파이어는 성경 묵상을 통하여 부르심과 선택의 과정을 기도로 보고 있다. 여기에는 수도자의 직분으로 부르심, 사제직으로 부르심, 혼인의 선택 등도 포함될 것이다.

―

복음서를 보면, 신심 깊은 이들과 주님 사이에 이루어지는 만남은 항상 선택으로 이끌었다. 이는 적어도 주님께서 군중과 이야기하시거나 사람들이 그분을 만나는 장면에서 명확히 알 수 있다. 주님께서는 당신이 만나신 이들의 삶에 그 어떤 지침도 주지 않으셨고, 그들이 지금까지 유지한 신분을 바꾸라고 제안하지도 않으셨다. 그렇게 보면 선택은 주님께서 당사자에게 달라진 삶의 방향을 제시하지 않으신 채 믿음의 새로운 충만함을 주셨음을 의미한다. 신심 깊은 이는 주님과의 이러한 만남 뒤에 한없이 풍요로워졌다. 이 만남은 그에게 지속적으로 영향을 미치는 기도에 비유할 수 있고, 그 만남을 떠올리는 것은 그를 항상 기도로 이끌었다. 그런 가운데 그는 결정을 내렸다.

드문 경우지만, 주님께서는 편협한 방식으로 당신을 따르고자 했던 사람도 거부하셨다. 그리고 그가 지금까지 세상에서 유지했던 신분에 따른 자리에 대해서도 간략히 설명해 주셨다. 누군가는 주님께서 기적을 베풀어 주셨기에 갑작스럽게 믿음을 가지게 되었다. 이제 그는 평범한 일상 속에서 주님께 들었던 말씀의 열매를 맺어야 한다.

그러나 주님께서는 당신을 즉각 따르도록 어떤 이들을 초대하신다. 그들은 모든 것을 버리고 그분을 따라나선다. 주님께서는 그들에 대한 모든 책임을 떠맡으시고, 당신께 의지하는 그들의 삶을 보살피신다. 주님께서는 당신께 좋게 보이는 이러한 삶을 형성하신다. 여기서 만남은 기도가 되는 것임이 훨씬 더 분명해진다. 왜냐하면 여기서는 주님 옆에 서 있는 것, 주님 안에 머무는 것이 신분 자체가 되고, 이렇게 머무는 것은 그분과의 무수한, 새롭고 풍요로운 만남을 포함하기 때문이다. 주님께서 누군가를 받아들이신다면, 이는 그를 영원히 받아들이시는 것이다. 주님께서는 그를 시험하시거나 나중에 떠나보내지 않으신다. 그렇게 초대받은 사람은 주님과 관련해서 말하자면 변경할 수 없는 신분을 지니게 된다.

사도들은 모두 자신을 내보이지 않고서 주님의 부르심을 받은 반면, 부자 청년은 자발적으로 자기를 소개한다. 그는 자신을 드러내 보인다. 사도들은 주님의 부르심을 받았기에 그분께서 제시하신 조건들을 받아들여야 하는 상태에 놓였다. 그 조건들이 언급되지 않았을지라도 말이다. 이와 달리 부자 청년은 자발적으로 주님께 다가오고, 그런 뒤에야 그분께서는 그에게 조건을 제시하신다. 그는 부르심을 받지 않았다. 때문에 부르심과 조건은 통합되지 않는다. 그렇지만 부르심이 실제로 이루어진다면, 이 둘은 일치를 이룰 것이다.

"가서 너의 재산을 팔아 가난한 이들에게 주어라."(마태 19,21)

주님의 이 말씀 안에 일치를 이루게 하는 초대가 깃들어 있다. 그 청년이 "나를 따라라."라는 부르심을 받은 사도들과 동등해지도록 그렇게 말씀하신 것이다. 신랑이 자기를 사랑한다고 여기는 신부를 부르고 "나에게 오시오."라고 말한다면, 그는 그녀의 사랑을 계산에 넣고 그렇게 말한 것이다. 신랑은 신부의 사랑을 마음속에 간직하고, 이렇게 그녀가 자기에게 옴으로써 발생하는 모든 것에 대한 책임을 떠맡는다. 그러나 신부가 자기를 사랑하는지 확신할 수 없는데 자발적으로 자기에게 오려 한다면, 먼저 본인의 생각이 어떤지 밝히고 그녀가 이에 만족하는지 주의를 기울여야 한다. 신부는 자신이 상상한 것들을 품고서 신랑에게 오거나 자신이 상상한 것들 내에서 그의 옆에 머물러서는 안 된다. 오히려 그의 것을 받아들이기 위해 자신의 모든 것을 내보여야 한다. 새로 꾸리는 가정은 가난할 수도 있고 부유할 수도 있을 것이다. 자기에게 지금까지 익숙한 것들은 더 이상 통하지 않을 것이다.

이제 주님께서는 사도들을 부르심으로써 그들에게 다가오는 사랑을 보증하신다. 나타나엘이 무화과나무 아래에 있는 것을 보셨을 때(요한 1,48)에는 사랑을 함께 보신다. 그것은 틀리지 않았다. 주님께서는 또 사도들이 진실할 때 사랑을 보신다. 다시 말해 그들은 그분 안에 머무를 수 있는 것이다. 반면에 부자 청년의 경우에는 무엇보다 그가 자신과 관련된 것, 자신의 재산, 자신의 습관에 갇혀 있음을 보신다. 그러나 그 젊은이가 질문하기에 설명해 주시고, 그에게 요구하신다. 젊은이는 주님의 설명을 이해할 수 없기 때문에 그분의 요구도 거부한다. 이 모든 것은 기도의 문제다. 부자 청년은 영혼을 활짝 열고 기도하지 않았다. 그는 자기가 늘 해 오던 것의 범주에서 기도했다. 그러한 습관에서 내적으로 결코 분리되지 않았던 것이다. 부르심을 감지했을 때 그는 인간과 사물, 좋은 뜻과 세속적인 습관의 일치를 이루지 못했다. 부르심에 대한 선택을 위한 기도는 자신을 완전히 드러내는 것을 전제한다.

"주님, 제가 있는 그대로, 당신을 통해서 변화된 모습으로 당신께 봉사하고 싶습니다. 그러나 제가 당신을 통해서 변화되는 것은 오직 당신 손에 달렸습니다. 제가 지금까지 지녔던 모습은 더 이상 저에게 중요하지 않습니다. 저와 제가 가진 모든 것을 당신 뜻에 맡겨 드립니다."

선택을 위한 기도에서 "아무도 두 주인을 섬길 수 없다."(마태 6,24)라는 주님의 말씀보다 더 적절한 것은 없다. 아무도 하느님과 자기 자신을 위해 동시에 결정을 내릴 수 없고, 자청할 수 없으며, 무언가를 붙잡아 둘 수도 없다. 부자 청년은 두 가지를 동시에 원한다. 주님과 그분께서 자기에게 주실 수 있는 것, 그리고 자기 자신과 자신이 소유한 것을 원하는 것이다.

부르심에 대한 선택을 위한 기도는 완전히 준비된 마음을 지니고 벌거숭이 상태에서 바치는 기도다. 영혼과 주님 사이에 아무것도 서 있어서는 안 된다. 영혼에 속하는 모든 것은 결정되지 않은 것에서 떨어져 나간 것 같고, 이렇게 결정되지 않은 것에 대해서는 주님께 모든 결정을 맡겨 드린다. 일이나 사건들은 옆으로 밀쳐져 있으므로 그것들을 완전히 내려놓거나 주님의 축복과 함께 다시 붙잡을 수 있다. 그런 가운데 주님께서 어떤 신호를 주시기를 기다린다. 그분의 신호를 받으면 포기하는 방식 또는 사물들과 관계를 이루는 방식을 규정하게 될 것이다. 물론, 내적 포기가 마음속에서 더 순수할수록, 지금까지 누렸던 외적·정신적 부富와 모든 습관에 대해 초연해지는 것도 더 수월해지고, 부르심과 주님의 승낙을 받아들일 준비된 마음도 더욱 확실해진다. 내적 포기가 철저히 이루어질 때, 주님께서는 그것을 인정하시고 포기하는 이를 부르실 것이다. 그가 초연한 상태에서 모든 일을 한다면, 이는 주님의 은총이 그에게 작용했음을 보여 주는 표지일 것이다. 따라서 '초연함 Indifferenz'[11]은 주님과 함께 있음을 느낄 때에만, 다시 말해 기도할 때에만 얻을 수 있다. 이 세상에서 일어나는 일이나 사건들에 관해 그저 깊이 생각하는 것은 그리스도인이 내리는 선택에 충분하지 않을 것이다. 주님께서는 그 속으로 들어가라고 그를 부르지 않으실 수도 있기 때문이다. 기도하는 사람만이 주님의 뜻을 파악할 수 있다. 그는 이 단계에서 온전히 헌신한 사람 그 이상일 수 있다.

혼인에 대한 선택(혼인 직분)을 할 때에도 이는 기도 안에서 내려야 한다. 어떤 실제적 직분에 대한 선택을 한다면 더욱 그러하다.

---

11 중용 또는 불편심不偏心이라고도 함. 영성의 대가로 알려진 이냐시오가 강조한 용어로, '영적 자유'나 '영적 균형'의 의미로 사용된다. ― 역자 주

수도자 직분도 처음부터 제외되지 않았다. 두 직분을 포괄하는 것은 기도다. 혼인을 택한 대다수 사람들은 자신이 초연한 상태에서 바친 기도를 토대로 이렇게 결정했을 거라는 것에 놀라지 않을 것이다. 그들에게는 주로 자연적 동기가 결정적이다. 그들은 언젠가, 아마도 먼 훗날에 이에 대해 하느님의 축복을 받을 것이다. 그러나 대다수 사람들은 자신의 행위가 옳았는지 판단하지 않는다. 모든 사람은, 적어도 그리스도인들은 어느 부르심에 대해서 진정한 선택을 내리는 것이 유익함을 알아야 한다. 혼인에 대한 선택이 기도 안에서 이루어진다면, 거기에는 하느님의 축복이 처음부터 내려져 있다. 그리고 그것은 선택을 위한 기도에서 나온 것이 결혼 생활 안으로 들어가 활기차게 머문다는 것을 보증한다.

수도 생활의 본질은 주님과 지속적으로 만나는 것이다. 따라서 수도자는 근본적으로 기도하는 사람이다. 수도자의 생활 방식은 더 활동적이거나 더 관상적일 수 있다. 그렇기 때문에 수도원에서는 입회자들이 기도 생활을 잘하도록 지도하고 보살펴야 한다. 평신도에게는 하느님과 개인적으로 만나는 길이 자유롭고 광범위한 반면, 수도자에게는 특정한 방식이 필요하다. 그러나 부르심(소명)을 옳게 선택한 것이 이미 잠정적으로 수도자 직분임을 포함하기 때문에, 또는 더 명확히 말하자면, 직분에 대한 선택 안에 주님과의 만남이 들어 있고 그 만남을 지속해야 하는 것이 수도자의 본분이기 때문에 특히 입회자들에게 기도에 대한 특정한 지도가 필요하다. 수도 생활을 지망하는 젊은이는 이렇게 생각하지 말아야 한다. '내가 수도자의 삶을 택하면 기도 생활을 하는 것으로 충분하겠지.' 그는 삶에 대한 선택에 앞서 기도에 관한 참된 지식을 지녀야 한다. 그가 과도한 자기중심적인 태도를 지니고 깨어 있지 않은 상태에서 선택을 한다면, 그 선택은 객관적으로 내려진 게 아니다. 경험 많은 사제에게서 받는 상담이나 지도, 그리고 선택(부르심)과 관련해 노련한 영적 지도자에게서 받는 피정은 당사자에게 확신을 갖게 하고 여러 위험을 피하게 하는 방법이다. 당사자가 잠시 열정적으로 행동하거나 기도에 열을 올리고 그때 드는 느낌을 부르심에 대한 확신으로 여기거나 하느님과의 초자연적 가까움이나 그렇게 느끼는 것을 구체적인 부르심과 혼동할 위험이 생길 수도 있기 때문이다.

그리스도인의 삶의 직분을 선택하기 위해 보내는 시기에 당사자는 세상에서 내적으로, 외적으로 더 많이 물러나 있어야 하고, 일이나 사건들과 거리를 두도록 애써야 하며, 지금까지 자기를 덮어 주었던 일상의 '껍데기'를 벗어 내야 한다. 기도하는 이는 이렇게 모든 것에서 떨어져 있어야 한다. 그런 가운데 자신의 삶을 어느 정도 객관적으로 바라보게 된다. 이제 본질적인 것이 비본질적인 것과 분리되고, 영원에 대해서 더 선명한 시야를 지니게 된다. 예전에 휴가 때 느꼈던 어떤 감정이 강렬해진다. 그러나 이러한 느낌은 그가 기도 안으로 들어갔더라도 아직 선택의 신호가 아니다. 마찬가지로 기도, 복음 묵상, 경쾌하고 고양된 감정을 통해서도 새로운 직분에 대한 기쁨이 생기지 않는다. 이러한 기쁨 역시 특정한 직분으로 신비스럽게 기우는 마음이나 그것에 적합하다고 여기는 것과 혼동해서는 안 된다.

올바른 선택을 위한 피정은 숭고한 이상에 대한 강한 열정을 빈번히 불러일으킬 것이다. 그러나 그러한 열정은 선택이 요구하는 명확한 관점을 지니는 데 적합하지 않다. 오히려 피정자는 건조한 기도로 돌아가야 하고, 객관적으로 선택하기 위해 의식적으로 냉철한 상태를 유지해야 한다. 선택을 앞두고 기도 중에 마음이 흔들리는 것은 피정 지도자에게도 당사자에게 어떤 삶이 적합한지를 암시하는 강한 신호가 될 수 있다. 물론 훗날 그가 수도원에서 하게 될 기도 생활은 삶 전체를 포괄하고, 그의 기분, 건강 상태, 연령대 등 모든 것에 영향을 미치게 되며, 지금의 짧은 피정 기간보다 훨씬 더 많이 식별할 기회를 제공한다. 그러나 지루함을 나타내는 조그마한 징후도 노련한 영적 지도자이자 고해 사제에게 내보일 수 있으며, 기도가 미숙한 인물보다는 고해 신부에게서 더 나은 평가를 받을 수 있다. 기도가 미숙한 인물은 개인적 경험들을 비롯해 전승의 위대한 경험도 활용하는 영적 지도자와는 다른 결론을 그가 바치는 '위로를 위한 기도'에서 끌어낼 것이다.

교회 안에는 기도의 보화가 있듯이, 모든 기도 방식 및 기도 상태를 종합해 놓은 것도 있다. 사제는 직무를 수행하기에 이를 알고 있다. 병이 들어 스스로 자신의 주치의가 되려는 사람은 그 병을 일반 의사와는 전혀 다르게 대할 것이다. 왜냐하면 병의 주관적 증상을 실제적 해악의 본질과 영향력으로 착각하기 때문이다. 기도하는 이는 피정하면서 자신의 삶과 거리를 유지하지만, 자기가 바치는 기도와는 그렇지 않다. 피정을 이끌며 자신과 함께 기도하는 지도자만이 기도와 거리를 둔다. 영적 지도자가 함께 기도하는 것은 물론 필요하다. 누군가에게 의지한 이의 기도는 자기가 속한 기도 공동체에서 바치는 것으로 여길 수 있기 때문이다. 영적 지도자는 자신의 기도와 직권을 통해 피정자의 기도에 관여할 권한이 있다고 생각한다. 이것이 전제된다면, 영적 지도자는 외적인 것도 그에게 물을 수 있다. 피정자가 오래 또는 짧게 기도하는지, 기꺼이 또는 마지못해 기도하는지, 밋밋하게 또는 감동을 받아 기도하는지 질문할 수 있는 것이다. 영적 지도자는 피정자에게 그의 기도에 대해 물을 권한이 있다. 이 권한은 기도에서 비롯된 것이다. 지도자에게는 그렇게 질문할 의무마저 있다. 질문은 두 사람이 하느님과 함께 기도하는 범위 내에서 제기된다. 영적 지도자는 전반적으로 피정자의 기도가 하느님께 활짝 열릴 때까지 애쓸 것이고, 피정자는 고해할 때에도 이러한 태도를 지녀야 한다. 피정 때의 기도와 고해는 연관되어 있다. 피정 안에는 분명 '비밀 엄수'라는 것이 있다. 그러나 아무튼 많은 것이 드러날 수밖에 없으므로 완전한 보장이 존재한다. 기도는 객관적이다. 기도는 하느님의 뜻에 스며든다. 피정자는 자신이 기도를 이끄는 것을 포기했다. 피정은 하느님을 통하여 가르침을 받는 것이지, 하느님이 피정자를 통해서 가르침을 받는 것이 아니다.

누군가가 자신이 수도자 직분에 적합한지 알기 위해 부르심(성소)에 대한 선택을 내리려 한다고 가정해 보자. 영적 지도자가 잠시 동안 그리고 시험적으로 그에 대해서 장상 역할을 넘겨받는다면, 그는 이를 환영해야 하지 않을까? 피정 때 그가 영적 지도자에게 말하는 것은 수도자가 장상 앞에서 '양심 현현'[12]을 하는 것과 유사하다. 수도원의 장상이 기도 안에서 자신의 직책을 유지하듯이, 영적 지도자도 동일한 기도 안에서 식별자들의 특성을 파악한다. 수도원이 기도하는 곳이 아니라면 그 어떤 장상도 회원들에게 명령할 가장 작은 권한도, 그들의 양심을 성찰하게 할 권한도 지니지 못할 것이다. 수도 생활의 본질은 기도, 주님과의 만남, 자기 삶을 형성하

---

12 Gewissensrechenschaft, 장상이 일정한 간격을 두고 정기적으로 회원과 면담하는 것을 의미하는 것으로, 순명 실천과 수도회 운영과 관련해 예수회에서 매우 중요한 요소다. 회원은 공동체 생활, 수도 서원, 사도직 등과 관련하여 마음을 열고 장상에게 밝히고, 장상은 자신이 들은 내용을 다루면서 회원이 하느님의 뜻을 찾고 더 잘 따르도록 격려하고 필요한 도움을 준다. ― 역자 주

는 것이다. 서원은 바로 주님과의 이러한 만남으로 맺은 열매다. 주님께서는 수도자와 만나면서 그의 삶도 함께 받아들이신다.

선택을 위한 기도에서 가장 중요한 것은 만남이다. 기도하는 이는 주님께 자신의 말과 맹세를 퍼부어서는 안 된다. 주님께 여쭙고 응답하시게 해야 한다. 그러기 위해서는 지도자의 깨어 있는 자세가 필요하고, 피정자에게 기도가 주님과의 참된 만남이 될 수 있도록 온갖 장애물과 상상을 옆으로 밀어 놓게 해야 한다. 피정자는 지도자가 관여하는 게 불필요하다고 여겨질지라도, 적어도 그가 당사자가 아님을 유념해야 할 것이다.

피정 때 바치는 기도는 선택을 목표로 한다.[13] 이미 처음에, 선택이 아직 주제가 아닐 때 그렇다. 피정자는 첫째 주에 이미 즉시 선택을 향해 나아가려 하지 않을 것이다. 그러나 지도자는 그에게 뭔가 다른 것을 제시한다. 피정자는 기도하는 법을 배워야 한다. 객관적 태도를 지니고, 초연한 상태에서 배워야 하는 것이다. 이렇게 초연한 상태에서 기도함으로써 나중에 옳은 것을 택할 수 있게 된다. 처음부터 기도의 분위기에 젖어 들 수는 없을 것이다. 피정자는 지금 자기가 바치는 기도에서 선택이 밀봉되어 있는 듯한 느낌이 든다. 그는 인내심을 갖고 권고되는 방식에 따라 기도하고, 또 제시된

---

13 여기서 말하는 피정은 '영신 수련'이라고도 부르는 이냐시오 피정을 말한다. 4주간에 걸쳐 진행되는 30일 피정과 이 기간을 단축해서 진행되는 8일 피정이 일반적이다. — 역자 주

요점들을 묵상한다. 그는 요구되는 모든 것(기도의 마음가짐뿐만 아니라 묵상 내용과도 관련된 것)을 실행하려고 노력한다. 또한 사람들에게 익숙한 하느님 상을 따르지 않고 지금 자신이 상상하는 대로 하느님을 바라보기 위해서, 사람들이 가장 절박한 것으로 잘못 여긴 모든 것을 치우기 위해서, 지금 여기(피정의 집)에 있으니 포기를 연습하기 위해서 애쓴다.

이는 이미 객관적 태도를 지니기 위한 연습이고, 자신의 편협함을 극복하는 것이다. 내가 선택해야 한다고 여겼던 자아는 이제 잊은 듯하다. 그리고 선택하는 시기에 비로소 나는 영적 지도자의 손에서, 주님의 손에서 새롭게 선택의 가능성을 돌려받는다. 내가 객관적으로 순종하여 받은 선물보다 나를 더 많이 놀라게 한 예상치 못한 은총을 받은 것처럼 말이다. 이제 나는 속박에서 벗어난 사람, 객관적 태도를 지니기 위해 연습한 사람이 되었으니 그 선물을 받아도 된다. 나는 이러한 상태에 머물러 있어야 하고, 객관적으로 선택해야 하며, 영적 지도자가 알려 준 선택의 필요성과 그 객관적 법칙 아래 나를 두어야 한다. 또한 영적 지도자가 객관적 법칙을 구체적으로 말하는 한, 그리고 내가 그에게 찬반양론에 대한 이유를 제시하는 한, 어느 정도에 이르기까지는 "예." 또는 "아니요." 응답을 그에게 내맡겨야 한다. 피정자는 기도를 통해 자기가 제시하는 것을 더 이상 채색하지 않는 수준에 이르러야 한다. 그는 그것을 있는 그대로, 평가하지 않고 보여 주며 전체적 평가를 영적 지도자에게 맡겨야 한다. 의사에게 병의 증상을 설명한 환자가 몰래 다른 사람에게 진단을 받아서는 안 되는 것처럼 말이다. 피정자는 자신의 의도를 선별하지 않고, 그것들을 주시하지 않고 모두 내보여야 한다. 그러면 영적 지도자는 자신이 찬성하는 것은 무엇이고, 반대하는 것은 무엇인지 그에게 말해 준다. 지도자가 여러 현상에 대해 적용하는 기준은 피정자의 기준과 동일하지 않다. 피정자는 예컨대 가슴이 벅차오르는 것을 무조건 부르심이라고 확신할 것이다. 또는 마음이 내키지 않는 것을 부르심이 아니라고 여길 것이다. 그러나 영적 지도자는 다르게, 더 깊게 본다.

이렇게 기도를 통해 객관화되는 것은 하느님께서 자유로이 활동하시게 한다는 한 가지 목적을 지닌다. 하느님께서는 홀로 최종적인 말씀을 하신다. 기도하는 이가 의식적으로 모든 것에서 벗어난 것은, 기도를 통해 자기 결정을 할 준비가 되어 있는지 증명해야 한다. 기도하는 것이 무엇인지, 하느님의 뜻을 실행할 때, 그것을 스스로 알고 있는지 증명해야 하는 것이다. 선택을 위한 기도는 결국 삼위일체 안에 계신 성자의 파견을 위한 기도로 사는 것이다. 성자께서 성부께 자신을 세상에 다시 보내 달라고 제안하신다면, 이 제안은 완전히 객관적이다. 성자께서는 성부의 응답이 자신 안에서 작용하게 하신다. 성자께서는 그 응답을 듣기 위해 그릇이 되신다.

그분께서는 자신의 제안을 객관적으로 만들고, 성부께서 응답하실 때까지 침묵하신다. 그분께서는 몰아내지 않고, 아무것도 끌어내지 않으신다. 성자께서는 성부께 제안한 가운데 자신의 일을 하셨고, 완전히 준비된 자세로 성부의 응답을 기다리면서 자신의 일을 계속하신다. 그리고 성부께서 "예." 하고 말씀하시므로, 성자께 이 "예."는 자신의 "예."가 된다. 기도하는 이가 피정 중에 "예." 하고 말하면, 성자께서는 그에게 자신의 "예."를 선사하신다. 그리고 기도하는 이가 그것을 받아들이면, 그의 "예."는 주님 안에서 그분의 "예."가 된다. 그가 주님의 "예."를 받아들였다면, 이제 그는 순종하면서 그분을 따르는 길을 가는 데 자유롭다. 성자께서 성부께 순종하면서 지상으로 내려오는 데 자유로우셨듯이 말이다. 우리는, 성자께서는 영원 안에서 성부께 제안할 절박한 이유들을 보셨을 거라고 말할 것이다. 그러나 구원 계획을 곰곰이 생각하면서 이를 반대하는 이유들을 자각할 수도 있을 것이다. 성자께서는 이러한 찬반양론을 고려한 뒤에 성부께서 택하시도록 전체적인 것을 제안하신다.

피정하면서 알 수 있듯이, 선택을 위한 모든 방법은 성자 안에 들어 있다. 숙고하지 않고서도 즉각적인 증거가 되는 첫째 방법은 성부와 성자께서 서로 응답하신 "예."의 영원한 '지금' 안에 있다. 내적으로 끌리는 것에 대한 둘째 방법은 성자께서 성부 안에서 위로와 실망을 느끼시고 그런 가운데 어떤 위로가 성부께 자신의 구원 사업을 준비시킬지, 어떤 실망이 자신의 고난과 십자가를 준비시킬지 고려하시는 것 안에 있다. 원인들을 객관적으로 고려하기 위한 셋째 방법은 영원한 지혜 안에 있다. 이 영원한 지혜가 절대적인 객관적 상태에서 모든 찬반양론을 개관하고 서로 고려하게 할 수 있는 것이다. 피정을 하는 동안 선택에 이어지는 것들은 확인하는 것, 굳세어지는 것, 결심을 굳히는 것이다. 동시에 당사자가 새로 얻고 간직하게 될 객관적 의미와 함께 주도적 삶을 사는 것, 자신이 선택한 삶을 연습하는 것이다. 기도 안에서만 이렇게 연습할 마음이 생길 수 있다. 기도 안에서 개인적 자아는 하느님께서 선택 과정 중에 보여 주시고 실현하게 해 주신 객관적 자아로 형성된다.

피정은 전반적으로 일종의 총괄, 집중하는 것, 삶을 계획하는 것이다. 피정을 마치고 일상으로 돌아가 자신이 계획한 삶을 실행할 수 있다. 피정을 마친 사람은 알고 있다. "나는 기도할 수 있다. 하느님의 뜻을 인지할 수 있다. 이렇게 마음을 열고 지상을 넘어 하느님의 세계로 나아갈 것이다." 며칠 뒤나 몇 년 뒤에 그렇게 할 수 없게 되고 기도도 제대로 할 수 없게 된다면 예전의 체험에 의지할 수 있다. 이는 수도자에게도 매우 중요하다. 수도원에 들어가지 않는 사람은 피정을 통해서 세 가지 열매를 얻을 것이다. 올바른 선택을 했다는 확신, 이렇게 기도하는 기간에 받은 은총을 떠올리기, 수도 생활에 대한 올바른 이해가 그것이다. 그는 짧은 기간 동안 수도자처럼 살았다. 객관성과 다양성, 기도의 위로를 아는 것, 그리고 실망이 무엇인지 알게 된 것은 그에게 중요하다. 그는 기도 안에 성실히 머물려고 할 때 벌이게 되는 투쟁에 대해서, 수도 생활의 아름다움과 어려움에 대해서 알게 되었다. 이제 그는 다른 사람들보다 더 경외심을 품고서 수도 생활을 생각하고 그것에 관해 말하게 될 것이다.

피정을 통해 명료함에 이르지 못한 사람은 객관적 태도도 지니지 못했을 것이다. 그에게는 새로운, 나중에 하게 될 선택이 앞에 놓여 있다. 몇몇 사람은 피정 동안에 이미 결정을 내렸을 것이고, 이로써 가까운 시기에는 다시 시작하지 못할 거라고 생각한다. 다른 몇몇 사람은 너무 일찍 결정했을 것이다. 어떤 이들은 자기에게 요구된 것들을 피하고 제공된 것을 놓쳐 버렸다. 그들은 자기중심적인 자아를 안고서 계속 살아갈 것이다. 그들은 묵상한 것들을 토대로 변화되지 않은 채 그것들을 일종의 양식처럼 받아들였고, 자신이 피정한 것에 관해서는 아무 말도 하지 않았을 것이다. 진정으로 선택하기를 바라지 않은 채 선택을 위한 피정만 했을 뿐이다.

5. 개인 기도와 공동체 기도

그리스도인은 자유롭게 어디서든 개인 기도를 바칠 수 있지만, 개인 기도와 공동체 기도가 동시에 이루어져야 한다면 공동체 기도가 우위에 있다. 성당에서 자유롭게 개인 기도를 바치고 있을 때 공동체 기도인 미사가 거행된다면 미사에 참례해야 하는 것처럼 말이다. 그 이유는 함께 기도하는 가운데 일치가 이루어지기 때문이며, 주님께서는 당신의 오심을 교회에 맡기셨기 때문이다.

모든 그리스도인은 세례받고서 모든 성인의 통공에, 기도하는 공동체인 교회에 속한다. 그리스도인은 교회를 위해 무언가를 하기 전에 교회 안으로 들어간다. 그리고 자기가 기도에 참여한다는 것을 의식하기 훨씬 전에 교회의 기도와 교우들의 기도로 산다. 따라서 공동체 기도(공적 기도)에 참여한다. 공동체 기도가 그에게 선사되고, 그리스도인으로서 그가 가는 길을 동반한다. 공동체 기도는 그를 하느님께 의탁하게 하고, 그에게 영향을 미친다. 세례성사는 아직 스스로 기도하기 힘든 그에게 공동체 기도를 받아들이고 이에 참여하며 그것에 의해서 자라도록 권한을 준다. 그는 기도의 열매다. 이제부터 열매를 맺는 일에 참여할 수 있다.

그리스도인이 스스로 기도하기 시작한다면, 그가 바치는 기도는 우선 개인 기도(사적 기도)임에 틀림없다. 그는 어렸을 때 엄마에게 기도하는 법을 배운다. 어린 시절에는 자기가 교회 안에 있다는 것을 생각하지 않았다. 그러나 성장하면서 교회를 발견해 자기는 낯선 것을 마주하는 게 아니라 그동안 의식하지 못했던 것을 마주했음을 알게 된다.

그는 자신의 확장된 고향을 발견한다. 그것은 제2의 고향이 아니다. 그는 세례받고 교회 안으로 들어왔기 때문이다. 성사가 그를 묶어 놓았지만, 사실은 그에게 교회를 선사한 것이다. 그러므로 그는 무언가를 가져오기 훨씬 전에 유익을 누렸다. 본디 모든 아이는 참된 고향 같은 교회 안으로 인도되어야 한다. 아이는 이러한 고향을 알지만, 동시에 모르기도 한다. 아이는 이 고향을 인지하지 않은 채 그 안에서 살았던 것이다. 그러나 떠오르는 다양한 기억이 아이가 이 고향을 제대로 알도록 도와준다. 아이는 지금까지 그것에 관해 깊이 생각하지 않았다. 기도하는 것은 아이에게 자기와 엄마와 인자하신 하느님 사이에서 일어난 중요한 일이었다. 그러나 이제 아이에게 교회의 역할이 일종의 간섭처럼 여겨졌다면, 엄마에 앞서 교회가 그를 기도하도록 이끌었음을 알려 주어야 한다. 세례받은 아이는 찾는 자가 아닌 찾아내는 자, 발견하는 자로서 기도한다. 어른이 되어 교회 밖에서 기도하기 시작한 사람은 여기저기 더듬고 수없이 질문하며 불안을 느낄 수밖에 없을 것이다. 그러나 세례받은 아이는 그 무엇에도 불안해할 필요가 없다. 그 아이는 기도할 권한을 가지고 있다. 세례받은 아이는 교회의 구성원이다. 그 아이는 엄마가 젖을 물린 아기와 같다. 이제 아기는 엄마 젖을 힘차게 먹는다. 아기가 커서 나중에 음식을 먹고 다양한 맛을 느낀다면, 이는 자기가 맨 처음에 의식하지 못한 채 즉시 먹었던 엄마 젖을 기반으로 한 것이다. 아이가 독립하는 것은 자기가 맨 처음에 의존했던 것의 결과다. 아이는 조금이라도 교회를 돌볼 수 있기 전에 교회의 돌봄 속에서 산다. 그리고 교리 교육과 성사를 통해 교회의 기도 안으로 들어가기 시작하면, 아이는 이미 오래전부터 교회 주위에서 성장해 온 것이다. 이것으로 미루어 교회의 요구는 개인의 사적 영역을 별반 침범하지 않는다는 것, 교회가 개인에게 요구를 하더라도 그를 별반 억압하지 않는다는 것을 알게 된다. 사적인 것은 우선적인 게 아니다. 교회가 기도를 요구한다면, 교회는 항상 개인을 위해 해 온 것을 개인이 넘겨받고 계속하기만 바라는 것이다. 그렇게 아이가 두 가지를, 곧 개인 기도와 공동체 기도를 알고 연습하는 시기가 온다. 두 기도는 처음부터 이미 일치를 이루었다.

그리스도인은 언제든지 개인 기도를 할 수 있다. 그는 시간을 마음대로 쓸 수 있다. 기도 방식과 기도 내용을 택하는 데서도 자유롭다. 개인 기도의 목적은 무엇보다 하느님과의 개인적 관계에 마음을 여는 것과 그 관계를 계속 이어 가는 것이다. 그리스도인은 하느님을 바라보면서 산다. 이렇게 하느님 앞에 서 있는 것은 외적으로는 기도에 대한 그의 태도에서 표현되고, 내적으로는 그가 하는 일에서, 하느님과 나누는 대화에서 표현된다. 하느님께서는 그의 하루 일과 전체에 영향을 미치신다. 기도 안에서 그리스도인은 하느님께 자신의 사안을, 자기를 내적으로 움직이는 모든 것을 말씀드린다. 그는 자신의 상황이 어떤지 하느님께 보여 드리고 도움을 청한다. 자신이 하는 모든 것, 자기 삶을 형성하는 것, 가족과 관련된 것, 주변 세계에서 자신의 관심을 불러일으키는 것을 하느님께 맡겨 드린다. 그러나 이것들은 하느님의 관심사들(세상에 당신의 나라가 오는 것, 인류 구원, 신앙의 전파, 교회)과 겹친다. 이미 그가 바치는 기도의 내용에서 개인 기도는 즉시 개인의 영역을 넘어설 것이다. 그러나 기도 방식에서도 이러한 개인적 영역이 바로 드러난다. 아침 기도나 저녁 기도처럼 일부 기도는 혼자 바치고, 식사 전 기도, 식사 후 기도처럼 어떤 기도들은 가정 공동체에서 바치며, 또 다른 기도들은 교회에서 바친다. 혼자 바치는 기도는 이미 교회가 바치는 기도와의 특별한 연관성을 잘라 낼 수 없다. 모든 기도, 골방에 숨어 바치는 기도도 모든 성인의 통공 안에서 바치기 때문이다. 혼자 기도하는 그리스도인들은 교회와 연결되어 있다. 그들은 하느님께 함께 속하고, 믿음과 사랑이 일치를 이루는 가운데 함께 살고 있다. 그들이 교회에 속해 있는 것에서 이 사랑이 감각적으로 또 가시적으로 표현된다.

그리스도인은 어디서나 개인 기도를 바칠 수 있다. 교회 안에서도 그렇게 할 수 있다. 성당에서 기도하고 있는데 그 시간에 미사가 거행된다면, 미사가 개인 기도보다 중요하다. 그리스도인은 기도하면서 자기 안에 갇히거나 세상을 등지지 않고, 교회와 함께 기도하고 교회의 뜻과 정신을 따르기 위해 힘쓸 것이다. 이렇게 공동체 기도가 위에 있음은 이미 주님의 다음 말씀에서 드러난다.

"두 사람이나 세 사람이라도 내 이름으로 모인 곳에는 나도 함께 있기 때문이다."(마태 18,20)

함께 기도하는 가운데 기도의 일치가 이루어진다. 기도하는 이들을 함께 부르시고 기도의 공통된 내용도 알려 주시는 주님의 이름 안에 이러한 일치가 깃들어 있다. 미사(성찬례) 때 그분의 희생과 실제 현존이 재현된다. 기도 공동체는 이때 주님의 오심에, 당신 자신을 바치시고 믿는 이들을 당신 안으로 받아들이시는 그분의 뜻에 모든 주의를 돌린다. 자유롭게 있거나 단지 바라보기만 하거나 마지막에만 기도하기 위해 성체 축성 때부터 미사에 참례해서도 안 된다. 주님께서는 당신의 오심을 교회에 맡기셨기 때문이다. 사제는 거룩한 성체 축성 행위를 공적으로 수행한다. 성체 축성 행위는 교회에 의해서 확정되었고 주님의 오심에, 오늘날 지내는 축제에 적합하며 오시는 주님과 그분을 받아들이는 교회의 일치를 표현하는 기도들에 의해서 동반된다. 그리스도인이 개인 기도에 몰입하려 한다면, 그는 이를 교회의 기도보다 더 중요하게 여길 것이고 모든 성인의 통공의 법을 위반하게 될 것이다. 주님께서는 모든 성인의 통공을 통하여 늘 새롭게 오시고, 우리는 거기서 그분을 발견할 수 있다.

개인 기도는 무엇보다 자유가 우위에 있고, 공동체 기도는 자유와 구속이 우위에 있다. 시간과 형식에 묶여 있는 것에서 공동체에 편입된 것이 표현된다. 그리스도인은 최저한도 내에서 공동체 기도에 묶여 있지만, 자기가 좋아하고 자신이 할 수 있는 만큼 이 수준을 넘어서는 데 자유롭다. 예컨대 날마다 미사에 참례하고 성체를 영할지를 자유롭게 결정할 수 있다.

공동체 기도는 성사와 준성사를 받기 위한 문이다. 교회는 교우들이 공동체 기도에 참여하는 것에 보답하듯 준성사를 베푼다. 준성사는 공동체 기도와 확고한 관계에 있지만, 개인에게는 다시 가장 많은 자유를 준다. 따라서 누군가는 평일 미사에 참례하는 것이 힘들 수 있지만, 공동체와 친교를 이룰 수 있다. 그는 미사에 참석한 다른 교우들이 바치는 공동체 기도를 통해서 받쳐진다.

기도하는 공동체는 개인의 중요성을 결코 배제하지 않는다. 모든 공동체 기도에서 개인은 자유로운 인격체이자 교회의 가르침을 따르는 지체다. 교회는 개인을 신뢰하고, 개인은 익명의 기도하는 무리에 편입되면서 이러한 신뢰에 응답한다. 어느 경당에는 성체가 현시되어 있다. 교회는 이로써 주님께서는 늘 방문받고 흠숭받기를 바라심을 표현한다. 사람들은 나와 너를 생각하지 않았다. 그러나 늘 누군가가, 흠숭하는 이가 그곳에 있을 거라고 생각한다. 그리스도인으로서 나는 부름받았다고 느낀다. 그곳에 가면 나는 자유롭고 개인적으로 기도하는 사람이다. 그러나 다시 익명의 기도하는 이, 너와 교환할 수 있는 사람이다. 다시 말해 나는 너를 위해 갈 수 있고, 너는 나를 위해 갈 수 있다. 속죄를 위한 기도를 바칠 때에는 모든 이의 죄과罪科를 조금 짊어지게 된다. 함께 기도하는 이는 자기 자신보다는 공동체 내의 누군가를 더 많이 구체적으로 표현한다.

여기서 한 지체는 모든 성인의 통공을 진정성 있게 표현하는 것이다. 이는 가톨릭 교회의 특징을 가장 심오하게 표현하는 것이다. 누군가일 가능성, 누구나일 가능성이 가톨릭 교회 안에 있는 것이다. 그러나 이러한 가능성의 의미와 기준은 하느님께 봉사하는 것이다.

개인 기도를 바칠 때 우리는 하느님께로 돌아가고 그분의 말씀에 귀 기울이며 그분을 따르기 위해 자기 자신을 잊으려고 애쓴다. 공동체 기도를 바칠 때도 하느님께 봉사하는 사람이 되기 위해 자기를 잊으려고 노력한다. 봉사의 형태는 두 가지 경우에 상이하지만, 완전할 수 있고 또 완전해야 한다. 사적으로 기도하는 이는 주로 하느님께서 주신 개인적 사명으로부터 기대하시는 것을 위해 기도한다. 반면에 공적으로 기도하는 이는 하느님께서 당신의 교회로부터 기대하시는 것을 더 많이 표현한다. 그렇지만 이렇게 구별하는 것은 옳지 않다. 왜냐하면 개인 기도, 개인에 대한 하느님의 요구, 개인의 사명도 교회 내에서만 가능하고 교회를 늘 포함시키기 때문이다. 또한 하느님께서 신앙인에게 요구하시는 것은 언제나 교회에 요구하시는 것의 일부이기 때문이다. 다른 한편으로, 공적 전례 안에서 기도하는 이는 자신의 사명과 함께 언제나 교회에 포함된다. 그러므로 양쪽 모두 열매를 맺고 앞으로 나아가게 된다. 공동체 기도는 개인 기도에 일종의 긴장을 부차적으로 일으키고, 개인 기도는 공동체 기도에 강한 영향력을 미친다. 이러한 상호적 관계는 결국 신비스럽게 사람의 아들이자 하느님의 아들, 예수 그리스도 안에 기반을 두고 있다. 그분께서는 사람의 아들이시자 모든 이의 아들이시다.

모든 이는 그분의 현존에 참여한다. 그분 현존의 의미는 십자가에, 그분께서 모든 이의 짐을 짊어지신 것에 깃들어 있다. 그분께서 강생을 통해 우리 모두에게 당신의 몫을 나누어 주셨듯이, 그분께 십자가를 지게 한 모든 이는 구원에 대한 몫을 나누어 받는다. 예수 그리스도는 하느님의 아들이시고, 완전히 신적이시며, 아버지 안에 영원히 계신다. 그분께서 강생하신 것은 그분의 신성과 반대되는 것이 아니다. 그분께서는 하느님 아버지의 외아들이시자 모든 사람, 모든 죄인의 아들이시다. 하느님께서는 십자가에 달린 그분 안에서 당신이 사랑하신 아들을 보시고, 동시에 우리의 모든 죄도 보신다. 그러나 이 둘을 반대되는 관점이 아닌, 아들이 이룬 일치의 관점에서 보신다.

이렇듯 한 사람과 모든 사람을 위해 존재하시고 하느님의 외아들이면서도 당신 자신을 드러내지 않으신 예수 그리스도는 두 가지 기도(개인 기도와 공동체 기도) 형태의 원형이시다. 그렇기 때문에 우리는 인간의 관점에서도 일어나 사건들을 다음과 같이 바라볼 수 있다. 모든 이가 함께 그분께 십자가를 지게 했지만, 모두 자기를 위해 그렇게 한 것이다. 그리고 그분께서 죄인으로서 그 무리 속으로

한 사람과 모든 사람을 위해 존재하시고
하느님의 외아들이면서도
당신 자신을 드러내지 않으신 예수 그리스도는
두 가지 기도(개인 기도와 공동체 기도) 형태의 원형이시다.

들어갔다고 위로받을 사람은 아무도 없다. 그러므로 우리 모두도 기도 안에서 언제나 한 사람이다. 이 한 사람이 교회 공동체의 지체인 것이다.

이로부터 다시 한번 실제적 결과가 나온다. 그리스도인은 교회 안에서 단지 개인으로서 처신할 수 없다는 것이다. 그는 전례에, 미사에, 장례 미사에, 성지 순례에 참여할 수 있다. 그는 이 전례에 참석하면서 교회를 움직이는 것이 무엇인지 인식한다. 그리고 교회는 모든 것을 결코 범위가 제한된 의미에서 실행하지 않고, 항상 개방적이고 환영하는 자세로 실행하고자 한다. 교회는 교우들이 함께 행하고 인도받으며 기도 생활을 실천하기를 기대한다. 교회는 성금요일을 기리면서 모든 지체도 함께 기린다. 개인은 교회의 전례에 참례하고, 이 축일의 신비를 자신의 개인적 삶의 영역과 기도 영역으로 가져간다. 교회는 객관적 여지를 두면서 힘과 활력을 교우들의 삶 속뿐만 아니라, 그들의 내밀한 기도 생활 속으로도 옮겨 놓는다. 그러나 개인도 있는 그대로, 그의 개인 기도를 포함해 자신(교회)의 위대한 기도 안으로 데려간다. 개인이 홀로 하느님 앞에 서고 홀로 그분과 대화를 나누고 홀로 그분의 가르침을 받아들일 때, 교회는 함께 기도하는 이, 함께 받아들이는 이로서 그 옆에, 그 안에 있다.

개인이 느끼고 간직하고 다른 사람에게 주는 것은, 교회가 함께 느끼고 함께 간직하고 함께 주는 것이다. 교회 공동체는 그렇게 서로 영향을 미치며 성장해 간다. 교회 공동체는 평온함으로부터 새로운 활기를 불러일으킨다.

# 4장

직분에 따라 바치는 기도

1. 수도자의 기도

갓 수도원에 입회한 수도자는 지금까지 유지해 온 기도 방식과 기도 시간, 기도 자체가 바뀐다. 이는 개인적으로 바쳤던 기도를 수도원에서 바치는 기도에 맞추기 위해서다. 그는 묵상 기도뿐만 아니라 공동체 전례 기도를 배우게 된다. 입회 전까지 그는 개인적 차원에서, 그때의 직분에 맞게 묵상했을 것이다. 그러나 수도원에 들어오면 큰 변화가 일어난다. 수도자는 순명의 의미에서 묵상하는 법을 배우고 단계적으로 지도를 받는다.

수도원에 들어가 수련기를 시작하는 이는 본인이 지금까지 유지해 오고 선호했던 기도 방식과 기도 시간을 비롯해 기도 자체를 바꿔야 한다. 그동안 개인적으로 바쳤던 기도를 수도원에서 바치는 기도에 맞추기 위해서다. 어떤 측면에서 보면, 수련자는 처음부터 다시 시작해야 한다. 그렇게 큰 차이가 생기므로, 그가 중요하게 연습해 왔다고 여겼던 기도들은 이제 새로운 기도와 아무 관련 없는 것처럼 보인다. 수련자는 피아노를 독학으로 배웠지만 이제 선생을 구해서 철저히 다시 배워야 하는 학생과 비슷하다. 그는 묵상 기도뿐만 아니라 전례 기도를 배우게 된다.

  수련자는 새 공동체에서 전례에 참례해야 한다. 자기가 들어옴으로써 공동체의 기도가 방해받지 않도록 순응해야 할 외적인 면들도 많다. 수련자는 공동체와 함께 기도하면서 다른 수도자들처럼 처신해야 한다. 가장 외적이고 가장 형식적으로 보이는 것에 우선적으로 주목해야 하는 것이다. 그는 그것에 전적으로 주의를 기울일 것이며, 먼저 기도의 내용에 큰 관심을 기울이지는 않을 것이다. 수련자는 기도 생활을 다른 측면에서 철저히 익힌다. 하느님과 개인적으로 나누는 대화는 더 이상 우선순위가 아니다. 이제는 극기하고 적시에 순응하며 상황에 맞게 말하고 올바른 태도를 취하는 방식이 중요해진다. 이렇게 무게 중심이 옮겨 가는 것은 극복과 희생을 위한 기도가 될 수 있다. 수련자가 이 모든 것을 배워야 비로소 그 내용도 새로운 의미를 얻게 된다. 이제 그는 자기가 들은 모든 말씀을 되새기고 기도 형태들을 점차 자신을 동반하는 것으로 바라볼 여유를 가진다. 이 기도 형태들이 자명한 것이 되어 공동체의 기도에서 뒤로 물러나게 되면, 틀림없이 그동안 자명하지 않았거나 익숙하지 않았던 내용이 전면에 등장할 것이다. 수도자가 묵상 기도에서도 첫 번째 어려움들을 극복했다면, 매일 묵상과 함께 바치는 개인 기도는 결과적으로 전례 기도에 영향을 미쳤을 것이다. 그의 믿음의 영이 묵상에 의해서 열매를 맺어야 매일 바치는 성무일도(시간 전례)를 새롭고 활기차게 체험하게 된다.

묵상이 그렇게 열매를 맺으려면, 묵상 역시 수도원에 맞는 방식으로 전개되어야 한다. 입회 전까지는 개인적 차원에서 묵상했고, 예전 신분에 맞게 묵상했을 것이다. 수도원에 들어오면 큰 변화가 일어난다. 수련자는 순명의 의미에서 묵상하는 법을 배우고, 단계적으로 지도를 받는다. 그리고 어떤 장소에서는 개인적 대화를 줄여야 한다. 이렇게 지도를 받는 가운데 복음과 자기가 속한 수도회 정신의 내적 관계가 규명되고 형성된다. 노련한 수련장이라면 후자에 관해 정확히 알고 있을 것이다. 그는 수련자들 안에서 수도회 정신을 어떻게 일깨울지 알고 있으며, 수련자 개개인에게 그것을 훈련시킬 것이다. 수도원 밖에서는 삶의 첫째 자리를 차지했을 개인적인 것이 여기서는 끝자리에 있다. 묵상은 무엇보다 그렇게 형성되어야 하기에 전적으로 복음이 양식이 되고, 수련자는 주님의 삶과 뜻을 매우 상세히 탐구하고 이해하는 법을 배운다. 지도 방식은 중립적이고 객관적이며 그리스도교적이겠지만, 해석과 적용을 위

수도원 밖에서는
삶의 첫째 자리를 차지했을 개인적인 것이
수도원에서는 끝자리에 있다.

한 문이 많을 것이다. 이렇게 문이 많은 것은 수도회 정신에 따른 것이고, 수도회 규칙과 그 특성은 이미 복음서에 드러나 있다. 수련자는 다음 두 가지 사이에 흐르는 긴장과 또 그것들이 이루는 조화를 알아야 한다. 즉, 주님께서 말씀하신 사랑의 계명이 지닌 드넓음이 무엇인지, 그리고 특정한 규칙, 특정한 사도직 형태 안에 이 사랑의 계명이 반영된 것이 무엇인지 알아야 한다. 수련자는 어떤 점에서 수도회 규칙이 보편적이고 그리스도교적인 것을 표현하는지, 어떤 점에서 그것이 특별한 것을 표현하는지, 그리고 그 이유는 무엇인지 알아야 한다.

묵상 안에서 이루어지는 하느님과 맺는 개인적 관계는 이제 보편적이고 그리스도교적인 관계와 수도원과의 관계를 감싸 안은 것처럼 보인다. 이렇게 두 가지를 감싸 안음으로써 기도는 순명의 성격을 띤다. 자발성을 잃은 듯 보이는 것은 심오함과 풍요함을 얻는다. 이로써 여러 단계로 나뉜 층들, 그러니까 그리스도교적인 것과 교회적인 것, 수도자 직분, 그리고 종국엔 하느님과의 개인적 관계는 서로 규명되고 보완된다. 이러한 풍요함은 흘러넘치므로 묵상 시간을 충만하게 하는 것에 그치지 않고, 이를 넘어 샘이 솟게 하는 데 꼭 필요하다. 수도자는 자기에게 제안된 것, 제시된 것을 묵상 시간에 다뤄서는 안 된다. 하루 일과와 전례 기도 안으로 어떤 충만함이 들어올 수 있다. 아침에 일터로 향하는 남편이 아내의 입맞춤으로 사랑을 확인하고 힘을 얻듯이, 수도자는 묵상을 통해 힘을 얻고 성무일도도 바친다. 전례 말씀들은 더 이상 단조롭게 이어지지 않고, 단순한 의미가 아닌 더 심오하고 연결된 의미를 지닌다. 또한 이에 공명하는 관상을 통해서 어떤 멜로디나 악기, 심포니가 내는 감미로운 음처럼 조화를 이룬다. 묵상이 밋밋하게 전개되더라도, 묵상 자체에서 모든 것은 주님의 공통된 은총에, 그분에게서 나오는 어떤 작용과 풍요로움에 참여하는 것이다. 성무일도 때 기도로 바치는 개별적인 시편 말씀은 묵상 때 몰두하는 성경 말씀과 연결되어 하느님의 말씀이 된다. 성경 말씀의 주변 세계는 관상(묵상)을 통해 깨닫게 된 진리의 주변 세계와 만난다. 이 말은 특히 묵상이 제대로 진행되었을 때, 그리고 복음 전체의 의미에서 묵상에 전념했을 때 적용된다. 묵상에서 중요한 것은 복음, 수도원, 개인의 순서로 정해진다.

 그렇다. 개인은 전혀 배려되지 않을 수도 있다. 그러나 하느님의 영과 수도회 정신이 조화를 이루기 위해 묵상에서 개인적인 것은 뒤로 물러난다. 그렇기 때문에 묵상은 여기서 모든 것에 체험적 색채를 띠게 하면서 인격화의 의미에서 전례에 영향을 미친다. 전례 기도를 바치는 사람은 그것이 바로 자신에게 중요하다는 것을 확신해야 한다. 전례는 교회의 막연한 '총체적 주체'가 바치는 '비인격적' 기도가 아니다. 전례에 참석하는 이는 모두 참되고 인격적인 방식으로 기도해야 한다. 전례 때 바치는 기도를 (이른바 '객관적으로') 기계적으로 암송해서는 안 된다. 그 기도 말씀들을 진지하게, 열성적으로 마음에 새겨야 한다. 전례 기도를 바치면서 느끼는 생기가 묵상 밖에서는 다른 샘에서 흘러나올 수 있다. 전례 자체 안에 희생이 깃들어 있다. 하지만 오늘날에는 그러한 분위기를 감지하기가 어려울 것이다. 나를 위해 진정한 기도 안으로 다가가도록 새롭게 이끌어 주는 사람이 없다고 여기기 때문이다.

전례 기도는 활기차게 전개될 수 있다. 영적 연습을 처음 시작했을 때에는 더 심오한 의미가 아직 감춰져 있는 것처럼 보인다. 사람들은 그것을 제대로 알기 위해 노력한다. 예전에는 형식이 당연시되었다면, 이제는 큰 장애물이 나타난다. 지금까지 약간 등한시되었던 내용은 앞으로도 계속 등한시될 수도 있을 것이다. 외적 형식은 당연한 것이니, 내적인 것도 저절로 이해될 듯 보인다. 그것은 이미 주어진 것처럼 받아들이게 되고, 그것을 주목하는 능력은 감소된다. 이제 이에 맞서 끊임없이 싸워야 한다. 처음에 외적인 것을 위해 그랬듯이, 이제는 내적인 것을 위해서도 정신이 온전히 깨어 있어야 한다. 사람들은 자기가 하느님과 실제로 대화를 나눈다는 것, 하느님께서는 현존하시고 자기가 아뢰는 말씀을 들으시고 응답해 주신다는 것, 따라서 분심을 피하고 잠심潛心한 가운데 어떤 참된 사명을 알게 된다는 것을 점점 더 확신해야 한다. 묵상하려는 성경 본문의 내용이 어렵거나 이해하기 힘들더라도 기도를 포기하지 말아야 한다. 그럴 때에는 이해할 수 없는 대목을 간과하지 말고, 하느님께서는 어떻게 이해하실지 생각해 본 다음 그것을 중심에 두도록 힘써야 한다. 어느 학생이 선생님에게 의미를 겨우 이해할 수 있는 글을 자기 언어로 표현해 보라는 말을 들으면, 그 학생은 자기가 하는 말을 선생님이 집중하여 듣고 자신이 의미한 바를 모두 이해할 것임을 안다. 기도하는 이도 자기가 기도하는 내용의 완전한 의미를 하느님께서는 알고 계심을 안다. 그러나 모범생처럼 될 수 있는 한 그 내용을 잘 이해하도록 힘써야 한다. 또한 그리스도교 신앙에서, 수도 생활에서 접하는 말씀들이 지닌 충만함에 대해 잘 이해하려고 노력해야 한다. 그래야 그 말씀들이 헛된 것이 아닌 완전한 것으로 하느님께 이르게 된다.

  믿음 안에서 그리스도인은, 성경의 모든 말씀에는 자기가 이해하는 것보다 훨씬 더 많은 내용이 담겨져 있음을 안다. 그가 할 일은 자기가 말씀을 편협하게 이해하는 것이 억압을 의미하는 게 아님을 받아들이는 것이다. 그는 자신의 기도로 하느님이 방해받지 않으시고, 자기가 아뢰는 말씀으로부터 그분께서 자신의 사랑, 순명, 노력을 인지하시기를 기도해야 한다. 수련자는 형식적인 것을 연습할 때 공동체를 방해해서는 안 될 것이다. 이제는 하느님을 방해하지 않는 것도 중요하다. 당시에 동료 수도자들은 틀림없이 그가 경건한 마음으로 기도한다고 여겼을 것이다. 일종의 예비 시험 같은 것도 있는데, 수련자는 이 시험을 거친 뒤에 기도하도록, 내적 흠숭을 위한 준비를 하도록 허락받는다. 물론 외적인 것도, 아름다운 성가와 조화를 이루는 동작도 하느님을 찬미해야 한다. 그러나 하느님께서는 외적인 것이 내적인 것을 표현할 때에만, 외적 형식에 기하는 신중함이 기도의 내적 신중함을 보장하고 늘 새롭게 영적 연습을 할 목적을 지닐 때에만 기뻐하신다.

다른 한편으로, 전례 기도 안에 깃든 초인격적인 것도 묵상에 도움이 된다. 기도하는 이가 모든 자유를 지녔다면, 전례 기도의 규칙, 교회가 규정한 형식은 그의 묵상에 영향을 미칠 것이다. 그의 묵상은 수도자의 묵상으로서 교회 내에서 역할과 목표를 지닌다. 묵상 초보자라면 소재 선택이나 묵상 방식 또는 자세와 관련해서 자기에게 가벼움을 허용해도 된다. 영적 의미에서 그는 자기를 내려놓을 것이다. 반면에 원숙한 수도자의 묵상은 교회가 바치는 기도 형태를 유지한다.

이제 묵상 기도와 관련된 것은 수도자의 기도로서 특별한 법칙을 지닌다. 세상에 있었을 때에는 시간, 장소, 묵상 소재와 관련된 것이 모든 측면에서 자유로웠다. 그러나 수련기에는 묵상 시간과 장소가 규정되어 있다. 개인적으로 선호했던 것과 기분은 뒤로 물러났다. 묵상 소재도 오랜 시기 동안 제시된다. 수련자는 자기에게 주어진 것들을 간직해야 한다. 모든 면에 있어서 그는 세상에서 허락되었던 자유로움에서 나와 더 엄격한 규율 속으로 들어가야 한다. 이 엄격한 규율은 수도원의 특징을 보여 주는 것이다. 묵상 중에 개인적 특성이 여전히 모습을 드러내더라도, 이 특성은 이제 그 본질상 그에게 주어진 틀의 영향을 크게 받으면서 다듬어진다. 첫 번째 결과에 대해서는 약간 메마름이 느껴지고 징신도 약간 저항할 것이다.

수련자는 외국어도 배워야 한다. 모든 문장을 정확히 구사할 수 있어 자부심이 강한 학생이라도 외국어를 배울 때에는 모국어를 익힐 때와 달리 많은 노력을 기울여야 한다. 수련자가 사용하는 어휘는 한동안 제한된다. 문장도 신중히 구사해야 한다. 수도 생활 초기에 종종 기도 중에 큰 위로를 받는다면, 이는 본디 묵상에 따르는 은총이 아니라 수련기에 받는 은총이다. 이 은총은 올바른 길 위에 있다는, 큰 행보를 감행했다는 의식과 연관이 있는 것이다. 그 학생도 처음엔 새로운 언어에 '열광'했지만, 이는 그가 아직 확신할 수 없는 언어의 천재라기보다는 배운다는 것, 배움에 대한 욕구, '라틴어를 배우는 사람'이라는 자부심에 의한 것이다. 처음에는 약간 혹독하다고 느낄 수 있는 엄격한 규율에서 경험과 전통의 지혜를 엿볼 수 있다. 수련자에게는 기도의 왕국에서 모험적인 탐험 여행을 하는 것보다는 자신의 전全 삶을 위해 제시된 틀 속으로 들어가는 것이 더 중요하다. 하느님께서는 수련자에게서 더 이상 개인적으로 기도하는 이가 아닌, 그의 직분, 그가 지키는 규칙, 속한 수도원을 대표하는 이를 기대하신다. 하느님 앞에서 지는 책임도 달라진다. 자신과 하느님 사이에서 가장 개인적인 것으로 여겼던 영역에서 이렇게 포기하는 것은 수도 생활에서 가장 큰 포기가 될 수 있다. 예전에는 될 수 있는 한 개인으로 있기 위해 개인적이지 않은 것은 모두 멀리하려고 애썼을 것이다. 그러나 이제는 개인적인 것을 넘어서 교회의 체제 안으로 들어가 성장해야 한다.

수련자가 처음에 등장했던 어려움들을 극복했다면, 교회의 체제를 익혔다면 이제 개인적인 것이 다시 새로운 형태로 중요해진다. 묵상 시간과 장소, 진행은 이제 익숙해졌고, 수도회의 특성도 신뢰하게 되었다. 처음엔 갑옷처럼 여겨졌던 제도 안에서 이제는 자연스럽게 움직인다. 법정 수련 기간은 지나갔다. 이제 스스로 공부하는 시기가 왔다. 구속처럼 여겨졌던 것이 이제는 자기를 장려하는 것으로 드러난다. 주님을 따르는 길을 선택한 젊은이들은 처음에 앞으로 전혀 다른 일들을 할 거라고 생각했을 것이다. 주님과 함께 사는 삶도 전혀 다른 방향으로 나아갈 수 있었을 것이다. 사제가 된 그들은 훗날 자신의 길이 가장 좋은 길이었다는 것, 주님께서는 올바른 일만 행하셨다는 것, 자기는 이 길 위에서 그리고 이러한 요청을 토대로 가장 자유로이 삶을 펼쳤다는 것을 알게 된다. 그러나 그들이 누리는 자유는 이제 사도적 자유다. 수도자가 누리는 자유도 직분에 맞는 자유다. 그러한 자유는 외적 틀로 인해 더 이상 제한받지 않는다. 오히려 그 틀을 받아들이면서 변모되어 얻게 된 것이다. 틀, 제도는 이제 영향을 미치는 핵심, 과일의 씨와 같다.

수도자는 본인을 위해서는 물론 수도자라는 직분을 위해서도 기도의 열매를 맺어야 한다. 그래야 개인적으로 앞으로 나아갈 힘을 얻을 수 있다. (사제에게는 기도의 열매가 활동과 더 관련된 반면, 수도자에게는 자신과 더 관련된다.) 이는 교회가 간직한 기도의 보화가 모든 성인의 통공에 따라 도움이 되듯이 자신의 직분에 도움이 된다. 기도와 규칙은 상호 작용을 해야 한다. 종국엔 규칙이 수도자들의 묵상에 힘입어 규칙에 영향을 미쳐야 한다. 영은 규칙을 생동감 있게 유지시켜 주고, 시대의 온갖 티끌을 관통하여 한결같이, 새롭게 규칙을 지켜 준다. 오직 영만이 규칙이 시대의 법보다 강하다는 것, 규칙이 모든 시대에 새롭게 적응하는 데 충분히 적합하다는 것에 작용할 수 있다. 이 영은 모든 시대의 수도자들이 실제로 맺은 기도 열매를 모아 놓은 것과 같다. 어느 수도원이 유지되는 데 이러한 기도 열매보다 더 근본적인 것은 아무것도 없을 것이다.

어느 신앙인은 수도원에 감도는 '기도 분위기'에 거의 감각적으로 젖어 들 수 있다. 그가 만나는 수도자들의 얼굴에서 기도의 흔적이 감지된다. 그는 개인적 사안을 안고 면담실로 들어갔을 것이다. 그리고 나서 오랫동안 면담해 준 이에게서 기대하지 않았던, 지금 자기가 만나는 이 수도자가 세상사를 이해하는 것에 깜짝 놀란다. 그는 이렇게 생각한다. '이곳에 사는 사람들은 자신에게서 벗어났구나. 그래서 모든 사안을 폭넓게 이해할 수 있구나.' 대답은 숨겨져 있다. 질문만 남아 있다. 그 질문은 세상에서 주변인으로 사는 사람이 던질 수 있지만, 수도자도 던질 수 있다. 수도원에 입회한 사람은, 그것이 개별 수도자가 받은 은총이라는 것, 여기서는 각자 모든 수도자를 받쳐 주고 대리한다는 것, 그리고 이로써 수도회 정신이 활기차게 유지된다는 것을 지각한다. 이 수도회 정신은 관상에서 나온 것이고, 일이나 사건들을 더 깊이 이해하는 것 역시 관상에서 나온 것이다. 그러한 수도회에 규칙을 변경하고 현 시대에 더 잘 맞추라는 지침이 내려진다면, 그 내용과 정신이 훼손될 위험은 없을 것이다. 이 말은 기도하는 모든 수도회에 적용된다. 엄격한 관상 수도회에만 적용되는 것이 아니다. 활동 수도회에서는 활동에서 나오는 다양한 경험이 추가될 수 있다. 그러나 관상에서 나온 경험이 결코 그것을 대신하지는 못할 것이다.

그리스도인이 수도원에서 하는 관상보다 주님의 무한함에 더 활발히 참여하는 경우는 없을 것이다. 그는 어디서나 자기를 넘어서는 분위기에서 살아도 된다. 그러한 분위기는 결국 주님 안으로 흘리들어 기기 때문이다. 세상에서 홀로, 한적한 성당에 앉아 기도하는 이는 주님의 무한함에 압도될 수 있다. 그는 자신을 주님과 분리시키는 거리를 감지하고, 자기는 보잘것없는 존재라고 여기면서 자신을 더 낮출 것이다. 하느님께서는 자기와 비교할 수 없을 정도로 위대하신 분이라는 것이 그가 맺은 기도 열매일 것이다.

  이제 그는 하느님과 새롭게 결속됨으로써, 예전에 그분과 맺었던 너무나 평범하고 소박한 관계는 단절된 듯 느껴질 것이다. 수도원에서 기도하면서 주님의 무한함에 압도되는 사람은 그러한 체험을 넘어서 위대하신 하느님의 신비스러운 현존을 감지할 것이다. 그가 이곳에서 사는 방식, 그의 활동, 그의 기도 등 모든 것은 주님의 이 무한함 속으로 들어가 그것에 흠뻑 젖어 든다. 그와 연결된 '실'들은 더 이상 끊어지지 않는다. 반대로 단단해진다. 따라서 개별 수도자는 먼저 자신이 수도 생활을 통해 발전했다고 느끼고 신적인 것을 더 잘 파악하기 위해 어떤 수단을 손에 넣었다고 생각하지 않을 것이다. 오히려 자기를 떠받쳐 주고 수도원이 간직한 기도의 보화처럼 여겨지는 설명할 수 없는 것에 더 최종적으로 자신을 내맡긴다. 그는 자신의 무가치함, 자신의 죄, 자신의 걸림돌에서 눈을 더 많이 돌려도 된다. 이 모든 것은 수도 생활의 은총 안으로 받아들여지기 때문이다. 환자가 의사에게 가듯이, 세상에서 기도하는 이는 하느님께 간다. 모든 것은 나와 너의 관계 안에서 전개된다. 그러나 아픈 사람이 수술을 받기 위해 입원하면, 간호사들과 간

병인이 그를 돌보고 그의 모든 상태를 의사에게 알려야 한다. 의사가 수술을 성공할지, 환자를 돌보는 이들에게 얼마나 책임을 돌려야 할지, 지극히 객관적 성격을 띤 연구의 성과에 대해서 얼마나 책임이 있는지는 더 이상 말할 수 없다. 이 모든 것은 환자에게 최적의 환경을 제공한다. 이는 수도원의 모습과 같다. 의술이 50년 내에 의료 환경을 근본적으로 바꿀 수 있다고 해서 개개인의 헌신 의지가 바뀌는 게 아니듯이, 수도회 정신은 그 회원들의 관상 기도를 통하여 활기차게, 변함없이 유지되어야 한다. 수도회의 사명과 삶의 방식은 모두 바뀌더라도 말이다. 회원 개개인과 주님의 관계는 수백 년이 지나도 변함이 없다. 늘 새로운 사람들이 들어와 하느님 앞에 서지만, 한 수도 공동체의 정신이 항구하게 유지되기 위해서는 끊임없이 쇄신되어야 한다.

2. 사제의 기도

사제는 기도 생활이 교회 안에서 활성화되도록 한다. 미사를 집전하고, 성사를 거행하며, 본당 내의 다양한 기도 모임을 주관한다. 특히 성무일도를 드릴 때 많은 염경 기도를 한다. 그 외에도 교회는 사제가 묵상 기도를 잘 가꾸기를 바란다. 교회를 위해 사제가 바치는 기도는 삼위일체 하느님과 특별한 관계가 있다. 사제는 하느님의 은총을 중개하고 이 은총이 그를 통과해 가듯이, 자신의 직무를 수행하면서 신적 은총의 효과를 중개한다.

사제는 매일 집전하는 거룩한 미사에서 주님의 오심을 항상 새롭게 체험한다. 미사는 단순한 기도가 아니라 성자 그리스도에 관한 내용과 그분의 현존이 담겨 있는 기도다. 그것은 인간이 바치는 기도 이상이다. 미사 때 주님의 현존을 통해 모든 것이 새로운 흐름 속으로 들어간다.

젊은이는 기도하면서 사제가 되겠다고 결심했다. 이는 기도 덕분임을 사제가 된 그는 경험으로 알고, 기도 생활이 교회 안에서 활성화되도록 기여하려 한다. 그러기 위해서는 기도를 많이 해야 함도 안다. 그러나 사제는 직무에 따라 할 일이 많고, 그것을 모두 실행하기에는 시간이 부족하다. 그렇지만 기도에서 많은 힘을 얻기 위해 적절한 방법을 찾아내고, 직무를 잘 수행하고 자기와 관련된 모든 일이 잘 이루어지도록 힘써야 한다. 다른 모든 사제가 그렇게 하듯이, 당연히 그도 아침 기도와 저녁 기도, 식사 전 기도, 식사 후 기도 등 매일 기도를 바칠 것이다. 이를 넘어 사제에게는 직무를 수행해야 하므로 많은 염경 기도가 부과된다. 미사 집전, 성사 거행, 본당 내의 다양한 기도 모임, 특히 성무일도 때가 그러하다. 그 외에도 교회는 사제가 묵상 기도도 잘 가꾸기를 바란다.

어떤 기도는 때로 신속히 바칠 수밖에 없다. 사제는 잠자리에 늦게 들고, 아침에는 일찍 일어난다. 잠을 제대로 못 잘 때도 많다. 미사 집전을 앞두고 예기치 않게 병자성사 요청을 받을 때도 있다. 사적으로 바치는 염경 기도는 경우에 따라서는 좋은 생각을 하는 것으로 만족해야 한다. 사제는 자기가 원하는 대로 하루 동안 여러 기도를 나누어 바칠 수 있고, 그러기 위한 시간이 더 많을 것이다. 그는 모든 시간을 사제로서 전례 때 바칠 기도에 사용한다. 이 기도들은 사적으로 바치지 않는다. 이 기도들은 교우들이 듣고 그들과 함께 바치면서 하느님 앞으로 가져가는 것이다. 사제는 이 기도들을 바치면서 이곳이 기도 공동체임을 지각한다. 다음과 같이 주님의 현존하심이 일치를 이루게 한다.

"두 사람이나 세 사람이라도 내 이름으로 모인 곳에는 나도 함께 있기 때문이다."(마태 18,20)

사제는 모든 짐을 자기가 진다고 느낄 필요가 없다. 그는 하느님께서 공동체의 청을 들어주신다는 것, 공동체 안에 주님께서 현존하신다는 것을 신뢰한다.

이렇게 교회를 위해 사제가 바치는 기도는 삼위일체 하느님과 특별한 관계가 있다. 그가 거룩한 미사 때나 성사 집전 때 기도를 바치면, 성자 그리스도께서 중개자가 되시어 성령을 보내신다. 이제 성령께서 그 성사 안에 머무신다. 이렇게 성자와 성령이 현존하시는 것은 성부 안에 감춰져 있다. 사람이 되신 성자 그리스도께서 특히 개인 기도 안에 현존하시고, 삼위일체이신 하느님을 대리하신다. 하느님께서는 그분 안에 숨어 계신다. 하느님께서 사람이 되시어 우리 가까이 계신다. 공동체 기도와 관련해서는 이렇게 말할 수 있다. 성자 그리스도께서는 아버지의 이름으로 당신의 교회에 직무를 주셨고 성령을 보내어 중개하시므로 지금 성부와 성령 뒤에 숨어 계신다. 성부께서는 공동체가 바치는 기도를 들으시고, 성령께서는 그 기도를 이루어 주신다.

   사제는 개인 기도는 물론 공동체 기도 안에도 묵상을 엮어 넣기 위해 특별히 애써야 한다. 그러나 기도 중에 자기가 책임진 공동체를 염두에 둔다. 그 공동체는 그의 기도에 많은 열매를 맺게 한다. 예컨대 사죄경을 줄 때나 성체를 분배할 때 기도하면서 사제는 성사받는 이와 함께 자기가 성사를 준다는 것을 안다. 성사는 그것을 받는 이에게 영향을 미치고, 사제의 기도 말은 일종의 관상적 성격을 띨 것이다. 따라서 사제는 묵상 소재를 복음서나 내세에 관한 것에서만 찾지 않고, 오히려 교회 안에서, 성사받는 이들 안에서 찾을 것이다. 그들은 사제를 통해 은총을 받으면서 천상적인 것, 그리스도 안에서의 하느님의 실제 현존에 대한 것을 선물로 받는다. 그것은 사제의 중개 기도 없이는 이루어지지 않기 때문에, 사제는 자신의 기도 안으로 자신의 본질적인 것도 들여보내야 할 것이다. 성사받는 이가 신속히 받아들이는 것을 하느님께서 넘겨받지 않으신다면, 사제가 그것을 대신할 수는 결코 없을 것이다. 사제가 스스로 줄 수 있는 것은 무엇보다 자기 것이 아니라 하느님께서 그에게 중개하도록 믿고 맡기신 것이다. 따라서 사제는 결국 은총을 담기 위한 그릇이자 은총이 지나는 통로에 불과하다. 사제는 하느님의 은총을 중개하고 이 은총이 그를 통과해 가듯이, 자신의 직무를 수행하면서 신적 은총의 효과를 중개한다.

성사적 은총과 사제를 통해 받는 은총이 묶여 있는 것은 풀릴 수 없다. 그가 사제직을 통해 받는 은총과 사제직을 위해 포기한 것은 결부되어 있다. 따라서 사제가 포기함으로써 얻은 풍요로움은 누구든지 나누어 받고 그것을 간직할 수 있다. 자기 안에 틀어박힌 사람으로서 자기 뒤에 있는 것은 포기하는 게 아니다. 날마다 자기 삶을 새롭게 살아갈 수 있는 사람이 포기한 사람이다. 그런 사제는 자기가 돌보는 양 떼를 통해 늘 자신을 새롭게 비우고 빼앗긴다. 그리고 하느님을 통하여 늘 새롭게 채워지고 풍요로워진다. 그는 경솔하게 빼앗기지 않는다. 자기가 헌신한 것은 하느님을 통해서 돌려받는다는 것을 처음부터 생각하기 때문이다. 그는 잠시 어중간한 상태에 있는 듯하다. 그러나 사제는 그렇게 주고 헌신하므로, 자신이 선사한 것을 돌려받을지 아닐지 생각하지 않고 계산하지 않으며, 그것에 주목하지도 않는다. 사제가 누리는 풍요함은 특히 그가 성사를 받는 이의 풍요함에 참여하는 것에 깃들어 있다. 좋은 소식을 가져오는 사람이 그것을 나눌 기쁨에 미리 기뻐하듯 말이다. 그 사람은 좋은 소식을 전하고 다른 이들과 그것에 대해, 그리고 자기가 기쁨을 퍼뜨릴 수 있다는 것에 대해 다시 한번 기뻐할 것이다. 이와 마찬가지로 사제는 고해를 들으면서 이미 자신이 사죄경을 줄 사람이 갖게 될 확신과 위로를 앞서 체험할 테고, 사죄경을 주면서 이 위로를 다시 한번 받을 것이다.

교회를 위해 바치는 기도는 사제의 활동에 속한다. 그러나 사제에게는 관상도 필요하다. 사제가 공적으로 수행하는 활동은 다양한 삶의 상황, 다양한 직분, 다양한 성격으로 인해 제약을 받는다. 그는 다양한 사람들과 교류하고, 그들에게 위로와 굳셈을 주는 적절한 말을 찾아내야 한다. 사제는 끊임없이 주어야 하고, 자신의 힘을 다 써야 한다. 따라서 활기 없고 판에 박힐 위험이 크다. '살아 있는 인물'이 되고 그런 사람으로서 주는 것으로만 이 같은 위험을 피할 수 있는 것은 아니다. 이러한 위험을 실제로 극복하는 방법은 객관적 태도를 지니고 평온하게 기도하는 것, 특히 묵상하고 성무일도를 바치는 것이다.

수도자에게는 묵상의 틀이 일차적으로 수도회 정신을 통해 규정되었다면, 사제에게는 자기가 돌보는 양 떼의 한결같은 요구들을 통해 더 많이 정해진다. 이러한 요구들은 이미 복음서에, 주님과 사람들의, 믿는 이들을 포함해 믿지 않는 이들과의 만남 안에 드러나 있다. 이러한 요구들은 믿음에서 얻는 위로라는 말로 요약될 수 있다. 사제와 만나는 이들은 모두 그것을 원한다. 성사를 받거나 사제와 개인적으로 대화를 나눌 때 특히 그러하다. 사람들이 사제에게 내보이는 어려움이나 사안은 그들이 이미 주님께 말씀드렸고 도움과 해결책을 바랐던 것이다. 오늘날에는 주님의 자리에 그분을 가리켜 보이는 사제가 서 있다. 이렇게 주님을 가리켜 보이기 위해서 사제에게는 관상에 대한 객관적 태도가 필요하다. 또한 다른 사람들을 굳세게 하기 위해서, 자기 자신도 생기 넘치기 위해서 그러한 태도가 필요하다. 사람들이 안고 있는 사안은 각자에게 늘 유일무이한 것이다. 그러나 사제에게 그것은 늘 그리고 점점 더 동일한 것으로 머물러 있다. 그 사안들을 분류하고 각각의 사안에 맞는 지침을 준비하면 되겠다는 생각이 즉시 떠오를 것이다.

그러나 사제는 그렇게 해서는 안 된다. 모든 사람을 인격적으로 주님께 인도해야 한다. 이제 그는 될 수 있는 한 친절하게 교우들과 교류하는 데, 더 이상 사제의 권위를 내세우지 않고 인간적으로, 너무나 인간적으로 그들의 삶에 동참하는 데 전념할 것이다. 사제직에 대한 객관적 태도만이 이러한 위험에서 그를 구할 수 있다. 그가 수행하는 사제직은 특히 묵상에 기반을 두고 있다. 다시 말해 복음서에 나와 있듯이, 주님께서 사람들에게 당신을 드러내심, 그분께서 직면하신 상황들, 그분께서 죄인들과 세리들과 창녀들을 비롯해 노력하여 본래의 모습을 되찾은 이들, 냉담한 이들과 거부하는 이들, 그다지 성실하지 않은 이들과 교류하시는 모습에 대한 객관적 앎에 기반을 두고 있다. 사제는 사목 활동을 수행하기 전에 주님께서 평소에 행하신 것들을 알아야 하고, 그것들을 실질적 의도 없이 묵상해야 한다. 이렇게 그가 주님의 사목 활동을 앞서 그리고 전반적으로 알고 있다면, 사목 현장에서 부딪히는 개개의 일들을 주님의 빛 안에서 해결할 수 있을 것이다. 또한 사제는 주님의 사목 활동을 자기 자신과 관련지어 묵상하지 말아야 한다. 자신의 주관적 성향에 따라 그것을 분류하거나 선별하지 말아야 한다. 사제는 주님의 완전한 태도, 마음가짐을 지녀야 한다. 지금은 그것을 자신에게 적용할 수 없는 듯 보이더라도 말이다. 주님의 사목 활동을 객관적으로 묵상함으로써 그는 나중에, 사람들과 만나면서 좋은 사제가 될 수 있을 것이다. 그렇게 익힌 객관적 태도는 자기가 돌보는 양 떼의 진정한 욕구들에 부합할 것이다. 그러한 욕구들은 개개인의 욕구들의 총합에 그치지 않고, 공동체의 욕구들로서 이미 주님 시대에 존재했다. 공동체 안에서 현재적인 것은 당시의 것, 시간을 뛰어넘는 것으로 환원된다.

  사제는 대체로 수도자에 비해 묵상 시간이 더 적다. 따라서 묵상 때 더 천천히 앞으로 나아가야 한다. 묵상하면서 특정한 점들을 하나하나 더 붙잡고 그것에 머물러야 한다. 큰 흐름보다는 성경 구절 그대로, 성경 말씀 그대로 묵상해야 한다. 기도 안으로 들어가 더 많이 집중하기 위해서는 묵상 소재를 적게 택해야 한다. 성무일도나 그 밖의 염경 기도를 더 빨리 바쳐야만 할수록 관상(묵상)을 더 깊게 해야 한다. 그렇지 않으면, 그의 삶은 매우 빠른 템포 속으로 끌려들어 갈 것이다. 중용을 유지하기 위해서는 양극을 통합해야 한다. 두 가지 기도 방식과 관련해 사제는 교회의 대리자로서 하느님 앞에 서 있다. 따라서 할 수 있는 만큼 두 가지 기도를 열심히 바치고 거기서 힘을 길어 내야 한다.

성무일도는 적절한 시간에 소리 내어 바쳐야 한다. 성무일도서에는 부분적으로 늘 되풀이되는 소재가 매우 많다. 이렇게 되풀이함으로써 올바르게 이해하는 것이 촉구된다. 같은 시편으로 기도할 때마다 새로운 얼굴이 드러날 수 있다. 시편은 하느님의 말씀이므로, 이러한 새로움은 결코 다 길어 올릴 수 없다. 시편에는 마음을 더 크게 열게 하거나 더 적게 열게 하는 대목이 많다. 시편으로 소리 내어 기도하는 이는 하느님의 늘 새로운 일 속으로 들어간다. 그런 가운데 여기저기서 빛이 번쩍인다. 그는 마냥 머물러 있지 않을 것이다. 계속 기도한다. 모든 사제가 모인 공동체에서도 그러하다. 성무일도를 바칠 때마다 이렇게 빛이 번쩍이는 순간이 있다. 이렇게 순간적으로 번쩍 빛나는 빛, 섬광 하나하나는 큰 빛과 연결되어 일치를 이룬다. 기도하는 이가 묵상 중에 다른 사람은 깨닫지 못한 것을 인식하고 그의 관상(묵상)은 다른 모든 이를 위해 묵상하는 개인의 행위 그 이상인 반면, 성무일도에 있어서는 오히려 이와 반대로 된다. 같은 시편으로 기도하는 이들의 작은 깨달음을 모아 놓은 것이 하느님 앞에서 보이지 않는 일치를 이루게 할 수 있다. 이곳에 모인 모든 사람은 누군가를 위해 기도한다.

성무일도는 하느님을 흠숭하기 위해 사제가 바쳐야 하는 것으로, 그는 하루 일과 중에 이렇게 하느님을 흠숭하는 시간을 내야 한다. 이 시간에 그는 이미 외적으로 특정한 의미를 부여하려고 힘쓸 것이다. 분주한 삶을 사는 사제라면 자리에 조용히 앉아 기도를 바칠 것이다. 늘 밖에 나가 있는 시간이 많다면, 방에 앉아서 기도할 것이다. 이와 반대로 자리에 오랫동안 앉아 있는 사제라면 밖으로 나갈 것이다. 그러나 그는 기도 중에 외적인 것으로 인해 방해받지 않도록 주의를 기울일 것이다. 이곳저곳으로 나가는 것이 마음을 모으는 일을 방해해서는 안 된다. 앉아 있는 것이 주님과의 대화를 방해하는 안락함이 되어서는 안 된다. 외적인 것은 내적인 것을 촉구해야 한다. 정신이 회복되어야 한다. '식사 후 소화를 위한 산책'으로 몸을 움직여서는 안 된다.

매일 바치는 선별된 기도들은 교회의 의지가 표현된 것이다. 성무일도서가 그렇게 엮어진 것은 이유가 있다. 혼자 기도하는 이는 소재를 달리 선별할 것이다. 일부 시편을 건너뛰거나 성인들의 삶을 더 탁월하게 설명해 놓거나 성경 주석에 관한 다른 대목들[14]을

---

[14] 성무일도서의 '독서 기도'에 나오는 내용을 말하는 것이다. — 역자 주

택할 것이다. 그러나 사제는 성무일도를 바치면서 모든 사제와 연결되어 있다는 것, 특히 하느님 안에서 그렇다는 것, 그리고 정신이 특정한 주제로 쏠리면 이로써 어떤 난관을 극복할 수 있다는 것, 그리하여 개인적 소망을 넘어 모든 사제가 희생의 차원에서 교회적 주제를 다룬다는 것을 유념해야 한다. 미사 때 바치는 기도들은 공동체가 함께 받아들이는 반면, 성무일도 때 받아들이는 존재는 오직 하느님뿐이시다. 하느님과 사제가 나누는 대화는 교회를 통해 형성된 것이므로, 사제는 여기서 교회에 대한 자신의 생각을 가장 명확히 드러낸다.

그러나 교회가 선택한 범위 내에서 계시의 말씀을 묵상할 수도 있다. 젊은 사제에게는 묵상 소재를 특히 성무일도서에서 택하라고 권고할 수 있다. 그렇게 되면 기도로 바친 텍스트가 더 강렬한 인상을 주는 한, 그는 성무일도를 바치면서 관상적 체험을 풍요롭게 할 수 있을 것이다. 연로한 사제들은 성무일도서에 들어 있지 않은 텍스트를 더 선호하면서 그에 관해 묵상할 것이다. 이는 성경을 더 완전히 이해하고 하느님의 말씀 전체를 자기 것으로 하기 위함이다.

주님의 기도, 성모송, 영광송, 사도신경 등과 같이 잘 알려진 기도를 자주 되풀이하는 것은 성무일도를 바칠 때 큰 위험이 되기도 한다. 그렇지만 그렇게 되풀이하는 것은 더 깊이 이해하고 새로운 힘을 얻기 위해 매번 새로운 단계로 되돌아가는 것과 같다. 이는 체조 때 더 힘든 훈련을 한 뒤에 깊이 호흡하거나 잠시 긴장을 푸는 운동을 하는 것과 비슷하다. 그러나 관상을 했거나 고해를 들은 뒤에는 잠시 쉬어야 한다. 관상 중에 자신이 택한 성경 말씀 하나하나를 떠올리지 못했더라도, 전체적으로 보면 방향과 내용은 알고 있는 것이다. 기도 분위기가 영적 이해 및 노력의 한계를 극복하게 할 수 있다.

기도하기 위해 택한 성경 본문이 항상 동일한 것일지라도, 하느님께서는 그 성경 말씀을 늘 새롭게 들으신다. 그것은 당신 아드님의 말씀, 성령의 말씀이다. 그리고 하느님께서는 기도하는 이가 그 말씀들을 매번 새롭고 다르게, 또 특별히 채색하여 읽을 수 있도록 그에게 영감을 불어넣어 주실 수 있다. 따라서 그는 성무일도를 바칠 때 마음을 열고 있어야 한다. 그러한 태도는 말씀의 다함(한량)이 없음과 바로 지금 새로운 것을 보여 주시는 하느님의 위력에 부합한다. 기도하는 이가 처음부터 기도가 포함하는 것이 무엇인지 알아야 한다고 주장한다면, 그는 자기 안에 틀어박히게 되고 아무것도 받을 수 없다. 이미 여러 번 읽은 좋은 책도 그 안에서 새로운 점과 특징을 발견하리라고 확신하면서 읽고 또 읽는다. 하물며 하느님의 말씀이 담긴 예술 작품은 얼마나 더 많이 읽을 수 있겠는가! 사제는 성무일도를 바치면서 하느님께서 자기에게 선사해 주실 것을 기대해야 하고, 이러한 상태는 자기 자신을 잊는 수준에 이르러야 한다. 일상의 작은 걱정거리나 고통은 멀리 두어야 한다. 그것들도 성무일도를 통해 걸러지고 정화된다. 그러나 그것들을 들여다보면서 그렇게 되는 게 아니다. 이 기도를 시작할 때 이미 하느님의 뜻대로 하시도록 그분께 내맡겨 드리는 가운데 그렇게 되는 것이다. 묵상할 때에는 오늘 나의 컨디션, 지금 내가 안고 있는 문제들에 적절한 소재를 택하고 이 문제들을 묵상을 통해 객관적인 빛에서 바라보는 것이 금지되지 않았다. 그러나 성무일도를 바칠 때에는 그렇게 하면 안 된다. 성무일도는 이미 주어진 기도, 개인적 사안을 넘어선 기도다. 개인적 사안은 고유한 주제가 아닌 기도 상황으로서만 등장할 수 있다.

사목 활동을 하면서 지칠 대로 지친 아르스의 비안네 신부(요한 마리아 비안네 성인)가 성무일도서로 기도할 때, 하느님께서는 수많은 걱정거리를 끌어안고 있는 사람이 아니라 그가 일굴 수 있는 그의 영혼을 보고자 하신다. 어떤 사람이 죄를 고해하면, 사제에게서 듣는 위로의 말이 그로 하여금 자신이 저지른 죄의 주관적 상태에서 나와 진정한 그리스도인의 객관적 상태로 들어가게 한다. 성무일도는 처음부터 이러한 객관적 상태에서 전개된다. 처음에 사제는 자신의 죄와 한계, 개인적 걱정과 사목적 사안과 관련된 모든 것을 털어 낸다. 하느님 앞에 선 그는 사제 직분에 따른 제약으로 인해 흔들리고, 아무 경험이 없다고 느낀다. 그러나 객관적 태도를 지니면서 교회의 말로 기도하고, 그 말은 교회를 통해 하느님께 이른다. 이로써 하느님께서는 기도의 객관성을 통해 지극히 사적인 방식으로 그를 다루실 수 있다. 적어도 그 사제 안에서 지속적으로 가시적 영향을 미치실 수 있다.

사제를 그렇게 다루시기 위해 하느님께서는 그가 받은 부르심으로부터, 그가 사제직을 진지하게 받아들이고 자신이 되고 싶은 사람이 되려고 추구하는 것으로부터 출발하시고, 그러기 위해서 성무일도서 내용을 이용하신다. 젊은이가 하느님께 자신을 바치겠다고 결심했을 때, 그는 그것이 의미하는 바가 무엇인지 인식했다고 믿었다. 이제 그는 사제다. 그러나 현실은 예전에 기대했던 상(像)에 부분적으로만 부합한다. 사제이기를 바라는 것과 사제인 것 사이에 객관적 긴장이 존재한다. 그때그때 드는 기분이 실제적인 일들을 얼마나 다르게 보게 하는지 일종의 주관적 차이도 존재한다. 그러나 이 모든 것을 넘어서 일치하는 것도 있다. 어느 사제가 자신이 수행하는 사제직에 대해 아는 것과 그의 실제 모습이 일치하는 것이다. 성무일도를 바칠 때 이러한 일치가 중요하다. 지극히 객관적 입장에서 부르심을 선택하려 했을 때와 사제의 길을 가겠다고 결심했을 때에도 이러한 일치가 존재했다. 하느님께서는 성무일도 중에 이러한 순간을 붙잡으신다. 그분께서는 당신의 사제를 있는 그대로 받아들이신다. 훗날 그가 성숙한 경지에 이르면, 자신이 처음에 지녔던 이상을 펼치게 되고 사제직이 요구하는 것을 점점 더 잘 이해하고 실현하게 될 것이다. 그는 하느님의 불변성 맞은편에 서 있는 성무일도의 불변성을 인지하면서 차분한 상태에서 기도해야 한다. 지금 중요한 것은 사제 개인의 변화나 그가 거부하는 것이 아니다. 직무를 수행하는 이의 능력, 모든 것을 관통하여 지니는 준비된 마음, 쓰레기 더미에서 처음에 지녔던 순수함을 끄집어내려는 준비된 마음이 중요하다. 하느님께서는 사제가 처음에 지녔던 아이다운 순수함을 유지하기를 바라신다.

묵상을 위한 준비와 성무일도를 위한 준비는 출발점에서 동일하다. 하느님 앞에서 완전히 벌거벗은 채 있는 것이다. 이어서 묵상은 훨씬 더 주관적으로 채색될 것이다. 기도하는 사제는 하느님께 초점을 맞추고 그분께서 모습을 드러내시기를 바란다. 그리고 하느님의 은총을 통해 교회의 공적 신분이 된 사람으로서 그분께 응답할 것이다. 묵상하는 장소는 하느님의 말씀을 영혼 안에 받아들임으로써 생기가 넘친다. 반면에 성무일도를 바치는 곳은 교회의 단조로운 기도에 의해 가득 채워지고, 기도하는 이는 될 수 있는 한 완전히 교회의 이 기도에 순응해야 한다. 자기중심적 태도를 취하면 그 기도를 방해할 것이다.

묵상은 행위적이고, 성무일도는 정태적情態的이다. 그러나 동일한 사랑이 모든 것을 하나 되게 한다. 사제가 바치는 성무일도는 교회가 엄격히 요구하는 것이지만, 자유로이 묵상 안으로 들어가게 할 수 있다. 묵상하면서 느끼는 하느님의 깊은 사랑은 사제를 교회의 기도에 고정시킨다. 그러나 교회의 기도는 하느님의 뜻, 그분께서 지금 요구하시는 상태, 그분께서 그렇게 원하시는 한 관철하는 것과 되풀이할 수 있는 것, 하느님의 말씀을 탁월하게 여기는 것에 대한 앎을 심화한다. 하느님의 말씀을 탁월하게 여기는 까닭은 그 말씀이 그분에게서 나왔기 때문이다. 그러므로 하느님께서는 당신을 향한 모든 말을 받아들이시고 그것을 당신 뜻에 따라 형성하심을 그는 알아야 한다. 이 모든 것은 사제의 묵상을 또다시 풍요롭게 한다. 이렇게 불변하는 것, 이미 주어진 것은 모두 그로 하여금 묵상을 점점 더 크게 확대하고 하느님의 뜻을 더 넓은 마음으로 따를 수 있게 한다.

성무일도서에 나오는 말씀으로 관상하는 것은 묵상(관상) 행위를 풍요롭게 한다. 성무일도서의 개별 말씀들에서 관상은 겉으로 드러나지 않는다. 그럼에도 관상은 성무일도의 핵심이다. 성무일도를 바치는 시간에 묵상은 감춰져 있는 그릇 같은 역할을 하는 반면, 묵상 시간에 성무일도는 실제로 이 그릇이 된다. 그러나 다른 영역에서 그렇다. 이 둘은 상호 작용을 하지 않고, 서로 통제하면서 합해지지도 않으며, 서로 측정 가능한 범위 밖에 있다. 성무일도를 바칠 때 객관적 태도를 취하면, 묵상할 때 마음을 활짝 열게 되고 열매를 맺는다. 그리고 묵상할 때 영혼이 열려 있으면, 이는 성무일도를 바칠 때 올바른 객관적 태도를 선사한다. 결국 그러한 태도는 따로 떼어 놓여 있다가 자기 자신 안에서 열매를 맺는다. 사랑이 행위 안에서 그리고 일상 안에서 하나가 되고, 새롭게 하나가 되기 위해 늘 나누어지듯이.

    강론은 사제가 공동체를 위해 성경 말씀을 해석하는 것이다. 하느님의 말씀과 올바르게 교류하기 위해서는 기도가 핵심이어야 하듯이, 강론에서도 그러하다. 그러나 강론은 사제가 무엇보다 성경 말씀을 잘 이해하고 또 자신이 이해한 것을 공동체에 전달하여 그 공동체가 효과적으로 하느님께 더 가까이 가도록 힘쓰는 것을 의미한다. 강론은 사제가 공동체를 위해 묵상한 것이어야 한다. 강론이 그저 성경 구절을 읽는 것으로 그치거나 어떤 책에서 끌어낸 몇 가지 생각을 재현한 것이라면 지적 효과만 얻게 될 것이다. 강론이 기도에서 비롯되고 관상(묵상)의 결과물이어야 듣는 이들도 기도하도록 이끌어 줄 수 있다. 강론은 사제의 묵상과 기도보다 더 큰 열매는 맺을 수 없다. 묵상은 강론에 이중 영향을 미친다. 묵상은 사제에게 기도에 대한 마음가짐을 굳건하게 하므로, 강론대에서 그가 취하는 자세는 기도하는 자세여야 한다. 하느님 앞에 서서 그분의 말씀에 귀 기울이는 것이다. 사제 자신이 이야기할 때에도, 그것을 듣는 것과 하느님의 말씀을 통해 인도되는 것이 주안점이 될 것이다. 이렇듯 묵상은 강론 속으로 들어가 그 안에서 효과를 낸다. 사제는 강론할 것도 묵상 안으로 가져가야 한다. 책에서 찾거나 내용을 분류하거나 사례들을 수집하는 것으로 한정해서는 안 된다. 사제는 무엇보다 성경 본문을 읽고 기도해야 한다. 강론 때 자기 말을 듣는 이는 본인이 아니라 공동체임을 유념해야 한다. 사제는 자기 자신과 자신의 기도 행위 및 기도 습관을 공동체에 내비치지 않도록, 묵상 열매를 곧바로 공동체 앞에 내놓지 않도록 주의할 것이다. 오히려 묵상 중에 이미 공동체와 함께 하느님의 말씀을 들으려고 애쓸 것이다. 이는 하느님의 말씀을 처음부터 잘 이해하기 위해서가 아니라, 그것이 믿는 이들의 기도 말이 되게 하기 위함이다. 교우들은 강론 때 듣는 말을 하느님께서 자기에게 해 주시는 특별한 말씀으로 체험해야 한다. 그러기 위해서 사제는 먼저 하느님의 말씀을 진정한 청자聽者로서 자기에게 해 주시는 말씀으로 받아들여야 한다. 목자로서의 역할을 수행하면서, 교우들과 함께 듣고 일치를 이루면서 그렇게 해야 한다. 이는 자기가 앞서 있거나 어떤 효과를 꾀하기 위함이 아니라, 자신의 기도를 통해 토대를 견고하게 하고 교우들이 하느님의 말씀을 듣고 기도에 대한 마음가짐을 지니게 하기 위해서다.

　복음서를 비롯한 성경 말씀은 하느님께서 인간에게 주신 말씀이다. 성경 말씀은 그 자체로 해석하는 것이 충분히 강력하다. 말씀을 묵상하는 것과 말씀에 관해 강론하는 것은 말씀 자체 내에서 전개되어야 한다. 현대적이어야 한다는 것을 구실 삼아 시대의 유행어들을 계시 안으로 끌어들이고 계시가 현대인을 위해 새로운 복장, 개선을 필요로 하는 양 그것을 '규명'하려 한다면, 이는 불손한 행위일 것이다. 성경이 그렇게 기술하고 요구하듯이, 그리스도인의 삶은 하느님 앞에서 사는 삶이다. 그의 현세적 삶은 하느님과 연결되어 있고, 하느님을 향해 나아가는 삶이다. 또한 그리스도인은 자신의 삶을 하느님의 빛에서, 그러니까 하느님께서 자기에게 주신 말씀의 빛에서 바라보는 법을 배워야 한다. 하느님 말씀의 단순함이 사제에게 더 이상 충분히 힘이 넘치게 보이지 않는다는 이유로 오늘날에 맞게 인위적으로 말하는 것을 익힌 공동체가 있다면, 그 공동체는 하느님에게서 멀어질 것이다. 강론하는 사제가 모든 것을 전개하고 모든 것을 비교하는 것에서 그가 말씀에 주목한다는 것, 성경의 사고방식과 내적으로 유사한 것, 기도 내에서 적용될 가능성이 감지되어야 한다.

강론이 그러하듯, 기도 공동체는 사제와 그의 양 떼 사이에서 많은 것을 촉진해야 한다. 사제가 강론대에서 기도의 영으로부터 말한다는 것을 어느 교우가 알아차린다면, 자기가 들은 말을 합당하다고 여기기에 그 말을 통해 기도할 마음이 생긴다면, 그는 자연스럽게 이 본당 사제를 위해 더 많이 기도할 것이다. 사제가 성경 말씀을 묵상함으로써 공동체에 주는 기도 선물은 이에 감사하는 공동체로부터 자신에게 되돌아온다. 이렇게 기도가 개인적 차원에서 교환되면서 평신도들은 사제직을 강화한다. 평신도들은 사제직을 위해 기도해야 함을 잘 알고 있다. 이는 사제에게 도움이 된다.

사제는 자신의 묵상 전체를 자신이 바치는 성무일도 안에 포함시킬 수 없듯이 자신의 강론을 듣는 이들을 기도 생활에 참여시킬 수 없다. 강론 때에 그러하듯이, 성무일도를 바칠 때에도 특정한 리듬이 있다. 사제는 계속 앞으로 나아가야 하고, 따라서 소재를 선택해야 한다. 이는 생각이 특별히 명료할 것을 요구한다. 그래야 사제가 말한 것이 제대로 이해될 수 있다. 그가 택한 소재와 말한 것이 너무 과도하게 제한되지 않으면, 해가 되는 것은 아무것도 없다. 오히려 마음을 열고 모든 측면에서 바라보게 될 것이다. 그리고 교우들은 계속 생각할 마음이 일어나고, 해결되지 않은 것은 집으로 가져갈 것이다. 사제 역시 성무일도의 충만함을 느끼고 특별한 말씀을 받아들이면서 마음 깊이 새기거나 그 말씀이 자신의 영혼 안에 뿌리내리게 할 것이다.

강론이 미사 중간에 있는 것은 우연이 아니다. 미사 안에 그리스도인 삶의 중심점이 놓여 있다. 이는 사제와 공동체를 위한 것이다. 미사는 기도의 힘을, 곧 하느님께서 교회가 바치는 기도에 응답하시어 당신의 아드님이 빵과 포도주의 형상으로 모습을 드러내게 하시고 신적 말씀이신 아드님이 지상에서 새 생명을 얻게 하시면서 몸소 기도에 부여하신 힘을 가장 잘 표현한 것이다. 기도하는 그리스도인은 하느님께서 자기 말을 들으시고 자신의 기도를 받아들이신다는 것을 안다. 그러나 하느님께서는 아드님 안에서, 당신이 날마다 세상에 변화된 모습으로 새롭게 선사하시는 그분 안에서 그의 말을 들으신다. 여기서 하느님께서는 그를 당신께 늘 새롭게 다가가게 하신다. 바로 이것으로부터 모든 기도는 새롭게 활기를 띠고 열매를 맺는다. 하느님과의 모든 개인적 만남은 이렇듯 늘 새롭게 선사된 성사적 만남으로부터 산다.

사제는 미사를 집전하면서 자신이 주님 앞에 서 있고 성체로 오시는 그분을 받아 모신다는 것, 그리고 공동체도 그렇게 할 수 있다는 것을 안다. 주님께서 그를 신뢰하시듯이, 그도 주님께 의탁한다. 어느 사제는 곳곳에서 자신의 약함과 부딪힐 것이다. "주님, 저는 합당치 않습니다 Domine, non sum dignus."라는 말로 요약되는, 자기는 보잘것없는 존재라는 생각에 사로잡혀 괴로워할 것이다. 그러나 주님께서는 당신의 현존하심과 전적인 헌신으로 이에 즉각 대답하신다. 그의 모든 거부와 무능함은 주님께서 받아들여 주시면서 잊히고, 모든 것에도 불구하고 그분께서 나타나시는 순간에 용서된다. 그리하여 주님께서는 그 사제에게 성찬례를 집전하게 하시고, 그를 다시 새롭게 신뢰하신다. 또한 모든 잘못을 넘어 그 사제 안에서 성실과 사랑의 표지를 보시기에 그에게 의탁하신다. 여기서 사제는 밤낮으로 작품을 만드느라 애쓰는 예술가와 같다. 자기는 작품을 결코 만들어 내지 못할 거라고 확신하는 순간에 갑자기 작품이 완성된다. 거룩한 미사라는 작품만이 바로 하느님의 작품이다.

그러나 하느님의 작품은 사제 안에서 그리고 그를 위해 완성된다. 사제는 미사를 집전할 때마다 하느님께서 그렇게 하신다는 것을 안다. 나아가 하느님께서는 모든 기도를 들으시고 그분의 모든 말씀은 살아 있다는 것, 그리고 이는 인간의 생명에 의해서가 아니라 주님의 생명에 의해서 그렇다는 것을 보증한다. 사제가 바치는 그 밖의 모든 기도는 그의 희생의 표지, 주님께 바친 그의 삶의 표지다. 주님께서는 그곳에 계시고 그를 받아들이시며, 그의 말을 들으시고 그를 도구로 쓰신다. 주님의 현존하심과 주님께서 그의 말을 들으심을 보여 주는 표지는 그분께서 제정하신 성체성사(성찬례), 제대에서 바치는 희생 제사에서 드러나는 그분의 사랑이다. 이러한 상태는 사제의 기도와 무관하지 않다. 그의 기도는 성찬례의 절정인 실체 변화 때 주님을 새롭게 부르기 때문이다. 사제에게는 주님께서 자기 말을 들으셨음을 확신하게 하는 이 지점에서 하느님께서 그의 말을 즉시 들으시고 청원을 이루어 주시므로 모든 기도가 들어졌음이 명료해진다. 사제의 기도는 주님 안으로 받아들여졌고, 이와 함께 교회의 기도, 믿는 이들로 구성된 공동체의 기도도 받아

사제는 매일 집전하는 거룩한 미사에서
주님의 오심을 항상 새롭게 체험한다.

들여졌다.

사제는 매일 집전하는 거룩한 미사에서 주님의 오심을 항상 새롭게 체험한다. 그리고 주님의 오심 안에서 그분의 몸뿐만 아니라 기도도 새로워짐을 체험한다. 미사 안에서 교회의 기도가 주님을 통하여 받아들여진다. 이때 주님께서는 모든 기도에 당신의 충만함을 선사하신다. 그분께서는 당신 자신이 나누어지기 위해 현존하실 뿐만 아니라, 당신을 나누시기 위해서도 현존하신다. 그분께서 나누어지는 것 안에 은총의 분배가 깃들어 있다. 믿음의 은총, 기도의 은총을 비롯한 모든 은총은 분배된다. 어느 날 저녁에 활기 없는 기도로 여겨진 동일한 말이 주님의 제대에서는 그분의 현존하심으로 얻은 힘으로 생기 넘치게 된다. 그분의 전 실재實在가 이 말 뒤에 서서 충만함을 이룬다. 사제는 믿음 안에서 그것을 알고 또 느낀다. 미사 중에 바치는 '주님의 기도'는 사제 또는 공동체가 바치는 기도이자 성자 그리스도께서 아버지께 바치는 기도다. 그리스도께서는 제대에서 이 기도를 바치시고, 사제는 그분께서 아버지께 바치는 이 기도에 참여한다. 그리고 그분께서 당시에 지상에서 그 기도를 바치셨듯이, 지금 그 기도 말씀을 듣는다. 그분께서는 제자들에게 "기도하라."라고 말씀하시면서 당신의 기도에 참여하도록 그들을 초대하셨다. 그분께서는 제자들에게 지침만 주지 않으시고, 삼위일체 하느님께 끊임없이 기도하라고 하셨다. 이렇게 그리스도께서 주시는 것을 미사 중에 새롭게 떠올리게 된다. 사제는 그것을 간과할 수 없고, 묵상 안으로 가져가야 한다. 자신이 모든 이를 위해 바치는 기도를 그리스도의 기도 안으로 가져가야 한다. 미사는 단순한 '기도'가 아니라, 성자 그리스도에 관한 내용과 그분의 현존이 담겨 있는 기도다. 그것은 인간이 바치는 기도 이상이다. 심지어 교회가 바치는 기도 이상이다. 그것은 다른 차원을, 기도가 미사 밖에서는 가질 수 없는 현실성을 지닌다.

여기서 사제는 일종의 제압을 받는다. 그가 바치는 염경 기도와 성무일도, 그가 하는 묵상은 그의 의무에 훨씬 더 많이 속한다. 성무일도 기도에 관한 텍스트들이 규정되었더라도 말이다. 기도의 본질은 무엇보다 기도하는 사람으로부터, 그의 믿음으로부터 끌어내진다. 기도하는 이는 될 수 있는 한 준비된 자세, 하느님께 열린 자세를 지니겠다고 결심하고 그 자세를 유지할 수 있다. 그러나 미사 때는 주님의 현존을 통해 모든 것이 새로운 흐름 속으로 들어간다. 주님께서는 생생하게 현존하시고, 그분의 현존은 모든 것을 빛나게 한다. 그분께서는 나를 희생하도록, 나를 나누도록 내 손을 잡으신다. 내가 행하는 것, 내가 있음은 그분께서 행하시는 것, 그분께서 계심을 수행하는 한 가지 기능에 불과하다. 나는 모든 것에 대해 넘쳐흐르는 감사함을 느낀다. 오늘 하루에 대한 모든 수고, 기도에 대한 모든 수고도 없어졌다. 모든 단조로움은 사라졌다. 미사 후에 오늘 하루 동안 바친 모든 기도에 대해 드는 감사한 마음은 대체로 말을 더듬으면서 표현할 것이다. 이때는 "감사합니다!"라는 말만 할 수 있을 뿐이다. 다른 기도는 모두 거부하게 된다. 이때는 자신을 바칠 수 있을 뿐이다. 더 많이 감사할수록 은총이 크다는 것을, 자기 것은 이야기할 수 없다는 것을 더 많이 깨닫게 된다. 성무일도를 바치면서 사제는 자신이 다른 모든 사제와 연결된 공동체 안에 있음을 안다. 묵상할 때에는 자기가 사목하는 본당 공동체 안에 있음을 안다. 성사적 기도를 바칠 때 이 공동체가 실현되었다. 그러나 감사 기도를 바침으로써 자신의 모든 관심사와 모든 의도는 옆으로 치워졌다. 감사 기도를 바치는 것은 순수한 흠숭이다. 자기가 주님을 받아들였고 그래서 지금 모든 것에 대해, 주님께서 오심으로써 선사해 주시는 것, 자신이 받은 부르심과 무거운 짐을 포용하는 것, 이렇게 주님의 오심에 기반을 둔 사제 생활에 대해 감사 기도를 바치는 것 외에는 다른 이유가 없는 순수한 흠숭인 것이다.

성찬례 때 모습을 드러내시는 주님께서 얼마나 위대하신지 우리는 말할 수 없다. 우리가 바라보는 작은 제병 안에 무한하신 그분께서 숨어 계신다. 제병으로부터 이러한 무한함에 이르기까지 변화되는 것은 아무것도 없다. 하나의 반전, 순전히 제압되는 것만 존재한다. 이 반전을 사제는 감사 기도를 바치면서 체험한다. 이 감사 기도 안에 사제로서의 자신의 신원이 요약되어 있다. 그는 보잘것없고 가련한 존재이지만 무한한 신비에 참여한다. 그에게는 자신이 하나의 형상, 하나의 표상처럼, 그 뒤에는 말로 표현할 수 없는 것이 숨어 있는 빵과 포도주처럼 여겨질 것이다. 사제직 역시 명확한 것, 윤곽이 선명한 것이다. 직무를 수행하는 사람이 그 공간을 가득 채울 수는 없더라도 말이다. 그러나 감사 기도 안에서는 선명한 윤곽이 더 이상 그려지지 않는다. 묵상 안에서도 모든 것이 열려 있다. 사제는 자신이 주고자 하는 것, 위로나 메마름, 지각할 수 있는 응답이나 지각할 수 없는 응답 또는 그 밖의 것을 하느님께 맡겨 드린다. 그러나 하느님께서 주시는 모든 것은 하나의 규정을 지니고 있음을 안다. 깨달음은 삶 속으로 들어와야 하고, 앞으로 할 강론에 활용되어야 한다. 묵상 안에는 하나의 의도가 깃들어 있다. 감사 기도 안에는 순전한 무상無上, "대가 없이 주시는 은총"(gratia gratis data, 다른 이들의 구원을 위하여 주어진 은총)이라는 말이 담겨 있다.

3. 혼인한 이들의 기도

그리스도인이 결혼할 뜻을 품었다면, 그는 즉시 하느님 앞으로 나아가 자신의 계획과 배우자로 택한 사람에 관해 말씀드리고, 앞으로 할 결혼 생활에 관해서도 그분과 대화를 나눌 것이다. 두 사람은 앞으로 하게 될 혼인의 신비가 기도의 신비이기도 하다는 것을 서서히 깨달아야 한다. 이러한 깨달음을 얻고 하느님께 기도해야 한다. 슈파이어는 부부가 어떻게 기도해야 하는지, 아이들과 어떻게 기도해야 하는지를 자세히 서술하고 있다.

어느 기도하는 사람은 혼인을 단지 남자와 여자의 자연적 결합으로만 바라보지 않고, 하느님 안에서 자신을 완성시키는 것으로 바라볼 것이다. 처음엔 이러한 초자연적인 것이 매우 불투명할 테고, 부부 관계, 일상생활과 간접적으로만 연결된 듯 보일 것이다. 사람들은 이러한 '신적인 것'을 언급하지 않는다. 그것은 혼인성사 때 효력이 발생하고 이에 동반되는, 보이지 않는 '끈'으로 결혼 생활을 에워싸고 있다는 것만 안다. 그러나 부부가 아이처럼 순수한 마음으로 기도하면, 자신들의 모습 그대로 하느님께 다가가면, 하느님께 결혼 생활을 비롯해 이와 관련된 모든 것을 말씀드리고 그분의 판단에 맡겨 드리면, 이러한 '끈'은 추상적인 게 아니라 생기 넘치는 것이라는 것, 그리고 이렇게 생기 넘치는 것은 혼인한 이들을 위한 기도에 표현되어 있고 이 기도에 의해서 자라고 좌우되는 것임을 점점 더 잘 이해하게 될 것이다.

어느 그리스도인이 결혼할 뜻을 품었다면, 그는 즉시 하느님 앞으로 나아가 자신의 계획과 배우자로 택한 사람에 관해 말씀드리고 앞으로의 결혼 생활에 대해서도 그분과 대화를 나눌 것이다. 자신의 의도나 자기가 택한 사람이 하느님과 나누는 대화에 포함되고 그분의 뜻을 따른다면, 기도가 풍요로워지고 더 단호해진다면, 하느님과 더더욱 가까워진다면, 그는 명료함을 얻고 자신의 계획에 대한 확신도 생길 것이다.

약혼 기간에는 배우자가 될 사람과 종교적 사안에 관해서도 대화를 나눌 것이다. 그때 먼저 고요한 가운데 기도하고 명료함을 얻은 뒤에 그렇게 해야 한다. 기도 중에 사랑하는 사람을 하느님께 맡겨 드리고 그 사람에 관해 대화를 나눈다면, 하느님 상이 그에게 더 분명해지고 서로에 대한 이해와 가까움이 한 단계 높아질 것이다. 서로 사랑하는 사람들은 대체로 자신과 하느님의 관계를 말하는 것을 약간 수줍어한다. 이러한 영적 수줍음은 순결한 젊은이들이 지닌 육체적 수줍음과 반대되는 듯하다. 몸의 신비는 하느님의 신비와 특정한 일치를 이룬다. 전자는 후자에 포함되어 있다. 서로 사랑하는 두 사람은 결혼을 위해 유보된 신체적 친밀함과 정신적 친밀함을 안다. 그리고 상대방이 그것을 안다고 여긴다. 두 사람은 훗날 몸을 통해 더 친밀해질 것임에 기뻐하겠지만, 지금은 상대방과 하느님의 관계가 온전하고 생기 넘치는지 알아야 한다.

남자와 여자는 이에 관해 다르게 처신한다. 청년은 자신이 성숙해졌음을 인지하고, 자기가 새 힘을 지녔음도 안다. 그러나 자기에게 맞는 직분을 선택할 때까지 그 힘을 하느님께 맡겨 드리고 그분의 판단에 따를 것이다. 그때까지는 성적인 것에 대한 사안을 유보해 둘 것이다. 이로써 그의 기도에도 이 시기 동안 열려 있는 것, 잠정적인 것이 포함될 것이다. 결혼을 택한다면, 그는 지금까지 자신이 기대했던 많은 것이 이루어질 것임을 안다. 남자는 충동과 그것이 요구하는 것들을 더 크게 의식하게 되고, 따라서 그것들을 더 단호히 포기해야 한다. 여자는 그 윤곽이 더 희미하고 더 불분명하다. 따라서 처신하기가 더 수월하다. 그녀는 하느님뿐만 아니라 자기가 사랑하는 사람도 포괄하는 헌신에 대한 갈망과 욕구를 느낀다. 그러나 이 헌신에 선을 그으려고 애쓰지는 않는다. 남자 안에는 여자의 자리가 마련되어 있다. 그 자리는 비어 있지 않다. 자기가 포기함으로써 느낄 수 있는 것이 거기에 들어가기 때문이다. 그 자리가 비어 있다면, 남자는 기도 안에서 그것에 대해 생각할 필요가 없을 것이다. 이제 그 자리는 하느님께서 한동안 선사해 주신 신비에 속한다. 그렇기 때문에 이 신비는 하느님 안에서 약속으로 가득 차 있다. 그 신비를 간과하고 주목하지 않는다는 것은 기도를 소홀히 한다는 뜻일 것이다. 그 신비를 다루고 분석한다는 것은 그것을 훼손한다는 뜻일 것이다. 그러므로 기도만이 올바른 태도다. 기도 안에서 깨어 있는 신비는 늘 하느님을 향해 있다. 여자는 더 무의식적인 방식으로 그렇게 한다. 그녀의 역할은 사랑 안에서 헌신하는 것일 테니, 이제 그녀가 바치는 기도에는 모든 헌신을 준비하는 것, 그리고 결혼을 선택했다면 하느님께 남자의 믿음도 맡겨 드리는 것이 포함되어야 한다. 하느님께서는 남자의 믿음에 의해서도 열매 맺기 바란다는 것을 아신다. 남자가 여자를 육체적 사랑으로 이끌듯이 자신의 기도 안으로 이끄는 것도 그가 할 일이기 때문이다.

두 사람은 앞으로 하게 될 혼인의 신비가 기도의 신비이기도 하다는 점을 서서히 깨달아야 한다. 그리고 그렇게 얻은 깨달음을 가지고 하느님께 기도해야 한다. 두 사람은 자신들이 계획한 것이 개인 기도와 하느님의 은총을 많이 요청한다는 것, 그러나 이로 인해 자신들이 교회의 모든 기도에서 배제되는 게 아니라 오히려 교회의 기도에 새로운 의무를 지닌다는 것을 의식해야 한다. 어느 수도자가 모든 것을 자기가 몸담은 수도회의 관점에서만 바라보려 하고 교회의 관점에서는 더 이상 바라보려 하지 않는다면, 이는 이기적인 태도일 것이다. 마찬가지로 부부가 기도 안에서 자기네 가족만 바라보고 덕행과 신심에 일종의 기적이 일어나도록 믿음의 힘을 쏟아부으려 하고 그러면서 교회를 잊는다면, 이 역시 이기적인 태도일 것이다. 그러나 두 사람이 교회의 믿음과 교회의 기도 안에서 사는 한, 그들의 사랑과 욕구는 변질되지 않는다. 두 사람은 그리스도인으로서 무언가를 포기해야 함을 늘 의식한다. 결혼 생활에서도 기도에서 얻은 열매를 잃지 않을 것이다.

결혼 전에 바치는 기도는 특별한 방식으로 성인들에게, 특히 마리아와 요셉에게 향할 수 있다. 왜냐하면 결혼할 두 사람이 서로 보완함으로써 사랑이 더 구체화되듯이, (두 사람이 구체적으로, 육체적으로 결합하는 가운데 사랑이 실현될 것이다.) 성가정을 떠올림으로써 주님과의 관계가 더 구체화되기 때문이다.

마리아와 요셉이 아들 예수와 맺은 관계를 생각하는 것은 약혼한 이들에게 하느님의 시각에 머무는 데, 그리고 여러 요구를 받으면서 그리스도인의 가정으로 사는 데 도움이 될 것이다.

기도는 더 이상 예전의 추상적인 틀을 유지할 필요가 없다. 지금 다가오는 것에 부합하게 달라져도 된다. 예전보다 훨씬 더 순수하게 아이처럼 기도를 바쳐도 좋다. 기도에 관해 어린 시절에 들었던 것을 다시 받아들여도 된다. 당시에 엄마는 기도하면서 아이에게 아기 예수님과 성모님에 관해 들려주었고, 누군가는 영이 가시화된 듯한 방식으로 두 분을 알 수 있었다. 어렸을 때에는 아기 예수님께서 슬퍼하지 않도록 금지된 것을 받아들이는 게 어렵지 않았다. 이제 이렇게 어린 시절에 알았던 구체적인 것이 다시 등장한다. "성가정의 삶보다 더 구체적인 것은 무엇일까?" 자신이 어떻게 해야 할지 알기 위해서는 기도 안에서 성가정을 바라보고 자신의 일상을 그분들의 일상에 맞추는 게 필요하다.

이러한 생각의 명료함은 앞에서 언급된 남자의 유보된 공간으로, 여자의 갈망 속으로 먼저 들어가야 할 것이다. 수도자에게 주님의 삶이 (그가 속한 수도회와 수도회 규칙 안에서 구체화되어) 자리를 점하듯이, 그러한 명료함도 이와 유사한 자리를 요구한다. 늘 홀로 기도하게 되면, 그 기도는 두 가지 측면에서, 곧 잘못된 구체성과 잘못된 추상성으로 변질될 위험에 놓일 것이다. 잘못된 구체성은 자아로 하여금 대상과 관계를 맺게 하고 대상에 욕구를 갖게 할 것이다.

잘못된 추상성에는 명료한 틀이 결여되었기 때문에, 결국엔 교회를 위해 구체적으로 기도하는 것이 힘들어진다. 그렇게 하기 위한 매개체가 없는 것이다. 살면서 언제나 현실적인 선택을 하려고 애쓰는 사람, 다른 이들에게 선택을 내맡기는 사람, 선택하는 것을 안중에 두지 않고 현재의 삶으로 족하다고 여기는 사람은 진정한 그리스도인으로 살 때까지 복음의 참된 생기를 얻지 못할 것이다.

기도를 통해 누군가가 드디어 자기에게 맞는 직분을 택하는 시기보다 더 결정적인 시기는 없다. 이때 내적으로 소원해질 위험이 매우 크다. 어떤 사람이 지금 별로 기도하지 않는 것을 보속하는 의미로 상대방을 사랑한다면, 그는 자신이 갈피를 못 잡고 있음을 곧 알아챌 것이다. 믿음과 기도는 긴밀히 엮여 있으므로, 기도하기를 포기한 사람은 이로써 자기 믿음의 일부를 잃게 된다. 약혼 기간에 이렇게 기도를 소홀히 하면, 이는 나중에 결혼을 하더라도 만회할 수 없을 것이다. 처음 만났을 때 상대방이 하느님에게서 멀어져 있음을 알았는데도 그런 상태에서 결혼했다면, 이제 어떻게 해야 그 사람이 하느님께 다가가겠는가? 약혼 기간에는 자신의 기도를 상황에 맞추면 안 된다. 상황을 자신의 기도에 맞추어야 한다. 그렇지 않으면 상황이 급변해서 기도하기 위한 자리가 더 이상 남아 있지 않게 된다. 약혼 기간과 결혼 초기에 마음이 들떠 있거나 이런저런 걱정들 때문에 기도하기를 잊은 일부 사람들은 나중에 자신과 대면

하면서 그동안 맺었던 모든 관계에 기도가 배제되었음을 알고 깜짝 놀란다. 나중에야 기도를 바치지만, 이 같은 기도는 이미 '수명'을 다한 것이다. 그들은 기도를 하지 않는 습관에 젖었고, 이제 그 바퀴를 되돌리려고 애써 보지만, 이는 몹시 힘든 일이다.

우리는 살아가면서 여러 중대한 결정을 내린다. 그러면서 많은 것이 달라진다. 더 이상 기도하지 않는 이들도 있다. 상황이 안정되었을 때에는 중단된 것을 다시 이어 가기가 한결 수월하다. 삶이 제대로 돌아가려면 기도가 반드시 항상 병행되어야 한다. 기도는 방식에 따라 달라져도 되지만, 중단되어서는 안 된다. 결혼한 이들도 각자 기도와 관련해서 상대방에 대한 책임이 있다. 둘 중 하나가 기도하지 않으면, 이로 인해 그는 배우자에게서 기도 생활을 빼앗을 수 있다. 그는 배우자가 본능적 욕구를 충족시키는 데 익숙해지게 할 수 있다. 나중에야 기도 생활로 돌아가기 위해 시도해 보지만, 이는 두 사람이 멀어지는 결과까지 초래할 수도 있다. 기도하는 이는 다른 사람, 모르는 사람과 같을 것이다. 혼인을 위한 기도에 처음부터 특정한 시간을, 짧은 시간이라도 내지 않는 사람은 나중에 기도 시간을 매우 힘들게 여긴다는 것을 경험이 가르쳐 준다. 하느님과 관계 맺기를 잠시라도 뒤로해서는 안 된다.

혼인으로 맺어진 관계는 하느님 앞에서 숭고하므로, 두 사람이 매번 반드시 함께 기도할 필요는 없다. 공동 기도를 바치는 것은 기도 생활을 영위한다는 것을 서로 상기하기 위한 것 이상이다. 부부는 각자 상대방의 기도에 경외심을 품어야 하고, 하느님께서 상대방에게 생각을 불어넣어 주신 대로, 상대방이 선호하는 방식대로 기도하게 해야 한다. 그 밖에 딱딱한 규칙들은 제시하지 말아야 한다. 함께 많이 기도하고 싶어 하는 부부들도 있을 것이다. 그들에게는 무언가를 결정하거나 위급한 시기에 상대방이 자신의 기도를 들을 수 있게 하면, 그 기도가 상대방의 기도와 일치할 때 도움이 될 것이다.

그렇지만 그것이 예외가 되는 경우도 많을 것이다. 오로지 공동체 기도만 해서는 안 되고, 다른 기도들을 철저히 배제해서도 안 된다. 공동체 기도는 무엇보다 가족과 관련될 때 의미를 지닌다. 조배나 영적 독서를 함께하는 데 익숙한 부부는 나중에 자녀를 이에 참여하게 하고 기도로 이끌어 주기가 수월하다. 익숙해진 공동체 기도는 개인 기도가 위기를 극복하는 데 도움이 된다는 의미에서도 종종 버팀목이 된다. 한 사람의 열정이 다른 사람의 미지근함을 바꾸게 할 수 있다. 공동체 기도 안에 깃들어 있는 것이 그들이 함께 받은 성사를 상기시켜 주고, 기쁨과 어려움이 따르는 결혼 생활과 혼인의 불가해소성에 새롭게 순응하게 해 줄 것이다. 그것은 결혼이 주님 안에서 계속 유지된다는 것, 부부가 주님 안에서 이루는 결속은 두 사람에게 속한다는 것, 부부는 그러한 결속을 함께 표현해도 된다는 것을 보여 준다.

"두 사람이나 세 사람이라도 내 이름으로 모인 곳에는 나도 함께 있기 때문이다."(마태 18,20)

주님의 이 말씀은 그들에게도 특별한 의미를 지닌다. 그러나 부부는 각자 하느님 앞에서 자유로운 인격체로 머물고, 따라서 무조건 혼자서도 기도해야 한다. 개인적으로 기도하는 것은 더 많이 제한되어야 하는 반면, 둘이 함께 기도하는 것은 순수하고 냉철한 면을 지녀야 한다. 함께 기도하는 일은 전반적으로 결혼 생활을 하면서 시작되지, 약혼 기간에 시작되지는 않을 것이다.

결혼 초기부터 부부는 단순하게, 당연히 기도해야 한다. 또한 결혼 생활과 기도 생활 사이에서 긴장이 생기거나 당혹스러운 마음이 들어서는 안 된다. 극복해야 할 것이 있다면 부끄러워하지 말고 소박하게, 단순하게 첫 행보를 감행해야 한다. 행복할 때에도 함께 기도하는 것이 좋다. 이때에는 익숙한 기도를 바치는 것이 바람직하다. 과장되고 꾸며 낸 말로 기도할 필요는 없다. 그래야 나중에 냉정해졌을 때 기도의 본질이 훼손되는 것을 막을 수 있다. 두 사람은 각자 지금까지 바쳤던 개인 기도를 부부라는 현재 본분에 맞는 기도로 변형하기 위해 노력해야 한다. 두 사람의 기도에 조배(흠숭)와 감사와 청원만 포함되어서는 안 된다. 하느님께서 성사 안에 새겨 놓으신 본분에 맞는 이상에 다가가려는 노력도 포함되어야 한다. 여기서 성가정의 모습이 다시 한번 부각된다. 묵상과 기도는 이로부터 큰 영향을 받는다. 남편은 가족에 대한 걱정, 자기가 하는 일, 아내와의 관계를 떠올리면서 요셉을 바라볼 것이다. 아내는 남편과의 관계, 자기가 가정을 꾸리고 자녀를 돌보는 방식을 떠올리면서 주님의 어머니를 바라볼 것이다.

결혼 생활은 육체적 의미뿐만이 아니라 정신적 의미에서도 풍요로워야 한다. 임신과 출산과 양육과 관련된 모든 일에서 풍요로워야 한다. 그리고 육체적인 것은 정신적인 것에 뿌리를 두어야 한다. 부부는 자녀 걱정과 자기 자신을 넘어 자신들이 교회 안에서 가정을 이루고 있음을 항상 유념해야 한다. 따라서 다른 가정들의 관심사에 마음을 열게 될 것이다. 그러나 이렇게 열린 마음은 무엇보다 기도에 작용해야 한다. 이른바 그리스도교적 방식임을, 그러니까 사랑을 내세우면서 자신의 관심사를 위해서만 기도하는 사람은 다른 이들의 관심사를 생각하고 그것을 자신의 기도에 포함시키기가 어려울 것이다. 이기심을 지니면 하느님과 관계를 유지할 수 없다. 그리스도인 부부에게는 여분의 것을 필요한 이들과 나누는 것(예컨대 자녀가 더 이상 입지 않는 옷들을 가난한 아이들에게 주는 것)이 당연하듯이, 기도에서 얻은 충만한 은총을 가정의 행복과 평화를 위해 나누고 그 은총이 다른 이들에게 닿게 하는 것도 당연한 일일 것이다. 이로써 일종의 신비스러운 친화력이 생겨날 것이다. 이러한 친화력의 일부는 그들에게 달려 있고, 일부는 당신이 원하시는 대로 은총을 나누어 주시는 하느님께 달려 있다. 전자의 경우에 기도는 무언가를 통해 그들과 관련된 것들을 에워싸기 때문이다.

다른 한편으로, 부부는 기도 중에 자신들과 직분이 다른 이들도 생각하는 것을 잊지 않을 것이다. 교회의 번영과 관련된 수많은 것이 다양한 직분의 활기 넘치는 관계에 좌우된다. 결혼 초기에는 자신들과 다른 직분이 멀게 느껴지거나 추상적으로 여겨질 수 있다. 어떤 부부들은 본당 사제와의 진정한 만남 없이 오랫동안 성당에 가고 성사를 받는다. 그러고 나서 어떤 어려움, 내적 혼란, 불행이 찾아온다. 이때 그들이 고해를 하거나 특정한 곳에서 이와 유사한 것을 말할 수 있다면 기쁨을 얻게 될 것이다. 지금 죄를 지었든지, 무죄한 상태에 있든지 상관없이 말이다. 무죄한 상태에 있다면 조언과 힘을 얻어야 한다. 그런 가운데 다른 직분의 사람이 자신들에게 얼마나 필요한지, 그에게 얼마나 감사해야 하는지, 그를 위한 기도가 얼마나 중요한지 처음으로 깨닫게 된다. 병이 나서 병원에 있을 때, 아이가 태어나 간호사들의 도움을 받을 때, 자녀가 학교에 들어갔을 때, 수도자가 된 어느 친척에게서 조언과 기도의 도움을 받을 때에도 그러한 체험을 할 수 있다. 자신이 택한 직분에 마음을 여는 것과 다른 직분에 마음을 여는 것은 혼인을 위한 기도를 활기차게 바치는 데 기본적으로 요구되는 자세다.

세월이 흐르면서 결혼 생활은 결혼 전보다 더 단조로워진다. 큰 기대와 놀라움은 뒤로 물러나 있다. 남편은 직장에서 승진하기 위해 애쓰고, 아내는 가사와 육아에 전념한다. 모든 게 균형을 이루고 일상적인 것만 기대한다면 때로는 기도의 절박성을 잃게 될지도 모른다. 부부는 삶에 더 이상 높은 요구를 하지 않고 현재에 만족한다. 이로써 자기 자신에게 필요한 것들도 눈치채지 못한 채 더 줄어든다. 그렇게 되면, 기도는 의례적인 것이 될 위험에 놓인다. 부부는 무관심해지면서 가끔씩만 서로 지지한다. 혼자 있다면, 더 많이 원하고 더 많이 시도할 것이다. 이렇게 홀로 있으면서 잘 통제할 수 있는 사람은 어떤 습관에 빠진 배우자를 위로 끌어 올리기보다 본인이 더 수월하게 일어선다. 둘이 함께 있으면 책임이나 죄를 상대방에게 덮어씌울 유혹도 더 많이 생긴다. 인생은 더 이상 다채롭지 않다는 것, 자기에게는 하느님도 세상처럼 평범해지셨다는 것, 자기는 자리를 잡았으니 위로 올라가기를 더 이상 기대할 수 없다는 것, 이제 모든 것은 닳았다는 것, 자기는 아무런 희망 없이 평범한 사람이 되었다는 것 등 모든 것에 대한 책임을 배우자에게 돌리는 것이다.

결혼 생활에서는 자녀가 혁신의 중심점을 이룬다. 자녀는 부모의 기도를 형성해 나간다. 결혼 초기에는 희망의 기도, 혼인에 대한 축복을 청하는 기도를 바쳤다. 아내가 임신하면 남편보다 더 많이 기도할 것이다. 아내는 자신의 상태가 겉으로 드러나기 전에 이미 몸의 변화를 알아차린다. 그녀는 태아와 긴밀한 관계를 유지한다. 그리고 기도하면서 아기를 하느님의 보호 아래 둔다. 아내가 산고를 겪으며 아기를 낳을 때 남편은 그 기도를 넘겨받고 믿음이 더 깊어진다. 아내는 산고로 힘이 소진되었고, 남편은 이제 아기 아빠로서 여러 감정이 교차하는 가운데 처음으로 진정한 기도를 바칠 것이다. 그는 새 생명을 바라보면서 깊이 감동하고, 지금까지 누렸던 안전한 일상의 일부를 잃는다. 이제부터 그는 하느님 앞에서 아내와 아기를 더 많이 생각한다. 그리고 아내와 아기를 하느님께, 유일하게 언제나 도움을 주실 그분께 맡겨 드린다. 그러고 나서 부부는 자라는 아이를 위해 기도한다. 특히 엄마는 아이를 기도 생활로 이끌어 줄 것이다. 이때 한 가지 위험에 직면할 수 있다. 기도하면서 일종의 미신에 빠질 수 있는 것이다. 엄마는 목표를 바라보면서 열심히 기도할 것이다. 아이의 안녕을 유념하고, 모든 게 생각한 대로 정상적으로 돌아가기를 바라며 마음 졸일 것이다. 엄마는 아이가 살면서 직면하는 작은 일들을 염려하고, 약간 어긋난 일들은 자신의 부주의나 잘못 때문이라고 여길 것이다. 엄마는 아이를 위해 기도하지만, 이때 너무 불안해하지 말고 넓은 마음을 지니고 기도해야 한다.

"아버지의 뜻이 (하늘에서와 같이 땅에서도) 이루어지소서!"

여기서도 이 기도가 핵심이 되어야 한다. 청원 기도가 하느님을 위해 지켜야 할 규정으로 변질되어서는 안 된다. 기도가 편협하면, 이런 위험이 생길 수 있다. 나중에 엄마로서는 감당할 수 없을 정도로 아이가 성장하고, 본인의 삶을 더 이상 제대로 통제하지 못하게 될 수 있다. 이때 엄마는 어떻게 해야 할지 하느님께 계속 말씀드리지만 자신이 바치는 다른 기도들은 메말라진다.

자녀가 학교에 들어가 종교 수업을 착실히 받으면, 이는 종종 가족 전체에 기도 생활을 새롭게 하는 계기가 된다. 잊었던 것이 되살아나거나 잘못된 것이 개선된다. 부모도 새로운 마음가짐으로 노력한다. 기도하는 습관이 중단되지 않았다면 집안에 새로운 활기가 돌게 된다. 아이가 학교에서 배운 것을 이야기하거나 질문을 제기하면, 부모는 이에 대답해 주어야 한다. 수업을 통해서 많은 것을 알게 된 아이는 자기가 새롭게 발견한 것을 부모에게 들려주려 한다. 어쩌면 새로운 것을 알려 주고 싶을 것이다. 믿고 기도하는 부모라면 이러한 신선한 자극을 감사히 받아들일 것이다. 그러나 자신들의 기도 생활이 새롭게 전환하리라는 것은 전혀 생각하지 않을 것이다. 부모는 아이를 주목하고, 아이에게 무언가를 형성하는 기쁨을 주려 한다. 그리고 배움에 대한 열정은 사라지더라도 아이가 힘을 유지할 무언가를 지니기를 바란다. 아이는 부모 옆에서 자기가 이러한 연습을 했음을 떠올릴 테고, 이는 아이가 성실한 태도를 지니는 데 도움이 될 것이다. 부모 역시 알아채지 못한 채 그것으로부터 유익을 얻을 것이다.

부모가 더 이상 기도하지 않으면, 아이는 힘든 상황에 놓인다. 그러나 대부분의 부모는 자발적으로 행하지 않았을 것을 아이를 위해서 행한다. 아이는 눈치채지 못한 채 부모를 다시 기도하도록 이끌어 줄 수 있다. 부모는 아이를 위해서 처음에는 기도를 의례적인 것처럼 행한다. 그런 가운데 은총을 받게 되고, 진정한 기도를 바치게 된다. 또는 아이는 식탁에서 신앙의 진리, 성사받는 것을 이야기한다. 교리를 배우고, 첫 고해와 첫영성체를 준비한다. 이는 부모에게 하느님과 연결되었던 어린 시절의 아련한 추억을 떠올리게 한다. 그러면서 그들 안에서 무언가가 깨어나고, 그들은 기도 안으로 들어간다.

자녀는 점점 성장하면서 자기 세계를 가지기 시작한다. 이에 대해 부모는 어렴풋이 알 뿐이다. 그렇게 자녀는 학교에서 그리고 사회에서 자기 삶을 살고, 자기 안에 틀어박혀 살기도 한다. 그렇게 되면, 부모는 새로운 방식으로 기도하면서 자녀를 동반하게 된다.

알려지지 않은 것, 다시 말해 자녀가 알고 있지만 전달해 주지 않는 것, 자녀가 알지 못하는 것(자녀 주변에 도사리고 있는 위험들), 부모가 알고 있는 것, 부모와 자녀 모두 내다볼 수 없고 오직 하느님만 아시는 것이 기도에 포함된다. 따라서 자녀가 성장하는 시기에 바치는 기도는 범위가 더 확대되고 더 폭넓어진다. 기도는 가족의 확대된 관심사에 맞춰진다. 그러나 이를 넘어서 더 폭넓게 기도하기 위한 적절한 공간이 조성된다. 자녀는 이러한 기도에 대해 알아야 한다. 그러나 삶을 결정할 나이에 이르면, 부모가 이렇게 바치는 기도에 별반 말하지 않게 된다. 자녀는 부모의 불안이나 염려에 대해 아무것도 알아채지 못할 것이다. 그러나 부모의 신심이 자녀에게 짐이나 방해물이 되어서는 안 된다. 부모의 기도는 이제 자녀 인격의 일부가 되었을 테니, 그것을 부각시킬 필요는 없다. 부모의 기도는 강렬하게 그리고 기쁘게 알아챌 수 있어야 한다. 여기서 올바른 수단을 찾아내는 것이 기도가 할 일이자 그리스도교적이고 초자연적인 것이 할 일이다. 부모는 자녀가 이제는 자기 일을 스스로 결정할 수 있음을 의식해야 한다. 자녀에게 모든 것을 일일이 미리 계획해 줄 필요는 없다. 어떤 길을 신중하게 제시하는 것으로 충분하다.

   감각이 섬세한 부모는 간접적인 방식으로도 자녀를 기도로 향하게 할 수단을 찾아낼 것이다. 믿음과 관계있는 어린 시절 이야기를 들려줌으로써 그렇게 할 수도 있을 것이다. 그러나 부모는 아이가 몰두하는 모든 일을 아이의 고유한 관심사로 만들어 주고, 아이가 없을 때 그것에 몰두할 것이다. 또한 기도 안에서 아이를 하느님 앞으로 데려가고, 기도하면서 아이의 마음에 들고 아이가 구속으로 여기지 않는 해결책을 얻게 될 것이다. 부모는 하느님을 신뢰하면서 모든 것은 인간과 인간의 직접적인 교환에 좌우되는 게 아님을 알게 될 것이다. 부모가 자녀의 모든 문제를 책임지면서 하느님의 몫을 축소하면 신뢰가 악용될 것이다. 젊은 엄마는 어린아이에게 인자하신 하느님 역할을 할 수밖에 없었을 것이다. 아이가 성장하면 하느님께서는 친히 그 역할을 넘겨받으신다. 엄마는 언젠가 그 역할을 하느님께 돌려 드려야 한다. 그렇지 않으면, 잘못 생각하게 되고 신심으로 가장한 독선에 빠지게 되며, 가족의 생동감 넘치는 신앙생활도 오그라든다.

　어느덧 자녀가 성장하여 독립하면, 다시 둘만의 삶이 시작된다. 이제 전혀 다른 징후가 나타난다. 일찍 결혼한 사람은 결혼 전에 미래를 위해 기도했다. 그러나 이 미래는 계획과 희망과 함께 누군가의 뒤에 그냥 놓여 있다. 따라서 그는 집에서 여전히 공허함을 느낄 수밖에 없을 것이다. 사랑과 지속적인 기도가 없다면 이러한 공허함은 하느님 안에 숨어 있는 충만함으로 바뀌지 못할 것이다. 남편은 아내 안에서 생기 넘치게 추구하는 사람을 더 이상 볼 수 없다. 자기 일을 겨우 해낼 뿐, 그 일에 몰두하지 않는 지친 사람을 본다. 기도는 두 사람을 함께 변모시킨다. 자신의 믿음과 자신의 사랑을 보존한 사람은 하느님 앞에서 그런 사람으로 있지만, 인간에 대해서는 다른 입장을 취한다. 인간은 나이가 들면서 성숙해진다. 성숙해지는 것은 중요한 일이다. 오랜 세월 동안 기도 안에서, 하느님 앞에서, 교회 안에서 했던 다양한 체험은 자기 자신이 아닌 다른 사람들을 위해 유지한 것이다. 젊은 기혼자가 자기가 바친 기도의 열매가 가족에게 이르기를 바라듯이, 나이 든 이도 다른 사람들에게 그러한 의무를 지니고 있다. 가진 것을 이웃과 나눠야 한다. 가난한 이들, 의지할 곳 없는 이들, 환자들에게 관심을 기울여야 하듯이, 부모에게 늘 동일한 권리를 내세우는 자녀, 성숙함을 지녀야만 받을 수 있는 것들을 조부모에게서 얻어 내려는 손주, 집안 문제로 많은 시간을 보내야 하는 이들에게도 관심을 가질 수 있다. 집안일이 그러하듯, 이러한 새로운 과제도 기도의 힘을 받아야 한다.

  결혼 초기에는 가정을 하나의 원을 이루고 그것으로 족한 것으로 바라볼 위험이 있다. 기도는 이렇게 원을 이룬 것을 교회 안으로 들어오게 하여 그것을 개방하게 할 수 있다. 자녀는 밖에서 가져온 것을 통해 이 개방의 폭을 넓힐 수 있다. 이제 나이가 들면 위험이 또다시 등장한다. 나이 든 사람들은 자기 안에 틀어박혀 있는 것을 정당하다고 여긴다. 삶의 마지막이 다가온다. 그러나 그것은 하느님께 달려 있다. 나이가 들수록 하느님께 마음을 열어야 하고, 마지막을 앞당기지 말아야 한다. 스스로 기한을 정해서는 안 된다. 살아 있는 동안에 될 수 있는 한 활기찬 모습을 유지하도록 애써야 한다. 힘은 줄어들고 노력을 요하는 일의 범위는 더 좁아지지만, 이로써 더 많은 시간을 얻는다. 더 많이 기도할 수 있고, 그 기도는 결코 마지막을 향해 가지 않는다. 외부로부터 기도 안으로 가져오는 소재는 더 줄어들 테고, 긴장도 덜 생길 것이다. 이제 성경을 다시 더 많이 묵상하고 가까이 대할 수 있는 시기가 왔다. 자기 안에 틀어박히게 하는 일을 생각하고 또 생각해서는 안 된다. 복음서에는 우리 삶과 조화를 이룰 수 있는 것, 주님의 삶과 그분께서 사람들과 교류하신 방식을 다룬 단순한 소재가 매우 많다. 나이 든 이는 젊었을 때에 주님께서 비유로 하신 말씀을 좋아했을 것이다. 그중에는 씨 뿌리고 성장하고 열매 맺는 것에 관한 이야기도 있다. 그런 비유에서 삶 전체를 볼 수 있다. 이제 그러한 시야가 더 확대되고, 마지막 운명에 대해서 더 많이 생각하게 된다. 주님 승천 후의 마리아의 삶, 사도들의 죽음에 대해서도 더 많이 묵상하게 된다. 물론 신약 성경에는 나이 든 이들이 적게 등장한다. 그것은 주님의 종말론적 서두름에 속한다.

"죽은 이들의 장사는 죽은 이들이 지내도록 내버려 두어라."

(마태 8,22)

주님께서는 옛것을 따르라고 과도하게 요구하지 않으신다.

노인은 이야기할 시간도 더 많다. 그러나 대화가 수다가 되어서는 안 된다. 손주는 조부모의 이야기를 듣고 싶어 한다. 부모의 어린 시절 이야기도 좋아하므로, 개인적인 것을 그리스도적인 것과 결부시켜 많은 것을 들려줄 수 있다.

중년기에 이른 부부가 조화를 이룬다면, 나이가 들어서도 그 상태를 유지할 수 있을 것이다. 그러나 둘 중 하나가 병이 들거나 적응 능력의 감소로 인해 뭔가가 달라질 수 있다. 또는 새로 등장한 어려움을 놓고 서로 싸울 수 있다. 노인성 장애는 견뎌 내기가 힘들 수 있다. 이 모든 것은 젊은 시절에 비해 덜 극적인 성격을 띨 것이다. 이에 대해서는 수많은 사람이 공통된 경험을 했다. 그들은 기도 중에 하느님께 자신의 삶을 바치고 그분께서 보내시려는 곳으로 가겠다고 결심했다. 이제 노년에 이르러 그것을 다시 진지하게 받아들인다. 준비를 위한 기도는 습관이 되었을 것이다. 그러나 하느님께서는 모든 사람에게 창의적이고 다양한 방식으로 요구하신다. 하느님의 뜻을 따르거나 그분의 섭리를 받아들이기를 소홀히 하면 아무것도 구제되지 않을 것이다.

부부 중 하나가 세상을 떠났다면, 남은 사람에게는 삶이 더 좁아진 것처럼 보인다. 그러나 편협함은 결코 그리스도교 용어가 아니다. 따라서 그리스도교적 관점에서 볼 때, 그렇게 홀로 남은 이의 삶은 새로운 신분으로, 새로운 은총을 충만히 받을 수 있다. 이 신분 역시 한시적이고 힘이 더 제한적이지만, 하느님 안에서 모범적인 삶을 살 가능성을 열어 준다. 이 신분에 주어진 과제는 주로 기도일 테고, 그 기도는 무엇보다 주님께서 믿는 이들 가운데 계시는 성당 안에서 바치게 될 것이다. 기도하는 이들은 교회에 속해 있다. 젊은 사람들은 자신들의 의무와 일에 전념해야 하지만, 나이 든 이들과 홀로 남은 이들은 이렇게 교회가 부여한 의무를 더 잘 수행할 수 있다. 그들에게는 기도할 시간이 있다. 긴급하고 중요한 것은 더 이상 아무것도 없고 기도만이 중요하게 된다. 남아 있는 힘은 주님의 말씀에 따라 그분을 기다리는 데 사용할 수 있다. 또한 인내하며 기도하면서 믿음 안에 머무는 데 쓸 수 있다. 나아가 단지 외적으로 기도하는 태도를 취하는 것에 그치지 않고, 내적으로 기도를 성장시키고 또 자신이 기도에 의해서 성장하는 데 사용할 수 있다. 이제 드디어 그렇게 관상적 삶이 세속적 신분에게도 권리를 보장받는다.

　잘 알려진 기도들을 묵상하면서 이해하기 힘든 계시의 진리를 골똘히 생각하는 것은 옳지 않은 방식이다. 묵주 기도는 많은 사람에게 소리 내어 하는 기도와 묵상하는 이를 이어 주는 바람직한 기도 방식일 것이다. 그러나 기도를 신속히 바치는 사람에게는 적절하지 않다. 손가락으로 하나씩 굴리는 묵주 알은 일종의 경고와 같다. 그것은 순서를 잊어버리지 않도록 막아 준다. 사람들은 무엇이 중요한지 알고 있다. 나이 든 이들은 외적인 것과 내적인 것에 대해 약간 책임지는 과제를 받은 것에 매우 기뻐한다. 성모님의 생애는 누군가에게 충만함을 안겨 주면서 그의 곁을 지나간다. 그는 성모님의 삶이 멀게 느껴지지 않고, 자기 삶 속으로 들어온 듯 친밀하게 느껴진다. 성모님이 사시면서 직면한 모든 일과 사건은 어느 그리스도인의 일상에서 일어나는 일과 사건들에 반영되어 있다. 그러므로 누군가에게는 살면서 겪은 여러 사건과 일이 이러한 빛 안에서 밝혀진다. 그리고 나서 그는 마리아의 삶은 아들이신 예수님의 삶을 통해 규정되었다는 것, 자기는 마리아를 통해 예수님과 하느님을 알게 된다는 것을 다시 깨닫는다. 묵주 기도는 그렇게 하늘과 땅을 연결하는 한 가지 수단이 된다. 지상에서 우리는 하늘의 눈으로 묵상하는 법을 배우고, 하늘은 지상에 있는 누군가에게 가까워진다. 성모님은 우리가 자신의 삶 전체를 실패한 것으로 여기지 않도록, 우리가 모든 것을 잘못 만들어 놓았다며, 많은 일을 이루지 못하고 놓쳤다며 한탄하지 않도록 막아 주신다. 오히려 우리는 성모님이 하느님께서 자신에게 원하신 모든 것을 이루셨다는 것, 그리고 우리는 성모님의 은총을 나누어 받아도 된다는 것을 알고 이에 대해 기뻐한다.

일부 젊은이들은 성당에서 나이 든 이들이 많이 보이면 화를 낸다. 그들은 노인들이 집에 없어서 아쉬워하는 것들, 가족에게 더 이상 줄 수 없는 것을 성당에서 발견한다고 생각하지 않는다. 노인들은 매우 외롭기 때문에 하느님과 성모님에게 무언가를 드리려고 애쓴다. 그들이 하느님께 드릴 수 있는 것이 아직 조금 남아 있을 것이다. 하느님께서는 그들이 바치는 모든 것을 받으시고, 그 안에서 사랑을 보신다. 젊은이들은 완전무결함에 관해 말하기를 좋아하지만, 그들이 배워야 할 점들이 있다. 완전무결함에 대한 요구를 자기 자신에게 두는 것, 하느님께 모든 것을 내어 드리는 것, 그렇게 하기 위해 애쓰는 노인들에게서 교훈을 얻는다는 것을 배워야 한다.

5장

기도의 세 종류

1. 흠숭

　　그리스도인은 가장 먼저 하느님의 절대성과 존엄하심을 묵상하고, 온 힘을 다하여 그분을 사랑하고 그분의 위대하심에 주목한다. 이는 흠숭으로 표현된다. 사람이 되신 하느님의 아드님은 지상에서 아버지께 흠숭하셨다. 이는 그분이 하늘에서 영원히 아버지를 흠숭하신다는 것, 흠숭은 삼위일체적 사건이라는 것을 보여 주는 표지다.

　하느님의 흠숭은 인간의 자기 이해와 전혀 관련이 없다. 그것은 나(자아)를 향해 가지도 않고 나에게서 나오지도 않는다. 그것은 하느님을 향해 가고, 하느님에게서 나온다. 하느님께서는 우리에게 흠숭을 바라신다. 인간이 바치는 흠숭의 전제 조건은 하느님 안에 근거를 두고 있다. 성삼위께서 서로 흠숭하시며 나누시는 것을 인간도 본받도록 권고되었다는 점이다. 그러나 죄는 우리와 하느님의 관계를 멀어지게 했다. 성자는 본래 의미의 흠숭을 우리에게 알려 주기 위해서 온 힘을 다하신다.

―

하느님의 절대성을 아는 그리스도인은 그 절대성에 맞서려 하지 않는다. 그가 바라는 것은 하느님의 존엄하심을 묵상하고 그것에 점점 더 매료되며 경의를 표하는 것이다. 그러나 추상적인 묵상이나 개념 형성, 대화나 거리 두기를 위한 탁월한 능력은 그렇게 경의를 표하도록 이끌지 않는다. 사람들이 거리를 정하고 그것에 기뻐하는 이유는, 하느님께서는 그렇게 위대하시기에 모든 것에도 불구하고 거리를 두어야 그분의 위대하심을 알 수 있기 때문이다. 또는 하느님께서는 위대하심에도 불구하고 그렇게 가까이 계시기 때문이다. 신앙인은 하느님의 존엄하심을 체험할 수 있고, 기도 안에서, 오로지 하느님께 바치는 특별한 기도 안에서, 바로 흠숭 안에서 그것을 간직할 수 있다. 흠숭하는 이는 거리를 경시하는 것, 하느님과 인간을 비교하는 것, 피조물의 부정적인 태도를 하느님과 연관 짓는 것을 처음부터 포기한다. 인간의 하찮음, 보잘것없음은 결코 기도의 일부가 되지 않고, 앞으로의 출발점에 불과하다. 흠숭하는 이는 자기 자신을 잊는다. 그는 자신에게로 돌아갈 계기를 마련해 놓지 않는다. 흠숭하는 이는 하느님께 온 힘을 다하고 그분을 사랑하고 그분의 위대하심에 주목하는 데 자유롭다.

하느님의 존엄하심을 어느 정도까지만 묵상해서는 안 된다. 그분의 존엄하심을 표현하기 위해 그것에 다가가는 것은 시도해 보는 것일 뿐, 그것에 도달할 수는 없다. 하지만 그러한 시도는 표현할 수 있는 것보다 훨씬 더 숭고한 것을 의미한다. 흠숭하는 이는 하느님께 말씀드리고 그분의 이름을 부르며, 그분과 그분의 업적을 찬미하고 그분을 떠올린다. 미래에 대한 희망을 그분께 두고 그분의 전능하심에 매료되지만, 이 모든 것은 그저 걸음마 단계임을 늘 알고 있다. 하느님께서는 모든 개념을 뛰어넘으시기 때문이다. 그럼에도 그는 미약하게나마 하느님을 흠숭해도 된다. 그렇다. 하느님께서는 공경받기를 기다리신다. 그분께서는 믿는 이들에게서만 공경받는 것에 그치지 않으시고, 당신 자신에게서도 공경을 받으신다. 사람이 되신 하느님의 아드님은 지상에서 아버지를 흠숭하셨다. 이는 그분께서 하늘에서 영원히 아버지를 흠숭하신다는 것, 흠숭은 삼위일체적 사건이라는 것을 보여 주는 표지다.

흠숭 안에서 하느님의 세계가 열린다. 하느님께서는 흠숭 안에서만 당신을 인식하게 하신다.

믿는 이는 통상적으로 기도를 시작하면서 이미 하느님의 가까움을 체험하고 이 체험 안으로 들어갈 것이다. 그는 자신에게 맞는 방식으로 하느님을 묵상하기 시작한다. 그는 더듬더듬 말하며 하느님께 다가간다. 이러한 시작 단계는 그에게 믿음과 하느님에 대한 앎을 선사한다. 그는 자신의 믿음과 하느님에 대한 앎에 따라 흠숭을 시작한다. 그러나 이어서 그렇게 흠숭받으신 하느님께서는 자기가 그분께 가져간 것을 달라진 형태로 돌려주신다는 것을 체험한다. 그렇게 달라진 것은 그에게 흠숭을 더 잘할 수 있게 한다. 그가 더듬거리며 한 말은 하느님의 말씀이 된다. 하느님께서는 친히 그가 한 말에 충만함을 부여하신다. 그가 시도하는 것은 하느님께서 친히 형성하시는 개념이 된다. 그는 하느님께서 신앙생활의 열매를 맺게 해 주신다고 믿는다. 그 열매는 측정할 수 없는 거리를 두면서 대상 뒤에 머물러 있을 것이다. 그는 하느님께서 이 열매를 받아들이시고 이 열매에 적절하지 않은 것은 모두 잘라 내시면서 위대하심과 숭고하심과 무한하심을 드러내신다는 것을 체험한다.

    믿는 이는 처음부터 자신의 기준을 포기하거나 기껏해야 쓸모없는 수단으로 여기면서 시험적으로 적용하다가 나중에는 버리려 했을 것이다. 자기에게 여전히 남아 있는 것이 무엇인지는 미리 알 수 없었다. 그는 자신의 기준이 불필요하다는 것을 증명한 반면, 하느님께서는 이 기준을 단순히 던져 버리지 않으시고 즉시 대체하시면서 적절한 개념과 단어에 새로운 의미를 부여하시고 넘치는 은총을 베푸시어 자기가 시작한 모든 것을 이루기를 바라신다는 것을 체험한다. 누군가가 열심히 기도할 때, 하느님께서 그 사람 안에 머무신다. 그 사람은 연인에게 가벼운 입맞춤 외에는 더 이상 아무것도 선사하지 않으려는 수줍어하는 여성에 비길 수 있다. 연인은 그녀를 꼭 안아 주는 것으로 그 입맞춤에 보답할 것이다. 그가 주는 것은 이미 시작된 것의 완성, 그러나 모든 기대를 넘어서는 완성이다. 그녀는 그렇게 될 것임을 알았지만, 연인에게 그런 능력이 숨어 있다는 것은 상상하지 못했다. 그저 수줍게 표현하면서 자신의 사랑을 증명할 수 있다고 여겼다. 그리고 이제는 자기가 소용돌이치는 물결 속으로 들어갔음을 안다. 이렇게 걷잡을 수 없는 상태는 예상하지 못했다. 헌신과 준비된 자세는 그녀의 순수함을 외적으로 잘 증명하는 것이지, 내적 요구나 기대를 의미하지는 않을 것이다. 흠숭하는 이 역시 하느님께서 받아들여 주시는 것을 스스로 앞당길 수 없다.

하느님 안에서 그렇게 '풀려난' 순간이 모든 참된 기도 안에 숨어 있다. 이때 인간이 그 순간을 감지할 필요는 없어 보인다.

"문을 두드려라, 너희에게 열릴 것이다."(마태 7,7)

너희에게, 나에게, 누군가에게 문이 열린다고 믿는 사람은 스스로 문을 두드릴 필요가 없다고 생각한다. 성자 예수님께서는 언제든지 하느님의 자기 계시를 실행에 옮길 힘을 가지고 계신다. 사람이 되신 그분께서는 천상에서 하셨던 체험을 시험하시면서 아버지께서 어떻게 응답하실지 아신다. 그러나 이제 그분께서는 하늘에 계신 아버지께 늘 응답을 받은 아들로서의 권한을 내세우시고, 이 권한을 인간으로서도 사용하기를 바라신다. 사람들에게 다가가시기 위해서, 하느님의 이러한 반응이 사람들에게 선물이 되게 하기 위해서다. 하느님 편에서 볼 때, 그 반응은 오류가 없는 상태에서 일어난다. 예수님께서 그렇게 생각하시듯이, 하느님 옆에서 문을 두드리는 사람은 응답받을 것이 분명하다. 자기를 위해 문을 두드리지 않더라도 다른 사람을 위해 응답받을 것이다. 하느님께서는 나중에 응답하지 않으실 것이다. 그분께서는 직접 연결된 가운데, 오류 없이 지금 여기서 일어나는 사건에 응답해 주실 것이다. 이는 성자께서 성부께 권한을 넘겨 드리는 것이다. 더 정확히 말하면, 바로 흠숭으로서 그러하다. 흠숭은 언제나 하느님의 계시가 되는데, 아드님의 바라봄은 늘 아버지를 드러내 보이는 것으로 이끌기 때문이다. 이때 본질적인 것은 흠숭의 본래적 움직임이 하느님에게서 나온다는 것, 하느님께서는 인간 안에서 움직이기 시작하는 믿음을 받아들이시고 대체하시며 더 높은 단계로 형성하신다는 것, 그러나 그 반대로도 하신다는 것이다. 하느님의 흠숭은 자기 이해와 전혀 관련이 없다. 그것은 나(자아)를 향해 가지도 않고, 나에게서 나오지도 않는다. 그것은 하느님을 향해 가고, 하느님에게서 나온다.

우리는 하느님께서 아담을 창조하신 곳에서 그분을 흠숭하는 법을 배워야 한다. 우리가 인간임과 인간 체험을 주장할 수 없는 곳에서, 그 체험이 누군가에게는 아직 증명되지 않은 곳에서 하느님을 흠숭하는 법을 배워야 한다. 내가 아담 옆에 자아를 둔다면, 이는 내가 하느님의 능력들을 제한하는 것과 같다. 내가 하느님을 흠숭하는 사람일지라도, 나는 나를 세상에 있기로 확정된 자라고 생각한다. 우리는 하느님께서 하시는 일에서 출발해야 한다. 그래야 인간이 무엇을 하는지, (하느님께서 하시는 일은 그분 자신이기도 하다.) 또는 하느님과 인간의 관계는 어떤지 알 수 있다. 마찬가지로 그 관계가 교회 안에서 알려진 바와 같이 객관적인지, 그러나 개개인에게는 다가갈 수 없거나 유효하지 않은지, 하느님께서 세상과 아담을 창조하시기 전에 그분 안에서 인간과의 관계가 이미 구상되었는지 알게 될 것이다. 태초에 이미 하느님께서는 당신이 창조하신 것들보다 위대하셨다. 그분의 위대하심에 도달하려면 인간의 한계에서 출발해서는 안 될 것이다. 더 위대하신 그분의 객관성에 도달하려면 자신의 주관성에서 출발해서는 안 될 것이다. 하느님께 이르기 위해서는 자아로부터 출발해서는 안 될 것이다. 흠숭 안에는 일종의 객관적인 면이 있다. 클래식 음악을 들을 때 중요한 것은 심포니의 내용이지, 듣거나 느끼는 행위가 아니듯이.

인간 안에 있는 모든 것, 창조 세계가 인간에게 보여 주는 모든 것은 인간이 하느님을 흠숭하도록 움직이는 이유다. 이 모든 것은 창조주 하느님의 힘에서 흘러나왔기 때문이다. 그러나 이 모든 것은 자기 자신 안에서 제한되어 있지만, 신적 활동을 가리켜 보인다. 신적 활동은 무한하고 제약이 없다. 신적 활동은 유한한 방식으로 하느님의 무한한 섭리를 드러내 보인다. 흠숭하는 이는 모두 것을 뚫고 들어가 무한하신 하느님을 바라본다. 하느님께서는 홀로 중요하시다. 하느님께서 하느님을 흠숭하시더라도, 하느님께서는 하느님 안에서 흠숭할 만한 것을 보신다. 성자께서는 성부를 흠숭하시므로, 낳으시는 그분의 힘 안에서 신적 영광이 증명되었음을 보신다. 성부와 성자께서는 성령이 발출되는 모습, 성령의 준비된 자세가 당신들이 적극적으로 발출시키는 것에 부합함을 보시면서 다시금 성령 안에서 흠숭할 만한 것을 보신다. 흠숭하는 첫째 이유는 흠숭할 만한 것이 드러난 것 안에, 자기 통고(하느님의 자기 전달) 안에 들어 있는 듯하다. 자기 통고, 자기를 알리는 행위 안에는 물론 단순히 존재하는 것 안에도 들어 있을 수 있다. 성부께서는 언제나 성자께 당신을 드러내시고, 지속적으로 또 점차적으로 흠숭할 마음도 불러일으키신다. 따라서 하느님도 당신이 왜 하느님을 흠숭하시는지 그 이유를 가지고 계신다. 그 이유는 하느님 안에서 다른 위격이 모습을 드러내시는 것에 들어 있다. 모든 흠숭은 다른 위격의 다른 안에 일차적 이유를 가지고 있다. 단지 하나를 이룬다고 해서 흠숭할 수 있는 것은 아닐 것이다. 성자께서는 자신이 성부를 닮았다는 이유로 그분을 흠숭할 수 없으시다. 성부를 흠숭할 만하다고 여기기에 그분을 흠숭하시는 것이다. 흠숭은 '너'와 맺는 관계다. 따라서 매우 순수하므로 오직 '너'만 바라보게 된다. 흠숭은 또 어떤 욕구에 근거한 것이 아니라, 하느님께서 하느님을 위해 그리고 피조물을 위해 현존하심 안에서 이루어지는 것이다.

흠숭하는 이는 왜 하느님을 흠숭하는지 다양한 이유와 단 하나의 이유를 동시에 가지고 있다. 하느님께서 당신을 드러내시는 모습은 다양한 모습이면서도 한 가지 모습이기 때문이다. 하느님께서는 다양성으로부터 단일성을 향해 가신다. 하느님께서는 하느님 곁으로 다가가신다. 이어서 즉시 흠숭받으실 만하다는 것을 인식하시고 단일성을 이루신다. 예수님께서 우리에게 가르쳐 주신 기도는 '(하늘에 계신 우리) 아버지'라는 말로 시작된다. 이 말은 흠숭의 한 표현이다. 우리는 하느님께 여러 가지 청을 아뢰기 전에 누구와 관련이 있는지 떠올려야 한다. 우리는 하느님을 바라보면서 시작해야 하고, 그런 가운데 뒤따르는 모든 것을 펼쳐야 한다.

"저의 하느님, 저의 하느님, 어찌하여 저를 버리셨습니까?"
(마태 27,46)

예수님께서 하신 이 말씀에서 흠숭 상황이 만들어졌다. 모든 흠숭 안에는 일차적 거리, 차이가 들어 있다. 그러나 우리가 믿음 안에서 하느님께 붙잡히고 그분께 다가갈 때에만, 그분께서 얼마나 위대하신지, 그분께서 누구이신지 통찰할 때에만 흠숭 안에 들어 있는 차이를 알 수 있다. 성자께서는 낳음을 받으면서 성부의 힘 안으로 받아들여지고, 그러면서 성부와 자신 사이에 놓인 거리를 인식하신다. 흠숭 안에 들어 있는 차이는 두려움이나 불안을 밀쳐 내는 것과는 아무 관련이 없다. 평온한 상태에서 얻게 되는 냉정함과도 아무 관련이 없다. 이미 생겨난 거리, 차이를 인정하는 것은 다른 위격의 존엄함을 통해 이루어지고, 그 차이 안에서는 다른 위격의 위대함 외에는 아무것도 (차이 자체도) 볼 수 없다.

　사랑 안에서 거리를 두는 것이 전부는 아니지만, 그것은 늘 새롭게 만들어 내기 위한 근본적인 전제 조건이다. 나는 너를 바라본다. 너를 바라보도록 눈을 선물 받았기 때문이다. 이어서 내 얼굴을 네 얼굴 가까이 대면서 서로 뺨이 닿는 것을 느낀다. 나는 너를 인지할 수 있는 살갗을 선물 받았기 때문이다. 그러나 나는 너를 느끼는 동안 너를 바라보지 않는다. 그러고 나서 다시 두 걸음 물러선다. 너를 바라보기 위해서다. 사랑에는 이렇게 가까움과 거리 두기라는 놀이가 필요하다. 하느님께서는 사랑에 이 두 가지 요소를 주셨다. 이 둘은 하느님에게서 나온 것이다. 그분께서는 수용 능력을 위한 모든 단계를 만드셨다. 이 둘은 하느님과의 관계에도 들어 있다. 흠숭은 부분이자 전체다. 흠숭이 전체인 까닭은 하느님께서 당신의 뜻에 따라 우리를 전체로서 창조하셨기 때문이다. 그러나 하느님께서는 당신이 창조하신 것을 '보실' 수 있도록 우리를 맞은편에 두신다. 우리는 이렇게 맞은편에 서서 하느님을 흠숭한다. 이런 맥락에서 흠숭은 부분이다. 그렇지만 하느님께서는 우리를 그렇게 옮겨 놓으시면서 우리가 당신께 돌아오기를 바라신다. 그러나 돌아간다는 것은 출발점을 추월하거나 없애는 것이 아니다. 모든 흠숭 행위는 새롭고 증진되고 더 심오한 흠숭을 위한 소재를 내포하고 있다. 돌아가는 것은 새롭게 정리할 것을 요구한다. 사랑하는 남녀도 결코 진부한 태도를 취하지 않는다. 그 이유는 밀고 당기는 놀이를 하는 가운데 모든 게 제자리로 돌아오기 때문이다.

하느님께서 하느님을 흠숭하신다. 이때 그분께서는 질투하는 배타적 방식이 아닌, 당신의 모든 생각과 계획이 포함된 방식으로 흠숭하신다. 성자께서는 성부를 흠숭하시면서 세상을 창조하기로 생각하신 분을 염두에 두신다. 성부께서는 성자를 흠숭하시면서 세상을 구원하기 위해 당신이 보내려 하시는 분을 당신 안에서 바라보신다. 그렇게 세상은 태초부터 하느님의 흠숭 안에 함께 포함되어 있다. 인간이 바치는 흠숭의 전제 조건 하나는 하느님 자신 안에 근거를 두고 있다. 성삼위께서 서로 흠숭하시며 나누시는 것이 인간에게 본받도록 선사되고 권고되었다. 아담은 창조된 뒤에 하느님과 대화를 나누면서 그분과 어떻게 이야기해야 하는지 알았다. 자신이 신적 흠숭에 특정하게 참여했기 때문이다.

하느님께서는 우리에게서 흠숭을 바라신다. 따라서 당신 자신을 흠숭하실 수 있고, 우리의 흠숭을 받으실 수 있다. 하느님께서는 당신을 인지하실 수 있고, 우리에게 당신을 인지할 능력을 주신다. 아담 안에서 관계가 만들어졌다. 그러나 죄는 두 가지를, 곧 우리의 인지 능력과 하느님의 인지 가능성을 덮어 버렸다. 지금 기도하려는 사람은 죄에 걸려 넘어지지 않고서 하느님과 순수한 관계를 유지하도록 힘써야 한다. 그러나 죄인은 마치 죄를 짓지 않은 양 기도할 수 없다. 죄는 그가 바치는 흠숭의 빛깔을 바래 놓고, 흠숭에 대한 기쁨을 흐리게 하며, 하느님의 거울도 흐려 놓는다. 그러므로 흠숭이 본래 의미하는 바를 우리에게 알려 주시기 위해 성자께서는 온 힘을 다해 신적 흠숭을 드리셔야 했다. 아담이 신속히 죄에 떨어졌기 때문에 그의 능력은 전혀 드러날 수 없었다. 우리는 하느님과 대화를 나누는 그를 보지만, 흠숭의 충일함은 볼 수 없다. 하느님께서는 가장 먼저 한 가지 질서를 세우려 하신 듯하다. 하느님께서는 오롯이 흠숭하시면서 아담에게 당신을 드러내시기 전에 여자를 주셨다. 그가 서로 닮아 있음에 깃든 차이에서 나와 더 수월하게 당신과 맺는 관계 안으로 들어오도록 하시기 위해서다. 그러나 여자는 그를 유혹했고, 때문에 지상적 사랑은 신적 사랑으로 범위가 확대되지 못했다. 그리고 성자께서는 이 세상에 오셔야 했다. 흠숭이 하늘에서는 어떻게 이루어지는지 우리에게 가르쳐 주시기 위해서다.

2. 감사

성부의 출산 행위에 이미 낳음을 받으려 하는 성자에 대한 감사가 담겨져 있고, 마찬가지로 성자가 낳음을 받으려 하는 것에 자신을 낳으시려는 성부에 대한 감사가 담겨 있다. 하느님 안에서 완전한 일치를 이루는 것은 흠숭 행위이자 감사함이 깃든 헌신 행위다. 하느님께서는 완전한 성자와 성령과 일치를 이루신다.

성자 그리스도가 성부께 감사를 드리고 사람이 되시어 자신의 몸을 사람들에게 나누어 주셨기에, 그분 안에서 성찬례와 기도의 완전한 일치가 이루어진다. 말씀은 몸이 되고 기도가 된다. 그리스도께서는 인간을 하느님과 일치하도록 이끄신다. 믿는 이는 성체를 받아 모시고 기도를 바치면서 감사의 순간을 특히 강렬하게 느낄 수 있다.

사랑 안에서 헌신하는 것은 감사를 증명하는 한 가지 방법이다. 성자께서는 낮아지면서 성부를 처음 바라보신다. 그분의 위대하심, 그분의 사랑의 행위를 바라보시고, 그분께서는 흠숭받으실 만하다는 것을 지각하신다. 그러나 성자께서는 성부를 흠숭하면서 이 흠숭 자체가 무언가를 내포한다는 것을 아시고, 이러한 인식 범위를 넘어서는 것을 요청하신다. 어떤 투신, 어떤 제안, 어떤 응답, 어떤 업적을 요청하시는 것이다. 여기서 응답은 빈말에서 나오는 것이 아니고, 업적은 성자께서 이루셔야 하는 것이며 헌신을 일컫는 말이다. 인식은 즉시 하느님의 뜻을 따르겠다는 것을 내포하므로, 감사하는 마음을 지니는 것에 그치지 않고 실제로 감사함을 표현하는 것이다. 이러한 응답의 필연성은 흠숭하면서 얻는 인식의 필연성에 내포되어 있고, 후자는 다시 성부께서 성자를 낳으시는 필연성에 내포되어 있다. 낳으심 없이는 성부께서는 결코 성부가 아니실 것이고, 헌신 없이는 성자 역시 결코 성자가 아니실 것이다. 성부께서 성자를 얻기 위해 애쓰시는 것이 필연적이듯이, 성자 역시 성부께로 돌아가기 위해 애쓰고 그분께 헌신하시는 것이 필연적이다. 성자께서 성부께로 돌아감으로써 이루는 일치는 항상 산뜻하게 생겨나는, 생동감 넘치는 일치다. 성부께서 성자를 낳으시는 힘은 성자께서 성부께 헌신하시는 힘에 붙잡힌 듯하다. 두 위격의 일치는 주고받음의 일치다. 이러한 일치에 있어서는 시간적 순서가 없으므로, 성부께서는 성자를 낳으시면서 이미 그분을 받아들이신다. 남자는 주기 위해 받아들이고 여자는 받기 위해 주듯이 말이다. 하느님 안에서 이렇게 동시에 일어나는 것은 성부의 행위가 우선순위임을 배제한다. 성부께서는 실제로 성자를 낳으신다. 성자를 관상하시면서 낳으시는 것이다. 이는 성자를 당신의 바라봄에 참여시키기 위해서다. 성부께서는 당신 안에 성자를 잡아 둘 수 없으시다. 그분의 출산 행위가 이미 성자에 대한 헌신 행위이고, 이에 성자께서는 자기 헌신으로 화답하신다.

내어 주는 것과 받아들이는 것 안에는 감사가 내포되어 있다. 성부의 출산 행위에 이미 낳음을 받으려 하는 성자에 대한 감사가 담겨져 있고, 마찬가지로 성자께서 낳음을 받으려 하는 것에 자신을 낳으시려는 성부에 대한 감사가 담겨져 있기 때문이다.

하느님 안에서 완전한 일치를 이루는 것은 흠숭 행위이자 감사함이 깃든 헌신 행위다. 그것은 인간 안에서 일치를 이루기 위해 점점 더 많이 추구되어야 한다. 인간은 흠숭 안에서 하느님께 자신에 대한 통치권을 단호히 넘겨 드리고, 자기를 완전히 내맡긴다. 그리고 이에 대한 응답으로 다음과 같은 방식으로 하느님에게서 돌려받는다. 그는 개별적으로 그리고 시간이 흐르면서 하느님께 점차 자신을 내맡겨 드리고 헌신할 수 있게 된다. 나뉠 수 없는 흠숭에 대한 하느님의 이 응답은 당신의 자기 계시 행위의 풍요함이다. 이 풍요함이 사방으로 퍼져 나가면서 인간은 하느님의 영광을 보게 되고, 그러면서 그 풍요함을 생각하게 된다. 하느님의 그러한 응답은 동시에 인간에게 유한한 삶 속에서 다양함을 체험하게 하고 당신을 흠숭하면서 점차적으로 헌신할 수 있게 하는 은총이다.

어떤 사람이 바오로처럼 회개하고 얼마 뒤에 믿음과 사랑과 완전한 흠숭에 이르렀을지라도, 나중에 이러한 행위를 삶의 전 과정에서 따로 떼어 놓는 것과 그 행위를 되풀이하는 가운데 진실해지는 것은 그에게 면해지지 않을 것이다. 그가 자기 존재 전체를 포괄하고 그렇게 여겨지는 "예." 응답을 처음으로 하느님께 드렸다면, 나중에 자기 삶의 모든 단계를 이 "예."로 하나하나 각인시키고 개개의 부분들을 토대로 자신의 "예." 응답으로서의 전체를 다시 한 번 구성해야 한다. 그렇지 않으면, 그는 완전히 거의 애매한 상태에서 하느님을 마주하게 될 것이다. 이제 그의 헌신 의지는 경솔하고 열광적이며 비현실적일 것이다. 그것이 현실적이기 위해서 그리고 자신의 진정성을 증명하기 위해서 그는 하느님의 요구 및 이에 부합하는 방법을 경험으로 안다는 것을 드러내야 한다. "당신이 원하시는 것은 무엇이든 하겠습니다!"라고 하느님께 말하는 것으로는 충분하지 않다. 이렇게 말하는 것은 순명을 통해 작은 일에서도 그 진실성이 입증되어야 한다. 모든 부분적인 것을 알면서 이를 포용하지 않고 응답했을 "예."나 헌신 의지는 배은망덕한 것에 불과할 것이다. 인간은 하느님으로부터 재능을 받았고, 그분께서 인간에게 그 재능을 주셨듯이 그것을 다양하게 쓰시도록 다시 맡겨 드려야 하기 때문이다. 이런 까닭에 감사하는 마음 역시 더 현실적인 감사가 되어야 하고, 그래야 실제로 감사라고 일컬을 수 있다.

한 남자를 아주 많이 사랑하는 여자는 머릿속으로 따지지 않고서 남자에게 자기를 내어 준다. 그리고 남자는 여자 안에서 자신이 열망하는 것에 대한 응답을 불러일으킨다. 지금까지 의식하지 못했고 체험되지 않은 것이 이제 여자 안에서 의식하게 되면서 헌신으로 형성되지만, 그것은 남자의 사랑에서 나왔다가 다시 그의 사랑 안으로 들어간다. 여자를 통해서, 여자를 위해서 그렇게 되는 것이다. 남자는 여자에게 다가가면서 서서히 그녀의 사랑을 피어나게 하는 듯하다. 남자는 먼저 여자 안에 둥지를 틀면서 그녀를 헌신하도록 이끄는 듯하다. 지금까지는 헌신할 마음이 그녀 안에서 희미했지만, 이제는 그 마음이 점점 더 확대되면서 온전히 헌신하게 될 것이다.

인간이 하느님을 흠숭하는 것도 이와 유사하다. 하느님께서는 인간 안에 헌신 의지를 불러일으키시고 그를 자극하시며, 점점 더 분명히 그리고 구체적으로 봉사하도록 그를 형성하신다. 이러한 헌신 의지는 하느님께서 선사하시고 그분에 의해서 형성되며, 그분께서 늘 인간 안에 불어넣어 주시는 지속적인 응답이다. 하느님께 자발적으로 헌신할 수 있는 사람은 아무도 없을 것이다. 하느님께서 누군가의 흠숭을 받으시면서 그에게 헌신할 마음을 불어넣어 주시기에 헌신할 수 있는 것이다. 그는 하느님께서 자기를 어떻게 소유하시는지, 자기의 뜻을 어떻게 바꾸시고 그것을 어떻게 신적 의지에 포함시키시는지 체험한다. 그리고 이렇게 체험하면서 그저 감사할 따름이다. 하느님의 뜻 안에서, 하느님을 통하여 다른 사람이 되기 때문이다. 그는 믿음이 깊어지는 가운데 변모되었음을 자각한다. 지금까지는 자신 안에서 늘 일치되지 않고 마음이 여러 갈래로 갈라졌음을 느꼈다. 그러면서 갈망, 사랑에 대한 욕구가 생겼다. 능력과 재능이 있기를 바랐고, 흩어진 조각들을 모아 하나의 전체를 만들어 내고 싶었다. 그것이 눈에 보이지는 않더라도 말이다. 기도는 이런 작은 부분들을 같은 방향으로 향하게 하고 하느님께로 이끄는 자석과 같다. 기도는 그런 작은 부분들을 밀착시키는 불과 같다. 이 불이 그 작은 부분들에 하느님의 불을 붙이면서 그분의 질서와 일치를 선사해 준다.

성자께서 사람이 되시면서 하느님의 말씀은 인간적 형상을 지니고 있다. 사람이 되신 그분께서는 자신 안에 하느님의 말씀을 간직하고 계신다. 말씀이신 성자께서는 인간적 다양성을 지니기 전에 단일성을 지니셨고, 그분의 다양성은 말씀의 단일성 안에 불변하는 토대를 지니고 있다. 죄인은 하느님께서 원하신 자기 삶의 일치를 깨뜨렸다. 그렇지만 강생하신 하느님의 말씀을 통해서 깨진 일치가 회복될 수 있다. 그러나 이 말씀은 기도다. 성자 안에서 이 말씀은 처음부터 삼위일체적 기도였다. 우리 안에서 이 말씀은 믿음을 통해, 하느님의 인식과 흠숭을 통해 감사하는 가운데 헌신의 일치가 된다. 하느님께서 당신의 아드님을 통하여 우리에게 일치를 선사해 주시듯이 말이다.

아담이 처음에 하느님과 교류했을 때에는 그분과 일치를 이뤘다. 그러나 뱀으로 말미암아 그는 하느님과의 교류에서 멀어지고 그분과의 일치를 잃고 말았다. 하지만 성자를 통해서, 더 정확히 말하면 그분의 성체성사적 말씀을 통해서 하느님께서는 인간에게 당신과 일치를 이룰 가능성을 선사하신다. 성찬례는 감사함을 뜻한다. 성자 그리스도가 성부께 감사를 드리고 사람이 되시어 자신의 살(육)을 사람들에게 나누어 주셨기에, 그분 안에서 성찬례와 기도의 완전한 일치가 이루어지고 말씀은 살이 되고 기도가 된다. 이러한 일치를 통해서 그리스도께서는 인간을 하느님과의 일치로 이끄신다. 믿는 이는 성체를 받아 모시고 기도를 바치면서 감사의 순간

그리스도께서는 인간을
하느님과의 일치로 이끄신다.
믿는 이는 성체를 받아 모시고 기도를 바치면서
감사의 순간을 특히 강렬하게 느낄 수 있다.

을 특히 강렬하게 느낄 수 있다.

  헌신하는 이는 자신의 헌신을 비범한 것으로 여기지 않는다. 헌신은 단순히 하느님께 대한 감사에 부합하고, 또다시 이 감사를 증진시킨다. 그는 하느님께서 자기에게서 모든 것을 가져가시는 것을 보면서, 그분과 사람들에 대한 순수한 사랑에서 그렇게 되는 것이라고 이해한다. 따라서 그저 감사할 따름이다. 헌신하면서 감사할 수 있는 사람은 하느님께서 자기를 사랑하셔서 자신의 헌신을 받아 주신다는 생각에 너무 오래 빠져서는 안 된다. 하느님께서는 자기와 마찬가지로 모든 사람을 사랑하신다는 것, 그리고 자신의 헌신은 사람들에 대한 하느님 사랑의 한 표지라는 것을 즉시 알아야 한다. 하느님께 선택받았을지라도, 그는 이렇게 선택받은 것을 다른 사람들과 함께 바라보고 간직해야 한다. 이런 태도가 개인적으로 바치는 감사 기도를 늘 교회의 기도와 하나가 되게 할 수 있다. 복음서를 보면, 주님께서는 제자들을 부르시고 그들은 그분을 따른다. 그러나 그분의 부르심은 항상 지속되므로, 선택받은 이들은 이렇게 선택받은 것을 즉시 다른 사람들과 나눠야 한다. (바오로에게만 예외가 있다. 그는 자기가 예외라고, 전형적으로 선택받은 이라고 이해한다. 그는 본래의 사도들과 함께 있지 않았다. 그에게는 주님을 따른 이들과의 자명한 유대가 결여되어 있다.) 그리스도인들의 헌신 안에는 그렇게 주님께서 제정하신 성찬례에 대한 감사함이 담겨 있다. 그분께서는 모든 이에게 당신의 몸을 나누어 주시고 당신의 생명이 그들 안으로 흘러들어 가게 하심으로써 당신이 받은 일회적 파견에 대해 하느님께 감사를 드리신다.

3. 청원

그리스도인은 하느님께 의지하고 그분을 믿으면서 깊은 신뢰와 사랑 안에 뿌리내리게 된다. 그때 하는 청원은 더 객관성을 띠게 된다. 그리스도인의 모든 청원은 하느님의 뜻과 관련된다. 그는 하느님께 간청하고 자신이 그분의 뜻을 실행하도록, 세상과 교회가 그분의 뜻을 따르도록 온 힘을 다해 청하고, 하느님의 뜻을 이루기 위해 점점 더 투신할 것이다. 예수님의 이름으로 하느님께 청하는 사람은 그분의 약속에 따라 그 청이 들어질 것이다. 예수님의 이름으로 청하는 것은 그분을 사랑하시는 하느님께 영향을 미친다.

인간은 아담이 죄를 지어 하느님에게서 멀어졌다. 우리가 죄를 받아들이는 것은 성부께 드리는 한 가지 청을 내포하고 있다. 세상을 구원하는 것이다. 구원의 전 과정은 하나의 청원 기도다.

인간의 관심사는 대체로 본성, 사생활, 가족, 교회, 국가, 세계와 결부되어 있다. 그러한 것들은 본인 자신과 관계있고, 그의 자아의 욕구에 부합하며, 이 자아 안에서 깨어난 것들이고, 그를 제압한다. 그는 오늘, 그리고 지금 이 순간을 살기에 그 관심사들을 다루지만, 그것들은 그의 개인 생활 너머까지 영향을 미친다. 하느님 나라에 대한 관심사, 주님에 대한 관심사도 그러하다. 그가 믿음 안에서 하느님을 만난다면, 자신의 전 존재로, 자신의 삶을 형성하는 모든 것과 함께 그분을 만나는 것이다. 그가 자기와 관련된 모든 것, 자신의 삶을 형성하는 모든 것을 하느님과 연관 짓지 않는다면, 하느님께 자기를 열어 보일 수 없고 그분께서 자신 안에서 활동하실 공간도 마련해 드릴 수 없다. 하느님과 인간은 서로 초대해야 한다. 인간은 하느님을 자기 삶 속으로 초대하고, 하느님께서는 인간이 당신의 일에 협력하도록, 그리고 믿는 이로서 당신의 활동에 참여하도록 그를 초대하신다.

믿음이 약해지면, 인간은 하느님 안에서 무엇보다 의지할 것을 찾게 되고 작은 걱정거리들을 해결해 달라고 청할 것이다. 모든 일에서 하느님께 우선권을 드리는 것, 일어난 일들을 하느님께서 자기보다 더 잘 이해하시기를 기대하는 것이 그는 어렵다고 느낄 것이다. 그러나 그가 믿으면 믿을수록, 신뢰와 사랑 안에 더 깊이 뿌리내릴수록 그의 청원은 더 객관성을 띠게 된다. 그가 자기 자신에게 무관심해서가 아니라, 그는 하느님을 섬기면서 살 수 있고 그의 모든 욕구는 하느님의 뜻을 실행하는 데서 생겨나기 때문이다. 어떤 면에서 보면, 그의 모든 청원은 하느님의 뜻과 관련될 것이다. 그는 하느님께 간청하고 그분의 뜻을 실행하도록, 세상과 교회가 그분의 뜻을 따르도록 온 힘을 다해 청할 테고 하느님의 뜻을 이루기 위해 점점 더 투신할 것이다. 그의 청원은 하느님께 돌려 드리기 위해 강도가 점점 더 세질 것이다. 세상 만물은 처음부터 그분께 속하거나 속해야 했을 것이다. 하느님께서는 늘 새롭게 당신의 창조 세계에, 당신의 교회에, 당신의 사람들에게, 당신의 믿는 이들에게 관여하실 것이다. 그러나 그는 하느님께 청하면서 감사와 흠숭을 잊지 않을 테고, 자기는 하느님께 관계의 한 측면만 보여 드린다는 것, 그러나 세상과 교회와 사람들은 하느님의 훌륭하심과 그분을 흠숭하는 이들에게 베푸시는 그분의 자비와 그분의 뜻을 잊어서는 안 된다는 것을 상기할 것이다.

하느님의 뜻이 이루어지기를 바라는 사람은 그분의 뜻이 어디서나, 큰 것에서만이 아니라 개개의 것에 이르기까지, 심지어 사람들이 전망할 수 없는 상황들에서도 이루어지기를 바란다. 그다음에는 다시 작은 것뿐만 아니라 전체적인 것과 큰 것에서도 그분의 뜻이 이루어지기를 바란다. 개인적인 것을 청하는 사람은 그것이 하느님 뜻의 영역으로 들어가기를 바라면서 그렇게 할 것이다. 하느님께서 주시는 모든 '영향'은 인간이 그분의 뜻을 통해 받는 영향에 늘 감싸여 있어야 한다. 모든 진정한 청원은 그 범위가 확대된다. 개인적인 일에 대한 청이 들어지면, 이는 하느님께 감사하고 그분을 흠숭하는 동기가 된다. 그러나 그 청이 들어지지 않는다면, 자기가 알았거나 진정으로 바랐던 것보다 하느님의 뜻이 훨씬 더 위대하다는 것을 인지해야 비로소 그분을 흠숭할 동기가 주어질 것이다. 예수님의 이름으로 하느님께 청하는 사람은 그분의 약속에 따라서 그 청이 들어질 것이다. 그러나 그분의 이름 자체가 그분께서 하느님께 순종하는 것을 표현한다. 예수님께서 순종 내에서만 청하시듯이, 우리도 그분의 이름으로 청한다. 예수님의 이름으로 청하는 것은 그분을 사랑하시는 하느님께 영향을 미친다. 그러나 예수님의 뜻 안에서 우리에게도 영향을 준다.

성자께서는 자신의 계획과 결정을, 그러니까 사람이 되기 위해 그리고 세상을 구원하기 위해 내린 결정을 영원하신 성부께 제시하시면서, 한편으로는 처음부터 성부의 뜻을 실행하기를 바라셨다. 성부께서는 당신의 세계를 유보하기를 바라시기 때문이다. 다른 한편으로는, 그 안에는 한 위격의 뜻도 담겨져 있다. 성자께서는 하느님이자 한 위격으로서 신적 생명을 지니시고 사람이 되셔서도 성부를 섬기실 수 있기 때문이다. 따라서 성부의 뜻이 자신의 뜻이 되게 하신다. 성자께서는 성부에 의해서 영향을 받으실 수 있다. 그러나 성부께 구원 사업을 허락해 달라고 청하면서 자신도 성부께 영향을 주신다. 성부께서는 이미 그렇게 생각하셨듯이 성자의 봉사를 받으신다. 성부께서는 성자의 청을 들어주시고, 이 구원 사업에서 당신의 뜻을 드러내 보이실 수 있다. 그러나 이렇게 가시화된 것은 성자의 뜻을 표현하는 것이다. 사람이 되신 그분께서는 새로운 인격적 자유를 지니시고, 그런 가운데 자신의 삶을 영위하면서 성부의 뜻을 점점 더 많이 인식하고 실행하기를 바라셨다. 성자께서는 자신을 성부의 손안에 놓여 있는 도구로 여기시며 성부의 뜻을 따르신다. 그분께서는 당신이 가신 이러한 헌신의 길을 우리에게 가장 순수하게 보여 주시고, 당신처럼 우리도 그 길을 가도록 초대하신다. 그분께서는 인간으로서도 하느님께 영향을 주셨다. 성부께서 십자가 사건을 허락하시기 위해서는, 성자가 넘겨받은 성부의 뜻 안에서 성자의 뜻을 인식하고 받아들이기 위해서는, 성자를 통하여 받는 영향이 필요하다. 성부의 삼위일체적 영향으로부터 성자께서는 인간으로서 자신이 받은 영향을 이끌어 내시고, 그 영향을 성체성사 때 우리에게 주신다.

    이러한 영향 안에 죄로 향하는 반대 움직임이 들어 있다. 아담은 죄를 지어 하느님에게서 멀어졌다. 그는 하느님께서 자기를 위해 더 많이 수고하시라고, 목소리를 더 크게 내어 그분께서 들으시라고, 은총을 더 많이 주시라고 그분께 강요한 듯하다. 하느님을 위한 헌신 안에 방향 전환이 들어 있다. 인간은 하느님께 다가가려고 노력한다. 인간은 하느님께로 몸을 돌리고 그분을 향해 간다. 하느님께 다가가는 사람은 성자 안에서 이미 구상되었다. 성자께서는 직접 사람들에게 가시면서 성부께서 그들에게 다가가시는 수고를 덜어 드리는 듯하다. 그러나 하느님께서는 인간이 당신께 다가가는 모든 수고를 면해 줄 수 없으시다. 인간은 악마의 유혹에 빠져 자발적으로 죄에 떨어졌다. 인간은 자발적으로만 하느님께 돌아갈 수 있다. 이렇게 움직이는 것도 성자께서 완성하신다. 사람이 되시어 하느님께 다가가면서 그렇게 하신다. 그분께서는 사람이 되심으로써 두 가지 사명을 넘겨받으신다. 하느님께서 인간에게 다가가시게 하는 것, 그리고 인간이 하느님께 다가가게 하는 것이다. 후자의 경우에는 당신이 아담의 자리에 서서 죄 이전의 상태로 되돌려 놓으시는 게 아니라, 죄와 하느님에게서 멀어진 상태를 받아들이면서 그렇게 하신다.

 죄를 이렇게 받아들이는 것은 성부께 드리는 한 가지 청을 내포하고 있다. 세상을 구원하는 것이다. 그분께서는 성부 없이 혼자 힘으로 구원 사업에 임하지 않으시고, 항상 성부와 함께 느끼면서 그렇게 하신다. 이렇게 느끼는 것은 무엇보다 성자께서 다음과 같이 청하는 것에서 생겨난다. 즉, 성자께서는 성부께 구원 사업을 허락해 주시기를, 그것이 열매 맺게 해 주시기를, 인간이 실제로 하느님께로 향할 수 있도록 성부께서 자신(성자)에게서 멀어지지 않으시기를 청한다. 성자께서 성부께 이렇게 청하시는 것은, 자신이 지금 죄를 받아들였으니 그 죄를 쫓아내거나 결정을 내리지 않거나 죄를 지은 세상과 거리를 두기 위함이 아니다. 이런 관점에서 보면, 구원의 전 과정은 하나의 청원 기도다. 따라서 지금 청원 기도와 희생은 긴밀한 연관성이 있음도 알 수 있다. 하늘에서 내려오셨을 때 이미 성자께서는 자신의 청이 받아들여지려면 자신을 희생해야 한다는 것을 아셨다. 믿는 이들도 그래야 할 것이다. 하느님께서는 그들에게 한 가지 사명을 주시지만, 그들에게서 무언가를 가져가시고 한 가지 희생을 부과하신다. 자신의 사명을 이루게 해 달라는 그들의 청을 들어주시기 위해서다.

성자께서는 청원 기도를 토대로 흠숭과 감사에 새로운 의미를 부여하신다. 그분께서는 수난에 대해 감사하시고, 그렇게 수난하시면서 흠숭하신다.

이로써 흠숭의 범위가 확대된 듯하다. 흠숭은 성부보다는 성자 안에, 흠숭받는 분보다는 흠숭하는 분 안에 깃들어 있다. 신적 흠숭

때 모든 청원은 천상의 영광 안에서 숭고하고 환히 빛나는 듯했다. 명시적인 청원 기도는 언제나 수난 체험, 어떤 부족함에서 결과로 나오는 인식에 근거를 두고 있다. 아드님께서 지상에서 드리는 흠숭은 수난 속으로, 어두운 밤 속으로 들어간다.

"아버지께서 원하시면 이 잔을 저에게서 거두어 주십시오. 그러나 제 뜻이 아니라 아버지의 뜻이 이루어지게 하십시오."(루카 22,42)

그분 안에는 두 가지가, 곧 그분께서 천상에서 드리는 흠숭과 지상에서 바치는 수난에 대한 기도가 연결되어 있다. 성인들에게 흠숭의 밤은 늘 바라봄의 낮에 가까이 있다.

6장

직접적으로

그리고

간접적으로

1. 성인

성인은 다른 성인들 편에서 기도하는 법을 배운다. 다른 성인들이 도와주도록 그들에게 몸을 돌린다. 따라서 간접적으로 바치는 기도를 추구한다. 반면에 직접 바치는 기도는 하느님께서 그에게 선사하는 것이다.

성인은 자신의 전 존재를 하느님께 맡기려고 애쓰는 사람이다. 이렇게 맡기는 행위는 근본적으로 기도다. 그는 자기 자신을 완전히 하느님께 내어 드린 사람이고, 자신의 영과 함께 모든 현세적이고 물질적인 것도 하느님께 맡겨 드린 사람이다.

성인이 간접적으로 바치는 기도 안에는 모든 성인의 통공과 일치하는 면이 있다. 다른 성인들의 모범을 보면서 성인은 자기도 하느님과 직접 살아야 함을 배운다.

성인은 오직 하느님 안에서 진실하게 살고 한 가지만 추구하는 사람이다. 그것은 자신이 행하는 모든 것에서 하느님을 찾고 그분 앞에 서기 위해 애쓰는 것이다. 성인은 자기 힘으로는 아무것도 할 수 없음을 안다. 그래서 모든 것을 하느님께서 주시는 힘으로 하기를 바라고, 그분께서 원하시는 것 외에는 아무것도 행하지 않는다. 그리고 하느님께서 자기에게 주려고 하시는 것보다 그분께 더 많이 요구하거나 더 적게 요구하지 않는다. 성인은 하느님께서 주시는 힘으로만 살기를 바라고, 이러한 바람은 그분께서 주시는 힘을 과도하게 또 분별없이 요구하지 않도록 그를 이끈다. 성인은 하느님께서 자기에게 선사하려 하시는 것만 요청하겠다는 겸손함을 지니고 있다. 기도 안에서 그는 하느님께서 자기에게 주고자 하시는 만큼 그분을 이해하려고 힘쓴다. 하느님께 직접 다가가고 또 그분께 직접 듣는 것은 하나의 기도다. 그럼에도 성인은 자신과 자신의 힘에 의해서는 그다지 받쳐지지 않으므로, 원래부터 직접 바치는 기도보다는 간접적으로 바치는 기도로 더 많이 기우는 경향이 있다. 그는 자신에게 의존하지 않는다. 그는 하느님의 직접성을 알기에, 자기가 얼마나 약하고 보잘것없는지 통찰한다. 그리고 늘 외롭기 때문에 다른 외로운 사람들을 기꺼이 바라보고, 그들이 하느님께서 주시는 힘으로 산다는 것을 깨닫는다. 그는 다른 성인들 옆에서 기도하는 법을 배운다. 따라서 자발적으로 간접적으로 바치는 기도를 추구한다. 반면에 직접 바치는 기도는 하느님께서 그에게 선사하시는 것이다. 그는 하느님에게서 받은 파견을 다른 성인들의 빛에서 바라본다.

이냐시오(이냐시오 데 로욜라 성인)는 부상을 입고 요양하던 중에 성인전을 읽고 올바르게 기도하는 방법을 찾는다. 그런 가운데 일종의 '시험'이 적합한 것임을 알게 된다. 그는 다른 사람들이 어떻게 기도했는지 깨닫는다. 그리고 '하느님의 더 큰 영광을 위하여' 그들이 바친 기도와 유사하게 기도할 수 있게 해 달라고 하느님께 청한다. 그러나 그렇게 하는 것이 서투르다는 것을 알고, 기도할 때 성인들이 도와주도록 그들에게로 몸을 돌린다. 아르스의 비안네 신부는 고해를 들으면서 알게 된 거룩하지 않음을 넘어 성인들의 거룩함을 바라본다. 어떤 죄는 특정한 성인들이 특정한 상태에서 어떻게 처신했는지 또는 어떻게 처신할지 늘 바라본다. 어느 성인이 힘든 사명을 받는다면, 자기와 비슷한 과제나 시험을 받았던 다른 성인들을 기도 안에서 바라보는 것이 중요하다. 이런 맥락에서 바라보는 것은 해당 성인에 의해서 함께 인도된다는 뜻이기도 하다.

예수의 데레사와 십자가의 요한처럼 동시대를 살았던 성인들에게서 그것을 가장 잘 볼 수 있다. 두 성인이 나눈 영적 대화는 명확히 표현될 수 없는, 잠재된 기도 형태를 지녔다. 두 성인은 자신들의 질문을 하느님 앞에서 함께 바라보고, 자신들의 관심사를 기도 안으로 가져가도록 서로 권고한다. 그리고 상대방이 '그것을 이루는 것'에 감사한다. 두 성인은 그 안에서 하느님께서 중심에 계시는 우정의 가톨릭적(보편적) 형태를 구현한다. 그러나 이 우정 안에서 상대방이 하느님과 교류하는 것은 옳다는 것도 안다. 중개하는 성인이 이미 하늘에 있더라도, 그것은 소통을 가로막지 않는다. 그 성인은 자리를 옮겨 갔을 뿐이고, 대화는 처음부터 열린 기도가 된다. 옆에 있는 사람에게 "제 사안을 당신의 기도 안으로 가져가 주세요."라고 말하는 대신에 하늘에서 거룩하게 있는 '너'에게 말한다. 중개에 대한 확신은 점점 더 커진다. 대화는 '더 기도답게' 된다. 하늘에서 머무는 사람은 이미 하느님을 바라보기 때문이다. 그는 사안의 중대성을 측정할 수 있으며, 그에 상응하는 힘도 지니고 있다. 대화는 확대된다. 하늘에서 머무는 사람은 하느님의 뜻에, 그분께서 분배하시는 것에 관계가 있기 때문이다. 지상에서 이해되지 않는 일이 하늘에서는 명료해진다는 것을 우리는 안다. 중개와 관련해서도 주님의 다음 말씀에 의지할 수 있다.

"제 뜻이 아니라 아버지의 뜻이 이루어지게 하십시오."
(루카 22,42)

그분께서 지상에서 하신 모든 말씀은 기도였다. 어떤 사람이 그리스도인이고 거룩할수록, 그는 점점 더 자기가 하는 말을 그리스도께서 하신 기도 말씀에 맞추려고 애쓴다. 하느님과 그분의 아드님이 나누시는 대화의 은총을 자기가 나누어 받는다는 것을 그는 믿음 안에서 안다. 항상 기도하려고 애쓰는 사람들이 있는가 하면, 자기가 항상 기도하는지 알기 위해 애쓰는 사람들도 있다. 그러나 아무도, 성인도 자기가 항상 기도하는지 알려고 애쓸 필요가 없다. 아르스의 비안네 신부의 삶 전체였던 고해를 듣는 것은 그의 유일한 기도였다. 그러나 그는 그것을 알지 못했고, 전혀 알려고 하지도 않았다. 고해 사제로서 언제나 곧장 기도 안으로 들어가는 것이 그에게는 더 수월했던 반면, 이냐시오처럼 '기도의 영' 안에서 더 많이 살았던 다른 성인들에게는 그것을 인식하는 것이 더 어려울 수 있다. 아르스의 비안네 신부는 하느님과 고해자 사이에 서 있다. 주님께서 활동하시는 지점에, 그리고 막달레나가 자신의 죄를 바라보면서 용서가 이루어지게 하는 지점에 있는 것이다. 세상에 오신 주님께서는 죄인과 만나시고 그의 죄를 용서해 주신다. 이냐시오에게는 많은 것이 배후에서 더 크게 작용했다. 당시에 그는 세속적 사건의 소용돌이 속에 서 있었고,[15] 이는 그의 수도회 설립과도 관련이

---

15 그 시대에 유럽은 변혁기를 맞이하여 근대가 태동하고 있었으며, 생활 방식이 크게 바뀌면서 사회가 매우 혼란스러웠다. ― 역자 주

있다. 그는 또 많은 계획과 구상이 뒤섞여 있는 가운데 서 있었다. 그렇게 혼란스러운 시대를 살면서 이냐시오는 많은 사람과 교류했다. 그가 맺은 다양한 인간관계는 훗날 회원들을 파견하는 데 활용된다. 그가 행하는 많은 것은 분명히 기도다. 많은 것이 기도의 영 안에 있다.

성인의 삶은 주님께서 십자가 위에서 하신 말씀에서 드러난다.

"아버지, 제 영을 아버지 손에 맡깁니다."(루카 23,46)

여기서 내맡김의 표지가 드러난다. 주님께서는 십자가 위에서 자신의 영을 아버지께 돌려 드린다. 결국 벌거벗은 인간으로서 수난하시기 위해서다. 그러나 이로써 그분께서는 자신의 신성으로부터 인성으로 떨어지지 않으신다. 아버지는 맡겨진 것을 받아들이시고, 아들이 바라듯이 그것이 아들의 영 안에서 작용하게 하시기 때문이다. 성인은 자신의 전 존재를 하느님께 맡겨 드리려고 애쓰는 사람이다. 이렇게 맡기는 행위는 근본적으로 기도다. 죄인이 진보하는 길이 있다. 하느님에 대한 믿음을 여전히 지니고 있지만, 그 밖에 성인이 되기를 바라고 성인이 될 때까지 노력하는 것이다. 성인은 자기 자신을 완전히 하느님께 내어 드린 사람이고, 자신의 영과 함께 모든 현세적이고 물질적인 것도 하느님께 맡겨 드린 사람이다. 하느님께서는 그를 돌보실 것이다. 성인은 주님께 순종하고 필요한 것을 실행한다. 그는 근심 없이 그리고 전진하면서 살 수 있다. 갑자기 절대적으로 명확해진 것이 나타날 때까지 그렇게 살 수 있다. 그가 자신의 사명을 수행하면서 활기를 얻을 때, 그는 하느님 안에서 살았다는 것, 그의 삶은 기도의 영 안에 있었다는 것이 드러난다.

성인들의 삶에는 늘 '데려감^{Mitnahme}'이 존재한다. 성인은 누군가가 자기를 데려가게 할 수 있다. 그러나 어느 곳에서는 자기가 다른 사람들도 데려간다는 것을 안다. 그가 간접적으로 바치는 기도 안에 모든 성인의 통공의 한 법칙에 부합하는 필연성이 깃들어 있다. 이 필연성은 성인 자신과 그가 자신을 보잘것없는 존재라고 여기는 것에서 비롯된 것이며, 다른 성인들에 의해서 주어진 것이기도 하다. 다른 성인들은 이로써 그를 지지하고 자신들의 거룩한 기도에 참여시키려 하지만, 그가 기여하는 것을 어느 정도는 받아들이고자 한다. 그것을 자신들의 관심사에도 적용하기 위해서다. 수호천사는 자기에게 의지한 이들을 지키는 것에 그치지 않고, 그들을 자신의 관심사 안으로 끌어들인다. 하늘의 성인들은 지상에서 기도하는 이들을 자신들의 관심사 안으로 앞서 받아들일 수는 없는 듯하다.

나아가 성인은 하느님의 직접성을 알고 있지만, 거기서 나와 늘 새롭게 고독으로 던져진 사람이다. 성인은 모든 부유함을 알고 있지만 가난하게 살 수 있는 사람, 그렇기 때문에 부유함과 가난함의 차이를 더 뚜렷이 느끼는 사람이다. 그는 하느님 은총의 충만함을 하늘에서든, 지상에서든 어디서나 직접 볼 수 있기에 부유하다. 그러나 보화는 그에게 감춰져 있다. 따라서 자신이 진지하게 부유함의 체험을 했는지 안 했는지 종종 의혹이 들 수도 있을 것이다. 또는 자기에게서 나온 말이 옳은지 아닌지 의심할 수도 있을 것이다. 이렇게 그는 불확실해질 수 있다. 그래서 다시금 다른 성인들의 경험에 의지한다. 그는 하느님께서 그들에게서 원하신 것이 무엇인지, 그들은 어떤 길로 갔는지, 그들은 가난과 어둠을 어떻게 통과해 갔는지 알고 싶어 한다. 성인들은 하느님의 직접적인 영향을 거듭 체험했지만 다시 어둠 속에 있어야 했음을 직접 바치는 기도 중에 알게 되면서, 직접적인 만남도 이루어진다는 확신을 얻고 고무된다. 어느 환자가 자기에 앞서 다른 환자들이 힘든 수술을 받은 것을 보고서 자기도 수술받겠다고 용기를 내는 것처럼.

  다른 성인들의 모범을 보면서 성인은 자기도 직접 하느님과 함께 살아야 한다는 것을 배운다. 하느님께서는 그를 위해 하나의 길을, 오직 그만을 위한 고유한 길을, 그 흔적이 다른 성인들의 길과는 전혀 다르게 마련해 놓으시기 때문일 것이다. 성인은 그렇게 오직 하느님과 함께 있어야 하고, 그분만을 흠숭해야 한다. 그리고 하느님께서 고독한 사람인 자신에 대해 아시고 자신에게 말씀하셔야 하는 것을 말씀하시도록 자기를 위해 중개 역할을 해야 한다. 그러고 나면, 이러한 고독이 하느님 앞에서 예전보다 훨씬 더 많이 거둬진 듯 여겨질 것이다. 이제 그는 가난한 마음과 무능함을 안고서 하느님 앞에 서기 때문이다. 예전에는 그의 무능함이 성인들의 능력으로 인해 가려져 있었다. 성인들은 하느님이 아니기 때문에, 그는 그들의 인도를 받았고 간격이 좁혀졌으며 차이도 극복되었다. 중개하는 것을 눈으로 볼 수 없는 지금, 그가 하느님 앞에 서는 것은 훨씬 더 어려운 일이다. 그런 가운데 하느님께서는 훨씬 더 굳세시고 훨씬 더 구체적이시며 훨씬 더 위대하신 분이라는 확신이 생긴다. 그러한 확신은 거의 압도적일 수 있다. 그것은 바로 하느님에 대한 확신이다. 실제로 그러기 위해서는 먼저 불확실함으로 인해 생겨난 많은 것을 지워 없애야 했다. 그렇지 않으면, 자기 것 가운데 많은 것이 여전히 남아 있을 것이다. 그가 지금 지닌 확신은 자신과 자신의 무능함과는 더 이상 별반 관련이 없다. 그 확신은 하느님에게서 받은 파견의 핵심과 대면하기 위해 자신 안으로 들어가 얻게 된 것이다.

하느님께서는 그에게 은총을 주시어 그가 당신 앞에서 자신의 사명과 일치를 이루게 하신다. 하느님께서는 사명, 파견을 위해 당신의 거룩한 사람을 등한시하지 않으시는 듯하다. 하느님께서는 또 파견이 성인의 특성을 띠기를 바라신다. 지극히 개인적 차원에서 말이다. 하느님께서는 파견을 비추실 뿐만 아니라 그 성인도 비추시어, 그가 자신이 받은 빛을 파견의 삶 속에 계속 비추게 하신다. 성인들은 삶 속에서 압도되는 순간, 하느님의 영광과 그분의 은총에 매료되는 순간을 거듭 맞이한다. 참으로 근사한 것을 맞아들이면서 그것을 자기 안에 숨겨 놓아도 된다는 것을 갑작스럽게 알게 된 그릇처럼 말이다. 베드로는 "주님, 제 발만 아니라 손과 머리도 씻어 주십시오."(요한 13,9)라고 말하면서 무언가를 알게 된다. 그는 특히 "주님, 저에게서 떠나 주십시오. 저는 죄 많은 사람입니다."(루카 5,8)라고 고백하면서 더 큰 은총을 감지한다. 부활하신 주님께서 이렇게 말한다.

"예, 주님! 제가 주님을 사랑하는 줄을 주님께서 아십니다."
(요한 21,15)

성인은 기도 중에 자신에게 맡겨진 것을 바라보면서 압도되고, 그것은 하느님의 드넓은 손안에 있다는 것도 안다. 하느님께서는 자신의 사명 안에 자기에게 가장 좋은 것을 넣어 두셨다는 것, 파견은 떨어져 나간 것이 아니라 세상에서 신적 삶을 살도록 이끈다는 것도 안다. 또한 하느님께서는 성인들이 살았던 시대에만 계셨던 것이 아니라 지금도, 여기에도, 자기가 받은 선물이 무엇인지 모르는 사람 안에도 계시다는 것, 이 모든 것에 따라 많은 죄가 존재하지만 그럼에도 여전히 많은 죄가 발생할 수 있다는 것, 사람들은 지친 상태에서 또는 절반은 습관적으로 기도의 문을 두드릴 테지만 그 문은 열리면서 빛이 환히 비쳐 든다는 것을 안다.

성인의 삶에는 일어나는 일이 많을 것이다. 성인은 어떤 사안에 대해 하느님 앞에서 숙고하고 또 그 사안의 윤곽을 그리려고 애쓴다. 따라서 하느님의 더 큰 영광을 위하여 그 일을 잘할 수 있게 된다. 그는 자신이 깊이 숙고하고 윤곽을 그린 것을 하느님께서 받아들이시고 변화시키시며 더 위대한 것 안으로 끌어들이신다는 것, 그리고 모든 게 느닷없이 빛난다는 것을 갑자기 체험한다. 또한 자기는 도구로 쓰인다는 것, 하느님께서는 당신 종의 견해와 행위 안에서 생기 넘치신다는 것, 무언가가 실제로 움직인다는 것을 알게 된다.

성인은 자기가 언제 하느님 앞에 서 있는지 안다. 자신은 늘 하느님 앞에 서 있어야 한다는 것, 그리고 하느님의 부르심을 듣기 위해 지금 하는 일을 언제든지 중단할 수 있다는 것도 안다. 그러나 성인 역시 평범한 신앙인처럼 특정한 시간을 모든 것에서 벗어나 하느님 앞으로 나아가는 데 사용해야 한다. 매일은 아니더라도 때때로 그가 해야 하는 어떤 행위가 있다. 그는 그것을 인지한다. 그것은 그에게 고해할 마음이 일어나는 것과 비슷하다. 그가 해부되어야만 하는 듯한 때가 있다. 파견과 자기 자신과 관련해 (둘을 구분하여) 하느님을 새롭게 상상하기 위해서, 이 둘을 하느님으로부터 입증받기 위해서다. 그가 받은 파견은 다양한 가지에서 비롯되었을 것이다. 무언가를 언제 해야 하는지, 그것을 언제 다른 사람에게 맡겨야 하는지 등, 이런 것들은 그에게 명확하지 않았다. 이제 그는 상황을 상세히 설명하는 것과 유사한 무언가를 하느님 앞에서 행할 것이다. 그리고 이렇게 설명하면서 자기 자신에 대해 그분께 아뢸 수 있을 것이다. 단순히 자연인이 아닌 파견받은 사람으로서 말이다. 그는 직면한 난관들, 부족한 힘, 병, 즐거움과 불쾌함, 자신의 능력과 무능함을 파견의 삶에서 뻗어 가는 다양한 가지와 대결시킬 것이다. 모든 구간에서 계속 투신해야 하는지, 아니면 이것 또는 저것을 포기할 수 있거나 포기해야 하는지, 아니면 하느님께서 기대하시는 대로 파견과 자신이 다시 완전히 일치하도록 여기 또는 저기서 자신이나 파견에 어떤 변화를 가져와야 하는지 하느님으로부터 알기 위해서다.

 이때 그는 자기 자신을 바라보는 것에 매이지 말아야 한다. 자기를 생각하거나 분석하지 말고, 자신을 똑바로 바라보아야 한다. 어쩌면 그는 이 순간에 하느님을 바라보지 않을 것이다. 자신의 영혼을 바라보시는 하느님의 눈길에서 완전히 벗어나려는 것이다. 그는 의사가 진찰하도록 눈을 감은 채 자신의 벗은 몸을 보여 주는 환자와 같다. 환자 본인은 자기 몸을 함께 바라보지 않는다. 그는 자기 몸 이곳저곳을 진찰하는 의사의 손은 느끼지만, 그 손길에 어떤 연관성이 있는지는 알지 못한다. 파견은 그가 벗어 놓은 옷과 비슷하다. 그는 옷을 다시 입고 나서 무엇이 달라졌음을 알아차린다. 그는 여기서도 또 저기서도 달라져야 한다. 그래야 그 안으로 들어가 맞출 수 있다. 이렇게 교정할 때에는 자신을 드러내거나 즐기거나 자기가 더 나아졌다고 여겨서는 안 된다. 모든 것은 즉시 파견 속으로 들어간다. 그는 자기 자신에게, 자신이 이룩한 것에 만족하는 수준에 머물러서는 안 될 것이다.

하느님께서 요구하시는 것들은 훨씬 더 명확함을 항상 유념해야 한다. 고해할 마음 역시 자기만족 수준에서 끝나서는 안 되고, 용서로, 헤아릴 수 없는 유일한 은총으로 종결되어야 한다. 고해한 사람은 예전에 느낀 사랑의 결핍을 만회하려고 결코 애쓰지 않을 것이고, 단순히 더 많이 사랑하기 위해 새롭게 추구할 것이다. 부정적인 것을 가득 채우거나 청산하려고 시도하지 말고, 긍정적인 것 안으로 들어가야 한다. 반대 방향으로, 하느님의 충만하심을 바라보면서 그곳으로 나아가야 한다. 이렇게 걷는 가운데 텅 빈 것이 메워질 것이다. 성인이 하느님 앞에 서 있는 것은 본인 자신보다는 그가 받은 파견과 더 관계있을 것이다. 그가 하느님 앞에서 자신을 해부하고 자신이 받은 파견도 해부했다면, 그는 자기를 위해서가 아니라 하느님과 파견을 위해서 그렇게 한 것이기 때문이다. 그는 도구일 뿐이다.

하느님 앞에 홀로 있고 싶은 그의 열망조차 그가 받은 파견에 쓰여야 한다. 오직 하느님과 함께 있는 것에 더 큰 비중을 두려고 자신의 사명을 등한시해서는 안 된다. 가령 사도직을 수행하기 위해 파견을 받는다면, 이 파견이 관상에 대한 개인적 욕구로 인해 훼손되어서는 안 된다. 물론, 파견받는 것은 기도나 심지어 하느님께서 목적을 달성하기 위한 수단임을 의미하지 않는다. 모든 파견은 기도에 대한 마음가짐과 기도의 영 안에서 수행되어야 하기 때문이다. 겉으로 보이는 갈등은 이런 방식으로 풀린다. 하느님께서는 언제나 사랑의 창조주로 머무신다. 성인은 하느님께 직접적으로 또는 간접적으로 사랑을 표현할 수 있다. 사람들 가운데서 자신의 사명을 수행하면서.

2. 사제

사제는 직무를 통해 하느님 앞에 직접 서 있고, 자신도 그 사실을 알고 있다. 기도하면서 그는 하느님과 어떤 관계인지 인식한다. 전체적 관점에서 봤을 땐 보잘것없는 존재지만, 개인적으로는 자신의 잘못과 죄를 알고 있다. 이런 상황에서 그에게 끊임없이 새로운 과제가 주어진다. 사제는 기도 안에서 하느님과 함께 그 과제를 바라보고, 자기가 할 수 있는 게 무엇인지 숙고하며, 명료함을 얻고 길을 찾기 위해 노력한다. 이어서 하느님께 그 과제를 맡겨 드리고, 성인들에게도 맡길 것이다.

사제는 본당 공동체와 교류하면서, 고해를 들으면서, 교우들을 면담하면서 많은 것을 경험하고, 오직 하느님만이 변화를 일으키실 수 있음을 깨닫는다. 하느님의 아드님께서 아버지를 바라보면서 사셨듯이, 사제는 자기도 하느님을 바라보면서 살아야 함을 안다.

사제는 교회가 규정한 기도들(미사, 성무일도, 묵상, 여러 유형의 조배)을 바쳐야 한다. 그에게는 처음부터 자의自意가 불허된 기도 방식, 직접 바치는 기도와 간접적으로 바치는 기도가 주어진다. 사제는 직무를 통해 자기가 하느님 앞에 직접 서 있음을 안다. 성체 축성 때 그리고 성찬식 때 사제인 자기를 대신할 사람은 아무도 없다. 사제는 자신이 하느님께 부름받았음을 알면서 그분과의 만남을 친밀하게 느낀다. 그는 하느님의 현존을 특별한 방식으로 느낄 수 있는 순간을 맞이할 것이다. 교회가 규정한 기도가 이 영역 안으로 들어올지 아닐지는 여러 측면에서 볼 때 그에게 달려 있을 것이다. 특정한 시간에는 하느님과 직접 대화하고 싶은 갈망이 클 것이므로, 그러한 갈망이 그의 피곤함을, 어쩌면 그의 체념도 없애 줄 것이다. 사제는 하느님을 직접 찾기 위해 모든 것을 옆으로 치운다. 다른 시간에는 직무가 주는 힘이 생기로 비쳐질 것이므로, 그의 개인적 힘은 사라지는 듯 여겨진다. 사제는 성인들의 조력과 중개를 바란다. 벌거벗은 채 하느님께로 향할 용기를 내지 못하는 게 아니다. 우리가 다양한 '호칭 기도'를 주로 저녁 시간에 바치는 것은 그럴 만한 이유가 있는 것이다. 우리는 스스로 할 수 없는 모든 것을 주님의 어머니께 또는 '모든 성인'에게 넘겨 드린다.

사제가 바치는 기도에는 직접적인 것과 간접적인 것이 서로 녹아들지 않고 뒤섞여 작용한다. 사제는 오랜 기간 공부한 것을 바탕으로 하느님에 관해 많은 것을 알고, 직무에 따르는 은총을 통해 특별한 초자연적 통찰력과 확신도 지니고 있다. 기도하면서 그는 자신과 하느님의 관계를 인식한다. 그리고 부르심, 직무에 필요한 능력을 알고 있다. 그러나 전체적 관점에서 자기는 보잘것없는 존재임을 알고, 개별적 관점에서는 자신의 개인적 잘못과 죄를 알고 있다. 이런 상황에서 끊임없이 새로운 과제에 직면한다.

사제는 기도 안에서 하느님과 함께 그 과제를 바라보고, 자기가 할 수 있는 것이 무엇인지 숙고하며, 명료함을 얻고 길을 찾기 위해 노력할 것이다. 이어서 하느님께 그 과제를 맡겨 드리고, 성인들에게도 맡길 것이다. 성인들은 틀림없이 그를 이끌어 줄 것이다. 그가 할 수 있는 것보다 그의 관심사가 더 잘 이루어지게 해 줄 것이다. 이제 사제는 자기가 이것 또는 저것을 이루려 한다면 지금보다 더 순수해야 한다는 것을 명확히 안다. 어쩌면 자기보다 더 나은 사람이 자신의 자리를 대신해야 했을 것이다. 그러나 지금 그는 그 과제를 넘겨받아야 한다. 그는 성인들도 각자 자신의 사명을 수행하면서 성숙해지기까지 얼마나 많은 일을 겪어야 했을지 떠올린다. 이어서 자신이 정화되도록 성인들에게 도움을 청한다. 사제의 입을 통해 나오는 "저희를 위하여 빌어 주소서."라는 청원은 "저희 안에서 작용하소서."라는 의미도 담고 있다.

  다른 한편으로, 사제는 자신의 직무에 걸맞게 좋은 인성을 지녀야 한다는 것을 알고 있다. 그렇기 때문에 기도 안에서 하느님과 직접 교류하는 데 많은 시간을 할애할 것이다. 하느님 체험을 하고 자기가 해야 할 일이 그분을 통해서 직접 이루어지게 하기 위해서다. 모든 것은 그에게 직접성으로 들어가기 위한 이정표가 될 것이다. 예컨대 그는 사제로서 기도를 바치는 가운데 입으로만 바치는 기도는 충분하지 않음을 느낀다. 부족함, 갈망은 그를 하느님께 의지하게 하고, 부족한 것을 청하게 하고 또 그것을 얻기 위해 고투하게 한다. 또 그는 성인들의 어떤 특성을 바라본다. 바오로의 굳셈, 예수님께서 사랑하신 제자의 헌신, 하느님께서 성인들에게 선사하셨지만 자기에게는 결여된 특성들을 바라본다. 사제는 본당 공동체와 교류하면서, 고해를 들으면서, 교우들을 면담하면서 많은 것을 경험하고, 오직 하느님만이 변화를 일으키실 수 있음을 깨닫는다. 그는 몇몇 교우가 대죄를 저질렀음을 알고, 공동체 안에서 흐르는 미지근한 기류도 감지한다. 공동체가 바치는 기도는 대부분 성인들의 중개를 바라지만, 피상적이거나 심지어 미신으로 흐를 위험이 있다는 것, 공동체는 가시적이고 세속적인 결과를 기대하면서 하느님께 직접 기도한다는 것도 알아차린다. 사제는 이 모든 것을 자신이 직접 바치는 기도를 통해 대체하고 개선해야 할 것이다. 또는 자기는 사랑을 내세우면서 이것 또는 저것을 거절한다는 것, 자기는 심리적 위축이나 피곤함 또는 불쾌함에 제압당한다는 것, 강론대에서 교우들에게 요구하는 모범을 보이지 못한다는 것을 인식한다. 이 역시 그가 바치는 기도의 동기가 된다. 그가 성인들에게 도와 달라고 기도했다면, 다른 사람들이 자기를 방치했을 때 더 많이 기도했다면, 그가 성인들의 도움을 가시적으로 체험했다면, 이제는 직접 하느님께로 향하게 될 것이다. 하느님 앞에 모든 것을 펼쳐 보이고 기도의 골방에서 마음을 모으기 위해, 그리고 하느님께서 자기를 새롭게 받아들여 주시기를 바라면서.

사제가 직접 바치는 기도는 중개 역할을 하는 성인들에게 표하는 감사 기도일 수 있다.

사람들은 안토니오 성인에게 감사의 뜻으로 '주님의 기도'를 열 번 바친다. 성인이 자기들이 바치는 이 기도를 사용할 것이라고, 그 기도는 성인의 작은 돈궤에 들어갈 주화들이라고, 성인은 지금 자기들이 바치는 이 기도와 함께 새롭게 하느님 앞으로 나아가 마음 속에 품고 있는 것을 위해 새로운 은총을 받을 수 있다고 가정하면서 그렇게 기도한다. 이러한 중개 방식은 믿는 이들의 개인 기도에 좌우될 뿐만 아니라 아주 특별하게 교회의 직무에도 좌우된다. 직무는 무언가를 성인들의 뜻에 맡길 수 있고, 이로써 그들의 활동 반경을 더 넓혀 줄 수 있다. 기도를 통해서, 교회가 그들에게 주는 신뢰를 통해서도 그렇게 할 수 있고, 따라서 그들에게서 받는 도움을 통해서도 그렇게 할 수 있다.

"너희가 내 이름으로 청하는 것은 무엇이든지 내가 다 이루어 주겠다."(요한 14,13)

이 말씀에서 주님께서는 청원 기도를 통해 하느님의 힘이 증대된다는 것을 명확히 보여 주신다. 하느님의 힘이 세상에서 영향을 미치는 것이다. 이 말은 성인들에게 바치는 기도에도 적용된다. 은총의 자유와 관계없이 어느 성인이 자기를 잊은 채로 머물 때보다 부르심을 받을 때 무언가를 더 많이 할 수 있다는 것은 맞다. 하느님께서는 그를 파견하시고 사명을 주셨다. 그는 자신의 사명이 영적 색채를 띠게 한다. 하늘에서도 그에게 '놓여 있는' 영역과 과제들이 있다. 그리스도인들이 여기서 자신의 욕구를 충족하기 위해 여러 가지를 정리하고 성인들에게 자신의 사명을 내맡기고자 한다면, 이렇게 소박하게 일그러진 것들 아래에도 근원적 진실 하나는 있다. 사제는 직무에 걸맞게 성인들이 받은 파견의 윤곽이 가시화되고 공동체의 의식 안에서 큰 영향을 미치게 하는 데 책임감을 지닌다. 그러기 위해서는 무엇보다 그의 기도가 요구된다.

교회에서 성인들과 관련된 직무를 수행하는 사제는 때로 어느 특별한 성인의 영향을 받게 되고, 본인도 그것을 안다. 누군가는 아기 예수의 데레사 성녀가 길을 보여 주고 닦아 주어서 사제가 되었을 것이다. 다른 누군가는 수도회 사제가 되어 창립자의 깃발 아래 서 있다. 직무를 수행하는 사제의 삶 전체는 자기와 관계있는 성인에게 감화되고 영향을 받을 것이다. 감사와 존경이라는 특별한 관계가 둘을 이어 준다. 성인도 그의 사제직에서 유익한 것을 끌어낼 것이기 때문이다. 성인은 하느님께 무언가를 간청하고 그분께 의지할 수 있다. 그의 전구하는 힘은 증대되었다. 테오파네 베나르[16] 같은 성인의 전구하는 힘은 아기 예수의 데레사 성녀가 그에게 표한 존경을 통해서 증대되었을 테고, 필로메나 성녀[17]의 전구하는 힘은 아르스의 비안네 신부를 통해서 증대되었을 것이다. 지상에서의 거룩함은 천상에서의 거룩함과 신비스럽게 상호 작용을 한다. 하늘에 있는 성인들은 세속적 의미에서 볼 때 더 이상 성장할 수 없을지라도 사랑 안에서 자신들에게 선사된 모든 것을 감사히 받는다. 그들

---

16 Théophane Vénard, 1829~1861년. 파리외방전교회 회원으로 프랑스령 식민지 연방 지역이었던 인도차이나에서 선교사로 활동하다가 베트남 통킹에서 순교했다. ― 역자 주
17 Philomena, 291~304년경. 디오클레티아누스 황제 치하의 그리스도교 박해 때 어린 나이로 로마에서 참수당하여 순교자 반열에 올랐다. ― 역자 주

은 사랑하는 사람들이기 때문이다.

사제가 직접 바치는 기도에서 결국 그리스도 추종追從이 표현된다. 그가 자신의 삶을 주님께 바쳤고 그분을 따르기 위해 애쓴다면, 그가 행하는 가장 좋은 것은 더 이상 자신에게서 나오는 게 아니라 주님의 삶에서 나오는 것이다. 믿음의 눈으로 바라보면 개인적 성격의 만남들, 사적인 것으로 보이는 사건들은 복음서에 비추어 알 수 있듯이 되풀이된다. 사제는 대체로 그것을 알지 못하지만, 경우에 따라서는 그것으로부터 무언가를 의식하게 된다. 그는 주님을 공경하면서 그분의 힘을 인식하고, 이는 그로 하여금 직접 기도를 바치게 한다. 하느님의 아드님께서 아버지를 바라보면서 사셨듯이, 사제는 자기도 하느님을 바라보면서 살아야 한다는 것을 안다. 아드님께서는 세상의 구원을 위해 당신 것을 모두 포기하시고 아버지께 순종하셨다. 사제도 주님께서 주시는 힘으로 살면서 그렇게 하기 위해 노력한다. 그러나 주님께서는 당신을 따르라고 제자들을 부르셨으므로, 제자들과 함께 최초의 그리스도교 공동체, 최초의 수도원을 세우셨으므로 이렇게 직접 바치는 기도 역시 다시 간접적으로 바치는 기도로 바뀐다. 주님을 즉시 따르고자 하는 사람은 그분의 제자들과 함께, 그분의 어머니와 함께 그분의 공동체 안으로 들어가는 것이다. 그리고 그들을 통해서 주님을 따르는 길을 간 모든 사제 및 수도자의 공동체 안으로 들어가는 것이다. 이때 당시에

―

사제가 직접 바치는 기도에서
그리스도 추종이 표현된다.
그가 자신의 삶을 주님께 바쳤고
그분을 따르기 위해 애쓴다면,
그가 행하는 가장 좋은 것은 자신이 아니라
주님의 삶에서 나오는 것이다.

―

주님을 만났던 사람들, 목격자들은 특별히 중요한 의미를 지닌다. 주님께서는 지상에서 그들을 직접 만나시면서 거룩하게 해 주셨다. 그분의 어머니와 사도들은 주님의 요청을 직접 듣고 그것이 무엇인지 알기에 우리가 주님을 따르도록 가장 잘 이끌어 줄 수 있다.

3. 믿는 이

　　신앙인은 하느님께 직접 향하는 기도(주님의 기도)와 성인들의 중개에 힘입어 하느님께 청원하는 기도(간접적인 기도)를 바칠 수 있다. 자신이 바치는 기도가 직접적인지 간접적인지 알지 못해도 말이다. 그는 하느님 앞에 직접 서서 마음을 열고 대화해야 한다. 그 와중에 예수님의 이름으로 청하는 기도는 직접 바치는 기도에 속한다. 하느님께서는 삼위일체이시기 때문이다. 예수님께서 요구하는 기도는 직접 기도다.

　믿는 이는 성인들에게 도움을 청할 수 있다. 기도하는 이는 성인들에게 바치는 기도의 간접성을 통하여 천상의 직접성에 더 다가간다. 그가 지상에서 받는 모든 은총은 하느님 안에서, 그를 위해 하늘에서 사는 더 큰 은총을 표현하는 것이다. 이는 지상에서 살았던 성인의 삶에 의해서 보증된다.

어느 신앙인은 자신이 기도를 직접적으로 바치는지 아니면 간접적으로 바치는지 주목하지 않은 채 수년간, 수십 년간 기도할 수 있다. 어린 시절에 그는 엄마가 전해 준 기도를 배웠고, 몇 년 뒤에는 주일 학교에서 교리 시간에 배웠다. 어른이 된 지금도 그 기도를 계속 바치고 있다. 그 기도는 직접 하느님 아버지께로 향하는 주님의 기도, 성모송 또는 수호천사나 성인들에게 바치는 기도를 비롯해 자신의 감사와 청원을 하느님 앞으로 가져가 주시길 바라며 성인들에게 내맡기는 기도일 것이다. 그는 교회에서 공동체가 바치는 기도에 참여했다. 언제, 어떻게 하느님께로 또는 존경하는 성인들에게로 향해야 하는가 하는 물음은 그에게 절박하게 제기되지 않았을 것이다. 질문을 던질 만큼 그의 기도는 생기 넘치지 않았을 것이다. 그는 특정한 사안을 위해 특정한 성인(예를 들면 안토니오 성인)에게 그 사안을 중개해 달라고 간청했을 것이다. 그러나 그런 태도는 의식적인 숙고보다는 일종의 습관에서 나왔을 것이다. 이러한 습관은 다른 사람들에게 언젠가 살아 있는 의미를 지녔겠지만, 그는 단순히 넘겨받은 것이다. 성인들이 받은 파견의 실제 영역은 그의 머리에 떠오르지 않았다. 또는 믿음이 없는 사람이 핵심을 건드리지 않거나 뭔가를 건성으로 말할 때, 성인들에게 더 활기차게 다가갈 생각은 그에게 없었다.

  그러나 그의 믿음이 살아 있고 그가 생각하는 사람이라면, 언젠가 두 가지 기도 방식을 의식적으로 구분하게 될 것이다. 그는 사람들이 하느님께 직접 가거나 그분께로 이끌어 주는 이들에게 가게 하는 뭔가 다른 것이 내면에 있음을 알게 될 것이다. 그러나 이렇게 의식하는 것은 그에게 일방적인 결정을 내리지 말도록 요구한다. 두 가지 기도 형태는 계속 내적으로 서로 제한하면서 앞으로 나아갈 것이다. 그는 동일한 사안을 가지고 언젠가 직접 하느님께로 향할 것이고, 아이처럼 솔직하게 그분께 말씀드릴 것이다. 그러나 다른 때에는 자신이 보잘것없는 존재임을 의식하면서 성인들 뒤에 숨을 것이고, 하느님의 음성을 듣는 그들을 먼저 그분께 보낼 것이다. 그런 태도에서 소심함, 부족한 믿음이 표현될 수 있다. 그렇지만 그런 태도를 통해 비로소 하느님에 대한 끝없는 믿음이 생겨날 수 있다. 그는 자기가 존경하는 성인들의 중개에 힘입어 하느님의 위대하심을 깨달아야 하고, 하느님께서 주시는 선물에서 그분의 신뢰가 표현된다는 것을 인식해야 한다.

  자신의 소심함, 부족한 신뢰에 주목하게 된다면 그는 하느님 앞에 직접 서서 마음을 열고 대화를 나누는 가운데 그것들과 반대되는 행동을 취하도록 노력해야 한다. 하느님께서 세상 창조 때 최초의 인간에게 말씀을 건네신 것, 인간이 죄를 지은 뒤에도 그를 찾으시고 그에게 말씀하시고 그의 입에서 올바른 응답이 나오게 하신 것이 그에게 용기를 줄 것이다. 그는 하느님께서 이 대화 안에 얼마나 많은 것을 넣어 두셨는지 인식한다. 또 당신의 이름으로 바치는 기도는 모두 들어주신다는 주님의 약속(요한 14,13)을 알고 있다. 예수님의 이름으로 청하는 것은 직접 바치는 기도에 속한다. 하느님께서는 삼위일체이시기 때문이다. 그러므로 예수 그리스도께서 요구하시는 한 가지는 직접 기도하는 것이다. 그렇기 때문에 그분께서는 교회가 성인들의 중개를 인정하고 그들이 받은 파견의 범위를 알고 있다는 것, 성인들을 생각하고 파견의 삶을 산 그들을 인정하고 존경하는 것도 이 교회의 지체들에게 합당하다는 것을 잊지 않으실 것이다.

단순한 신앙인에게 기도 방식에 관해 조언하는 사람은 두 가지 형태로 기도해 보라고 할 것이다. 그러나 그가 어떻게 해야 하는지 잠시 숙고한 뒤에 그렇게 권할 것이다. 그는 하느님과 성인들에게 바치는 기도의 특성과 특별한 효과를 더 의식해야 한다. 달리 말하면, 천상적 삶을 생각해야 한다. 하느님과 성인들, 성인들의 협력, 믿음 안에서 그리고 성인들이 인간을 도와주고 그의 말을 들을 준비된 자세에서 그들이 일치했음을 생각해야 한다.

여기서 더 나아가 보자. 그리스도인이 하느님에게서 어떤 도움을 기대하는지 해명한다면, 자신의 희망이 얼마나 제한적인지 거듭 인식해야 한다. 그의 희망은 그의 욕구가 어느 정도 확대된 것이다. 그는 하느님의 전능하심을 인간적 잣대로 제한한다. 여기서도 성인들이 그에게 도움을 줄 수 있다. 그는 성인들의 지상적 삶을 알고 있다. 그리고 성인들은 어떻게 기도했는지, 그들은 하느님에게서 무엇을 기대했으며 하느님께서는 그들의 기대를 어떻게 실현해 주셨는지도 알고 있다. 세속적인, 인간적으로 이해할 수 있는 의미에서 알고 있는 것이다. 동시에 그는, 성인들은 이제 천상적 삶에 직접 참여한다는 것, 그러나 지상에서 있던 모습으로 천상에서 머문다는 것, 그들의 지상적 특징은 이제 천상적 특징이 되었다는 것, 그들이 지상에서 은총을 받고 기적을 일으키고 사람들을 도와주고 하느님께서 지탱해 주신 것은 그들의 죽음으로, 천상에서 지복 상태로 있는 것으로 종결된 게 아니라 어디서나 실현된다는 것을 떠올릴 것이다. 그들이 지상에서 받은 은총은 이미 당시에 천상에서 받은 것이었다. 지상에서 받은 모든 은총은 천상에서 머물고, 또 계속 작용한다. '은총의 빛', 지상에서 그들을 (가시적으로 또는 비가시적으로) 감쌌던 '후광'은 천상 전체와 영원한 파견을 비추는 빛이었다.

기도하는 이는 그렇게 성인들에게 바치는 기도의 간접성을 통해서 천상의 직접성에 더 다가간다. 그가 지상에서 받는 모든 은총은 하느님 안에서 그리고 그를 위해 하늘에서 사는 더 큰 은총을 표현하는 것이다. 이는 지상에서 살았던 성인의 삶에 의해서 보증된다.

성인이 지상에서 이미 주님을 가까이 따르려 했다면, 성인이 미리 하느님의 신비를 바라볼 수 있었다면, 이제 그는 천상에서 성자를 닮고 삼위일체 하느님을 바라보는 몫을 얼마나 많이 받고, 또 그것을 우리에게 얼마나 많이 나누어 줄 수 있겠는가! 성인이 천상에서 중개해 주는 것은 지상에서 제한되지 않겠느냐는 질문이 제기된다면, 다음과 같이 올바른 대답을 얻을 것이다. 결국 이 영역에 존재하지 않는 '양'보다는 성인이 관할해도 되는 영역과 은총의 질에 더 주목하라는 것이다.

믿는 이는 자신의 영이 나아갈 방향, 자신의 욕구들, 하느님께서 자기에게 지금까지 주신 응답들, 그분께서 자기에게서 기대하시는 것을 알기 위해 성인들을 찾고 부를 것이다. 중개는 그에게 직접적인 것에 대한 하나의 도움, 유동적인 것, 움직이게 한 것, 제약이나 제한과는 반대되는 것이다. 하느님을 목표와 배경으로 두지 않고서 어느 성인에게 바치는 기도는 간접적으로 바치는 기도가 아닐 것이다. 어느 성인과 지상에서 사는 어느 그리스도인이 맺는 모든 우정은 하느님의 더 큰 영광을 위하여 쓰여야 한다. 성인은 자신을 위해 그 어떤 것도 간직해서는 안 되고, 그렇게 바라지도 않는다. 성인은 하느님께 자기를 바친 사람이다. 사제는 어느 성인의 모범을 보면서 자신의 직무가 의미하는 바가 무엇인지 인식해야 한다. 모든 것을 하느님을 위하여 하는 것이다! 믿는 이는 될 수 있는 대로 하느님의 말씀을 따르도록 힘쓰고, 성인이 행하는 것을 자기도 행하려고 노력해야 한다. 성인이 지상과 하늘에서 그렇게 했듯이, 하느님 앞에서 자기 자신을 활짝 열어 보이고 그분과 직접 교류하기 위해 힘써야 한다. 간접적으로 바치는 기도가 그 안으로 흘러들어 가는 직접 바치는 기도를 수용하면서 그렇게 해야 한다. 결국, 그 안에는 그리스도와 교회의 관계와 유사한 관계가 깃들어 있다. 주님께서 교회를 설립하실 때 그리고 당신의 어머니와의 관계 안에서 간접적으로 바치는 기도를 직접 바치는 기도에 끼워 넣으셨기 때문이다. 그분께서는 간접적인 역할을 한 복된 어머니가 선택되지 않고서는 지상에서 하느님의 아들로 사실 수 없으셨을 것이다. 어머니인 마리아는 그분께서 가시는 길을 평평하게 다졌고, 그분보다 길을 더 많이 만들어 냈다.

7장

하느님 앞에서

1. 만남의 과정

슈파이어는 가정 안에서, 아이, 엄마, 아빠, 형제자매 안에서 하느님을 만나는 과정을 설명하고 있다. 아이는 하느님 앞에서 홀로 서야 할 때가 있다. 함께 기도하는 가족도 도움을 주지 못할 수 있다. 이럴 때는 오히려 새롭고 다르게 독자적으로 기도해야 한다. 하느님과 새로운 '나와 너의 관계'를 맺어야 한다.

슈파이어는 '하느님께서는 언제나 당신을 열고 계시니, 기도하는 이는 하느님께 자신의 공허함을 내보이며 채워 달라고 청할 수 있다'고 말한다.

아이가 엄마에게서 배운 믿음은 마치 하나의 조각에서 나온 것 같다. 그렇지만 믿음은 펼쳐질 수 있는 신비로 가득 차 있다. 주일 학교에서 받는 교리 수업을 통해서, 교회와 일상에서 하는 경험들을 통해서 늘 새로운 면들이 밝혀진다. 하느님께서는 본래의 의미에서 사람들이 그분을 찾을 필요 없이 점점 더 풍요롭게 모습을 드러내신다. 그분께서는 튼튼한 설비를 갖춰 놓으신 분 같다. 부모와 형제자매가 그 안에 있어 가족을 이룬 듯하다. 하느님도 그 안에 계신다. 그분과 교류하는 것이 기도 생활을 형성한다.

하느님께서는 모든 것을 주관하시고, 아이는 하느님의 존재를 깊이 생각할 필요가 없다. 그러나 아이가 아빠는 가정에서 어떤 의미를 지니는지 곰곰이 생각해 보거나 특별한 관심을 가지고 있다면, 아빠의 존재를 새로운 방식으로 의식하게 될 것이다. 아이는 자신의 관심사를 가지고 아빠에게 가서 그것을 설명할 것이다. 그러면 아빠는 이유를 대면서 그것을 들어주거나 들어주지 않을 것이다. 아이는 갑자기 아빠의 존재에 대해 그리고 아빠에게 무언가를 요청하는 방식에 대해 매우 새로운 경험을 하게 된다. '아빠(아버지)'라는 말은 특별한 사안이나 특별한 만남을 통해 훨씬 더 친밀하게 다가올 것이다. 이와 유사한 방식으로 아이는 특별한 사안이 생겼을 때 하느님을 찾기 시작한다. 아이는 이렇게 힘들 때, 이렇게 혼란스러울 때 오직 하느님만이 자기를 붙잡아 주시면서 해결책을 주실 수 있다고 믿는다. 그래서 지금까지 했던 것보다 훨씬 더 의식적으로, 더 간절히 하느님께 청한다. 또한 이제 아이는 하느님 앞에 더 많이 홀로 있다. 엄마의 기도로는 더 이상 감싸지지 않고, 함께 기도하는 가족도 더 이상 도움을 주지 못하며, 익숙한 말로는 더 이상 기도할 수 없다. 오히려 새롭고 고유한 말로 기도해야 한다. 이러한 행보를 감행하기 위해 아이는 자기에게 익숙한 것을 박차고 나와야 한다. 하느님을 찾아야 한다.

이제 아이는 하느님 앞에 더 솔직한 상태로 있다. 젊은이가 습관이라는 외투를 벗어던지고 무언가를 감행하면, 하느님도 그에게 더 낯설고 더 멀고 더 위대하게 보인다. 그는 하느님과 새로운 '나와 너의 관계'를 맺어야 한다. 그는 자신의 초라함에 대해, 지금까지 하느님을 귀찮게 해 드린 것에 대해, 자기가 은총을 받아서 하느님과 대화하고 무언가를 요청할 수 있었지만 그것을 생각하지 않은 것에 대해, 하느님께서 바라시는데도 누군가의 청을 들어주지 않고 그의 말에 귀 기울이지 않은 것에 대해 깜짝 놀랄 것이다. 그리고 이제 마치 소용돌이치듯이 하느님과의 강렬한 만남 가운데 자기가 받았던 은총을 알게 되고, 그분께서 자기에게 주시는 책임과 요구에 대해 새로운 느낌이 들 것이다. 이런 형태의 만남은 삶에서 결코 진부할 수 없다. 이러한 만남은 같거나 비슷한 형태로 거듭 되풀이되고, 매번 새롭고 일회적일 것이다. 하느님 앞에 홀로 있는 것은 결코 습관이 될 수 없다. 하느님을 이렇게 찾는 것, 하느님을 통하여 이렇게 받아들여지는 것은 바로 그에게 좌우되므로, 홀로 있음의 단조로움은 늘 새롭게 중단된다. 누군가는 지금까지 자기가 바친 기도는 가족과 교회에 의해서 유지되었다는 것, 그 기도는 자신이 유지한 게 아니라는 것을 새롭게 깨닫게 될 것이다. 그 배후에 하느님께로 향하겠다는 개인적 결단, 의지는 아직 없었다. 하느님 앞으로 나아가려고 애쓰지도 않았다. 하느님과의 만남보다는 교회의 질서, 은총의 질서 안으로 더 많이 들어갔다. 그렇기 때문에 생활 범위 안으로 들어간 것, 그리고 하느님 앞에 나타나기 위해서 새로운 방식의 전제 조건과 믿음의 기류 안으로 들어간 것은 잘못된 게 아니었다.

하느님 앞에 홀로 있는 것이 무엇인지 체험한 사람은 이 체험을 거듭 그리고 될 수 있는 한 자주 하기를 바랄 것이다. 체험을 많이 하기 위해서가 아니라, 하느님과 하는 모든 만남은 재회의 필연성을 포함하기 때문이다. 하느님께서는 늘 '계속'을 부르는 시작처럼 매번 당신을 열고 계신다. 그리고 매번 그리스도인에게는 이러한 만남 안에 자기가 있어야 하고 또 그러기 위해서 준비되어 있어야 한다는 것, (그러나 방해가 될 만한 것은 모두 밝혀내야 한다는 것), 하느님께서 친히 만남에 대한 책임을 떠맡으신다는 것, 그리고 하느님께서는 만남 자체를 구체화하신다는 것이 더 명료해진다. 기도하는 이는 하느님께 자신의 공허함을 내보이며 그것을 채워 달라고 청할 수 있다. 그러나 그는 공허하지 않다. 그는 늘 자기가 아닌 세상 사물들에 의해서 채워져 있다. 그러니 먼저 반대된 것을 행해야 한다. 그는 하느님을 먼저 만날 수 없다. 오히려 하느님께서 그에게로 향하시고, 그가 무엇을 제대로 시작하기 전에 방향을 바꿔 놓으신다. 예컨대 그가 화난 채 기도 안으로 들어가면, 하느님의 모습은 가려져 있다. 그는 중심을 잡지 못한다. 먼저 마음을 정리하고 신속히 질서를 잡아야 한다. 이어서 하느님께 용서를 청하고 그분을 맞아들일 준비를 해야 한다. 하느님의 빛 안에서, 그분의 은총 안에서, 그분의 의도에 따라 그렇게 해야 한다. 그가 마음을 정리하지 않고 오히려 자기 자신 안에서 굳어져 있거나 하느님께 무례한 태도를 취하면서 기도 안으로 들어가거나 하느님께 용서를 청하려고 단지 외적 습관을 만들어 낸다면, 그와 하느님의 관계는 즉시 참신함과 진정성을 잃게 되고 하느님의 빛은 흐릿해지며 더는 참된 만남이 이루어지지 않을 것이다.

아담이 자기가 알몸이라는 것을 알게 되었을 때, 그 안에는 이미 하느님을 향한 일종의 비난이 깔려 있었다. "어찌하여 저희를 알몸으로 만들어 놓으셨습니까!" 이 알몸 상태는 인간에게 더는 하느님 앞에 서지 않겠다는, 더는 그분 앞에 있다고 느낄 수 없다는 구실이 된다. 인간이 이렇게 적합하지 않은 상태에 머물고 그런 가운데 체념하면 하느님에게서 더 멀어지게 된다. 이제 그는 하느님께로 향하는 데, 그분 앞에서 '고해'하기 위해 애쓰는 데, 은총 안에서 그분 앞에서 벌거숭이로 서 있는 데 너무 태만해질 것이다. 하느님께서는 인간과 만나실 때마다 물으신다.

"아담아, 너 어디 있느냐? 어디에 서 있느냐? 네 상태는 어떠냐?"

이 질문에 대답하기 위해 인간은 원해야 하고 명확해야 하고 투명해야 한다.

어린 시절에 습관적으로 바쳤던 기도에서 나와 하느님과의 개인적 만남 안으로 들어간 사람은 이전으로 돌아갈 수 없다. 그는 하느님의 빛 안에서 살아야 하고, 그 빛에 점점 더 조건 없이 자신을 내맡겨야 한다.

2. 하느님에 의해 형성됨

　　인간은 하느님께서 변모시켜 주신다. 그러니 자기가 받은 것을 더 많이 가꾸고 그것이 이웃에게 유익하도록 하면서 변모되어야 한다. 또한 인간은 자신의 죄와 잘못을 들여다봐야 벗어날 수 있다. 무엇보다도 하느님께서 우리에게 원하시는 것과 우리에게 주신 사명을 바라보아야 한다. 하느님께서 인간에게 부여한 사명과 파견은 개인적인 원의보다는 하느님의 완전한 뜻과 그분의 교회를 위해 하느님의 처분에 따르는 것을 말한다.

　이러한 예는 성자의 존재, 그분의 활동과 그분의 사명과 파견 안에서 잘 드러난다. 성자께서는 영원하신 성부 앞에 서 계신다. 그리고 하느님 앞에 서 있는 자신의 모습을 인간에게 보여 주신다.

하느님 앞에 진실하게 서 있는 것은 전혀 생기 없는 것이 아니다. 그것은 언제나 하나의 사건이며 과정이다. 그것은 어떤 단순한 상태처럼 예측하거나 파악할 수 있는 것이 결코 아니다. 하느님 앞에 서 있다가 그 상태에서 돌아온 사람은 그 전과 동일한 사람이 아니다. 그가 하느님 앞에 머무르고 기도에 대한 마음가짐을 지니려고 애쓸지라도, 이렇게 머무는 것은 하느님에게서 나오는 생명과 풍요로움으로 가득 차 있다. 이 풍요로움이 기도하는 이를 변화시킨다. 임신이 여성을 변화시키듯이 말이다. 임신한 여성의 배는 달이 갈수록 점점 더 불러 오고, 그 여성은 드디어 출산 준비를 한다. 그녀는 하느님께서 선사해 주신 아기를 위해 그릇이 되어야 한다. 하느님 앞에 서 있는 영혼도 그러하다. 하느님께서는 이 영혼이 당신으로부터 열매를 맺고 그러면서 어떻게 변화되는지 주목하신다. 열매의 법칙도 그러한 변화를 요구한다. 인간은 하느님께서 변모시켜 주신다는 것을 자각해야 한다. 자기 자신을 생각하고 무언가를 얻기 위해 애쓰면서가 아니라, 자기가 받은 것을 잘 가꾸고 그것이 이웃에게 유익하도록 해야 한다.

인간이 하느님 앞에 처음 섰을 때에는 본래의 모습으로 있었다. 그러나 하느님 앞에 더 오래 설수록 그분께 필요하지 않은 것들을 더 많이 빼앗기게 된다. 나쁜 것, 쓸데없는 것, 하느님께 속하지 않는 것이 그에게서 떨어져 나간다. 그는 산 위에서 부는 바람에 내몰리고 바람이 자기에게 주는 모습을 서서히 받아들이며 뿌리도 나눠 주는 한 그루 나무와 비슷하다. 하느님께서는 당신 앞에 서 있는 인간을 다듬으신다. 당신께서 바라시는 태도를 그가 지닐 때까지 그렇게 하신다. 이렇게 하느님께서 바라시는 것에 순응하는 것은 자기 이해와 아무 관련이 없다. 인간은 자신의 죄와 잘못도 들여다보아야 그것에서 벗어날 수 있을 것이다. 그러나 무엇보다 하느님께서 자신에게서 원하시는 것과 자기에게 주신 사명을 바라보아야 할 것이다. 사명, 파견은 매우 일면적일 수 있겠지만, 그 일면성은 하느님의 다면성, 그리고 모든 파견의 다면성과 긴밀한 관계가 있으므로 그 주역들이 일방적으로 되어서는 안 될 것이다.

 손에 늘 연장을 쥐고 일해야 하는 노동자는 그 덕분에 잘 발달된 근육을 유지할 수 있다. 그러나 하느님께서는 당신이 파견하신 이들이 균형과 조화를 이루기를 바라신다. 그들이 하느님 앞에 서 있는 가운데 균형과 조화를 이룰 수 있다. 인간은 하느님께서 자기에게 늘 특정한 것을 요구하신다는 것을 알아차릴 것이다. 그러나 하느님께서는 인간에게 동시에 모든 파견에 대한 사랑을 선사하신다. 어떤 사람은 신학자이기에 어려운 연구를 해야 한다. 그러나 그가 자기 일을 제대로 한다면, 교회 안에서 앞서 가는 모든 것에 관심을 기울일 것이다. 이는 자기 이해와 관련이 없음을 재차 말하는 것이다. 파견받은 이는 자기 자신과 자기가 받은 파견과 거리를 두기 위해서 그리고 자신의 존재를 규정하기 위해서 힘쓸 것이다.

"나는 이것은 하고 저것은 하지 않는다. 나는 이것은 좋아하지만 저것은 좋아하지 않는다. 나는 이것에는 관심이 있지만 저것에는 관심이 없다." 이렇게 선을 긋는 것이 파견에서는 불가능한 일이다. 왜냐하면 여기서 사람들은 각자 하느님의 완전한 뜻과 그분의 전체 교회를 위해 하느님의 처분에 따르기 때문이다. 각자 개인보다 탁월한 전체 계획을 따르려고 헌신한다. 그리고 자신이 이해할 수 없는 자리에 배치되어 전체를 위해 봉사한다. 그렇기 때문에 부분적인 것에서 나와 전체적인 것에 마음을 열고 있어야 하고, 이 전체적인 것에 늘 적극적으로 참여해야 한다. 하느님께서는 당신 앞에 서 있는 사람을 결코 방해하지 않으시고 특별하게 만들어 주지도 않으신다. 하느님께서는 당신 앞에 서서 개인적인 일에 몰두하는 사람도 온전한 인간으로 사랑하시고, 지금 그가 묶여 있는 사안으로 인해 요구되는 것들만 아니라 그의 모든 능력도 받아들이신다.

하루를 보내면서 특별한 것, 특정한 순간이 강조되듯이, 하느님 앞에 서 있는 것은 지속적인 것이고 어느 한 순간에 중단되는 것이 아니다. 두 가지 형태가 다음과 같이 상호 작용을 한다. 즉, 하느님 앞에 홀로 있는 순간으로부터 힘이 흘러나와 일상 속으로 들어가고, 일상 속에서 하느님을 향해 서 있는 성실한 태도는 하느님 앞에 의식적으로 서 있는 것에 영향을 미친다. 이렇게 하느님 앞에 서 있는 것은 천상에 계신 아드님께서 영원하신 아버지 앞에 서 있는 것에 궁극적인 근거를 두고 있다.

아드님께서는 아버지 앞에 서 계신다. 어린아이가 아빠를 바라보고 아빠의 무한한 능력을 주시하면서 그 앞에 서 있듯이 그렇게 서 계신다. 아이는 의자에서 일어나 다른 사람에게 가기 시작하고, 아빠가 힘들이지 않고서 방에서 나와 다른 방으로 들어가면서 사라졌다가 다시 그 자리에 있는 모습을 바라본다. 조금 더 큰 아이는 방바닥에 글자들을 하나하나 배열해 놓고, 아빠가 어떻게 완전한 문장을 만드는지 바라본다. 아이는 작은 목표를 여러 개 달성하고, 아빠는 원하는 모든 것을 할 수 있다고 상상한다. 그리고 무엇보다 자기가 계획한 것을 설명하고 아빠가 그것을 이루어 주기를 기대한다. 아이에게 제한된 것들은 아빠가 무언가를 하자마자 사라져 버린다. 그런 아이처럼 성자께서는 영원하신 성부 앞에 서 계신다. 기쁨과 함께 끝없이 놀라고 경탄하면서, 성부께서 어디서나 들어주실 뜻을 품으면서 서 계신다. 성자께서는 성부께 받아들여지는 것 외에 다른 경험은 알지 못하시는 듯하다. 그리고 한계에 묶여 있고 또 그러기를 바라시는 듯하다. 처음부터 그분께서는 지상에 내려와 직면할 한계 내에서 사시는 듯하다. 성부께서는 언제나 하느님으로 계시고, 성자께서는 그분 앞에서 인간의 모습을 보여 드리는 듯하다. 그러나 성부 앞에 서 계시므로 자기 자신을 생각하지 않고, 모든 것 안에서 성부께서 우위에 계심을 아신다. 성부의 힘은 무한하므로, 그것이 성자께는 가장 큰 선물인 듯하다. 성부께서는 이 선물이 값지기에 당신을 체험하는 것이야말로 가장 중요하다는 것을 성자께 보여 주시는 듯하다. 성자의 존재, 그분의 활동, 그분의 사명은 성부 앞에서도 중요하다. 따라서 성자께서는 그것들에 관해 성부 앞에서 간결하게 설명하셔야 하지만, 이를 위해 자신이 성부 앞에 가장 내적으로 서 있는 것을 이용하지는 않으신다. 성자와 성부의 관계는 이렇게 성부 앞에 서 있는 것에, 늘 새로운 변화가 일어나는 것에 가장 잘 반영되어 있다. 이러한 변화는 성부에 의해서 좌우되고, 성자 안에서 놀라움, 감사, 사랑, 흠숭을 불러일으킨다. 성자께서 고유하게 존재하는 것은 자신이 성부를 인식할 수 있음을 보여 주는 역할을 할 뿐이다.

성자께서는 자신이 성부 앞에서 행하는 것이 무엇인지 사람들에게 보여 주신다. 그들이 하느님 앞에 서 있는 것을 당신에게서 배우게 하시려는 것이다. 성자께서는 지금 이루어지고 있고 또 이미 이루어진 강생에 중점을 두시면서 그것을 사람들에게 보여 주신다. 사람들에게도 적용되는 것이 있다. 그들이 하느님 앞에 서 있는 것이 열매를 맺게 한다는 것인데, 이는 그들이 존재하는 것에서 그리고 각자 자신의 사명을 수행하는 것에서 알 수 있다. 그러나 하느님 앞에 서 있는 순간에 존재하는 것 자체보다 중요한 것은 아무것도 없다. 거기서 나오는 다른 모든 것은 배후에 있을 뿐이다. 그것을 가볍게 여겨서는 안 되지만, 특별한 사명 없이는 받아들여서도 안 된다. 하느님 앞에 서 있는 것으로 족하다. 존재하는 것은 하느님께서 계심을 보여 주는 역할을 한다. 지금 중요성을 지니는 것은 한 가지뿐이다. 하느님께서 당신을 보여 주시는 대로 그분을 바라보는 것이다. 인간 안에서 무언가가 멈추거나 위축된 채 있어서는 안 된다. 인간은 변하거나 욕망을 키우지 않기 위해 조용히 있어야 한다. 그래야 하느님께서 나타나셔서 당신이 원하시는 대로 그를 변모시키시고 그의 모습을 형성해 주실 수 있다. 하느님께서는 당신의 존재를 보이게 하시면서 당신이 인간이 되어 가는 과정을 보여 주신다. 인간의 모습으로 하느님 앞에 서 계시는 것이다. 인간은 자기에게 보이는 한도 내에서 이 모든 것을 받아들여야 하고, 이렇게 받아들인 것을 활용하려면 지시를 따라야 한다. 그가 이렇게 하느님 앞에 서 있는 체험으로 되돌아가려면 지금이나 조만간 또는 훨씬 뒤에 지시를 따르게 될 것이다.

3. 홀로 그리고 함께

인간이 하느님 앞에서 홀로, 동시에 함께 서 있음을 이해하려면 성자께서 영원히 낳아지신 것과 성령께서 성부와 성자에게서 영원히 발출되신 것으로 돌아가야 한다. 성자께서는 성부 앞에 홀로, 외롭게 서 계신다. 이 외로움은 성삼위 공동체 안에서 생겨난다. 성자께서는 사명과 파견 안에서 홀로 그리고 함께 하느님 앞으로 나아간다.

인간은 하느님 앞에 홀로, 동시에 함께 서 있다. 이를 이해하기 위해서는 성자께서 영원히 낳아지신 것과 성령께서 성부와 성자에게서 영원히 발출되신 것으로 돌아가야 한다. 신적 발출은 영원히 동시에 이루어진다. 성부께서는 성자를 영원히 낳으시고, 동시

에 성부와 성자께서는 성령을 영원히 발출하신다. 그러므로 성자께서는 낳아지면서 이미 자신에게서 나와 성부와 함께 성령을 발출시키신다. 한편으로 성자께서는 성부 앞에 홀로, 외롭게 서 계신다. 성부의 외로움에서 비롯된 외로움 속에 서 계시는 것이다. 성부께서 외롭지 않으셨다면 성자를 낳지 않으셨을 것이다. 낳음을 받은 분은 자신을 발출하는 출산 행위 때 더 외로우셨을 것이다! 그러나 다른 한편으로 (성자께서는 낳아지면서 동시에 성부와 함께 성령을 발출시키므로) 이 외로움은 성삼위 공동체 안에서 생겨난다. 그렇게 성자께서는 성령과 함께 성부 앞에 홀로 서 계신다. 성자께서 성부와 함께 계시는 것이 성자께서 성령과 함께 계시는 것에 선행된다. 성부 앞에 서서 성자께서는 동시에 자신과 성부와 성령과의 관계를 보여주신다. 성부와 성자께서는 성령을 발출하는 공동 행위로 결속되어 계시고, 성령께서는 성부와 성자께서 발출됨으로써 두 위격과 결속되고 일치를 이루신다. 성자께서는 성부 앞에 서기 위해 위격으로서 부각되시고, 성령께서 발출되는 것을 성부께 보여 드릴 수 있으며, 그러면서 성부와 성령과 함께 공동체를 이루신다. 성령 안에서 성자께서는 성부께 거울에 비친 그분의 모습을 보여 드릴 수 있다.

    성자 그리스도께서는 지상에서 사시면서 교회를 세우신다. 그분께서는 죽음과 교회를 통해서 세상을 구원하기 위해 오셨다. 생명을 바치심으로써 교회를 탄생시키신 것이다. 그분께서는 하느님에

성자 그리스도께서는
지상에서 사시면서 교회를 세우신다.
그분께서는 죽음과 교회를 통해서
세상을 구원하기 위해 오셨다.
생명을 바치심으로써 교회를 탄생시키신 것이다.

게서 받은 파견과 분리될 수 없으시다. 그러므로 이 파견 내에서 홀로 그리고 함께 하느님 앞으로 나아가신다. 성자께서 성령에 앞서 성부 하느님 안에서 낳아졌지만 늘 성부와 함께 성령을 발출하셨듯이, 이제는 사람의 아들로서 홀로 하느님 앞에 서 있지만 자신 안에 이미 교회를 품고 계신다. 성부께 교회를 보여 드리는 것이다. 그분께서 하느님 앞에 홀로 있는 것은 교회의 그림자 안에 있는 것과 같다. 그분께서는 하느님에게서 받은 파견과 분리될 수 없기 때문이다. 유일하게 성부를 바라보고 파견이 뒤로 물러나는 순간에도 성자께서는 늘 파견과 함께하신다.

우리도 성자 그리스도께 의지하면서, 교회 공동체가 배후에서 지닌 외로움 외에는 그 어떤 외로움도 느끼지 않고서 하느님 앞에 설 수 있다. 우리는 이 공동체를 의식적으로 앞으로 불러낼 수 있고, 이 공동체와 함께 하느님 앞에 설 수 있다. 하느님과 단둘이 있기 위해 우리는 공동체를 뒤에 세울 수 있지만, 공동체는 그런 상태로도 존재한다. 성자 그리스도는 머리이자 몸이시고, 우리는 그분의 지체이고 모든 성인의 통공에서 분리될 수 없다. 우리가 당신이 원하시는 모습으로 우리를 만들어 내신 하느님 앞에 홀로 있다면, 그분께서는 간접적으로 교회도 함께 형성하신다. 교회는 이렇게 인간이 만들어진 것의 증인으로 그치지 않고, 이에 직접 참여한다. 교회는 이 과정을 거치면서 무언가를 받아들여야 한다. 하느님 앞에서 있을 때 기도하는 이는 교회를 생각할 필요가 없고, 그렇게 해서도 안 된다. 자신과 공동체에 유익한 것을 생각하지 않고 하느님 앞에 홀로 서 있어야 한다. 하느님 앞에 홀로 있는 것은 이기적인 태도가 아니다. 그것은 하느님께서 인간을 존중하시는 방식이다. 하느님께서는 인간에게 그것을 허락하시고, 인간 안에서 일반적인 것의 기능만 보지 않으신다. 믿는 이들이 교회 안에서 이름 없는 사람으로 머문다면, 이는 그들의 개인적 자유 및 결정의 행위가 되어야 한다. 개인의 회개는 교회의 개선만 목적으로 하지 않는다. 교회가 개인을 표현할 뿐만 아니라 개인도 교회를 표현해야 하기에 이미 홀로 있는 순간이 있어야 하고, 그러기 위해서는 함께 있음과 거리 두기가 필요하다. 하느님께서는 홀로 있음에서 함께 있음을 만들어 내신다.

4. 하느님 앞에 서는 세 가지 방식

영원하신 성자 안에서 하느님을 찾고 발견하는 것을 세 가지 영역, 곧 아이다운 것, 남성적인 것, 신적인 것에서 생각해 볼 수 있다. 아이다운 것은 놀이를 위해서 그리고 찾아내는 기쁨을 위해서 놀이하는 것을 의미할 것이다. 남성적인 것은 죄를 짓지 않고 삼위일체 하느님을 항상 찾고 발견하려면 어떻게 해야 하는지 알기 위해 그분(성자)께서 인간임을 선취한 것을 의미할 것이다. 신적인 것은 성자께서 하느님으로서 성부를 영원히 찾으신다는 것이다.

사랑의 특성은 처음에 상대방에게 반한 것처럼 보인다는 것이다. 그것은 진정한 사랑의 일부를 표현하는 것이다. 연인은 아무리

보아도 싫증이 나지 않는다. 참으로 사랑스러운 것이 악용되어서는 안 된다. 너는 여기에 없지만, 나는 너를 생각한다. 너의 목소리가 귓가에 맴돌고, 나는 즉시 내 앞에서 너를 온전히 바라본다. 또는 너는 숨어 있고, 나는 네가 거기에 있기를 바라면서 너를 기쁘게 찾아다닌다. (죄가 아니라면, 너에게 나쁜 일은 일어나지 않을 것이다.)

사랑을 기다리는 것은 언제나 기쁘다. 그것은 어린아이가 기다리는 것과 같다. 엄마와 숨바꼭질을 하는데 엄마가 어딘가에 숨으면 아이는 엄마를 찾아다니면서 마치 찾아낸 듯이 기뻐한다. 찾는 것은 찾아내는 것의 서막이기 때문이다. 이러한 면은 상대방에게 반한 것에서 여실히 드러난다. 그러나 상대방에게 반한 것도 진정한 사랑의 서막이기에, 사랑 안에서 이 놀이는 즐겁고 참으로 그리스도적이면서도 신적이다. 나는 네가 무슨 과일을 제일 좋아하는지 알고 싶다. 네가 "사과."라고 말하면, 이 대답은 내게 뭔가를 알려 줄 것이고 또 나를 기쁘게 할 것이다. 나는 이 대답을 듣고 네가 좋아하는 것을 다시 발견할 테고, 너는 이것을 좋아하고 다른 것은 좋아하지 않는다는 것에 매료될 것이다. 네가 그렇게 말한 것은 근거로 충분하다. 이렇게 사랑하는 사람은 연인의 모습을 완성하고 연인이 들려주는 수많은 개별적인 것을 모아들일 수 있다. 그는 질문할 때마다 연인에게 신뢰를 주고, 연인의 대답이 자기 안에서 이미 무의식적으로 앞서 생겨난 것을 확신시켜 주기를 기대한다. 마음

깊은 곳에서 그는 연인의 대답이 자기를 기쁘게 하고 자기 눈에 보이는 이 연인을 더 아름답게 만들어 주리라는 것을 안다.

사랑의 이러한 특성은 성부 앞에 서 계신 성자 안에 원형을 두고 있다. 성자께서 사랑 안에서 성부를 더 잘 찾아내는 순간이 있다. 성자께서 성부를 찾아내는 것과 그분을 소유하는 기쁨, 그 기쁨을 받아들이는 순간이 있다. 자기 자신 안에서 빙빙 도는 일종의 '사랑 놀이'가 있다. 이 놀이가 그렇게 빙빙 도는 이유는 더 많이 소유하기 위해서, 자신의 무한함을 분명히 하기 위해서, 자기 자신에게 거듭 놀라기 위해서다. 사랑 안에는 진정한 가톨릭적인(보편적인) 요소가 있다. 청교도 신자들은 사랑의 이러한 특성을 없애 버리고 사랑을 엄격하고 명확한 관계로 만들었다. 나아가 아름답고 화려한 장식은 모두 멀리하고 그것을 '가장 단순한 형태'로 축소해 버렸다. 그러나 하느님께서는 영원한 부富이시고, 인간이 이러한 부를 향유하도록 환상도 선사해 주셨다. 환상 없이 사랑은 완성되지 않는다.

기도와 관련해서는 이렇게 말할 수 있다. 성자께서는 항상 성부 앞에 서서 그분을 새롭게 바라보시고, 이어서 다양한 방식으로도 그분을 흠숭하신다. 성자께서는 어디서든 완전하신 성부께 이를 수 있음을 아시기에 그분을 항상 새로운 측면에서 바라보는 것, 그리고 그분을 끊임없이 찾고 또 영원히 찾아내는 것을 거부하지 않으신다. 이와 유사하게 우리가 자주 바치는 모든 인간적 기도와 잘 알려진 '주님의 기도'는 우리가 새롭게 완전해질 가능성도 선사한다. 하느님께서는 기도하는 이를 가장 멀리 있는 상태에서 끄집어내시고 갑작스럽게 모든 것을 가운데를 향해 열어 놓으실 수 있다. 그러므로 어느 그리스도인은 특별한 기도를 좋아할 수 있다. 그가 이것을 토대로 완전한 것을 찾고 찾아내야 한다는 것, 그리고 다른 모든 외길에서 나와야 중심을 발견할 수 있다는 것을 안다면 모든 게 제대로 돌아갈 것이다. 아기 예수의 데레사 성녀가 걸어간 '작은 길'은 여기서 특별히 효과적이다. 그 길은 모든 개별적인 것에, 거의 중요하지 않게 보이지만 사랑하는 사람에게는 모든 것을 내포하는 일들에 연결되기 때문이다. 불필요한 것은 아무것도 없다. 모든 것은 완전함을 향해 나아가기 때문이다. 피상적인 것은 아무것도 없다. 모든 것은 깊은 곳을 가리키기 때문이다. 데레사는 찾아다니고 찾아내는 놀이의 한 특성인 천진난만함을 지녔다. 이는 순진한 아이가 엄마 앞에서 보이는 태도다. 이러한 태도는 완전히 사랑이다. 사랑 안에서는 아무것도 무뎌지지 않는다. 낯선 것, 소원한 것이 나타나지 않는 한, 사랑 안에서 모든 놀이는 날마다 새롭고 흥미진진하다.

　영원하신 성자 안에서 하느님을 찾고 발견하는 것을 세 가지 영역, 곧 아이다운 것, 남성적인 것, 신적인 것에서 생각해 볼 수 있다. 아이다운 것은 놀이를 위해서 그리고 찾아내는 기쁨을 위해서 놀이하는 것을 의미할 것이다. 남성적인 것은 죄를 짓지 않고 삼위일체 하느님을 항상 찾고 발견하려면 어떻게 해야 하는지 알기 위해 그분(성자)께서 인간임을 선취한 것을 의미할 것이다.

이미 하늘에서는 성자께서 성부 앞으로 나아갈 길이 열려 있다. 무죄한 사람으로, '낳아진' 사람이 아니라 (그분께서 강생하신 것은 그분께서 하느님의 아들임이 세상 속으로 확대된 것이기 때문이다.) 우리와 똑같이 '창조된' 사람으로, 우리 가운데 살면서 하나의 길을 알게 된 사람으로 하느님 앞으로 나아가신다. 그분께서는 우리를 정화시킬 힘이 있으시므로 우리 안에 머무신다. 그리고 이 힘을 토대로 당신 안에 우리를 받아들일 힘이 있으시므로, 우리는 그분 안에 머물 수 있다. 성자께서는 하늘에서 이렇게 우리를 대리하시고 데려가실 수 있으므로 우리처럼 존재하시고 사실 수 있다. 지상에서 알게 되실 '하느님 찾기'를 이미 시작하고 하느님을 발견하실 수 있는 듯하다. 그분께서는 하늘에 계실 때 이미 아이다운 것에서 남성적인 것으로 넘어가면서 그것을 시험하실 수 있다. 훗날 십자가 위에서 자신의 신성을 감추는 것과는 다른 방식으로 신성을 감추면서 그렇게 하실 수 있다. 이는 잘못된 게 아니다. 그것은 그분의 참모습에 속할 것이다. 그분께서는 지상에서 우리에게 그것을 보여 주고자 하셨다. 지금은 하늘에서 당신이 지상에서 살았던 인간임을 아시듯이, 강생 이전에 자신이 세상에 오실 것임을 미리 아셨다. 그러나 무엇보다도 성자께서는 하느님으로서 성부와 함께 하늘에 계신다.

성부께서는 성자께서 단지 인간으로서 당신을 찾는 것, 단지 인간으로서 발견하는 기쁨을 맛보고 그러면서 당신과 일종의 차이가 있음을 아는 것을 허락하지 않으실 것이다. 오히려 그 반대를 원하실 것이다. 성자께서는 하느님이시고 하느님으로서 성부를 영원히 찾으시므로, 성부께서는 성부 자신을 인간으로서도 사람들과 함께 발견하도록 성자께서 사람이 되기를 허락하신다. 그러나 성자께서 신성을 지녔기에, 그분께서 성부를 발견하기에 허락하시는 게 아니다. 그분께서는 성자이고 성부를 늘 성부로서 체험하기에 허락하시는 것이다. 그렇지 않으면, 찾는 것은 목적이 없고 무의미할 것이다. 왜냐하면 하느님께서는 늘 하느님과 함께 계시고 성자께서는 성부 안에서 기껏해야 자기 자신을 만날 것이기 때문이다. 성자께서는 하느님이 아닌 바로 성부를 찾으시는 것이다. 어느 청춘 남녀가 순수한 사랑을 키워 오다가 결혼하고 싶은 마음이 생겼다고 가정해 보자. 이제 그들은 서로를 사람으로서만 찾지 않고, 남자와 여자로서 대립하거나 일치하는 가운데 상대방을 찾을 것이다. 성부와 성자의 관계도 하느님 안에서 그렇게 대립하는 가운데 보완된다. 물론 인간 안에서 그리고 신성 안에서 이렇게 대립하는 것은 공통된 본성을 배경으로 한다는 의미에서 그렇다. 인간이 자기는 하느님께서 창조하신 존재임을 잊어버리면 이성에게서 성적인 것, 반대된 것만 찾고 하느님 안에서 이루어지는 성의 참된 일치를 간과할 것이다. 그렇게 되면, 두 사람의 관계는 바로 끝나고 말 것이다. 그 관계는 인간 본성의 불가해한 신비가 배후에 서 있을 때에만 지속될 수 있는 것이다.

성자께서 하느님 안에서 성부를 찾고 발견할 때 위격이신 성부를 만나겠지만, 그 성부 안에서 완전하신 하느님, 끝이 없고 무한하신 분을 만나게 될 것이다.

성자께서 성부를 아이로서, 남성으로서, 하느님으로서 만나실 수 있듯이, 그리스도인도 그분을 통해서 그렇게 할 수 있다. 성자께서 만나시는 분은 하느님, 삼위일체 하느님이시다. 성자께서는 아이로서 하느님을 찾고 발견하실 수 있다. 이는 그분께서 아이답게 순진무구하게 머물렀거나 다시 아이가 된 것을 전제할 것이다. 누군가가 하느님 앞에 서 있으면서 어떤 중죄로 인해 방해받지 않았다면, 그는 성인이거나 참으로 성실하고 솔직한 사람일 것이다. 또는 언젠가 죄를 지었겠지만 고해성사를 받고 다시 정화된 사람, 또는 믿음의 문제로 괴로웠겠지만 하느님 앞에 서면서 은총을 받아 편안해지고 장애물을 극복했거나 개인적 믿음을 영적 문제와 결부시킨 사람일 것이다. 그는 믿음의 문제를 바라보면서 묻는다.

"예정설은 무엇인가? 인간은 삼위일체 하느님을 어떻게 믿을 수 있을까? 죄인에게 세례 때의 약속은 어떻게 작용하는가?"

그는 이와 유사한 물음들을 더 던질 것이다. 그러나 온갖 어둠은 믿음에 대한 그의 확신을 침해할 수 없다. 그는 친절하고 아이처럼 순수하고 하느님을 신뢰한다. 그가 던진 물음들 가운데 하나가 풀린다면, 그는 새롭게 얻은 빛을 아이다운 순수한 믿음 안으로 가지고 들어갈 것이다. 어느 위대한 신학자 역시 이렇게 순수한 상태로 하느님 앞에 설 수 있다. 그가 지닌 신비의 일부는, 그의 믿음의 핵심은 그 어떤 문제로도 침해될 수 없다는 것, 이 문제 또는 저 문제가 논리적으로 해명되었거나 그렇지 않은 것과 상관없이 그는 하느님을 사랑하고 그분의 뜻을 따른다는 것에서 생겨날 것이다. 이것이 하느님을 찾고 발견하는 아이다운 방식이다. 발견하리라는 확신이 그 안에 숨어 있는 이렇게 '찾는 것'은 모든 게 좋다는 확신 속으로 들어간다.

기도하는 이가 하느님 앞에 서는 둘째 방식은 남성적인 방식이다. 그는 자신의 그 무엇이 주님 안에서 살고 있다는 것, 자기는 보잘것없는 존재임에도 일종의 교환이 이루어졌다는 것을 안다. 이렇게 아는 범위에서 그에게 다시 한번 두 가지 가능성이 열린다.[18] 첫

---

18 이와 관련해서는 '본성과 은총'에 서술한 '느끼는 것과 느끼지 않는 것'에 관한 대목을 참조하라. — 저자 주

째, 성자 예수님께서 하느님 아버지를 만나시듯이 그도 하느님을 만난다. 그러나 그는 아마도 예수님 안에 숨어 있을 것이다. 그는 하느님을 직접 체험하지 않은 채 예수님께 의탁하면서 하느님 앞에 선다. 둘째, 감각을 통해서 하느님을 남성적으로 체험하는 것이다. 말하자면 부분적으로는 자신을 예수님께 내맡긴 뒤에 하느님 곁에 머물러 있는 것이다. 그가 체험한 모든 것은 주님께서 자기 자신을 어느 정도까지는 인지할 수 없게 하시면서 자기에게 그것을 중개하신다는 확신 내에서 이루어진다. 이는 깊은 신뢰 관계를 맺은 두 사람이 자기 주머니나 친구의 주머니에 돈을 넣어 두는 것과 같다. 따라서 누구의 주머니에서 돈을 꺼내 값을 치르든지, 자선을 베풀든지 중요하지 않다. 이처럼 기도하는 이는 주님께서 자기 안에 머무시거나 자기가 주님 안에 머물면서 하느님을 발견한다. 자선을 베푸는 사람(이 경우에는 하느님)은 두 가지 방식으로 똑같은 기쁨을 누린다. 그러나 기도하는 이가 주는 기쁨을 느끼든지, 아니면 그의 친구이신 주님께서 주시는 기쁨을 느끼든지 이는 중요하지 않다.

결국, 그리스도인은 하느님 앞에 서게 된다. 그가 하느님 앞에 서는 것은 성자이신 하느님 앞에 서는 것에 상응한다. 이것 역시 인간 안에서 희미한 상을 지닌다. 하느님을 찾는 것이 아닌, 더 많이 받아들이는 것에서 그러하다. 이렇게 하느님을 더 많이 받아들이는 가운데 빛이 환히 비치면서 그분을 더 많이 찾게 된다. 이는 신앙인의 모습이다. 그는 자신이 받은 파견, 사명, 자신의 존재를 토대로 성자께서 하느님으로서 성부 앞에 서 계셨음을 떠올리고, 성자의 이러한 태도에 대해 깨닫기를 청한다. 자기를 위해서가 아니라, 그분께 받은 사명을 수행하면서 믿음이 커지게 하기 위해서다. 그는 강생의 신비로부터 살고, 거기서 무언가를 빌려 온다. 그것은 성자께서 사람이 되시면서 빌리신 것과 반대된 것이다. 이렇게 빌려 오는 목적은 그 사람 안에서가 아닌, 신부인 교회와 교회를 통해 신랑이신 그리스도께 더 많이 선사하는 것이다. 그것은 절대적으로 신비적 의미를 지닌다.

그러므로 어느 사제는 "주님, 저는 합당치 않습니다."라고 말할 때마다 자신이 보잘것없는 존재임을 아주 냉철하게 알 수 있지만, 성자 그리스도께서 자기에게 부여해 주신 품위로부터 살 수 있다. 그분께서는 하느님의 어린양이시고 부당한 사람처럼 하느님 앞에 서기를 바라셨기 때문이고, 그분도 하느님 앞에 하느님으로 계시면서 거리를 유지하시기 때문이다. 그분께 충분하지 않은 것을 인식하는 것, 동시에 그분께서 넉넉하실 때 무언가를 빌려 오는 것은 프로테스탄트적 방식도 아니고 바리사이적 방식도 아니다. 점점 더 위대하신 하느님을 찾게 되지만, 성자께서 하느님으로서 허락하시는 선에서 그분을 발견하게 될 것이다. 저 사제가 주님을 찾는다면, 그는 자신이 그분을 발견할 것임을 안다. 그가 이렇게 주님을 발견하는 것을 받아들인다면, 이는 즉시 진행된다. 다시 말해 그것은 매우 인격적인 방식으로 진행되므로, 그는 바로 객관적인 태도를 취한다. 그리고 이제 자신을 즉시 주님께 넘겨 드려야 한다는 것을 알게 된다. 점점 더 위대하신 하느님에 의해 전율하는 것은 감당할 수 없을 정도로 매우 강렬할 것이다. 처음엔 전율할 것이다.

"내가 그렇게 생각한 게 가능한가?"

이에 비추어 개인적 차원에서 나를 강조하는 것, 나에게 집착하는 것은 전혀 중요하지 않다. 그리고 나서 변화가 일어난다. 파견이 점점 더 선명하게 모습을 드러낼수록, 다른 사람들 가운데 아무도 자신과 똑같이 생각하지 않았음이 더 분명해진다. 그렇지만 모든 것을 사명, 파견 속으로 가라앉게 할 가능성도 있다. 이는 성자의 체험이 반사된 것과 같다. 지금 성자께서는 성부께서 당신을 자신에게 넘겨주신다는 것을 아신다. 따라서 성찬례 때 자신을 성부께 넘겨 드려야 한다는 것, 자신을 모든 이에게 나눠 주어야 한다는 것을 아신다. 우리 안으로 들어오시는 그분께 아무것도 남아 있지 않더라도 기쁨은 남아 있을 것이다.

아우구스티노 성인은 이런 관점에서 살았고, 일종의 오해가 있더라도 프란치스코 살레시오 성인도 그랬다. 이 성인은 오히려 아이다운 방식을 실현하기 위해 애썼고, '아이'에게 이 셋째 방식을 조금 맛보는 것을 허락했다. 아시시의 프란치스코 성인은 먼저 아이였다. 그리고 완전히 아이였을 때, 하느님께서는 그를 첫째 방식의 특징도 지닌 셋째 방식으로 이끄셨다. '어두운 밤'을 체험한 성인들은 대부분 자신을 숨기거나 내맡기는 방식인 둘째 방식을 택한 부류에 속한다. 셋째 방식을 택한 부류에는 빙엔의 힐데가르트 성녀가 속한다.

5. 하느님 앞에 선 인격과 직무

　　사람이 되신 성자께서는 지상에서 성부 앞에 서 계시며 성자 그리스도를 본받는 그리스도인들 역시 성부 하느님 앞에 서 있다. 이는 성자께 특별한 사명을 받은 성인, 인격과 직무가 일치하는 사제와 믿는 이들의 모습으로 나타난다.

　　사람이 되신 성자께서는 지상에서 성부 앞에 서 계신다. 이어서 성부께 조용히 기도하고 그분께로 향하면서 단지 인간으로 있기 위해 애쓰신다. 그런 가운데 자신이 피조물임에 대한 기쁨을 성부께 돌려 드리려 하신다. 성자께서는 믿음과 사랑과 희망 안에서 사람들에게 자신을 새롭게 내어 주기 위해 수고하신다. 그러나 자신이

내어 주는 자임을 보이지 않게 하려고 애쓰신다. 그분께서는 사람들과 공동체를 이루신다. 이 공동체는 교회 안에서 존속될 것이며, 시간이 흐르면서 성부께 완전한 인간에 관해 알려 드린다는 의미를 지니게 되었다. 그러나 이 완전한 인간은 성자를 통해서가 아니라, 창조주이신 성부 하느님을 통하여 선함에 이르게 된 것이다. 성자께서는 성부께 두 가지를 동시에 말씀드린다. 즉, 성부에 의해서 영원히 낳아진 아들인 자신을 그리고 하느님에게서 멀리 떨어져 서 있는 인간인 자신을 아뢴다. 이 두 가지 모습에서 그분께서는 유일하고 사랑받는 완전한 아들임이 드러나고, 성부께서는 당신의 아들 안에서 참으로 선한 모습을 보신다. 성자께서는 성부께 자신이 그분에게서 나와 되어 가는 모습을 보여 드린 듯하다. 그러나 이때 인간으로서 성부를 향한 자신의 사랑과 믿음과 희망을 부각시키면서 신성은 감추셨다.

어느 남편이 아내에게 진주 한 알을 선물한다. 그 진주가 아내에게 잘 어울려서 마치 진주 목걸이를 선물한 듯한 느낌이 든다. 진주는 실제로 아름다워서 그것으로 목걸이를 만들 수 있다. 남편은 아내에게 이렇게 말한다.

"당신에게 겨우 진주 한 알만 선물해서 미안하오. 반지를 선물했더라면 좋았을 텐데!"

그러자 아내는 "자, 보세요!" 하고 말하면서 진주를 손가락 위에 댄 모습을 남편에게 보여 준다. 남편이 또 말한다.

"진주 귀고리를 선물하지 못해 미안하오."

이에 아내는 "자, 보세요!" 하고 말하면서 진주를 귀에 댄 모습을 남편에게 보여 준다. 이렇듯 아내는 남편이 보고 싶어 하는 곳에 즉시 진주를 갖다 댄다. 이는 성자께서 성부께 보여 드리는, 인간의 선함을 가리키는 하나의 표상이다. 성자께서는 인간이지만, 성부께 '누구나'처럼 보이는 듯하다. 십자가 위에서 성자께서는 인류의 모든 죄를 끌어모으실 것이다. 그것들을 짊어지기 위해서다. 그러나 지금은 성부 앞에서 기도하시면서 인간이 지닐 수 있는 모든 선함, 성부께 대한 모든 사랑, 성부께 품는 모든 희망, 성부께 대한 모든 믿음을 모아들이신다. 그것들을 될 수 있는 한 강하게 비추기 위해서다. 사람들이 지닌 이러한 선함은 분명 성자에게서 나오는 것이다. 사람들은 바로 이렇게 빛을 받음으로써 선함을 유지할 수 있다. 그러나 성자께서는 인간으로서 그 선함을 유지하신다. 성부께 인간적인 것을 보여 드리기 위해서다. 성자께서 그렇게 자신을 내어 주시기에, 사람들은 그분께서 주신 것을 이미 받아들인 듯 보인다. 성자께서는 사람들이 이미 사랑하는 이들인 양 그들에 대해 성부께 아뢴다. 그분께서는 사람들에게 당신 것을 나누어 주고자 열망하시므로, 당신이 사람들에게 받아들여졌다고 전제하시면서 그들을 이미 회개한 이들이라고 성부께 알려 드린다.

그러한 기도는 성자께서 지극히 개인적 차원에서 바치신 기도다. 그러나 동시에 공동체를 위한 기도다. 시간이 지나면서 성자께 완전히 붙잡혔고 그분 홀로 희생을 떠맡으시게 한 공동체를 위한 기도인 것이다. 성자 그리스도께서는 자신의 위격 안에서 공동체를 최초로 유지시켜 주시는 분이다. 이렇게 공동체를 구성하는 위격적 특성은 그분에게서 그분 교회의 지체들에게로 넘어갈 것이다. 그분에게서 특별한 사명을 받은 성인에게로, 인격과 직무가 일치하게 하는 사제에게로, 믿는 이들에게로 넘어갈 것이다. 그들은 한 공동체를 대표하는 이로서 하느님 앞에 서 있다. 그들이 개인적으로 바치는 기도는 공동체 안으로 들어가고, 하느님께서는 언젠가 그 기도를 들어주실 것이다.

성인

성인이 자신과 교류하면서 하느님 앞에 서 있는 것은 명백하거나 단순한 것이 아니다. 성인은 개인적으로 하느님 앞에 설 수 있다. 그런 가운데 타의적으로, 자의적으로 자신의 사명을 잊는다. 이 양극 사이에는 여러 변수가 있다. 하느님께서는 당신의 성인을 홀로 소유하기를 바라시므로 당신 뜻대로 하실 경우, 성인이 자신의 사명을 잊는 것은 타의적으로(강제적으로) 이루어진다. 시야에서 점점 멀어져 가는 풍경처럼 성인이 자신의 사명을 뒤로하고 하느님 앞에 홀로 서는 것을 옳다고 여기면, 그가 자신의 사명을 잊는 것은 자의적으로 이루어진다. 기도의 이러한 두 가지 형태와 성인들, (하느님께서 그렇게 원하시든지, 성인 자신이 다르게 하기를 바라지 않든지 간에) 자신의 사명을 수행하면서 하느님 앞에 서는 성인들의 기도는 다른 극단의 경우처럼 맞서 있다.

여기에도 다시 여러 변수가 있다. 어떤 사람들은 모든 것을 완전히 의식적이고 자발적으로 행하는 이들에게(그들이 파견을 받거나 받지 않고서 하느님 앞에 서려고 하든지 그렇지 않든지 간에) 일종의 불신을 품을 수밖에 없을 것이다. 반면에 하느님의 사명을 받고서 의도하지 않은 채 언제나 어떤 의미나 다른 의미에서 하느님 앞에 서는 성인에게는 물론 불신할 이유가 없을 것이다. 전반적으로 다음 두 가지가 번갈아 나타난다. 하느님께는 당신의 성인이 그의 사명보다 더 중요한 시기와 순간이 있고, 다시 당신의 성인에게 주시는 사명이 가장 중요한 것이 되는 시기와 순간이 있다. 성인 자신이 선택하지 않으면, 하느님께서는 그에게 또는 그의 사명에 또는 이 둘에 동시에 영향을 주실 수 있다. 그가 선택한 관계 안에서 그렇게 하실 수 있다. 그러나 성인과 사명(파견)이 하느님께서 원하신 일치를 이룬다면, 그분께서 어떤 사람에게 미치시는 영향은 언제나 다른 사람도 이롭게 할 것이다. 파견이 가시화되기 시작할 때 그것을 깨닫는 것이 성인에게는 하느님 앞에 서는 것이 힘들다는 것을 의미할 수도 있다. 그러나 힘들지라도 그것을 극복하는 것은 풍요로움에 속한다. 극복할 수 없는 장애물의 의미에서 보면, 파견은 결코 힘든 것이 아니다. 오히려 항상 더 큰 유익이나 더 깊은 통찰, 더 숭고한 순응의 의미로, 성인들에게는 긴밀히 연관되었다는 의미로 볼 수 있다. 파견은 여기서 언제나 공동체의 구현으로서, 성인 안에서 교회인 것으로서 그리고 교회를 위해 있는 것으로서 중요하다. 파견은 공동체에서 싹이 트는 것, 공동체 안으로 들어가 일하는 것, 그리고 열매를 맺는 것이다. 이 열매는 나보다 더 크고, 나에게 의지한 너는 다양성 안에 있다. 이 다양성은 결국 교회에 속하고, 곧장 교회를 가리킬 수도 있다.

이냐시오는 선택하지 않고 하느님의 뜻을 따랐다. 그는 있는 그대로 하느님 앞에 섰다. 주님께 봉사할 뜻을 지녔지만, 그에게는 주님의 생각과 주님에 대한 사랑이 교회의 생각과 교회에 대한 사랑과 항상 결부되어 있었다. 그의 내면에서 전체로서의 교회의 모습이 서서히 그려졌을지라도 말이다. 그러고 나서 이냐시오는 공동체로서 예수회를 세웠다. 그에게 예수회는 공동체를 의미했다. 그는 고요 속으로 들어가 하느님 앞에 섰다. 그런 가운데 마음이 깊이 움직이면서 아직 존재하지 않은 공동체, 그러나 이미 꼴을 갖춘 공동체를 구상하고 이 공동체를 하느님 앞으로 가져갔다. 이 공동체는 훗날 예수회로 탄생한다. 이따금 그는 공동체를 하느님 앞으로 가져갔다는 것을 전혀 의식하지 못했지만, 공동체는 이미 이루어져 있었다. 이냐시오는 하느님께서 언제나 당신 뜻대로 하실 수 있도록 공동체를 그분의 판단에 맡겨 드렸다.

예수의 데레사 성녀는 어느 정도는 선택했다. 그러나 그녀의 선택은 자신과 공동체 사이보다는 공동체와 교회 사이에 더 많이 놓여 있었다. 그녀는 자신이 세운 공동체의 규모를 규정했고, 가르멜 수도원에 관한 일에서는 손을 조금 떼었다. 반면에 이냐시오는 하느님에게서 사명을 받고 즉시 공동체를 세우기 시작했다. 이 공동체는 기존 수도원들과 크게 달랐지만, 하느님 앞에서 결코 교회와 분리되지 않았다.

아기 예수의 데레사 성녀는 세상에서 살았을 때는 선택한 적이 없지만, 수도원에서는 하느님 앞에서 무언가를 선택할 때가 많았다. 이 선택은 대부분 공통된 사안이나 그녀가 수도원에서 받은 소임의 일부와 관련된 것이었다. 모든 이를 자신이 받은 사랑의 사명 안으로 통합하기 위해 그 어떤 형태로든 순교하기를 바라면서 그녀는 단호히 선택한다. 그리고 하느님을 약간 강요하는데, 이는 자기가 받은 사명 안에서 자신을 바라보기 위해서다. 하느님께서 갑자기 '소화 데레사' 대신에 테레즈 마르탱[19]과 함께 그녀의 사명과 관

---

19 아기 예수의 데레사 성녀의 원래 이름이다. — 역자 주

련해서 무언가를 계획하셨다면, 그녀가 자신 안에서 수도원이나 교회에서 받은 사명과는 뚜렷한 연관성이 없을 불완전한 면을 드러내는 것이 하느님 마음에 드셨다면, 그녀는 깜짝 놀랐을 것이다. 데레사는 자신이 '놀이용 공'이 되기를 바랄 때에는 선택하지 않는다. 겉으로는 선택한 듯 보일지라도 말이다. 데레사는 주님에 대한 사랑과 함께 서 있다. 지금 이 순간에 주님께서 이 사랑을 요구하시는지 아니면 교회 안에서 또는 교회 밖에서, 공동체 안에서 또는 공동체 밖에서 뭔가 다른 것을 바라시거나 거절하시는지 따위는 그녀에게 전혀 중요하지 않다. 이는 데레사가 생애 마지막 시기에 깨달은 것이다.

사제

사제가 되기를 바라는 이는 이미 하느님을 만났고, 이렇게 하느님과 개인적으로 만나면서 자신의 삶을 그분께 바쳤다. 그는 직무와 인격을 통합한 방식으로 하느님께 봉사할 뜻을 지녔을 것이다. 그러나 아직 직무를 수행하지 않은 사람은 대체로 사제직에 투신할 수 있지만, 자신의 인격이 직무에 그리고 하느님을 따르는 데 적합할지는 정확히 바라보지 않는다. 그는 동일한 하느님께서 직무 안에서 그리고 인격적으로 인간과 만나신다는 것, 그러나 이러한 만남은 자신이 직무 속으로 들어감으로써 다른 얼굴을 지닌다는 것을 안다. 이로써 나중에 하느님과 어떤 방식으로 만나게 될지는 미리 알 수 없다. 사적 생활을 하는 사람은 하느님을 늘 개인으로 만나게 될 것이다(교회 생활, 자기가 속한 공동체, 성사 안에서 주님과의 만남을 포함하는 모든 것과 함께). 그가 하느님과 만나는 방식의 폭은 더 좁다. 하느님께서는 자유로이 머무시면서 다른 방식으로 당신을 드러내 보이실 것이다. 그러나 하느님께서 당신을 드러내 보이시는 것은 언제나 사적 범위에서 이루어질 것이다. 하느님과의 만남의 열매는 교회 안으로 들어가지만, 당사자는 그대로 머물러 있다. 그는 특별한 사명을 받았고 하느님과 만나는 순간에는 언제나 개인[20]으로, 자기 자신을 아는 것을 바탕으로 그분과의 만남에 대한 윤곽을 그릴 수 있는 개인으로 머물지라도 말이다.

누군가가 직무를 수행하면 이러한 범위를 벗어나게 된다. 인격적인 것과 직무적인 것은 새로운 것에, 사제적인 것에 통합된다. 이 두 가지 요소가 독자적으로 등장하는 듯 보일 때에도, 이 둘은 서로 무관한 게 아니다. 어느 사제가 더 좋은 사람일수록 하느님과 인격적으로 만나는 가운데 직무를 더 잘 수행하게 된다. 그의 내적 삶이 위축된다는 의미에서 그런 게 아니다. 오히려 그가 사제로서 하느

---

[20] 여기서는 평신도를 의미한다. 직무를 수행하지 않는 수도자들은 일종의 중간 위치에 있다. 직무 대신 그들에게는 규칙이 있는데, 하느님께서는 이 규칙을 토대로 만남의 새로운, 초인격적 틀을 만드신다. ─ 저자 주

님 앞에 서 있고, 하느님께서는 그가 직무를 수행하는 것보다 더 큰 기쁨을 그에게 줄 수 없으시고, 그를 직무에서 완전히 분리시킬 수 없으실 경우에 그러하다. 또한 가장 개인적인 것을 변형하는 것, 그의 직무를 풍요롭게 해 주어야 하는 가장 사적인 방법들을 그에게 제시하는 것이 중요하지 않을 경우에 그러하다. 직무 안에는 뭔가 단호한 것이 깃들어 있다. 직무는 교회법의 통제를 받지만, 주님께서 주시는 은총이기도 하다.

탁월한 인성을 지닌 인간으로서 하느님 앞에서 완전한 삶을 사셨던 주님께서는 세상을 구원하시기 위해 새 계약과 함께 교회의 첫 번째 직무를 받아들이셨다. 그분께서는 당신의 가르침 내에서 세상을 구원하셨을 것이다. 그러나 그분의 가르침은 그분의 위격처럼 늘 하느님 앞에 서 있었고, 그분께서 하느님의 뜻을 항상 받아들임으로써 생동감 넘쳤다. 그분께서는 사람들에게 당신을 내주시고 사람들에게 받아들여지셨으며, 사람들은 성장하고 자신을 형성할 수 있었다. 주님께서는 당신의 직무를 당신의 위격에 따라 만드신 게 아니라, 그 위격적 특징을 당신의 직무에 따라 형성하셨다. 그러나 그분의 직무는 결국 하느님에 대한 자신의 신적 사랑을 다시 표현한 것이다. 동시에 자신이 영을 지니셨음을 표현한 것이고, 이런 맥락에서 성부와 함께 성령을 발출하신 것을 표현한 것이다. 그분께서는 하늘에서 영원히 행하셨던 것을 지상에서도 지속하셨다.

하늘에 계실 때 그분께서는 성부와 함께 성령을 발출시키셨다. 성령께서 이미 하늘에서 성부와 성자께서 이루신 위격적 삶의 일종의 규칙이셨듯이, 사람이 되신 성자께는 직무의 규칙이 되셨다. 성령께서는 사람이 되신 성자께로, 성부와 함께 끊임없이 동시에 자신을 발출시키기 위해 자신을 항상 받아들이신 성자께로 항상 되돌아가신다. 그러므로 성령 안에 있는 직무적인 것은 그분께서 영원히 성부로부터 와서 성부께로 되돌아가시는 것과 관련되었고, 이러한 움직임을 통해 성자의 모든 위격적인 것에 참여했으며, 성자를 통해서 성부의 모든 위격적인 것에 그리고 결국엔 성령의 모든 위격적인 것에 참여했다. 이에 상응하여 사람이 되신 주님 안에서 직무와 위격(인격)은 분리되지 않고 긴밀히 결부되었다. 그러나 주님께서는 당신의 직무를 당신의 교회에 전해 주려 하셨기 때문에, 직무는 양도될 수 있고 모방될 수 있어야 했기 때문에, (첫 제자들뿐만 아니라 후대 사람들을 위해서도) 그분께서는 새 계약을 가르치시면서 직무에 하나의 문자, 하나의 법칙을 주셨다. 그리고 직무 안에는 인격적인 면이 깃들어 있어야 하므로, 주님께 완전히 봉사한 사람은 바로 직무 안에서 헌신하는 사랑을 다시 발견했다. 그렇게 수행된 직무는 법적 체제의 경직성을 주님 사랑의 역동성 그리고 주님에 대한 사제의 사랑의 역동성과 하나가 될 수 있게 해야 한다.

    진보해 가는 사제는 직무와 인격의 상호 관계를 알고, 이로써 직무 안에 깃든 인격적 요소들도 안다. 그가 이러한 앎에 주목할 때, 그와 하느님의 만남은 언제나 생기 넘친다. 그러기 위해서는 하느님께 자신을 완전히 내어 드리고 그분께 언제나 받아들여지는 상태에 있어야 한다. 어느 사제가 하느님께서 자기에게 오신 줄로 생각하고 자신과 하느님의 관계는 늘 지속된다고 여기자마자, 하느님께서는 이제 자기와 끝내셨다고 여기기에 자기도 하느님과 끝냈다고 여기자마자, 자기는 할 수 있는 만큼만 또는 하느님께서 요구하신 만큼만 희생했다고 생각하자마자, 직무는 문자 뒤로 물러난다. 인격은 직무 안에 스며들지 않고 자기 자신 안에 모인다. 이제 둘 사이에 틈이 생기고, 서로 풍요롭게 하는 것은 중단된다. 인격은 의욕을 잃고, 직무는 경직된다.

태초부터 성부께 구원 사업을 제안하신 성자께서는 또한 영원히 그렇게 제안하신다. 성자께서 처음부터 결정하신 것에서 (그분께서는 지상에서 사시는 동안에도 늘 결정하셨다.) 성부 하느님께서 언제나 당신 뜻을 따르는 그분을 어떻게 받아들이시는지 드러난다. 그리고 성자 그리스도께서는 십자가 위에서 시작하시어 성찬례 때 늘 우리 인간에게 당신 자신을 내주신다. 그렇기 때문에 우리는 늘 성체를 받아 모셔도 된다. (성자께서 성부께 받아들여지고 우리에게 당신 자신을 내어 주시는) 이 지점에서 인격적인 것이 사제직 안에 생겨난다. 이 지점은 동시에 그가 하느님 앞에 서는 중심점이다.

하느님 앞에 서 있는 것이 순전히 개인적인 것이었던 한, 시간과 장소는 기도하는 이의 뜻에 좌우될 수 있었다. 그는 이곳으로 또는 저곳으로 물러나겠다고 결심했다. 이제 사제직을 수행하는 그는 주어진 것, 피할 수 없는 것에 묶여 있다. 자신이 하느님 앞에 서 있는 것과 관련된 것, 곧 성체 축성과 성찬식에 묶여 있는 것이다. 그는 하느님께 성체를 내 드리면서 그분의 아드님을 내 드린다. 성자 그리스도의 직무를 교회적인 것의 테두리 안에서 받아들이기 위해 그분을 내 드리는 것이다.

그리스도께서는 성찬식 때 당신을 사제에게 내주시고, 사제는 그분을 받아 모신다. 그리스도인도 그분을 받아 모신다. 이 순간에 미치는 지대한 영향력이 사제를 하느님 앞에 서게 한다. 이런 점에서 직무가 우위에 있을 것이다. 왜냐하면 사제는 삼위일체 하느님께 자신을 인격적으로 내 드렸기 때문이다. 그의 인격은 직무 안에 내포되어 있는 듯하다. 이렇게 인격이 직무 안에 내포되어 있는 것은 하느님을 더 이상 발견하려 하지 않기 때문에 그분을 더 이상 인격적으로 찾지 않는 일부 사제들에게 구제를 의미한다. 그러나 하느님께서는 당신 아들에 대한 사랑으로 모든 것에도 불구하고 그들에게 거룩한 미사를 집전하고 열성적으로 직무를 수행할 가능성을 선사하신다. 이는 지울 수 없는 성사적 인호 안에 포함되어 있는 은총이다. 이 중요한 순간에 직무가 우위에 있음은 사제가 공적으로 거행하는 거룩한 성찬식에서도 알 수 있다. 성찬식 안에 주님과의 인격적 만남이라는 영광이 깃들어 있다. 그러나 이 기쁨은 직무 안에, 거룩한 미사를 객관적으로 집전하는 것 안에 스며들어 있다. 사랑하는 남녀가 어떤 일을 하면서 입맞춤으로 재빨리 사랑을 표현하지만, 그것이 일하는 것을 중단시키지 않듯이 말이다. 사제가 인격적으로 성찬식을 거행하는 것은 직무 내에서 이루어지므로, 그에게는 이 순간에 인격적인 것을 통과해 가서 신적인 것으로 들어가 위로 들어 올려진 듯한 것이 존재한다. 그가 성찬식 때 하느님 앞에 인격적으로 서 있는 것은 성자 그리스도께서 하느님 앞에 서 계신 것에 의해서, 성부와 성자께서 서로 주고받으시는 것에 의해서 유지된다. 그러므로 사제는 그때 이루어지는 인격적인 것을 측정할 수 없다. 어느 평신도는 하느님 앞에 서서 자신이 표현할 수 있는 어떤 생각을 지녔다고 여길 수 있을 것이다. 가령 그는 이렇게 말할 수도 있다.

"이렇게 하느님과 만난 것은 나에게 열매로서 이것과 저것을 가져다주었다."

분명한 것은 남아 있는 것이 없다는 것이다. 하느님께서는 그 무엇과도 비교할 수 없을 정도로 위대하시기 때문이다. 사제에게 있어서 그리고 그가 성찬식을 거행하면서 하느님 앞에 서 있을 때 그렇게 인격적 틀을 두를 가능성은 없어진다. 인격적인 것이 감지되자마자, 그것은 이미 인격적 범위를 넘어서 그리고 그것을 통과해 가서 계속 헌신하는 것으로 나아간다. 이는 사제도 하느님과의 친교를 아주 강렬하게 체험할 수 있다는 것을 배제하지 않는다. 그러나 이로써 가장 내적인 것은 이해되지 않은 채 있다. 그것은 사제의 직무와 인격을 넘어서 있다. 그것은 결코 비인격적이지 않다. 그것은 초인격적, 인격적이기에 창조된 피조물의 한계에 둘러싸여 있지 않고, 하느님의 무한한 위격적인 것 안으로 들어간다.

아담은 하와를 처음 본 순간에 깜짝 놀랐다. 이제 더 이상 혼자 있지 않게 된 것이다. 아담은 하와 안에서 먼저 자기 자신과 닮은 사람을 본 게 아니라, (하와가 자기에게서 나왔을지라도) 최초의 인간을 본 것이다. 아담은 하와의 모습에서 손과 발과 얼굴 등 많은 것을 인지했을 것이다. 그러나 그는 무엇보다 인간의 전체성, 자기 역시 인간일지라도 자신이 알지 못하는 전全 인간을 바라본다. 그리고 이에 대해 끝없이 놀란다. 만일 그가 죄를 짓지 않았다면, 하와를 만날 때마다 이 놀라움은 지속되었을 것이다. 두 사람의 교류는 무뎌지지 않았을 테고, 둘이 함께 있음은 새롭고 언제나 충만했을 것이다. 인간이 누렸던 이러한 최초의 상태는 삼위일체 하느님의 참된 상에 속했다. 모든 앎과 모든 체험에도 불구하고 성자께서 성부 앞에 영원히 서 계신 것은 영원히 새롭고 영원히 다르다. 사랑과 헌신을 통해 관계의 신적 다정함이 영원히 생겨나고 그 안에서 영원히 새로워지기 때문이다. 성령 안에서 두 위격이 교환되는 것은 한 위격이 성삼위 안에서 영원한 친교를 이루는 것과 같다. 이는 참으로 놀라운 친교다. 모든 충만함이 신적으로 더 충만해졌기 때문이다. 다른 사람들을 통해서 신적으로 충만해지는 것은 동시에 다른 사람들의 기준에 따라 마음이 열리는 것이다. 그래야 충만함을 규정하는 자기 기준에 묶이지 않게 되고, 충만한 내용이 담긴 그릇으로 끊임없이 새롭게 형성될 수 있다.

사제는 자기 기준을 넘어 위격의 이러한 법칙에 대한 것을 거룩한 미사의 성찬식 때 체험한다. 그것을 더 인격적으로 체험한다. 그가 개인적 측면에서 더 벗어날수록, 그는 더 구체성을 띠게 된다. 그가 더 초연할수록, 더 충만해진다. 사제는 더 벌거벗은 채 그리고 빈손으로 성체 앞에 선다. 성찬식을 거행하는 순간에 그의 인격과 남성다움이 (그가 제대 위에 서 있더라도) 제대를 넘어서 들어 올려진다. 사제는 자기가 영하는 성체, 성부 앞에서 그리고 성령과 함께 성자를 가리키는 성체의 비가시적 크기에 상응하여 삼위일체적 만남 안으로 들어간다. 그는 무한한 충만함에 참여하는 몫을 나누어 받는다. 그리고 어떻게 사람들이 높은 산에서 신선한 공기로 폐를 채우는지, 끝없이 드넓은 분위기에 젖어 드는지 마음과 정신으로 안다. 그런 분위기에 젖으면 가장 미미한 것마저 받아들일 수 있지만, 그분위기를 전체적인 것으로도 느낀다. 이는 감각적 체험을 의미한 게 아니다. 사제는 천상적인 것에 참여한다. 그가 그것을 감지하고 체험하든지 그렇지 않든지 상관없이, 그가 위로 또는 메마른 상태에 있든지 그렇지 않든지 상관없이.

사제가 미사나 직무 밖에서 하느님의 얼굴을 찾는다면, 사제품을 받기 전에 자기에게 익숙한 방식으로 그렇게 하기를 바랄 것이다. 그는 인간이고 싶고 개인으로서 하느님과 관계를 맺고 싶은 욕구를 지니고 있다. 이러한 욕구는 예전의 사적 신분에 기인한 것이다. 그는 직무에 대해서 일종의 피로를 느낀다. 이는 무엇보다 육체적이 아닌 정신적 제약을 받는 것이다. 그는 항상 '주기 위해 받는다'고 생각하면서 자기에게서 힘이 빠져나간다고 느끼기 때문이다. 이 힘은 미사 때 그에게 다시 주어지지만, 점점 더 직무적 성격을 띤다. 그는 전적으로 직무적인 것에서 출발해서는 안 된다. 직무를 수행하면서도 자기 모습으로 있어야 한다. 그가 공동체로부터 그리고 공동체의 기도로부터 얻고 직무를 수행하면서 나누어 주는 것으로부터 얻는 힘은 무엇보다 그의 직무와 성직자인 그의 직분으로 향한다. 그렇기 때문에 그가 조용한 골방에서 찾는 것은 예수님께서 올리브산에서 기도하시면서 찾으신 것과 비슷하다. 예수님께서는 십자가라는 순전히 직무적인 것 안으로 들어가시기 전에 결국 개인으로서, 사적인 사람으로서 하느님 아버지 앞으로 나아가셨기 때문이다. 사제는 매일 하느님과 단둘이 있는 가운데 이러한 궁극적인 것을 체험한다. 거기서 힘을 얻고 직무라는 십자가를 지고 하느님께 의로워지기 위해서다. 이를 위해 성자께서는 하늘에 계실 때 세상을 구원하기로 결심하신 것, 당신을 영원히 희생하는 것을 떠올리신다. 그리고 이제 모든 것을 새롭게 내놓으신다. 이제 그분의 뜻은 더 이상 신적 색채를 띠지 않고, 점차적으로 순전히 인간적 색채를 띤다. 이제 그분께서는 당신의 인간적 의지로 십자가라는 직무의 중요성을 평가하실 수 있다. 사제도 자신의 뜻을 (동시에 자신의 개인적이고 직무에 따른 의지를) 하느님 아버지 손에 놓아 드린다. 서품식 때 하느님께 자신을 온전히 바친 행위를 떠올리면서 그렇게 한다. 그때는 아직 직무를 받지 않았기 때문이다.

아담은 아내 하와에게 인격적 역할과 직무적 역할을 했다. 하와와 동행하는 사람으로서 인격적 역할을 했고, 자신이 하느님을 중개하는 한 직무적 역할을 했다. 그리고 다시 그리스도께서 인격(위격)으로서 '직무'가 되신다.[21] 그분께서는 사람들 가운데 사시면서 인격이시고, 하느님 아버지의 중개자로서 지상에서 '직무'가 되신다. 그리고 그리스도를 통하여 사제 역시 인격으로서 '직무'가 된

---

21 본래는 '직무를 수행하다.'라는 뜻으로, 여기서는 의인법으로 표현되었다. — 역자 주

다. 그러나 셋 모두 이 두 가지 요소, 인격과 직무를 하느님께 넘겨 드려야 한다. 하느님께서 분명하고 한결같이 그리고 적극적으로 협력하시면서 점점 더 인격과 직무의 일치를 만들어 내시도록 말이다. 직무 안에서 개인적인 것을 포기하는 것은 단 한 번에 이루어지는 것이 아니다. 사제는 날마다 하느님께 개인적인 것을 새롭게 봉헌해야 한다. 그래야 포기하는 것도 직무 내에서 그 참신함을 유지할 수 있다. 포기는 언제나 하나의 행위여야 한다. 순수함을 지니려면 무력해져서는 안 되듯이, 직무를 수행하려면 비인격적으로 되어서는 안 된다. 성자께서 하느님이심을 단념하지 않고서 신성을 포기한다면, 성자께서 인간이심을 단념하지 않고서 십자가 위에서 인성을 포기한다면, 성자께서 이중적 희생을 한다면, 그러니까 사람의 아들로서 신성을 포기하고 하느님의 아들로서 인성을 포기한다면, 중개자로서의 그분의 직무적 특성, 그리스도로서의 그분의 단일성(하느님이시며 인간이신)은 강화된 포기에 근거를 둔 것이다. 그분의 단일성은 무관심(냉담함)의 반대인 초연함에, 즉 순명, 모든 것에 준비된 헌신에 기인한 것이다. 사제 역시 하느님 앞에 서서 자신의 직무를 위해 개인적인 것을 포기해야 하고, 하느님 앞에 선 인격으로서 직무에 대한 특권도 내려놓아야 한다. 그래야 하느님께서 그를 유일한 사람으로 받아들이시고 충분히 변모시켜 주실 것이다. 사제는 흠이 없는 사람으로서 하느님께 자신을 내 드려야 한다.

믿는 이

기도에 있어서 평범한 그리스도인에게는 모든 가능성이 열려 있다. 완전히 홀로 있는 가운데 바치는 기도부터 시작해서 구성원들이 가득 찬 공동체에서 바치는 기도에 이르기까지 그는 다양한 형태의 기도를 바칠 수 있다. 나아가 어디서든지 또 언제든지 기도할 수 있다. 그럼에도 믿는 이는 전반적으로 엄격히 정해진 방식에 따라 기도한다. 그는 기도할 것을 상세히 선택하고, 생이 다할 때까지 그렇게 한다. 하느님의 은총은 자기가 통찰하고 선호하는 것보다 더 중요하다는 것, 하느님께서 자기를 통해 실현하시려는 모든 계획은 자신이 일상에서 세우는 사소한 계획과는 비교할 수 없을 정도로 숭고하다는 것을 그는 대체로 깨닫지 못할 수 있다. 그에게는 가정생활, 일, 직업이 매우 중요해 보인다. 그래서 그것들을 구체적으로 기도 안으로 거듭 가져가지만, 사실은 하느님께서 그것들을 자기에게서 가져가시고 바꾸어 놓으실까 불안해한다. 이렇듯 그는 하느님께서 인도하심을 완전히 신뢰하지는 못한다. 홀로 바치는 기도가 전반적으로 활기가 없다면, 주된 원인은 이런 것들이다. 그는 하느님께 마음을 드물게 열고, 어쩌다 한 번 그분의 뜻을 따른다. 그는 완전히 벌거숭이로 하느님을 만날 마음이 별로 없고, 자신의 의견이나 관심사를 아뢰는 것으로 충분하다고 여기고, 그것들이 하느님의 생각과 일치했다고 암묵적으로 받아들인다. 그리고 하느님께서 지금 이 순간에 가만히 계시면, 이를 그분께서 자신의 뜻에 동의하신다는 신호로 여긴다.

믿음 안에서 하느님 앞에 선다는 것의 진정한 뜻은 이런 것이리라. 자신의 삶에 관해 신속히 하느님께 아뢰는 것, 그러나 이에 매이지 않는 것, 하느님 앞에서 자기 자신을 있는 그대로 드러내려고 애쓰는 것, 자기 자신이 아니라 하느님을 바라보는 것이다. 그리고 자기가 사용하는 말에 특정한 의미를 부여하지 말고, 그 말이 하느님 안에서 근원적이고 일차적으로 지닌 의미를 인식하는 것이다. 믿는 이에게 가장 힘든 것은, 실제로 믿음 안에서 하느님 앞에 서는 것이리라. 또한 자신의 생각과 계획으로 꽉 차 있는 세속적인 모습으로 그분 앞에 서지 않는 것이리라. 성인은 하느님께서 원하시는 것을 원한다(이것이 성인에 대한 정의다). 성인은 늘 하느님의 심연 속으로 들어간다. 사제는 직무로 인해서, 사람들의 기대로 인해서 끊임없이 새롭게 강요받는다. 자신이 바쳐야 하는 많은 기도로 인해서도 그럴 것이다. 평범한 신앙인에게 기도는 자유로이 생각을 펼치는 것이지만, 그것은 대개 더 이상 자유롭지 않다. 그는 세속적인 것 안으로 빈번히 끌려들어 가기 때문이다. 그럼에도 그가 기도하려고 애쓴다면, 하느님께서 자기에게 얼마나 많은 말씀을 하실 수 있는지, 힘들고 바꿀 수 없는 것으로 보인 어려움들이 얼마나 많이 달라지는지, 모든 것이 얼마나 마음을 끌고 해결되는지 곧 알게

―

믿음 안에서 하느님 앞에 선다는 것의 진정한 뜻은
자신의 삶을 하느님께 아뢰는 것,
그러나 이에 매이지 않는 것,
하느님 앞에서 자기 자신을 있는 그대로
드러내려고 애쓰는 것,
자기 자신이 아니라 하느님을 바라보는 것이다.

―

될 것이다. 그가 실제로 솔직하게 기도하면, 하느님께서 자기와 함께 뭔가 중대한 것을 계획하고 계심을 깨닫게 된다. 그는 성인과 사제보다 그것을 더 빨리 알아차릴 것이다. 하느님께서 그의 어려움들을 헤아리시고 그의 뜻을 받아들이시기 때문이다. 평범한 학생이 어떤 일을 완벽하게 해내면, 그 학생은 모범생보다 더 칭찬받는다.

누군가는 지난 기억들 안에서, 그리고 죄를 지어 하느님에게서 멀어졌다는 것을 생각하며 살아간다. 그리고 지난날을 곱씹는 수고를 감수한다. 그런 가운데 자기는 때때로 하느님 앞에 섰다는 것, 어떤 경우에는 하느님께 약속을 드리기 위해 애썼고 다른 경우에는 특별한 은총을 받았으며 또 다른 경우에는 하느님께서 자신의 기도를 들어주셨음을 알게 된다. 그러나 이런 것들 사이에 하느님에게서 멀어졌음이 거듭 자리를 잡고 있다. 하느님을 다시 발견하기 위해서는 어떤 결단과 자발적 행위가 필요하다. 또한 덧없는 생각이나 메모해 둔 문장, 피상적인 기도 이상의 단호함이 필요하다. 그래야 실제로 자신의 소망을 오롯이 들어주시는 하느님을 만나는 곳으로 돌아갈 수 있다.

사제는 직분에 따라 하느님과 그리고 신성한 일들과 많이 관련되어 있다. 그렇기 때문에 기도에 전념해야 한다. 그는 하느님께서 주시는 은총을 신뢰하고, 하느님께서는 그를 더 신속히 받아들이신다. 평신도는 일상에서 나와 하느님을 향해 나아가는 것이 사제보다 더 힘들 것이다. 사제에게는 습관적으로 기도할 위험이 있다면, 평신도에게는 더 이상 전혀 기도하지 않고 이로써 하느님께로 나아가는 길을 시야에서 잃을 위험이 있을 것이다.

평신도의 기도 생활에도 긴장이 생긴다. 개인과 공동체 사이에 긴장이 이는 것이다. 여기서 공동체는 먼저 초자연적 교회를 통해서, 그러나 이어서 세상 안에서 자연적 집단을 통해서도 형성된다. 따라서 누군가는 개인적인 기도 생활과 믿지 않는 이들로 구성된 직장 사이에서 큰 긴장을 느낄 수 있다. 이런 환경에서 그리스도인으로 살아야 하는 필연성은 그에게 특별히 열심히 기도할 의무를 지운다. 그리스도인으로 살고 주변에 영향을 주기 위해 그는 항상 기도의 힘으로 살아야 한다. 그리스도교 신앙과 세상 사이에 감도는 긴장을 통해 그의 기도는 늘 새로운 활력을 받아야 한다. 조용한 골방에 앉아 하느님을 향해 있는 것은 그의 기분을 매우 가볍게 해 줄 것이다. 그가 밖으로 나가 은총의 흔적을 거의 발견하지 못했을 주변 사람들과 대화를 나눈다면, 이는 변화를 가져올 것이다. 주변 세계에 빛을 비추기 위해서, 기도의 열매를 그 안으로도 가져가기 위해서 그에게는 이중의 힘이 필요하다.

여기서 더 나아가 보자. 성인은 자기가 올바른 곳에 있음을 정확히 안다. 아기 예수의 데레사 성녀는 가르멜 수도원에서 앞으로 프랑스에서 계속 머물게 될지 아니면 선교 지역으로 보내질지 자기가 받을 파견에 대해 구체적인 윤곽을 그려 보았다. 독자적인 수도회를 세운 예수의 데레사 성녀는 하느님께서 자기에게서 원하시는 것을 하고 있음을 확실히 알았다. 아르스의 비안네 신부는 자기가 사는 지역에 머물러야 했다. 수도원으로 달아나려고 여러 번 시도했지만, 결국엔 자기가 사는 곳으로 가야만 했다.

마찬가지로 사제와 수도자는 직무와 규칙을 통해 자기가 있을 자리를 안다. 반면에 평신도는 이렇게 정확히 확신하기가 어렵다. 그에게는 직무와 규칙에 대한 틀이 없기 때문이다. 평신도는 세상 어딘가에 서 있다. 그의 믿음과 관련해서 말하면, 특별한 곳은 어느 정도는 그가 우연히 있게 된 곳이다. 때문에 그는 기도하면서 찾는 것에 대해 일종의 긴장이 생길 것이다. 물론 평신도는 일종의 '파견'을 받는다. 그러나 그 가운데 일부를 선택할 수 있고 그 형태를 갖출 수 있으며, 자신의 능력에 맞게 그 파견을 어느 정도는 수행할 수 있다. 성인은 벌거숭이로 있고 또 그렇게 있어야 한다. 사제는 사제복을 입는다. 평신도는 유행에 따라서 자기 옷을 만들 수 있다. 성인은 가장 엄격한 틀 안에서 사는 사람이다. 성인은 어떠한 경우에도 자신의 영역에 머물러 있어야 한다. 성인에게 엄격한 틀이 있는 것과 관련해서 말하자면, 그는 사제 위에 서 있다. 십자가의 요한 성인이 겪은 어두운 밤, 아기 예수의 데레사 성녀가 통과한 어둠, 비안네 신부가 겪은 악마와의 투쟁 같은 길은 지극히 개인적이고 일회적인 길이다. 성인은 자유 없이는 그 길을 가지 않는다. 성인은 하느님의 일에 협력하기를 바라면서 다른 길이 아닌 바로 그 길을, 자기가 가야 할 길을 간다. 그러한 길, 파견, 의무는 객관적이므로 성인은 어떠한 대가를 치르더라도, 설령 자기 목숨을 바치더라도 그 길을 가고 또 실현해야 한다. 산모가 위급할 경우에 아기를 구하기 위해 자기 생명을 희생하듯이 말이다. 명확한 사명을 받지 않은 평범한 그리스도인은 이러한 궁극적인 단호함을 지니기 어려울 것이다. 하느님 마음에 더 들기 위해 평신도로서 그는 세상에서 이것 또는 저것을 행할 수 있다. 그는 자신의 영성 생활을 이곳에서 그리고 저곳에서 개선할 수 있고, 더 많이 기도할 수 있으며, 전진하기 위해 다양한 일을 시도할 수 있다. 그러나 성인이 행하는 것은 취소할 수 없다. 그것은 취소할 수 없는 파견의 일부이기 때문이다. 누군가가 고해 사제에게 와서 자기는 절망한 채 하느님과 싸우고 있다고 말하면, 그것은 부르심(성소)과 관계가 있는 게 아닌지 살펴보아야 할 것이다.

평신도가 교회를 위해 있을 자리도 어느 곳에서는 비어 있다. 물론 그는 고정된 자리를 가지고 있다. 그는 교회의 지체이고, 평신도로서 교회 안에서 자신의 자리를 가지고 있다. 그러나 그 자리는 윤곽이 뚜렷하지 않다. 어느 평신도들은 교회의 바람에 부응하여 특별한 견해를 지닐 수 있다. 바오로는 평신도들에게도 은사가 주어진다고 말한다. 성인들의 사명은 신랑이신 그리스도를 통하여 분배된다. 신부인 교회의 사명도 그분을 통해서 분배된다. 지체들은 공동체 내에서 개인적 사명을 받는다. 유감스럽게도 오늘날의 교회는 그것을 잊어 가고 있다. 현대 교회는 개인적 은사 자리에 평준화 쪽으로 기우는 단체들을 두고 있다. 올바른 방향으로 나아간다면, 교회는 자신이 봉사하기를 거부하는 자들이 아닌, 개인적 책임을 떠맡으려는 그리스도인들과 관계가 있음을 알게 될 것이다. 또한 교회는 사명을 분배하는 일을 하느님께서 보내신 성인들의 사명과 조화를 이루게 해야 할 것이다. 어느 성인이 치유의 은사를 받았다면, 다른 사람들은 환자들을 그에게 적절한 방식으로 데려갈 수 있을 거라고 생각할 것이다. 이때 중요한 것은 균형을 이루며 분배하는 방식일 것이다. 사제는 사명을 받은 이와 평신도 사이에서 중개 역할을 할 것이고, 자기에게 부여된 직권으로 공동체의 틀을 갖추고 구성원들을 배치하며 공동체를 성장시킬 것이다.

그리스도인은 교회 안에서 정확히 가늠할 수 없는 위치에 있다. 그렇기 때문에 (공동체가 확고한 구조를 지녔더라도) 그의 기도와 선행과 의견들은 비가시적으로 즉시 받아들여진다. 그는 자신의 기도와 활동으로 이루어지는 것에 대해서 통찰하지 않는다. 그는 기도 안에서 자기가 서 있는 지점, 하느님 안에서 자기가 섰던 곳을 알지 못한다. 이는 아담과 비교함으로써 분명해질 수 있다. 하느님께서는 에덴동산에 있는 아담과 이야기하셨다. 그러나 훗날 사람이 되신 당신의 아들을 통하여 이루어졌듯이 그렇게 감각적이고 윤곽이 뚜렷한 방식으로 이야기하신 것은 아니다. 하느님께서는 당신의 말씀이 아담 안으로 스며들게 하셨고, 아담은 순진하게 그리고 예견하지 못한 채 하느님과 결속되어 있었다. 그러나 죄를 지은 뒤에는 더 이상 그분과 결속되지 않았다.

평신도는 죄를 지은 아담과 죄를 짓지 않으신 아담(그리스도) 사이의 노선에서 움직인다. 그는 죄인인 아담에게서 멀어져 앞으로 나아간다. 사실은 아담 뒤에 있는 곳에 도달하기 위해서다. 그러나 지상에서는 이 목적지에 결코 도달하지 못할 것이다. 삼위일체 하느님께서 마음을 여시고 아담[22]과 다시 한번 이야기하시려고 아드님을 세상에 보내셨더라도, 그는 그 목적지에 도달하기 어렵다. 첫째 아담은 자기 안에 계시는 말씀을 듣지 않았다. 하느님이신 둘째 아담(그리스도)은 자신의 모든 감각을 하느님을 향하여 여셨다. 그러므로 그분께서는 명백한 말씀이, 그러니까 감각 속으로 잠겨 든 인간에게 감각적으로 이해될 수 있는 말씀, 성체 안에서 후대의 모든 사람을 위해서도 영적인 방식으로 감각적인 살(몸)이 되는 기적을 일으키는 말씀이 되실 수 있었다. 이는 감각적으로 되신 말씀으로서

---

22 여기서는 상징적으로 '평신도'를 가리키는 것으로 생각된다. — 역자 주

하느님께서 죄인을 향해 가시는 것이다.

  마찬가지로 평신도는 세례 때 원죄를 용서받고 그리하여 죄를 짓지 않으신 둘째 아담에게로 가는, 뒤로 향한 길을 단축하면서 하느님을 향해 간다. 아담은 하느님의 말씀부터 시작해서 자신이 저지른 죄에 이르기까지 모든 길을 갔다. 그가 죄를 짓지 않겠다고 단호히 결심하기를 놓쳤을 때 이미 죄는 그의 내면에 잠재되어 있었다. 뱀에게서 유혹받은 하와는 아담이 결심하지 못한 것을 자신의 죄 안으로 끌어들였고, 이로써 사실은 아담의 자리에서 자기가 결심한 것이다. 그러면서 아담을 유혹하며 그로 하여금 무언가를 결심하도록 이끌 수 있었다. 아담이 자기 자신 안에서보다는 하와 안에서 죄짓기로 결심했듯이, 평신도는 그리스도 안에서 회개하고 믿음을 지니겠다고 결심한다. 그는 하와와 그리스도 사이에서 불안정한 상태에 있다. 그러면 평온하게 중심을 잡을 수 없고, 이리저리 왔다 갔다 하다가 결국엔 상반된 결심을 하게 된다. 아담이 결심하지 못했기 때문에 하와가 쉽게 유혹했다는 것을 통찰하지 못한다면, 그는 자기가 단호히 결심해야 그리스도를 따를 수 있고 그리스도께서 택하신 것을 자기도 택할 수 있다는 것을 통찰할 수 없게 된다. 평신도는 머물 수 없는 어중간한 상태에서 나와 죄짓기 전의 아담의 상태로 돌아가기 위해 끊임없이 노력하지만, 지상에서는 그 상태에 도달할 수 없다. 그는 자신이 힘든 상태에 놓였음을 안다.

낙원으로 돌아가는 것이 이미 불가능한 이유는, 죄를 짓지 않은 아담 안에서 일종의 직무였던 것이 인류가 죄를 지은 뒤에 교회의 직무가 규정되면서 명료해졌기 때문이다. 아이처럼 지극히 순수한 사제도 천국의 소박함을 더는 결코 지닐 수 없을 것이다. (그러한 소박함을 평신도는 헛되이 추구한다.) 사제와 수도자는 처음부터 선택했다. 아담은 선택하지 않았다. 평신도는 어딘가에서 어중간한 상태에 있다. 하와는 지금 세례가 서 있는 자리에 서 있어야 했을 것이다. 하와는 죄에 빠지지 말아야 했을 것이고, 아담이 뱀과 접촉하지 못하도록 막아야 했을 것이다. 하와 맞은편에 마리아가, 강생하신 말씀을 자신 안에 받아들인 마리아가 서 있다. 아담이 뱀이 한 말을 받아들였듯이.

본성과 은총

1. 연습과 헌신

기도하는 이는 하느님께로 나아가는 데 방해가 되는 것에서 벗어나려고 노력한다. 또 하느님께서는 그의 모든 공허함을 가져가시고 당신의 은총과 당신의 뜻으로 채워 주신다. 그는 지속적으로 하느님의 말씀에 귀 기울이고 하느님의 뜻을 실행하려고 한다. 하느님의 뜻에 머무르고 그분께서 보여 주시고 요구하시는 것에 헌신하겠다고 마음먹는다. 그리고 하느님께서 주시는 힘으로 그것을 이루기 위해 노력한다.

하느님께서는 인간을 황량한 상태에 버려두지 않으신다. 기도 생활을 시작할 때 인간은 자신이 하느님을 위해 희생한 것을 그분께서 더 좋은 것, 신적인 것으로 얼마나 많이 대체해 주시는지 정확히 안다. 어떻게 자신의 삭막함이 하느님의 풍요로움으로 대체되는지 체험한다. 이러한 체험 안에 올바른 겸손의 시작도 깃들어 있다. 그는 자기 힘으로는 아무것도 할 수 없으며,

하느님께서 모든 것에 영향을 미친다는 것을 통찰한다.

기도에는 규율이 있어야 한다. 사람들은 진리이신 하느님께 더 다가가기 위해서, 진리를 깨닫기 위해서 기도한다. 그러나 믿는 이는 복음 말씀이 진리라는 것, 하느님의 아드님이신 예수 그리스도의 진리임을 안다. 복음 말씀은 성령의 감도로 쓰였고 교회에 의해서 해석되고 있으며, 예수 그리스도께서는 친히 당신 자신을 진리라고 표현하신다. 진리는 한처음에 계셨던 말씀이다. 기도한다는 것은 이 말씀에 집중하는 것, 이 말씀을 찾는 것, 이 말씀이 영향을 미치게 하는 것이다.

누군가에게는 믿음이 중요하고 다른 누군가에게는 하느님과의 친교가 진정한 바람이 될 때 올바른 기도가 시작된다. 이제 기도의 의미가 밝혀지고, 사람들은 이 의미가 실현되도록 노력한다. 기도(기도 시간)는 더 이상 시계만 바라보면서 멍하니 보내는 시간이 아니다. 기도는 중심점이고, 시간 역시 언제나 이 중심점을 향해 나아간다. 기도를 위한 준비와 그 영향이 본래의 기도 사이의 시간들에 다리를 놓는다. 그렇기 때문에 기도 생활이 아직 미숙한 이에게는 기도의 객관적 의미를 파악하는 것이 매우 중요하다. 사람들은 자신이 이 의미를 얼마나 정확히 이해했는지, 또 자신의 기도 안에서 이 의미를 얼마나 많이 실현했는지 시험해 볼 것이다. 사람들은 자

신의 기도를 관찰하지 않기 때문에 하느님의 은총을 하나하나 분석하려 하지 않는다. 그 은총의 열매나 효과를 의식하려고 애쓰지도 않는다. 오히려 자기 자신 옆에서 기도의 크기와 폭을 주목할 것이고, 이렇게 드넓은 폭에서 자기가 얼마나 멀리 멀어져 있는지 그리고 어느 방향에서 특히 노력하고 다시 배워야 하는지 알아차릴 것이다.

믿음에 대한 인식이 깊어지기에 누군가에게는 기도 안에서도 많은 것이 새롭게 선사된다. 사람들은 하느님과 교류하면서 지금까지 자기가 얼마나 많은 것을 소홀히 했는지 깨닫는다. 사람들은 하느님과 더 깊이 교류하고 싶어 한다. 새로운 깨달음은 기도 안에서 하느님께 새롭게 순응하도록 이끌어 준다. 이렇게 깨달음에서 기도 실천으로 넘어가는 것은 본질적으로 믿음을 위한 것이다. 순응한다는 것은 인간적 본성을 초자연적 하느님께 맞추는 것이다. 사람들은 자기가 탐색하는 어떤 대상에게 다가가듯이 그렇게 자신의 이성과 이해력, 개인적 성향과 함께 하느님께 다가가려고 애쓰지 않을 것이다. 오히려 하느님을 이해하려고 노력할 것이다. 이해하려면 헌신하려고 애써야 한다. 이해는 그러한 것으로서 이미 헌신의 시작이다. 사람들은 정신을 하느님께로 모으고 그분을 바라보는 것이 이미 신적 은총이 작용한 것임을 자각할 것이다. 하느님에 관한 생각도 이미 그분께서 당신을 드러내 보이신 것이 미치는 객관적 영향에 근거한 것임을 깨닫게 될 것이다. 이성은 하느님에 관해 매우 깊이 생각할 수 있게 하지만, 이로써 대개는 그분에 대해 새로운 거리를 만들고 이렇게 통찰하는 가운데 위축된다. 하느님께서 나와 함께 계시다는 것, 그분께서는 나를 받아들이시고 나도 하느님을 받아들일 수 있다는 것, 이렇게 단순한 것으로 만족하는 대신에 말이다. 물론 기도하는 이는 하느님에 의해서도 최면에 걸리지 않는다. 하느님께서 가까이 계시기에 그는 더 자유로워진다. 그리고 하느님과 함께 행하는 것은 더 풍요롭고 더 올바르게 행하는 것이다.

함께 있는 것과 함께 작용하는 것은 인간의 시야를 넓혀 주고 그의 자유를 증진시킨다. 두 예술가는 한 작품을 만들기 위해 공동 작업을 하면서 서로 방해하지 않는다. 오히려 각자 상대방의 작업에 대해 활동할 여지를 주면서 능력을 더 발휘하게 한다. 금세공사가 제작한 감실은 건축가가 설계한 성전에 영향을 미친다. 두 사람은 작품에 대한 공통된 의지와 공통된 사랑에 기인하는 신뢰 관계를 이루면서 작업한다. 하느님과 인간 사이에도 이러한 신뢰 관계가 존재한다. 하느님께서는 인간을 제압하지 않으신다. 그분께서는 '절대자'로서 인간을 억압하지 않으신다. 하느님께서는 인간의 자유를 위해 그에게 도움을 주신다. 인간은 자신 안에서 올바른 것을 형성하기 위해 하느님을 초대하고 그분께 청할 수 있다. 개신교 신자들은 대체로 이러한 관계를 잘못 이해한다. 그들은 하느님을 마치 사람들을 꼼짝 못하게 만드는 분처럼 생각하고 그런 상태에 빠져든다. 그리고 그런 상태에서 하느님 홀로 활동하신다고 여긴다.

인간은 두 (동등한) 파트너가 서로 마주친다고 상상하면서 기도 안으로 들어가서는 안 된다. 양면적이라는 것과 함께 작용한다는 것, 이 사실은 먼저 기도 내에서 매번 새롭게 밝혀져야 한다. 인간은 우선 피조물로서 창조주 하느님 앞으로 나아간다. 인간은 하느님이 아니고 하느님과는 전혀 다른 존재이지만, 하느님에게서 유래했다. 인간은 오직 하느님을 통해서만 존재하고 이해할 수 있다. 인간은 경건한 생각이 아닌 최고의 실재이신 하느님과 마주 선다. 그리고 이 최고의 실재이신 하느님 앞에서 자신의 모든 허물과 자기가 파악하는 것을 드러내 보여야 한다. 이 순간에 함께 작용하는 것에 대한 생각은 단지 가능한 것으로서 멀리 달아난다. 기도를 위한 준비가 그러한 생각에 접근하고 그 실현을 위해 요구될지라도, 그 생각은 이제 기도 안에서 멈춰야 한다. 그래야 하느님과의 만남으로부터, 하느님과 피조물이 서로 마주함으로써 새롭게 모습을 갖출 수 있다. 하느님께서 내 안에서도 모든 것이 되시도록 그분께서는 커지시고 나는 작아질 때 기도가 싹틀 것이다. 하느님 앞으로 나아가기 위해서 나는 맞은편에 서 계신 그분을 밀어 낼 수 없다. 그럼에도 불구하고 내가 '나'로서 하느님 앞에 잠시 서 있는 것은 진정성 있는 것이다. 기도하는 습관을 지닐 때까지, 하느님 앞에서 벌거승이로 있기 위해 세상에서 벗어나려는 노력을 하기까지 처음엔 희생이 따를 것이다. 그러나 이것 역시 언젠가는 이루어져야 한다. 나는 하느님 앞에 서 있어야 한다. 나중에는 그것이 단순해지고 당연해질 것이다. 이렇게 하느님 앞에서 벌거숭이로 있는 것 안에는 기도 중에 중대한 결정을 내리게 된다는 보장도 숨어 있다. 기도의 열매는 자신의 뜻에 따라 맺는 것이 아니라, 오직 하느님으로부터 맺게 된다.

하느님 앞에서 벌거숭이로 있도록 이끄는 이렇게 분리시키는 것에는 누군가를 영적으로 움직이는 것, 나중에 다시 기도의 내용이 될 수 있는 모든 것으로부터 자유로워지는 것이 속한다. 모든 기도는 하느님을 통하여 인도되는 것이다. 하느님께서는 기도 안에서 우리와 대화를 나누시면서 그렇게 이끄신다. 하느님께서 이끄시기에 기도하는 이는 특정한 주제를 정할 수 없다. 그가 그 주제를 하느님 앞으로 가져가 제안드리고 하느님께서 그 주제를 다루신다는 것은 확실한 게 아니다. 그는 하느님 앞으로 가져가고 싶은 걱정거리를 안고 있을 것이다. 그러나 하느님께서는 그 문제를 내려놓게 하시고 다른 주제를 이끄신다. 가장 자잘한 것도 사방으로 흩어지지 않게 하면서 그렇게 이끄신다. 하느님께서는 기도 방식도 변경하실 수 있다(교회가 규정한 염경 기도가 아닌 경우에). 예를 들어 사람들은 소리 내어 기도하려 하고, 하느님께서는 그것을 관상으로 바꿔 놓으신다. 기도하는 이는 하느님께서 이끄시도록 그분의 판단에 맡겨 드리게 될 것이다.

여기서 모든 초자연적 (특별한) 기도 방식 역시 그 근원을 가지고 있다. 그러한 기도 방식은 기도 안에서 완전히 초연해지는 것을 전제 조건으로 한다. 자신의 기도를 스스로 가꾸려는 사람, 기도 안에서 무언가는 일어나게 하고 무언가는 일어나지 않게 하겠다고 처음부터 결심하는 사람은 하느님을 자신의 궤도 안으로 들어오게 하려 한다. 그러면 하느님께서는 초자연적인 것에 영향을 미칠 수 없으시다. 이와 반대로 기도하는 이가 모든 것에 준비되어 있으려고 애쓰면, 하느님께서는 그를 당신이 원하시는 모습으로 다듬으신다. 누군가가 더 많이 계획할수록, 그는 하느님에게서 더 많은 가능성을 빼앗는다. 지금까지 자신의 기도 생활에서 실행하고 체험한 것에 만족하는 사람에게 기도는 현재나 미래보다는 기억을 의미한다. 하느님 안으로 들어가지 않고서 의미를 제한시키며 자신이 기도를 일구는 방식은 하느님을 바라보는 시선을 가리는 눈가리개와 같다. 이와 반대로 실제로 당신께 마음이 열려 있는 사람에게 하느님께서는 기도의 다양한 형태와 변화된 방식도 보여 주실 것이다.

초심자는 대체로 기도 준비를 하면서 기도하는 것의 의미를 유념하고 열정적으로 기도 안으로 들어간다. 그러나 그가 그렇게 하기 위해 노력하는 동안, 의미는 그에게서 멀어진다. 그는 무언가를 기대했지만, 실현되지 않았다. 그는 기도하면서 이해되지 않은 것을 이해해야 한다고 잘못 생각했다. 이제 기도는 갑자기 일종의 공허함, 심지어 지루함 같은 기분을 들게 한다. 그는 기도하는 데 그렇게 많은 시간을 쓴 것을 후회한다. 기도를 준비하는 것과 실행하는 것 사이에 틈이 생긴다. 이러한 현상은 '메마름'이라 부르지 않고, 일반적인 불확실함에서 비롯된 것이다. 모든 것이 너무 지적인 측면에서 이해되었다.

기도하는 이는 의식적으로 하느님께 지시할 마음이 없었다. 그러나 지금은 하느님께서 자신의 무의식적인 기대에 부응하지 않으신다는 것에 깜짝 놀란다. 그는 일어나야 하는 것이 무엇인지 예측하려 하지 않았고, 은밀히 머리를 굴리지도 않았다. 이 상태에서 그는 자기 마음에도 드는 지극히 단순한 기도, 염경 기도를 가장 잘 바칠 것이다. 이 염경 기도 안에 그가 이야기하거나 숙고할 때 이미 그를 자극하는 사건들이 들어 있다. 그는 이러한 생각을 기도 안으로 가져오고, 이로써 기도를 활기차게 한다. 그리고 자신에게 익숙하고 마음을 끄는 말의 의미로부터 나와 하느님 말씀의 의미를 향해 나아가려고 노력한다. 자신이 하느님을 따르고 신뢰하듯이 말이다. 그는 하느님의 말씀을 가둬 놓지 않고서, 오히려 감각을 활짝 열고 기도할 것이다. 어느 엄마는 아이를 키우는 엄마로서의 삶에서 나와, 주님의 어머니께 특별히 기도하기를 좋아할 것이다. 이 기도를 되풀이하는 가운데 그녀는 엄마로서 하는 경험을 받아들이고 사랑하는 마음을 지닐 수 있다. 그러나 마리아의 더 숭고한 모성애의 의미를 체험하고 자신의 영이 말씀으로 충만해지도록 준비하면서 그렇게 할 수 있다. 이는 쉬운 방법이다. 이러한 방법으로 하느님을 가두지 않고, 오히려 그분 앞에서 올바르게 기도하는 법을 연습할 수 있다. 그렇게 달성한 것을 확대해 가는 가운데 자신이 체험한 것을 놓아 버리게 된다. 그것이 출발점이자 토대가 되었더라도 말이다.

사람들은 다리를 놓았다. 그러나 다리를 건너가는 순간에 다리는 끊어지고 만다. 희생으로 귀결되는 시도에 대해서는 오직 하느님만이 결정하실 수 있다. 다리는 내가 하는 일들, 나의 책임과 임무로부터도 놓아질 수 있다. 이 모든 것은 통로가 될 수 있다. 기도는 그것에 꽉 달라붙지 않는다는 것이 전제될 경우에 말이다. 최종적인 목적은 하느님께서 영혼 안에서 자유로이 활동하시는 것이다. 하느님께서는 그렇게 활동하시어, 영혼이 자신을 멀리하게 하신다. 당신께서 원하시는 대로 그 영혼이 당신께로 다가오게 하시려는 것이다. 기도하는 이가 떠안은 일이나 사건들은 그렇게 하기 위한 길을 터줄 수 있지만, 조건은 결코 만들지 않는다. 하느님께서는 이러한 일이나 사건들 가운데 하나를 당신께로 가는 수단으로 사용하실 것이다. 그렇게 되었다면, 이제 그것을 옮겨 놓으시어 그것이 당신께 봉사하는 데 쓰이게 하실 것이다. 미학적 재능을 지닌 어떤 사람은 예술 작품을 통해 하느님께 다가가기 위해서, 그 작품의 내용을 기도 안으로 가져가기 위해서 노력할 수도 있을 것이다. 하느님께서는 이를 통해서 그에게 실제로 더 가까이 오실 수 있다. 그러나 훗날 그의 눈을 멀게 하시어 그를 치시거나 아름다운 것을 볼 수 없는 곳으로 옮겨 놓으실 수 있다. 그런 다음에도 그는 예술에 감사하는 마음을 지닐 수 있다. 하느님께서 자기를 원하신 곳으로, 그리고 하느님께서 이제 모든 예술보다 한없이 더 위대하시고 더 중요해지신 곳으로 예술이 자기를 데려간 것에 감사할 수 있는 것이다.

하느님께서 어떤 사람에게 기도할 마음을 불어넣어 주시면, 기도하려는 의지에 이미 그분께서 영향을 미치신 것이다. 그러나 기도하는 것 자체 안에서 하느님께서는 계속 그리고 더 깊이 활동하신다. 기도로 이끄는 것은 외적인 것, 형식이었다. 이제 내용, 내적인 것이 다가온다. 기도하는 이가 하느님께서 원하시는 모습으로 변모되는 것이다. 하느님께서는 우선 그를 있는 그대로 받아들이신다. 그의 무지함, 그가 주저하고 의심하는 면, 그가 품은 다소간 좋은 뜻, 그가 내놓는 것과 숨기는 것 등 그의 모든 것을 받아들이신다. 그리고 나서 서서히, 인간이 측정할 수 없는 시간을 두고서 그를 채워 주기 시작하신다. 기도하는 이는 하느님께로 나아가는 데

기도하는 이는 하느님께로 나아가는 데
방해가 되는 것에서 떨어지려고 애쓴다.
하느님께서는 그가 만들어 낸
모든 공허함을 가져가시고,
당신의 은총과 당신의 뜻으로 채워 주신다.

방해가 되는 것에서 떨어져 나가려고 애쓴다. 그리고 하느님께서는 그가 만들어 낸 모든 공허함을 가져가시고, 그것을 당신의 은총과 당신의 뜻으로 채워 주신다.

어떤 사람이 하느님을 통하여 더 충만해질수록 이전에는 더 공허했을 것이다. 자기가 '죽는' 곳(자기 공허, 자기 비움)에 하느님의 생명이 흘러들어 오도록 그는 하느님 것이 아닌 모든 것에 더 무감각해져야 한다. 하느님의 충만하심은 그런 형태로 나타날 수 있으므로, 인간은 더 이상 기도에 대한 마음가짐에서 벗어나지 않는다. 그는 지속적으로 하느님의 말씀에 귀 기울이고, 그분의 뜻을 실행하려고 애쓴다. 그는 하느님의 뜻 안에 머무르고, 그분께서 자기에게 보여 주시고 요구하시는 것에 헌신하겠다고 마음먹는다. 그리고 하느님께서 주시는 힘으로 그것을 이루기 위해 노력한다. 하느님께서는 인간을 황량한 상태에 버려두지 않으신다. 기도 생활 초기에 인간은, 하느님을 위하여 자기가 희생하는 것을 그분께서 당신의 더 좋은 것, 신적인 것으로 얼마나 많이 대체하시는지 정확히 안다. 인간은 자신의 삭막함이 하느님의 풍요로움으로 어떻게 대체되는지 체험한다.

이러한 체험 안에 올바른 겸손의 시작도 깃들어 있다. 그는 자기 힘으로는 아무것도 할 수 없으며 하느님께서 모든 것에 영향을 미치신다는 것을 통찰한다. 기도 생활 초기에는 거의 날마다 기도의 가시적 열매를 딸 수 있기까지 한다. 그는 내면에서 일어나는 변화에서, 자신이 완성할 수 있는 일들에서, 하느님께서 늘 자기와 함께 하신다는 느낌에서 그 열매를 감지한다. 그는 하느님께서 자기와 함께 시도하시는 것을 거의 시시각각으로 진술할 수 있다. 그러나 하느님과의 참된 관계는 인간보다 하느님 안에 훨씬 더 많이 깃들어 있다. 그렇기 때문에 은총을 이렇게 느낄 수 있는 것은 통상적으로 기도 생활 초기에만 격려로서 선사되는 것이다. 나중에는 하느님 안에서 은총을 점점 더 많이 감지하게 될 것이다. 기도하는 이가 황량함, 실망을 느끼고 자기는 그 어떤 진보도 인지할 능력이 없다고 여기는 까닭은, 이제 모든 것이 조건 없는 희생 안에서 진행되고 열매가 완전히 하느님 편에서 맺어졌기 때문이다.

초기 단계에는 기도 생활이 새로운 삶의 표현처럼, 새로 발견된 놀이처럼 인간을 열광시킬 수 있다. 초심자의 이러한 열정 안에는 순수하지 않은 것이 일부 들어가 있다. 기도가 삶 속에 녹아들기 위해서는 그것이 정화되어야 한다. 기도 중에 하는 하느님 체험 가운데 일부는 기도하는 이 안에서 일종의 갈증을 일으킬 수 있다. 점점 더 하느님 체험을 하기를 바라는 것인데, 이는 기도하지 않고서 또는 기도를 소홀히 하면서 허비했던 오랜 시기에 대해 가슴을 치며 겪는 고통과 연관된 것이다. 사람들은 자신이 놓친 것들을 만회하고 싶어 한다. 그러나 동시에 될 수 있는 한 그것들로부터 많은 것을 가지려 한다. 사람들이 지금 바라는 것은 앞으로도 늘 지속되어야 한다. 사람들은 이러한 갈증 안에 과도한 것이 존재할 수 있고 절제 안에 현명함이 존재할 수 있다는 것을 통찰하려 하지 않는다. 너무 많은 것은 맞받아치기를 유발하는 인간적인 것, 싫어지는 것이리라. 눈먼 열정에 사로잡혀 그런 체험을 몇 번 하고 스스로 올바르게 평가할 수 없는 지경에 이른다면, 이제 사제에게서 지도를 받아야 한다. 사람들은 기도는 영혼의 양식이라는 것, 그러나 그 양식을 올바르게 먹어야 한다는 것을 안다. 사람들은 자기에게 맞는 기준과 방식을 적용해야 한다. 이어서 권고받은 것을 엄격히 지켜야 한다. 누군가에게는 그것이 전혀 맞지 않더라도 말이다. 사람들은 기꺼이 더 많이 행하거나 다른 것을 행할 것이다. 그러나 순종 안에는 기도의 열매도 들어 있다. 특히 가장 내밀한 기도와 그것에 대한 가장 심한 갈증도 영혼과 하느님 사이에서 일어나는 단순한 일이 아니라 즉각적으로 교회와 교회의 체험 안으로 들어오기 때문이다.

기도가 삶에서 더 넓은 자리를 차지하기 시작하면, 통제가 특히 요구된다. 기도 방식도 시험되어야 한다. 열정에 넘쳐 누군가에게는 전혀 맞지 않거나 너무 쉬운 기도 방식을 택할 수 있기 때문이다. 어떤 기도 방식은 기도하는 이에게 하느님의 뜻에 부합하는 상태에 이르지 못하게 한다. 교회가 이를 감독하는 것은 기도를 거듭 인간적 평가나 단순한 순종에 좌우되게 하려는 게 아니다. 오히려 교회의 체험은 기도하는 이가 장애물을 인식하도록 그리고 올바르게 준비하는 자세를 지니고 성장하도록 그를 도와주어야 한다. 교회는 그에게 올바른 기준을 제시해야 한다. 여기서 올바른 기준이란 제한하는 것이 아니라 자유롭게 해 주는 것을 의미한다. 기도 생활에서 혼자 힘으로 진보하고자 하는 사람은 이러한 진보를 전반적으로 쉽게 과대평가할 것이다. 그는 그러한 진보를 표면적으로, 지각할 수 있는 '영역 점령'으로 평가할 것이다. 그는 심오한 효과를 평가할 수 없다. 이 효과는 본인 자신보다는 교회의 공식적인 대리자가 훨씬 더 객관적으로 평가할 수 있고, 따라서 그가 지금 행하는 것을 지속적으로 행할지 그렇지 않을지도 더 잘 평가할 수 있다.

기도에 전념한 뒤로는 그에게 어떤 실수가 사라졌을 것이다. 그러나 그는 그것을 알아채지 못한 채 더 거만해졌거나 하느님을 자신의 기도 체계 안으로 강제로 밀어 넣는다. 이제 하느님께서는 그에게 더 작아지셨다. 또는 하느님마저 그의 눈 속에서 커지셨다. 그렇기 때문에 기도에 전념해야 할 시기는 인간적 열정, 인간적 수고가 함께할 때, 기도할 마음이 자꾸 들면서 기도가 중요한 역할을 하기 시작할 때다. 어떤 사람은 삶의 중대한 결정을 앞두고 있고, 따라서 이 시기에는 감독과 지도가 요구된다. 감독과 지도를 더 많이 받을수록 수도자로서 그리스도를 따르기 위해 내리는 결정이 더 명료해진다. 이어서 교회 지도자는 당사자가 특히 신중하게 기도하도록 이끌어 주어야 한다. 그리고 하느님께서는 어떤 추종을 바라시는지, 어느 수도회 규칙이 그가 지금 바치는 기도에 가장 잘 부합하는지 자기가 그에게 주는 지침의 영향을 시험할 수 있어야 한다. 여기서 지도하는 것은 수도원에서 바치는 기도 안으로 들어간다.

—— A. v. Speyr ——

기도에 규율이 없으면 안 된다. 사람들은 진리이신 하느님께 더 다가가기 위해서, 진리를 깨닫기 위해서 기도한다. 그러나 믿는 이는 복음 말씀이 진리라는 것, 하느님의 아드님이신 예수 그리스도의 진리라는 것을 안다. 복음 말씀은 성령의 감도로 쓰였고 교회에 의해서 해석되며, 예수 그리스도께서 친히 당신 자신을 진리라고 표현하신다. 진리는 한처음에 계셨던 말씀이다(요한 1,1). 기도한다는 것은 이 말씀에 집중하는 것, 이 말씀을 찾는 것, 이 말씀이 영향을 미치게 하는 것이다. 다음 두 가지를 위해서, 곧 기도 안에서 말씀을 생동감 넘치게 만나기 위해서, 기도의 방향을 복음서에서 그리고 교회에서 만나는 하느님의 객관적 말씀으로 향하게 하기 위해서 규율이 요구된다. 또한 이 두 가지 형태로 규율이 요구된다.

기도 안에서 사람들은 그럴 만한 이유에서 마음이 움직일 수 있다. 사람들은 자신이 진리 앞에 서 있다는 것, 자기는 이 진리를 바라본다는 것을 알아야 한다. 그러나 사람들은 말씀 안에서 진리를 바라본다. 따라서 말씀이 영혼 앞에 선명하게 서 있을 때, 복음적 계시 내에서 기도가 펼쳐지고 그 계시에 더 다가가게 된다. (인간에 의해서 확정된 범위에서 움직이는 대신에) 이러한 움직임이 점점 더 말씀 안으로 흘러들어 가면 진리가 가시화된다. 기도하는 이는 자기가 진리에 의해서 떠받쳐졌다고 느낀다. 그러나 점점 더 진리 편에서 바라보고, 진리를 더 잘 깨닫고 더 깊이 알게 된다. 하느님의 진리는 모습을 드러내 보이고 선포하는 진리이기 때문이다. 이 진리는 발판을 마련해 주고 시야를 넓혀 주며, 통찰력을 주고 장애물을 걷어 내며, 객관적 빛을 비춘다. 그리하여 기도하는 이는, 자기는 스스로 일으킨 움직임 내에 있지 않고 오히려 진리에 의해서 일어난 움직임 내에 있음을, 자신의 깨달음은 만들어 내거나 자기에게서 비롯된 게 아니라 하느님의 말씀으로부터 주어진 것임을 인식할 수 있다. 하느님의 말씀은 그에게 서서히 신적 진리의 성격을 띤다. 그가 기도 안에서 적극적으로 행하는 것은 하느님에게서 이루어지는 것을 준비하는 것에 불과하다. 그는 진리를 청한다. 그는 자신이 이미 알고 있는 진리를 자신의 기도 안으로 들여보낸다. 자기에게 가리켜 보일 진리, 하느님의 순수한 활동인 진리로부터 그 진리를 확대하고 더 참되게 형성하기 위해서다.

그리고 나서 그는 단계적으로 기도 안에서 이 길에 대해 시험을

칠 수 있다. 그러기 위해서 사적으로 간직한 것을 교회를 통해 복음으로부터 간직하는 것과, 늘 합당한 진리와 비교한다. 이 합당한 진리는 기도 안에서 새롭고 활기 넘치는 얼굴을 유지하지만, 처음부터 성자 그리스도 안에서 생겨난 진리다. 이 시험[23]을 치르기 위해 그에게는 기도 안에서 요구되었던 동일한 요소들이 필요하다. 즉 객관성을 지니려는 의지, 자신을 진정으로 하느님께 내맡기는 태도, 조건 없는 믿음이 필요하다. 그러나 가르침을 받고 잘못을 고백하고 하느님의 참된 말씀을 따르려는 의지도 필요하다. 하느님께서는 환상이나 효과 없는 개인적 불평으로 드러난 모든 것을 바꿔 놓으실 준비가 되어 계신다.

하느님의 말씀은 두 가지 형태로, 그러니까 나의 내면에서 기도로 바치는 주관적인 말로서, 그리고 나의 믿음에 대해 제의받은 객관적인 말로서 명확히 가시화될 수 있다. 개인적 경험과 교회의 가르침 사이에는 그 어떤 모순도 있을 수 없다. 진리를 깨닫는 것은 기도 안에서 그리고 복음서에서 만나는 말씀에 내적 공경을 표하는 신앙 행위다. 믿는 이의 개인적 체험이 진실하다면, 복음 말씀은 왜곡될 수 없다. 오히려 그에게 복음 말씀은 점점 더 분명해지고 더 설득력 있게 다가올 것임에 틀림없다. 그는 기도하는 것을 더 많이

---

[23] 능동적인 시험이자 수동적인 시험일 수 있다. 다시 말해 자기를 시험하는 것이자 교회와 교회의 대리자들에게 시험을 받는 것이다. — 저자 주

그리고 더 잘 배운다. 집에서 혼자 힘으로 외국어를 배우고, 그러고 나서 외국인들 사이로 들어가 그들이 말하는 것을 듣고 이해하면서 자기가 제대로 배웠다고 확신하는 어떤 사람처럼.

2. 기분과 지속성

인간은 천성적으로 변하는 존재고, 기분도 수시로 바뀐다. 그러나 기도 안에서 하느님의 불변하시는 특성을 자기 것으로 만들도록 힘써야 한다. 이 불변성은 그에게 무엇보다 지속적으로 준비된 자세로, 규칙적인 것으로, 하느님의 뜻을 따르고 그분의 말씀에 귀 기울이게 하는 것으로, 오직 하느님만 생각하게 하는 것으로, 기본자세를 지니게 하는 것으로 작용한다.

하느님께서는 불변하시는 분이다. 그럼에도 불구하고 그분께서는 인간에게 항상 다르게 보이신다. 하느님께서는 거의 드러내지 않으신 채 당신을 알게 하시지만, 그분에 대한 인식은 다시 완전히 믿음 안에 내포되어 있다. 인식이 그러한 것으로서 요구하는 듯 보

이면 아무것도 이루어지지 않는다. 그러나 이로써 믿음이 강해진다. 인간은 천성적으로 변하는 존재고, 기분도 수시로 바뀐다. 그러나 기도 안에서 하느님의 불변하시는 특성을 자기 것으로 만들도록 힘써야 한다. 이 불변성은 그에게 무엇보다 지속적으로 준비된 자세로서, 규칙적인 것으로서, 하느님의 뜻을 따르고 그분의 말씀에 귀 기울이게 하는 것으로서, 오직 하느님만 생각하게 하는 것으로서, 기본자세를 지니게 하는 것으로서 작용할 것이다.

기도의 외적 특징 가운데 일부는 물론 기분의 영향을 받는다. 축일 때 바치는 기도는 고통스러울 때 바치는 기도와 다르게 보일 수밖에 없다. 지친 상태에서 바치는 기도는 활기차게 바치는 아침 기도와 다르다. 외적 삶에 대한 무언가가 기도 안에서 가시화되고 그것이 태도에 영향을 미치도록 하느님께서 허락하신다면, 이는 그분께서 인간을 격려하는 것으로 여겨진다. 그가 과도하게 균형을 잡음으로써 휘청거리지 않도록, 그리고 개인적 긴장에서 나오는 무언가도 기도의 긴장 속으로 받아들이도록 말이다. 이에 대한 탁월한 본보기는 바로 주님이시다. 그분께서는 아버지께 늘 한결같이 순종하고 아버지의 말씀에 귀 기울이면서 서 계시지만, 당신의 외적 삶의 상태와 기분이 함께 작용하게 하신다. 축제 때와 기쁠 때 그분께서 바치신 기도는 광야에서 단식하실 때나 십자가 위에서 바치신 기도와 다르다. 중립을 지키면서 하느님 앞으로 나아가려면, 기도에 앞서 자신의 모습을 채색해야 한다며 자기를 압박한다면, 이는 배은망덕함을 드러내는 것이리라. 그런 사람은 하느님께서 자기에게 고유한 모습을 주셨음을, 그리고 일상에서 일어나는 그 어떤 일도 하느님과 관련되지 않은 것이 없음을 잊었을 것이다. 교회에서 공동체 기도를 바치면서 다른 태도를 취해서는 안 된다. 이때에는 성가를 부르는 개인도 교회의 한 모습을 구체적으로 표현하는 것이다. 교회는 지속적으로 분위기를 만들어 내고, 기도하는 이는 자신의 기분을 접고서 교회적인 것에 순응한다.

3. 능동적으로 그리고 수동적으로

능동적으로 바치는 기도는 바른길에서 벗어나지 않도록 지켜 준다. 수동적으로 바치는 기도 안에는 매 순간 새로운 마음가짐을 가지게 하고 자신을 봉헌하게 하며, 자신을 붙잡아 주는 필연성이 깃들어 있다. 수동적으로 기도를 바칠 때에는 오직 하느님만이 계획을 가지고 계신다.

―

성무일도를 바치면서 알 수 있듯이, 어떤 사람이 특히 능동적으로, 자발적으로 바치는 기도는 다른 기도보다 더 수월하다. 반면에 그가 무엇보다 받아들이는 기도는 다른 기도보다 더 어렵다. 그는 이 기도에 더 빨리 싫증이 난다. 또는 이 기도를 제대로 바치지 못했다고 여겨지면 낙담한다. 능동적으로 바치는 기도는 바른길에서 벗어나지 않도록 지켜 준다. 수동적으로 바치는 기도 안에는 매 순간 새로운 마음가짐을 가지게 하고 자신을 봉헌하게 하며 자신을 붙잡아 주는 필연성이 깃들어 있다. 능동적으로 기도를 바칠 때에는 시간이 지속되는 것이 뭔가 받쳐 주는 것, 앞서 달성한 것으로서 느끼게 되고, 수동적으로 기도를 바칠 때에는 그것이 늘 새롭게 등장하고 극복해야 하는 장애물로서 감지된다. 능동적으로 기도를 바칠 때에는 지배적이고 강제성을 띤 행동 법칙에 기대게 되고, 수동적으로 기도를 바칠 때에는 많은 것이 자기 자신에게 더 맡겨져 있다. 그리고 텅 빈 상태에 서 있게 되므로 이 상태를 다시 뚫고 나가야 한다.

관상 기도를 하는 사람은 하느님과 그분의 영에 의해서 인도된다. 하느님께서는 당신이 원하시는 곳으로 그리고 원하지 않으시는 곳으로 그를 데려가신다. 여기서 인도하는 것은 실제로 수동적으로 인도받는 것에서 비로소 알게 된다. 이때 기도하는 이는 인도의 본질보다는 인도의 방향에 따라서 파악해야 하고, 이 인도를 지속적으로 받는다. 그는 처음에 지녔던 준비된 자세로, 하느님의 말씀을 듣는 상태로 옮겨 간 것으로 이미 충분하다고 생각할 것이다. 그러나 그것은 기껏해야 출발점에 불과하다. 이제야 비로소 하느님의 말씀을 듣는 상태에 머무르라는, 점점 더 오래 머무르라는 요구가 끝이 없는 것처럼 그리고 윤곽이 없는 것처럼 생겨날 수 있다.

그러한 태도는 즉각 고통을 야기할 수 있다. 끊임없는 고행, 자기 고백, 자기 포기라는 고통을 일으키는 것이다. 그러나 이어서 질문은 제기되지 않는다. 문제는 여기에 있지 않다. 전혀 다른 것, 오직 자신이 준비하고 귀 기울여야 하는 것이 중요한 것이다. 기다리는 것과 무언가가 일어나도록 내버려 두는 것이 핵심이다. 우리는 일이 어떻게 될지, 무엇이 이루어져야 하는지 모를 때가 많다. 그렇지만 이때 어떤 위로도, 어떤 지지대도 찾아서는 안 된다. 우리는 고통을 겪으면서 이 고통은 지나간다고 또는 더 나쁜 것이 있다고 생각한다. 아니면 더 큰 고통을 겪는 다른 사람들을 생각한다. 그렇게 딴 방향으로 돌리는 것은 바람직하지 않다. 머무르는 것만 요구된다. 다르게 하는 것이 아니라 바로 그렇게 해야 한다. 경우에 따라서는 지금 있는 것에 주의를 기울이면서 그렇게 해야 한다. 오로지 하느님의 뜻을 따르고 받아들이는 것 안에는 일종의 겸손이 깃들어 있다. '다른 이야기'는 허용되지 않는다. 무언가를 말해서는 안 된다. 그것을 표현하려고 애써서도 안 된다. 겉으로 드러난 것은 선물이므로 그 선물에 완전히 주목해야 한다. 필요한 것은 지금 일어나는 일에, 우리가 해결하거나 통제할 수 없는 이렇게 완전히 특별한 사건에 참여하는 것이다. 한편으로는 무엇이 일어나는지, 그것이 어떻게 전개되는지, 그것이 얼마나 지속되는지 신경 쓰지 말라고(다시 말해 골똘히 생각하지 말라고) 하고, 다른 한편으로는 긴장과 주의를 늦추지 말고 모든 것이 드러날 때까지 조용히 머물러 있으라고, 그리고 이 모습, 이 지점에 주목하면서 주어진 틀 속에 머물러 있으라고 한다면, 이런 요구 안에는 어떤 모순이 깔려 있는 듯 보인다.

묵상은 시간을 측정하여 진행되는 것이 아니다. 30분 묵상한다면, 25분이 지난 뒤에 처음보다 끝에 더 가까이 왔다고 생각해서는 안 될 것이다. 묵상에 완전히 전념하면 시간은 더 이상 아무런 역할을 하지 않는다. 묵상을 시작하면서 좋은 생각이 떠올랐다면, 이제 제대로 진행된다고 속단해서는 안 될 것이다. 무언가를 발견하든지 그렇지 않든지 간에, 주목하고 준비된 자세를 한결같이 지녀야 한다. 뭔가를 골똘히 생각할 마음이 묵상 속으로 몰래 들어와서는 안 된다. 본래 우리는 가장 낮은 자리에서 하느님께 자신을 내 드려야 하고, 그런 상태로 머물러 있어야 한다. 그리고 묵상이 잘 전개될 거라고 생각하면서 들떠서는 결코 안 될 것이다. 묵상은 늘 신비스럽고 해명될 수 없는 측면을 지니고 있다. 특히 묵상 안에서 하느님께서 활동하시기 때문이다. 묵상은 완전히 간접적인 형태로 남아 있다고 확신해서는 안 된다. 묵상의 이러한 숨어 있는 면 역시 본질적인 것이다. 또는 우리가 느끼고 이해하는 것보다 더 본질적인 것이다.

능동적으로 기도를 바칠 경우에는 이 모든 것이 달라진다. 이때에는 앞서 나가게 된다. 어떤 성과는 사람들이 의지할 수 있다. 어떤 계획은 사람들이 서 있는 곳에서 알 수 있다. 예를 들어 사람들은 이미 시편으로 수없이 기도했고, 지금도 그러하다. 수동적으로 기도를 바칠 때에는 오직 하느님만 계획을 가지고 계신다. 기도하는 이는 시간을 의식하지 않고, 머릿속으로 계산하지도 않는다. 그러나 하느님께서 모든 것을 주관하심을 안다. 그가 관상의 영 안에 머물면서 관상을 따라가고 제대로 묵상한다면, 마음의 평화를 얻게 되고 질서가 세워질 것이다. 통찰력은 부족하더라도 말이다.

기쁨을 주는 신비를 묵상하는 사람은 (예컨대 오늘은 축일이라 축제를 하므로) 즐거운 기분을 묵상 안으로 가져갈 수 있고, 그것이 하느님의 기쁨과 조화를 이루도록 애쓸 수 있다. 하느님께서는 이러한 기분을 받아들이실 수 있고, 축제가 더 축제다워지도록 그 기분을 띄워 주실 수 있다. 그러나 하느님께서는 매우 심각한 것과 힘든 것도 뒤섞어 놓으실 수 있고, 축제에 깃든 신비의 (우리가 생각하지 못한) 책임과 의무가 따르는 면을 보여 주실 수 있다. 그리고 기도하는 이를 그에 맞게 형성하실 수 있다. 여기서도 가장 중요한 것은 수동적으로 기도를 바칠 때 하느님께서 자기를 형성하게 하시는 것이고, 앞지르는 것은 모두 금지된다. 그것은 하느님의 일(활동)을 방해하기 때문이다.

본성과 은총

4. 절망과 위로[24]

영혼이 기도할 때 하느님 앞에 모든 것을 다 내보인 채 있어야 한다. 이 상태는 하느님께서 이 순간에 허락하지 않으시는 모든 것을 놓아 버렸음을 표현하는 것이다. 묵상을 시작할 때 슬프거나 낙담한 상태에 있다면 이러한 기분을 하느님께 희생으로 바쳐야 한다.

위로는 하느님께서 예수님을 동반하시면서 생겨난다. 절망은 십자가에서 비롯된다. 위로와 절망은 예수님의 강생, 그분의 구원 의지, 그분의 구원 행위를 보여 주는 표징이고 그분께서 겪으시는 동일한 사건 내에서 거치는 과정이다. 또한 위로와 절망은 그리스도를 진정으로 따름을 보여 주는 표징이다. 위로와 절망을 느끼는 것은 요구된 예수님의 순명에 대한 응답이며, 하

---

24 이냐시오 영성에서 '영의 식별'과 관련해 절망과 위로는 중요한 요소다. 무언가를 놓고 식별할 때 영혼 안에서 절망 또는 위로의 움직임이 일어나는지 살피게 된다. — 역자 주

느님 아버지의 뜻이 실행되고 있음을 나타내는 신호다. 성자 안에서 성부의 뜻이 실현되고 성부의 이 뜻 안에서 성자는 자신의 길을 가신다.

위로받는 가운데 시작되는 기도도 있다. 이때 중요한 것은 사랑이다. 기도하는 이는 새로운 요구를 알고 그것을 시인하고, 그것을 힘껏 포용한다.

―

영혼이 기도 안으로 들어가면 두 가지 가능성이 열린다. 영혼은 지금 그대로의 상태에 머물거나 기도 전에 이미 어느 정도는 묵상에 적응할 수 있다. 영혼이 지금 그대로의 상태에 머물면, 이제 묵상하기 위해 자기가 느끼는 좋은 기분과 즐거움은 본질적인 것이고 묵상하는 동안 유지되어야 한다고 생각할 수 있다. 그러나 그것은 사실이 아니다. 거기에는 인도하는 것이 결여될 수 있음을 영혼은 더 정확히 알지 못할 것이다. 영혼은 이러한 상태에서 하느님께서 자기에게 맞춰 주실 수 있다고 생각한다. 영혼은 하느님과 나누는 대화에 기뻐할 테고, 그분께서 자기를 기쁘게 해 주실 것임에 기뻐할 것이다. 하느님께서 어느 영혼에게 특별한 것을 계획하지 않으신다고 가정해 보자. 이제 하느님께서는 그 영혼을 자기 기분에 젖게 두실 수 있고, 그 영혼에게 분명히 만족할 풍요로움을 선사하실 수 있다. 그리고 영혼은 기분과 준비된 자세에 따라서 근본적으로 달라지지 않은 채 묵상에서 나올 수 있다. 하느님께서 영혼과 더 많은 것을 계획하신다면, 그분께서는 그 영혼의 기분을 깨실 수 있다. 그렇게 되면, 영혼 스스로 이렇게 깨진 모습을 보게 될 것이다. 또는 그렇게 깨진 것이 마치 벽이 무너진 듯 느껴지면서 묵상 안으로 들어갈 것이다. 이제 영혼은 이러한 변화에 깜짝 놀라고, 무엇이 일어났는지 이해하지 못한다. 상황에 따라서는 이렇게 이해하지 못한 것이 묵상의 열매로 남아 있다. 그러나 어느 영혼이 이미 관상 속으로 들어가 관상을 전개한다면, 그 영혼은 어떤 기분으로 그리고 기쁨과 함께 기도 속으로 들어갈 수 있을지 생각하며 약간 삼가는 태도를 취할 것이다. 자기가 느낄 수 있는 기쁨은 기도의 본질이 아님을 영혼은 안다. 하느님께서 자기에게 그것(기쁨)을 허락하시는 한, 영혼은 자기가 느낀 기쁨을 하느님의 선물로 여길 것이다. 영혼은 처음부터 적응 의지를 지니고 있다. 영혼은 하느님 앞으로 기쁘게 나아가면서 처음부터 그분께 이렇게 아뢴다.

"저의 하느님, 이 기쁨은 당신 것입니다. 제가 당신께 더 많이 봉사하도록 당신은 이 기쁨을 이용하실 수 있습니다. 그러나 이 기쁨을 깨실 수도 있습니다."

이제 조건부로만 기쁨이 함께 등장한다. 봉사하기 위해 준비된 자세, 기도에 대한 기쁨은 이제 영혼의 전반적인 태도가 된다. 묵상은 이제 특별한 것으로서 그 영혼 안으로 들어가지만, 영혼은 오랫동안 개별 묵상을 하면서 한 묵상에서 다른 묵상으로 나아간다. 하느님께서 원하실 때에만 묵상 자체가 영혼을 흠뻑 적실 수 있다. 그러나 그러한 영혼이 열정에 넘쳐, 이어서 실망한 가운데 묵상을 전개하고, 따라서 다음 묵상 때까지 낙담한 채 시간을 보내서는 안 될 것이다. 태도가 올바르면 이런 일도 일어나지 않는다. 그럼에도 그렇게 되었다면 어딘가에서 잘못이 있었다. 그랬다면 영혼은 충분히 유연하지 못했고, 하느님께서 자기를 충분히 다듬지 못하시게 한 것이다. 영혼은 하느님 앞에서 벌거숭이처럼 있어야 한다. 하느님께서는 즉시 알몸을 덮어 주실 수 있으니 불쾌한 일은 일어나지 않는다. 또는 불쾌하게 보일지도 모르는 것은 덮어 주시거나 당신이 원하시는 상태로 두실 수 있다. 벌거벗음으로써 영혼에게 일어나는 모든 변화는 전적으로 하느님께 달렸다. 묵상 주제는 자신의 벌거벗음이 아니라, 하느님께서 이 상태에서 보여 주시는 것이다. 벌거벗음은 하느님께서 이 순간에 허락하지 않으시는 모든 소재를 놓아 버렸음을 표현하는 것에 불과하다.

묵상을 시작할 때 슬프거나 낙담한 상태에 있다면, 묵상하기 위해서 이러한 기분을 하느님께 희생으로 바쳐야 한다. 지금 낙담한 상태에 맞는 소재가 우연히 주어졌다면, 이런 기분을 묵상 안으로 끌고 들어가서는 안 될 것이다. 하느님께서 누군가를 기도 시간에 낙담한 상태에 두고자 하셨을 때에만 당사자는 그러한 상태에서 묵상해도 될 것이다. 그러나 어떤 기분이 지배하는 것은 묵상을 시작할 때 떨쳐 내고 초연함을 지녀야 한다. 다른 기분이 들 때에도 이러한 희생을 바쳐야 할 것이다.

―― A. v. Speyr ――

위로는 하느님께서 예수님을 동반하시는 것에서 생겨난다. 지상에 계실 때 예수님께서는 하느님을 바라보시고, 그분과 지속적으로 대화를 나누시면서 그분께서 이끌어 주신다고 느낀다. 하느님과 하는 대화는 예수님께 힘을 북돋아 주고 도움을 주며, 그분께서 힘든 상황에 처했을 때에도 길을 제시한다. 예수님께서는 당신 자신을 발견하셨을 것이다. 그러나 그분께서는 하느님 아버지의 뜻을 실행하시고, 하느님께서는 응답으로서 당신의 뜻을 알려 주신다. 그러므로 예수님께서는 하느님과 결속된 가운데 자신의 일을 계획하고 준비하고 실행하면서 위로를 받으신다.

절망은 십자가에서 비롯된다. 하느님께서는 아드님의 뜻을 받아들이면서 십자가에 달린 그분을 외면하시고 내버려 두신다. 예수님께서는 십자가에 달리신 채 이렇게 관상하고 아버지께 자신을 완전히 내맡겨 드리면서 아버지를 크게 부르지만 응답을 받지 못하신다. 이렇게 본다면, 절망이 위로보다 더 많은 열매를 맺는다는 결론을 내릴 수도 있을 것이다. 위로는 열매를 가장 많이 맺는 것, 십자가에서 비롯되기 때문이다. 그러나 위로와 절망은 예수님 안에서 동일한 의지에 부합한다. 이 둘은 그분의 강생, 그분의 구원 의지, 그분의 구원 행위를 보여 주는 표징이고, 그분께서 겪으시는 동일한 사건 내에서 거치는 과정이다. 또한 위로와 절망은 그리스도를 진정으로 따름을 보여 주는 표징이다. 왜냐하면 이 둘은 참되고 주어진 것이며 스스로 만들어 내지 않았기 때문이다. 이러한 그리스도 추종 내에서 '뭔가 다른 것'보다 더 중요한 것은 아무것도 없다. 모든 것은 하나의 순명 안에 포함되어 있다. 위로와 절망을 느끼는 것은 요구된 순명에 대한 응답, 하느님 아버지의 뜻이 실행되고 있음을 나타내는 신호다. 성자 안에서 성부의 뜻이 실현되고, 성부의 뜻 안에서 성자께서는 자신의 길을 가신다.

절망은 위로보다 이해하기가 더 어렵다. 그렇기 때문에 하느님께서는 당신을 올바르게 흠숭하기 시작하는 영혼들을 절망한 상태에 두시기보다는 위로하신다. 진정성 있게, 올바르게 견뎌 낸 절망은 영혼에게서 더 많은 희생을 요구한다. 절망을 올바르게 견뎌 낼 수 있는 사람들은 매우 적다. 그러므로 (인간적으로 말하자면) 이 소수의 사람들에게 십자가에 참여하는 몫이 더 많이 주어지고, 위로받지 못한 사람이 위로받은 사람보다 자신을 더 잘 지탱할 수 있으며, 이런 맥락에서 영향, 참여, 풍요로움이 더 증진된다. 그렇지만 논리적 결론을 내리기 위해 이러한 생각을 따라가는 것은 옳지 않다. 이

—

위로와 절망은
그리스도를 진정으로 따름을 보여 주는 표징이다.
이 둘은 참되고 주어진 것이며
스스로 만들어 내지 않았기 때문이다.

—

런 생각은 하느님의 가장 깊이 숨어 있는 신비들을 통해 보완된다.

하느님께서는 초심자들을 다른 사람들보다 더 많이 위로하신다. 그들을 격려하시고 더 잘 도와주시며 당신의 가까움을 보여 주시기 위해서다. 하느님께서는 묵상 밖에서 힘든 길을 가야만 하고 그러기 위해 기도에서 힘을 길어 내야 하는 사람들도 더 많이 위로해 주실 수 있다. 그러나 하느님께서 언제 위로하시고 언제 위로하지 않으시는지에 대한 본래적인 법칙은 제시될 수 없다. 이는 우리에게 자의적인 듯 보이는 하느님의 뜻 안에 있다. 어떤 사람들은 이렇게 말할 수 있을 것이다.

"하느님께서는 십자가의 영향 아래서 중요한 사명을 수행하는 이들을 절망한 상태에 더 많이 두신다."

믿음을 전하는 사명이 더 줄어들었을 때, 또는 하느님의 드러난 신비는 더 적게 해석될 수밖에 없다는 이유로 그 신비를 구체화하는 것이 그다지 중요하게 여겨지지 않을 때 대개는 완전히 절망하게 될 것이다. 기도하고 묵상하면서 자신이 세울 수도회 규칙을 정하는 창립자들은 절망한 상태에 오래 잠길 수 없을 것이다. 하느님의 가까움이라는 신비를 사람들에게 전하기 위해 그 신비를 탐구하고 지각해야 하기 때문이다. 다른 한편으로, 수도원에 묻혀 살면서 자신을 희생하는 일부 영혼들은 아주 오랫동안 절망을 철저히 체험할 수 있다. 그리고 나서 그들이 맺은 열매는 하느님에 의해서 세상 여기저기에 뿌려진다. 고통을 겪는 사람이 자신의 고통으로 맺은 열매를 전해 주는 일에 참여할 필요 없이 말이다.

— A. v. Speyr —

기도 안에서 하느님 앞에 서는 두 가지 방식이 있다. 이는 하느님을 실제로 만난다는 확신을 준다. 하나는 느끼는 것에서, 다른 하나는 느끼지 않는 것에서 하느님과 만남이 이루어진다. 기도 안으로 들어가는 사람은 자신이 하느님을 만날 수 있음을 경험으로 안다. 그는 하느님께서 자기에게 개인적으로 무언가를 말씀하실 수 있다는 것, 고요히 기도하는 가운데 하느님을 가장 잘 만난다는 것, 하느님으로부터 응답, 지시, 이끄심을 받는다는 것을 안다. 습관적으로 아는 것이다. 이렇게 알면서 기도 안으로 들어가면, 자기가 하느님 앞에 서 있다고 확신하더라도 아무것도 체험할 수 없고 아무것도 느낄 수 없으며 아무것도 듣지 못할 수 있다. 이로 인해 그의 확신은 흔들리지 않지만, 그것이 그를 위로해 주지는 않는다. 그는 확신으로 인해 풍요함을 느끼지 않는다. 확신은 그의 영 깊은 곳으로 들어가지 않는다. 그러나 그의 습관적 확신이 지금 하는 어떤 체험에서 진실임이 입증될 수도 있다. 그는 하느님의 현존을 느끼고 그분의 응답을 들으며 이로써 새로운 확신, 자기를 행복하게 해 주는 아주 일반적인 확신을 얻을 수도 있다. 또는 자기에게 문제를 일으키거나 그렇지 않은 어떤 특별한 점과 관련해서 뚜렷한 확신을 얻을 수 있고, 특별한 문제나 다른 문제에 대해서 답을 얻을 수도 있다. 그러나 응답의 진정성에 대해서 의혹을 품어서는 안 된다.

둘째 경우에, 하느님 앞에 서는 것은 나와 너의 만남과 같다. 은총은 이러한 초자연적 만남을 인간적 교환과 유사한 뭔가 자명한 것으로 형성한다. 첫째 경우에, 만남은 직장에서 어느 부하 직원이 상사에게 보고하는 것에 비유할 수 있겠다. 상사는 부하 직원의 보고를 듣지만, 자신이 어떤 입장을 취할지, 자신에게 어떤 생각이 드는지, 보고받은 것에 근거하여 무엇을 시도할지 표정으로 드러내지 않는다. 그렇지만 부하 직원은 상사에게 보고했고, 상사가 자기 말을 들었음을 경험으로 안다.

A. v. Speyr

사람들은 기도 중에 절망에 빠질 수 있다. 어떤 관점도 지닐 수 없고 어떤 자취도 찾지 못하며 어떤 빛도 비치지 않기 때문이다. 적절하다고 기대한 것이 이루어지지 않기 때문이다. 절망이 누군가를 덮치고 모든 것을 빼앗기게 되면, 하느님 앞에서 내적으로 매우 약해지게 된다. 지금까지는 기도 안에서 중요한 것은 스스로 진보하는 것이라고 무의식적으로 생각했다. 덕을 연습함으로써, 기도 안에서 노력함으로써, 하느님에 대한 지식을 넓힘으로써 진보할 수 있다고 자기도 모르게 생각했다. 그러면서 사람들은 참된 진보가 하느님을 통하여 이루어진다는 것, 반면에 스스로 이룰 수 있는 진보는 하느님께 방해가 되는 모든 것에 의해서 영혼을 비우고 그 영혼 안에서 활동하려는 목적만 지녔다는 것을 생각하지 않았다.

하느님께서는 당신 편에서 보실 때 그 연관성이 아주 뚜렷한 것을 말씀하실 수 있다. 반면에 인간은 연결점을 발견할 수 없다. 인간은 개별 말씀은 이해하지만, 연관성은 이해하지 못한다. 따라서 자신이 이해한 모든 것은 떠 있는 상태에 있다. 이제 기도하는 이는 어찌해야 할지 모른다. 의미는 인간적으로 볼 때 오랜 기간 영향을 미치는 말이 마지막 단계에 이르렀을 때 비로소 밝혀질 것이다. 의미를 미리 확정 지으려는 시도는 불순명하는 것이고 편협한 것이리라. 그런 시도는 말씀을 완전히 왜곡하도록 이끌 수 있다. 의미를 당분간은 발견할 수 없는 것은 참아야 한다. 그것이 기도하는 이에게 공허함, 더듬는 것, 실망을 뜻하더라도 말이다.

어떤 기도는 위로를 받는 가운데 시작된다. 이때 중요한 것은 사랑일 것이다. 기도하는 이는 새로운 요구를 알고, 그것을 시인하고, 그것을 힘껏 포용한다. 그러나 이어서 위로는 사라지고, 황량함만 남는다. 이제 상황이 바뀌었으니 위로를 다시 불러들이고 싶을 것이다. 그러나 위로의 충만함을 알면서 절망을 받아들여야 한다.

"아버지, 하실 수만 있으시면 이 잔이 저를 비켜 가게 해 주십시오."(마태 26,39)

예수님께서 겟세마니에서 아버지께 이렇게 말씀하시는 순간에 아버지를 향한 그분의 희망이, 신뢰가 깃든 희망이 무한히 커진다. 그러나 같은 순간에 이 희망을 포기할 것이 요구되고, 버림받음이 들어선다. 처절하게 버림받음은 신뢰의 직접적인 결과일 수 있다.

어떤 사람은 오직 하느님께 봉사하겠다는 뜻을 품고 오랫동안 기도했지만, 특별한 위로도, 절망도 체험하지 못할 수 있다. 그러나 하느님께서는 그를 절망한 상태에서 시험하려 하신다. 그리고 나서 그에게 기도에 대한 기쁨, 열정, 갈망을 선사하실 것이다. 그래야만 그가 나중에 절망을 실제로 이해할 수 있기 때문이다. 그렇지 않으면, 순종을 시험하는 것은 본디 불가능하다. 절망을 체험하지 않은 사람에 대해서는 그가 하느님에 대한 순수한 사랑에서 기도하는지 또는 기쁨을 느끼기 위해 기도하는지 말하기가 쉽지 않다. 예를 들어 어느 수련자는 수도원에서 배우는 시간은 지루해하지만, 큰 위안을 주는 기도 시간은 기뻐한다. 그의 바람은 순명과 연관되어 있고, 여기에 위험이 내재되어 있다. 그는 하느님으로부터 자기가 품은 그 밖의 불만과 균형을 이루려 한다는 것이다. 그는 있는 그대로의 하느님이 아니라 자기에게 기쁨을 주시는 하느님을 찾는다.

일상에서 누군가는 자기 기분을 드러낼 수 있다. 그는 흥미로운 책이나 슬픈 내용이 담긴 책을 읽을 수 있다. 어떤 책을 읽기 시작하면서 자기가 지금 내려야 하는 결정에 그 책이 적절한지 아닌지 알 수 있다. 도움이 되지 않으면, 그 책을 밀쳐 놓을 수 있다. 그는 신중한 태도를 취할 수도 있으며, 책이 주는 느낌에 의해서 마음이 움직이지 않을 수 있다. 그는 일상에서 할 수 있는 것을 하느님과도 맞서서 할 수 있을 테고, 그분께서 보여 주시는 것을 거부할 수도 있을 것이다. 단순히 마음의 문을 쾅 닫아 버리거나 겉으로만 하느님과 함께 가고 속으로는 내키지 않을 수도 있을 것이다. 그는 통과해야 할 어떤 체험을 건너뛰려 할 수도 있을 테고, 즉시 목적지와는 반대 방향으로 나아갈 수도 있을 것이다. 앞으로 받게 될 위로로 살기 위해 애씀으로써, 절망을 영향력 없는 것으로 만들면서 그렇게 할 수도 있을 것이다. 그러나 하느님의 '기분'으로부터(하느님의 기분이고 자신의 기분이 아닐 때) 멀어지려고 해서는 안 된다. 오히려 하느님께서 부과하신 것 안으로 점점 더 깊이 들어가 마음의 안정을 찾아야 하고, 그분과 함께 가는 것을 방해하는 모든 끈을 점점 더 많이 풀어야 한다. 자신이 요구받은 것이 눈으로 볼 수 없는 것처럼 비칠지라도 말이다.

하느님의 의도는 영혼을 기도 중에 모든 것에 의해서 비우는 수준까지 갈 수 있다. 그분께 모든 개개의 요구는 높은 사다리의 디딤판에 불과하다. 그러나 인간은 디딤판을 디딜 때마다 멈춘다. 이젠 다시 쉬어도 된다고, 목표에 더 가까워졌다고 생각하면서 멈춘다. 그러나 인간이 단순히 하느님의 이끄심을 따라야, 자신을 데려가야 목표에 도달할 수 있으리라. 하느님께서는 인간이 실수하는 버릇, 나쁜 습관을 버리기를 바라셨다. 지금은 다른 것을, 더 많이 요구하신다. 결국엔 요구들로 이어진 고리가 인간에게는 무한 속으로 들어가는 듯 보인다. 그리고 그의 의식 세계에서 절망으로 표현되는 공포가 그를 덮친다. 이 공포는 그가 내려놓지 않으려 하는 것, 하느님의 이끄심을 따르려 하지 않는 것에서 비롯되는 것이다. 그가 단순히 하느님의 뜻을 따른다면 절망도 끝날 것이다. 그는 일의 성과를 낸 후 그 보상으로 위로를 기대해서도 안 된다. 위로라는 것은 하느님께서 주시는 일종의 만족감이다. 하느님의 요구를 충족시키는 것은 완전히 객관적인 것이다. 그것은 인간 안에서 슬픔의 감정도, 홀가분한 기분도 일어나지 않도록 기여하는 것이다.

5. 하느님께서는 우위에 계신다

하느님의 세계는 그분의 은총을 통하여 자연 세계 안으로 들어온다. 하느님의 세계가 우위에 있다. 나타나엘은 자기가 알기 전에 이미 하느님의 시선을 받았다. 인간의 행위는 하느님의 세계에서 그가 예상하지 못한 반향을 일으켰다. 이제 하느님께서는 그가 무엇을 했는지 말씀하실 것이다. 그의 본성적 감각이 아닌, 오직 하느님만 따르는 감각과 함께, 하늘에 계시는 하느님 앞에 서 있는 '나'의 일부와 함께 자신이 인지했다는 것을 알지 못한 채 그가 알았던 것도 말씀해 주실 것이다. 그러나 초자연적 세계에서 일어나는 것은 반향 없이는 자연 세계에 머물지 않는다. 하느님의 모든 은총은 일상 속에서 싹 터야 하는 씨앗처럼 영혼 안으로 들어갔다. 하느님께서는 당신의 영역을 열어 놓으시어, 자연의 영역이 당신의 영역에 의해서 점령되게 하실 수 있다.

그리스도인은 두 영역에서, 곧 의식의 영역과 영의 영역에서 살고 있다. 의식의 영역에서 그는 자기가 무엇을 생각하고 원하고 행하는지 안다. 의식의 영역은 그에게 범위가 어느 정도 제한되어 있고 개관할 수 있는 듯 보인다. 영은 그가 내다보지 못하는 일들을 그로 하여금 행하게 하고, 그는 단순히 영을 따른다. 영의 영역은 그의 믿음이 실현되는 영역이다. 그는 자신이 어떻게 해야 자연적인 것과 초자연적인 것을 이끄는 영을 통하여 두 영역이 조화를 이루게 할지 알아야 한다. 영은 눈으로 볼 수 없는 영역에서 명령을 내릴 뿐만 아니라, 자연적 영역에서 이루어질 수 있는 것에도 주목하게 한다. 그리스도인은 하느님의 영과 그분의 초자연적 지시를 인간 정신의 법칙과 자연적 영역에서 인간이 형성한 것 아래 두지 않고, 하느님의 영이 자연적 영역도 지배하시게 한다. 이는 무엇보다 기도와 관련해서도 중요하다. 기도 안에서 인간은 하느님의 세계로 들어가야 한다. 하느님의 세계는 그의 자아에 의식되지 않는다. 그러나 그의 자아와 자연 세계 전체는 하느님의 세계에서 자리를 잡고 각자의 역할을 수행한다.

평범한 그리스도인은 하느님의 세계가 자기에게 열렸다고 생각할 것이다. 그러나 그는 일상 속에서 살기에 신적 세계의 법칙을 자신이 사는 일상의 법칙 아래 두고, 하느님께서 어느 정도까지 요구하실지 그 수위를 조절하고 통제하고자 애쓴다. 그러나 어느 그리스도인이 실제로 기도한다면, 조절하고 통제하는 것은 하느님께 달렸다는 것, 그리고 자기는 진정한 순명을 통해 하느님의 세계를 자신의 일상 속으로 들어오게 할 수 있다는 것을 알 것이다. 그가 초자연적 순명 안에서 자연인으로서 자신이 바라지 않는 것을 행한다면, 그는 하느님의 세계로 들어가고 그 세계의 위력이 자신의 본성을 다스리게 할 것이다. 그가 희생으로 바치는 절망은 하느님께 더 다가갔음을 보여 주는 징후가 된다. 그는 제대로 알아채지 못한 채 순종할 때보다 심지어 그분께 더 다가간다.

포기가 고통스럽지 않는 한, 두 영역 사이에 일종의 유사성이 생긴다. 사람들은 하느님의 세계가 본성을 실제로 다스렸음을 모른 채 순종했을 것이다. 두 세계는 언젠가 대결해야 한다. 그래야 두 세계가 하느님에 의해서 참으로 일치하고 서로 스며들 수 있다. 그래야 인간은 자신의 뜻이 아닌 하느님의 뜻을 실행한다는 것이 명료해진다. 그러기 위해서는 적극적인 태도로 하는 순명이 소극적인 태도로 하는 순명에 지시를 내려야 한다. 그러나 기도 안에서 하느님의 세계가 열린다. 인간은 일상적 삶에서 나와 자기에게 닫혀 있고 알지 못하는 영역으로 들어간다. 그는 비가시적 실재를 우위에 둔다. 가족을 떠나 은둔 생활을 했던 클라우스 형제[25]가 그랬다. 하느님께 순명하면서 믿기 어려울 정도로 본성에 큰 타격을 가하는 그리스도인들이 그러하다. 지금까지 옳고 좋은 것으로 간주되었던 것은 하느님께 새롭게 의탁하게 하고, 하느님께서는 그것을 더 이상 돌려주지 않으신다.

이에 비추어 볼 때 환시(바라봄)의 법칙에 한 걸음 다가갈 수 있다. 지금까지 나는 내 두 눈을 충실한 하인이라고 생각했다. 나는 육안으로 본 것을 명료한 것으로 여긴다고 말하는 사람들 부류에 속했다. 이제 하느님께서는 갑작스럽게 다른 시각을 선사하신다. 그리고 내가 지금까지 눈으로 본 것의 기준을 거절하신다. 하느님께서 무언가를 드러내 보이고자 하시면, 그분께서는 그것을 수용하는 데 적합한 기구Organ를 선사하신다. 마치 세상이 둘로 갈라지는 듯한 순간이 있다. 어떤 것의 법칙이 다른 것의 법칙에 맞설 때가 그렇다. 나는 지금까지 기도했다고 생각하는데, 하느님께서는 이렇게 말씀하신다.

"그건 기도가 아니었다. 그건 내 앞에서 묵상한 게 아니었다."

그렇게 주장이 주장에 맞선다. 그러나 이어서 하느님의 세계는 그분의 은총을 통하여 자연 세계 안으로 가라앉는다. 하느님의 세

---

25 니콜라오 데 플뤼에Nicholas de Flue, 1417~1487년. 스위스의 수호성인으로 신비가이자 은수자로 살았다. — 역자 주

계가 우위에 있다.

"네가 무화과나무 아래에 있는 것을 내가 보았다."(요한 1,48)

나타나엘은 자기가 알기 전에 이미 하느님의 시선을 받았다. 인간의 행위는 하느님의 세계에서 그가 예상하지 못한 반향을 일으켰다. 이제 하느님께서는 그가 무엇을 했는지 말씀하실 것이다. 그의 본성적 감각이 아닌, 오직 하느님만 따르는 감각과 함께, 하늘에 계시는 하느님 앞에 서 있는 '나'의 일부와 함께 자신이 인지했다는 것을 알지 못한 채 그가 알았던 것도 말씀해 주실 것이다. 그러나 초자연적 세계에서 일어나는 것은 반향 없이는 자연 세계에 머물지 않는다. 하느님의 모든 은총은 일상 속에서 싹 터야 하는 씨앗처럼 영혼 안으로 들어간다. 하느님께서는 당신의 영역을 열어 놓으시어, 자연의 영역이 당신의 영역에 의해서 점령되게 하실 수 있다. (이러한 가능성을 거부하는 것은 프로테스탄트적일 것이다.) 하느님의 영역이 열리는 것이 신비적 성격을 띠더라도, 이렇게 열리는 것은 지상 세계를 늘 풍요롭게 함을 의미한다. 성령께서는 성인들을 통해서 그리고 성인들 안에서 교회와 함께 말씀하시면서 교회를 새롭게 활기차게 해 주신다. 성인들은 하느님의 세계를 여는 하나의 문이다. 이런 맥락에서 그들은 지상 영역에 의해서 결코 완전히 통제될 수 없는 이들 부류에 속한다. 성인들은 영이 부는 것을 보여 주는 한 형상이다. 성실한 신앙인들이 살아야 하는 두 영역 사이에서 얻는 힘은 성인들 안에서 더 가시적이고 더 많은 긴장을 일으키며, 파견(사명)은 더욱더 구체성을 띠게 된다.

―― A. v. Speyr ――

기도하는 이는 늘 자기 자신을 기도 안으로 데려간다. 그가 아직 기도에 미숙하다면, 그가 기도 안으로 데려간 것은 개인적 문제나 그의 일상과 관계된 일이 대부분일 것이다. 이어서 그는 기도 안에서 항상 어떤 변화가 일어난다는 것을 경험하게 될 것이다. 무언가를 이루기 위해서 또는 개인적으로 중요한 어떤 확신을 얻기 위해서 청하더라도 말이다. 그가 본질적인 것으로 여긴 것이 하느님 편에서 보면 전혀 중요하지 않을 것이다. 예전에는 쉽게 보였던 것이 지금은 어렵게 여겨질 수 있다. 변화가 어떻게 이루어질지는 예측할 수 없으므로, 그는 하느님의 질서를 새롭게 따르기 위해 자신을 정돈하면서 준비된 자세를 지녀야 한다. 그리고 나서 은총의 의미에서, 초자연적인 것의 의미에서 하느님께서 자신의 본성에, 자신의 재능에, 자신의 현재 상태에 주고자 하시는 것이 무엇인지 기도 중에 알게 된다. 이 본성이 이미 어느 그리스도인의 본성이더라도, 그가 올바르게 기도한다면 본성은 지속적으로 은총의 변모시키는 힘에 맡겨진다. 그리고 본성은 자신의 규칙인 하느님의 본성에 종속된다. 우리 인간에게 하느님의 본성은 언제나 초자연적 본성이다. 초자연적인 것은 늘 방향성, 중요성, 하느님과 그분의 진리의 얼굴을 지니고 있다. 따라서 결정적인 것은 기도 안에서 본성이 은총에 대해 초연해지는 것이다. 그래야 하느님의 본성에 마음을 열게 되고 또 그것에 다가갈 수 있다.

기도에 대한 마음가짐을 유지하는 사람은 은총이 본성에 작용하는 것을 자기 삶의 불변한 것으로서 경험하게 될 것이다. 그는 앞으로 자기 것을, 자신이 예상하고 계획하고 해명한 것들을 더 많이 내려놓으면서 기도 안으로 들어갈 것이다. 은총에 의해서 점점 더 많이 인도받기 위해서다. 그는 자기에게 일어나는 일들 내에서 영(성령)이 부는 체험을 하게 될 것이다. 그리고 자기는 희생한 사람이라는 것, 자신의 희생과 자신이 당연히 느낄 수밖에 없었을 절망은 하느님께서 주시는 위로를 체험하게 할 수 있다는 것, 위로는 자신의 뜻과 기대에 따라서 지상적 삶을 영위하는 모습을 보게 될 때 얻는 게 아니라 하느님께서 당신 뜻에 따라 자기(기도하는 이)를 이끄시고 자신의 운명을 형성해 주실 때 얻는다는 것, 자기는 지상 생활을 마칠 때까지 같은 문제들을 질질 끌고 다니리라는 것, 그러나 그리스도교적 관점에서 보면 하느님의 위로를 지속적으로 체험할 수 있다는 것, 위로는 하느님 진리의 한 체험이라는 것을 깨닫게 될 것이다. 기도는 쇄신이 되고, 쇄신은 진리가 된다. 그리고 진리는 하느님의 현존하심이 된다. 시간이 지나면서 기도하는 이는, 자기는 하느님의 현존하심을 그토록 갈망하므로 자신이 떠안은 평범한 사안들에 대해서는 점점 더 적게 말하리라는 것, 그 사안들을 하느님 앞에서 거의 잊을 때 비로소 오로지 그분만이 말씀하실 수 있다는 것, 하느님을 더 이상 자신의 방향으로 강제로 밀어 넣지 않고 전全 영역을 신적 방향으로, 성령께 열어 놓아야 한다는 것을 배우게 될 것이다.

사랑과 열매

1. 기도 안에 깃든 사랑

원죄 이후, 인간은 하느님과 단절되었다. 그러나 하느님께서는 인간(아담)을 찾으신다. 기도하는 사람은 언제나 하느님께서 찾으시는 아담이다. 이는 사랑으로 그렇게 하시는 것이다.

하느님과 나누는 모든 대화는 하느님의 사랑에 감싸여 있다. 이는 사랑에서 흘러나온 것이다. 하느님께서 사랑으로 말씀하신다면, 그분의 말씀은 사랑의 말씀이다. 기도하는 이는 하느님의 말씀을 사랑의 말씀으로 받아들이고 다시 응답하기 위해 노력할 것이다.

기도하는 이는 하느님의 사랑을 추구하면서 이 사랑의 몫을 나누어 받는다. 그에게는 하느님의 사랑이 전부이므로, 그는 이 사랑을 토대로 자신의 삶을 결정할 수 있다.

하느님께서는 사랑으로 세상과 인간을 창조하신다. 그리고 사랑으로 처음부터 아담과 관계를 맺으시면서 그와 교류하시고 함께 계신다. 이는 우선 단순히 주어진 것, 자명한 것이다. 아담은 하느님께서 자기와 교류하기를 바라신다는 것을 수용한다. 그리고 이에 대해 깊이 생각하지 않는다. 죄를 지은 뒤에야 비로소 그는 낯선 자, 하느님 맞은편에 선 자로 밝혀진다. 아담은 숨어 버림으로써 하느님과의 관계를 깼고, 하느님께서 무엇을 계획하시는지 더 이상 알지 못한다. 그러나 하느님께서는 그를 찾으신다. 그를 부르신다. 그분께서는 끊어진 끈을 다시 이으신다. 아담에 대한 당신의 사랑과 염려가 그가 당신에게서 멀어진 것보다 더 크다는 것을 보여 주신다.

기도하는 사람은 언제나 하느님께서 찾으시는 아담이다. 그는 자기를 창조하신 하느님과 대화를 시작할 수 있다는 생각을 하지 못했을 것이다. 그러나 하느님께서는 그를 찾으시고 그를 염려하신다. 피조물에 대한 사랑으로 그렇게 하시는 것이다. 따라서 하느님과 나누는 모든 대화는 하느님의 사랑에 감싸여 있다. 이는 사랑의 결과다. 사랑에서 흘러나오는 것이다.

하느님께서 사랑으로 말씀하신다면, 그분의 말씀은 사랑의 말씀이다. 기도하는 이는 하느님의 말씀을 사랑의 말씀으로 받아들이고 다시 응답하기 위해 노력할 것이다. 기도하는 이는 하느님에 대한 사랑의 말씀을 드리려고 애쓴다. 그러나 기이하게도 그가 이 사랑의 말씀을 듣고 받아들이는 것은 그의 마음 안에서 좀처럼 실현되지 않는다. 그는 기도 안에서 일종의 의무를 다한다. 그러면서 이 의무의 가장 심오한 의미인 사랑은 잊어버린다. 많은 사람이 어렸을 때 엄마와 함께 기도했다. 그것은 참 좋았다. 훗날 삶이 그들을 뒤흔들었고, 그들은 기도하기를 잊어버렸다. 힘든 시기에 그들은 어린 시절에 바쳤던 기도가 준 온기와 안정감을 떠올린다. 그들은 엄마의 사랑을 하느님의 사랑에 다시 이르기 위한 다리로 여겼을 것이다. 그러나 어딘가에서 인간적 감정에 꽂혀 있다. 그들은 하느님의 영역에 다가가기가 어렵다. 하느님 사랑의 말씀을 듣는 것을 잊었기 때문이다.

기도하는 이가 기도의 본질은 사랑임을 안다면, 기도에 대한 그의 마음가짐은 사랑에 열려 있을 것이다. 그는 사랑에 다가가려고 애쓸 것이다. 그는 특별한, 기이한 사랑의 표시를 찾지 않고, 소박하게 준비된 자세를 지니고 있다. 그래서 하느님께서 사랑으로 주시는 것은 아무것도 잃으려 하지 않고, 아무것도 거부하지 않는다. 또한 아무것도 혼동하지 않고, 아무것도 덧칠하지 않으며, 아무것도 잘못 이해하거나 해석하지 않는다. 그가 초심자로서 기도한다면, 기도 안에서 사랑에 대한 생각으로 가득 차게 될 것이다. 따라서 결코 서두르지 않고 자신의 시간을 가질 것이다. 그는 기도 후에도 잠시 머물면서 사랑의 세계에서 나오는 어떤 생각, 어떤 개념, 어떤 말을 열매로 거둘 것이다. 그것이 보잘것없고 중요하지 않게 보일지라도, 자신의 일상으로 받아들이고 하느님의 사랑으로 채울 것이다. 현대인은 많은 측면에서 자동적으로 살고 있다. 그는 적어도 다시 배워야 한다. 자동적으로 기도하지 않는 법, 기도 안에서 하느님의 사랑에 대해 경이로움을 다시 발견하는 법, 자기 세계에서 나와 다시 영원에 의미를 부여하는 법을 배워야 한다.

— A. v. Speyr —

하느님의 사랑은 퍼내고 퍼내도 물이 넘치는 커다란 그릇처럼 인간에게 베풀어졌다. 그러나 기도 안에서 하느님의 사랑을 만나는 데에는 상이한 방식들이 있다. 더 중심적인(본질적인) 방식과 더 주변적인(부수적인) 방식이 있다. 하느님께서는 사랑이시라는 것, 하느님께 다가가는 것은 사랑에 다가가는 것을 의미한다는 것, 하느님께서 사랑이시라면 그 사랑은 그분의 가장 깊은 곳, 그분의 신성을 관통한다는 것, 그 이유는 이 사랑이 그분 안에서 진리의 중심을 이루기 때문이라는 것을 믿는 이들은 안다. 그리고 믿는 이들은 이 중심 속으로 들어가 받아들여질 수 있다는 것도 안다. 그러나 기도 안에서 이 사랑의 중심부를 아는 것으로 그치지 않고(이렇게 힘차게 솟는 샘에 저항하는 데, 이러한 가장 내적인 불을 견뎌 내는 데 그들의 힘이 충분하지 않을 것이기 때문에), 오히려 이 사랑이 뿌리는 모든 물방울과 이 사랑이 비추는 모든 빛에 대해서도 알아야 한다는 것을 동시에 지각한다. (이는 더 많이 감정에 따른 것, 경험에서 나온 것이다.) 진정한 기도 생활 안에 두 가지 체험이 존재한다. 중심적인 충만함의 체험과 주변적인 것으로 보이는 빈약함 또는 메마름의 체험이 그것이다.

기도하는 이는 어딘가에서 사랑에 대한 깨달음이나 사랑 체험에 의해서 마음이 움직인다. 그것은 근원을 향해 더 깊이 들어가도록 그를 촉구하고, 중심으로 들어갈 마음을 불러일으킨다. 그러나 핵심적인 것으로 느낄 수 있는 체험으로서 중심이 되는 것은 언제나 예외가 된다. 사람들은 훗날 자기가 받아들인 것을 떠올리는 것으로부터 살고 또 그것에 의지할 수 있으므로, 규칙에 예외가 있게 된다. 바오로의 다마스쿠스 체험, 이냐시오의 회개, 파스칼의 밤이 그랬다. 다른 영역에서는 요한 묵시록을 들 수 있다. 요한 묵시록은 하느님께서 중심에 계시는 것에 대해 가장 강력하게 해석한 문헌 가운데 하나일 것이고, 저자인 요한에게도 다함(한량)이 없는 것으로 남아 있었다. 그가 여기서 보고 듣고 체험한 모든 것, 그가 단지 배후 인물인 것처럼 가리켜 보인 모든 것은 그가 기도를 통하여 뚫고 들어간 하느님 사랑의 핵심이었다. 그러므로 후대의 그리스도인들에게도 묵시록은 기도 체험으로 특별하게 남아 있다. 그러나 이는 그 신비적 성격 때문이 아니다. 신비적인 것으로 옮겨 가는 것은 하느님 사랑의 중심부로 들어가기 위한 한 가지 방법에 불과하다. 그러나 묵시록은 기도하는 모든 이와 관계가 있으므로, 요한 사도의 신비 체험은 그들에게 기도의 양식, 하느님 사랑의 직접적인 체험이 될 수 있다.

기도하는 이는 사랑하고 하느님의 사랑을 추구하면서 이 사랑의 몫을 나누어 받는다. 그에게는 하느님의 사랑이 전부가 되므로, 그는 이 사랑을 토대로 자신의 삶을 결정할 수 있다. 하느님께서 그를 사랑하시므로, 그는 특별한 방식으로 자신을 희생할 수 있다. 하느님께서 그를 사랑하시므로, 그는 이 길 또는 저 길을 갈 수 있다. 하느님께서 그를 사랑하시므로, 그는 그렇지 않으면 견디기 힘든 삶을 견뎌 낼 수 있다. 하느님께서 그를 사랑하시므로, 그는 세상에서 눈을 돌리고 사도적 삶을 살 수 있다. 하느님께서 그를 사랑하시므로, 그는 그리스도인으로서 죽을 수 있다. 하느님께서 그를 사랑하시므로, 그는 날마다 이웃을 자기 자신처럼 사랑할 수 있다. 기도하는 이는 사랑의 몫을 그만큼 나누어 받으므로, 사랑은 그에게 중심점이 되고 그의 전 존재는 이렇게 중심이 되는 체험의 흔적을 입증한다.

주변적인 것, 더 작은 체험들이 그것과 만난다. 기도를 통해 마음이 끌린 것이 이미 작은 체험이다. 하느님의 가까움 안에서 느끼는 안정감, 그분의 진리에 대한 갈망, 하느님과 만나면서 조용히 살려는 의지, 그리스도인의 태도 유지하기, 기도와 사랑으로 그리스도인의 태도를 자기 것으로 만들려는 의지, 기도의 힘으로 믿음을 활기차게 유지하기, 성사의 신비 알기, 모든 가톨릭적(보편적) 체험을 알고 간직하기, 다양하게 주어지고 제공된 것들을 찾고 보존하기, 우주 만물 안에서 사랑의 형상을 인식하기, 모든 것을 통해 사랑의 길로 나아가기, 특히 기도에 대한 사랑, 하느님과 하는 대화에 대한 사랑의 길로 나아가기 등도 작은 체험으로 들 수 있다. 하느님께서는 인간과 사랑의 대화를 나누기 위해서 예컨대 성체성사 또는 다른 성사를 제정하셨다. 하느님께서는 의미로 충만한 대화를 나누시면서 주변까지 충만해지는 말씀을 하시기를 바라신다. 하느님과 인간이 나누는 대화의 소재는 성사를 통하여 무한히 확대되었다. 이 소재는 가장 다양한 형태를 띤 순수한 사랑이다.

A. v. Speyr

평범한 가톨릭 신자는 당연히 기도하지만, 거의 유보적인 태도를 보이며 기도할 것이다. 그는 하느님께서 자기에게 새로운 것과 개인적인 것을 말씀해 주실 수도 있을 거라고 실제로 생각할 만한 가능성을 배제한다. 기도는 그에게 흠숭과 전례의 한 행위이지만, 그가 이러한 방식으로 하느님을 섬기는 것에 대한 응답은 전혀 기대되지 않는다. 흠숭은 그에게 일방적인 몸짓으로 비친다. 그가 하느님의 태도로 기대하는 최상의 것은, 이렇게 봉사하는 것을 받아들여 주시는 것, 봉사자에게 더 이상 짐을 지우지 않으시고 그를 호의석으로 동반하시는 것이다. 기도하는 이는 이렇게 삼가는 태도를 취하면서 기도 안에서 어떤 충격적인 일을 체험할 수 있다. 오늘날의 미사는 그를 붙들어 놓았다. 저녁 기도 때 그는 잠시 온기를 느낀다. 부모는 자녀를 바라보면서 하느님께 감사하는 마음을 지닌다. 그러나 주변적(부수적) 체험은 하느님의 주변적인 것에 부합하지 않고, 그리스도인의 주변적인 것에 부합한다. 그는 하느님께 손을 내 드리지만, 몸 전체는 내 드리지 않는다. 이렇게 접촉하는 것도 좋은 체험일 수 있다. 그러나 그것은 내적 한계를 지니고 있다. 이 한계는 인간에게서 비롯된 것이다.

하느님의 사랑을 깊이 체험하려면, 인간은 더 이상 아무 입장도 보이지 않겠다는 것이 전제된다. 하느님께서 아무 입장을 보이지 않으시니, 그분을 사랑하는 인간 역시 아무 입장을 보이지 않는다. 그는 하느님께 속해 있기에 그분 안에 숨는다. 이제 그에게는 더 이상 위도 없고 아래도 없다. 어떤 사람이 더 이상 유보적인 태도를 취하지 않자마자, 하느님을 더 자주 그리고 다른 형태로 만나게 된다. 이제 영혼이 열려 있기 때문이다. 그리고 하느님께서 그 영혼에게 말씀하시므로 잃는 것도 훨씬 적을 것이다. 영혼이 하느님께 더 많이 열려 있을수록 하느님께서는 그 영혼을 더 많이 돌보신다. 이런 이유에서도 하느님께서는 그 영혼에게 더 많이 전달하실 수 있다. 영혼이 자기 일을 할 수 있게 하시려는 것이다. 이 사람이 삶에 대한 결정을 내려야 한다면, 그 결정은 믿음에 대한 결정이 될 것이다. 그 결정은 바로 기도 안에서, 더 정확히 말하면 하느님에게서 비롯되는, 믿음에 대한 심오한 사랑 안에서 내려야 한다. 이는 주님을 따르는 길을 택한 어떤 사람이 주변에서 별반 이해를 받지 못하는 이유이기도 하다. 사람들이 지닌 세속적 관점은 그에게 중요한 것을 포기하게 한다. 이는 사람들이 그러한 길에 대해서 아무것도 미리 알 수 없는 이유이기도 하다. 하느님의 가시성은 사물과 사물의 법칙의 가시성을 두루 환히 비춘다. 관점은 영원한 시간의 관점, 하느님 사랑의 관점이다. 이 모든 관점이 공통적으로 증명하는 것은, 그 관점들 아래서 사랑보다 더 진지하게 고려되는 것은 더 이상 아무것도 없다는 것이다.

A. v. Speyr

　인간은 누구나 가까운 사람들과 소통하면서 명료함을 얻고 이야기하고 의견이 일치하기를 좋아하고, 오해는 풀고 싶어 한다. 그리고 그들이 얼마나 많이 동의하는지, 또는 그들이 어떤 이의를 제기하는지 알고자 한다. 인간은 무언가를 가리켜 보이고 명백히 하려는 욕구를 지니고 있다. 이때 모든 것을 하나하나 꿰뚫을 필요는 없고, 핵심적인 것을 간직할 수 있다. 어떤 사람은 대화를 나누면서 종종 자발적으로 한 가지 사안을 언급한다. 그러면서 그것을 높이 평가하거나 비난한다. 하느님과 대화하려는 인간의 욕구에 있어서도 이와 유사하다. 그것은 의견 일치, 격려, 보호, 인정, 바로잡음에 대한 욕구다. 하느님께서는 개개의 것들을 가리켜 보이실 수 있다.

　하느님 앞에 똑바로 서려는 이러한 욕구가 단지 습관이나 타성의 표현이 아니라 그런 것으로서 가꾸려는 진정한 욕구라면, 그 욕구는 하느님에 의해서 신속히 받아들여지고 다스려지게 된다. 그리고 당사자는 더 이상 단지 자발적으로 기도하지 않고 하느님께 완전히 순종할 것이다. 그의 욕구는 상승되고, 기도 시간은 길어지며, 하느님과 하는 대화도 더 쉬워질 것이다. 그러나 올바르게 진행된다면 자연적 방식보다는 초자연적 방식으로 밝혀진다. 그것은 어떤 종교적 수다스러움에 기인해서는 안 된다. 하느님과 깊이 만나기 위해 기도는 점점 더 올바르게 전개된다. 그렇게 하느님과 만나는 가운데 말은 점점 더 줄어든다. 처음에는 묵상이 외적인 것에 더 많이 치중할 수밖에 없을 것이다. 두 가지 이유에서 그렇다. 첫째, 묵상은 사람들이 그리스도교의 진리, 주님의 삶, 하느님의 신비를 알고 이해하는 것으로부터 다리를 놓아야 했다. 둘째, 묵상은 무엇보다 기도하는 이가 굳세어진 뒤에 그를 하느님이 중심에 계시는 것으로부터 자신의 일상 속으로 돌아가도록 이끌어 주어야 했다.

사도직을 수행하는 이들은 삼위일체의 신비에 대해 질문하면서 사람들을 몰아대서는 안 된다. 그들이 이해하는 일상적인 일들과 연관 지어 그것을 설명해 주어야 한다. 기도하는 이는 다시 단순한 일들로 돌아갈 것이다. 그 일들도 하느님께 속하기 때문이며, 그에게 이웃에게 가는 길을 터 주면서 하느님께 인도해 줄 수 있기 때문이다. 그러나 모든 주변적 견해는 그럼에도 불구하고 중요한 것을 목표로 하고, 단순화하도록 도와주려 한다. 상대방을 모르는 사람이 먼저 자기를 상세히 표현해야 하듯이 말이다. 그러나 상대방을 더 잘 알수록, 자신을 점점 더 간략히 표현할 수 있다. 이해의 폭이 더 깊어졌고 결국엔 힐끗 쳐다보는 것으로 필요한 것을 말하는 데 충분하기 때문이다. 하느님과 교류할 때에도 이와 유사하다. 사랑하는 남녀가 한 공간에서 침묵하면서 일할 경우, 한 사람에게는 (일을 언제 멈춰야 할지 모른다면) 상대방을 쳐다보는 것, 그 사람이 일하는 모습을 바라보는 것으로 족할 수 있다. 그리하여 각자 자기 일에 집중할 수 있고, 또 일이 진척될 수 있다.

2. 기도의 효과

기도의 효과는 모든 것에 미칠 수 있다. 기도하는 이가 특히 자신의 기도에 포함시키는 것에, 다른 모든 것에도 영향을 미칠 수 있다. 그가 단호히 기도 안에서 내놓고 열망하는 것에도 영향을 미칠 수 있다. 기도하는 이는 자기가 원하는 응답, 명백한 허락, 자신이 추구한 것의 열매를 얻으므로 하느님의 은총을 깨닫게 될 것이다.

기도는 교회와 세상에 영향을 미친다. 기도하는 이는 누구나 모든 성인들의 통공에 참여한다. 그는 교회의 사안을 기도 안으로 받아들이고 자기 것으로 바라본다.

기도의 첫째 효과는 기도하는 이에게 하느님과 교류하고 싶은 욕구가 점점 더 강해지는 것이다. 그 사람 안에는 아직 다른 효과가 남아 있다. 그러나 이 효과는 욕구 안에서 사라지지 않고, 이미 욕구로 인해 영향을 미치는 것, 곧 하느님의 말씀을 듣는 것으로 향해 있다. 기도의 첫째 열매는 기도하는 이 안에 하느님의 의도가 들어설 자리를 마련하는 것이다. 하느님께서는 기도하는 이의 갈증이 커지게 하시고, 이로써 그의 수용 능력, 그의 믿음, 당신께 속해 있으려는 그의 바람, 그의 순명을 증진시키신다. 기도의 이러한 첫째 효과는 먼저 개인이 아닌, 그의 사명, 그가 장차 하게 될 봉사를 의미한다. 기도에 대한 욕구 안에 파견에 대한 인식과 선택, 세상에서 그리스도인이 설 자리를 위한 첫째 씨앗이 들어 있다. 기도하는 이는 그것을 아직 알아채지 못한다. 그 안에 무엇이 있는지 정확히 바라보지 않은 채 자신이 더 굳세어졌다는 것만 인지한다. 자기 안에 있는 자리는 비워졌지만, 자기 인식은 깊지 않다. 오히려 그는 자기를 더 잘 잊는 법을 배운다. 하느님을 더 잘 인식하기 위해서다. 그는 내맡기는 것이 어떻게 시작되는지 배운다. 그것은 완전한 의미에서 아직 헌신이 아니다. 그것은 일종의 열망이다. 그는 그것이 무엇인지 아직 모르는 어떤 것을 목표로 준비할 수 있다. 이로써 기도 자체의 한 가지 효과가 기도 안에 내포되어 있다. 그 효과는 기도를 향해 있다. **기도가 목표로 삼는 것은 바로 기도다.**

그리고 나서야 기도하는 이는 자신의 태도가 달라졌다는 것, 자기는 어느 한 기도에 의해서 다른 기도를 바치는 법을 배웠다는 것을 알아차린다. 그가 기도로부터 탈락시키는 것들은 점점 더 줄어들고, 그의 힘은 점점 더 기도로 모아진다. 하느님께서는 당신을 더 많이 주목하도록, 기도 시간 밖에서도 그렇게 하도록 그를 서서히 가르치신다. 이러한 새로운 효과는 증진된 기도에 대한 그의 갈망과 관련이 있다. 이러한 효과는 하느님의 의도에, 그분의 바람에 부합한다. 기도의 둘째 효과는 더 의식적이고, 첫째 효과에 도움을 준다. 둘째 효과에서 인간과 함께 무엇인가를 시작하시려는 하느님의 의도가 밝혀진다. 그러므로 기도에 대한 갈망은 하느님의 이러한 의도에 대해서 효과의 새로운 지평을 열어 준다.

기도의 소재가 하나 있다. 이 소재는 하느님이시다. 그러나 하느님께서는 인간을 당신께로 향하게 하는 모든 것 안에 계신다. 주님의 삶, 성경, 교회, 전승된 기도도 인간을 하느님께로 향하게 한다. 이 소재는 그러한 것으로 이미 효과를 낸다. 이 소재는 인간을 점점 더 깊이 하느님께로, 그리고 그가 하느님의 피조물로서 있어야 하는 곳으로 이끌어 줄 수 있다. 먼저 기도하는 이에게 구체적으로 맞서 있던 기도의 소재는 기도를 통해서 그가 가진 것으로 바뀐다. 기도의 소재는 기도를 통해서 틀이 잡힌다. 기도의 소재는 기도하는 이 안에서 하느님의 응답과 그의 몰입을 통해 생기 넘치게 된다. 기도의 소재는, 기도하는 이의 신원이 그리스도인이라는 것으로 서서히 바뀐다. 기도하는 이는 기도하는 것을 먼저 하느님과 순전히 개인적으로 대화하는 것, 두 주체가 교환되는 것으로 이해했다.

그러나 이제 둘 사이로 불변하는 말씀, 예컨대 예수님께서 '주님의 기도'에서 하신 말씀이 자리를 잡는다. 이 말씀은 개인적 차원에서 자기 것으로 만들 수 있겠지만, 왜곡되거나 바뀔 수 없다. 이 말씀은 확고한 본래 의미를 지니고 있다. 우리는 '주님의 기도'에 나오는 말씀을 지극히 평범하게 또는 비교할 수 없을 정도로 고상하게 해석할 수 있다. 그렇지만 하느님께서는 우리 아버지이심을 언제나 말할 것이다. 기도 안에서 이 말씀을 받아들이는 사람에게 객관적 진리가 마음속으로 스며들어 가 영향을 미친다. 기도하는 이가 무엇보다 찾고 경험한 개인적이고 주관적인 효과 외에 많은 점에서 그것에 맞서 작용하는 객관적인 효과가 있다. 이 객관적 효과는 그에게 계시와 성경을 비롯해 교회의 가르침과 교회가 선포하는 것들과 교회가 바치는 기도에 관한 진리 전체를 밝혀 주고자 한다. 기도하는 이는 이러한 진리를 자기 안에 받아들여야 하지만, 자신이 이 진리 안에 더 깊이 받아들여졌음을 알아야 한다. 그것은 서로 동화되는 것이다. '나'는 하느님께서 바라시는 대로 '나'로 머물러야 한다. 그러나 어떤 '나'는 기도에 의해서 그리고 살아 있는 말씀의 효과와 일치하는 기도의 은총에 의해서 완성되었고 큰 영향을 받았다. 기도하는 이가 진정한 인격체가 되는 것은 그가 교회의 사람이 되는 것, 가톨릭 교인으로 성장하는 것이기도 하다.

앞에 언급된 기도의 첫째 효과는 그렇게 자기 것을 버리는 것과는 아무 관련이 없다. 그러나 그 효과를 심리학적으로 이해한다면, 기도에 대한 갈증을 측정할 수 있는 영적 체험이자 크기로 받아들인다면 그것과 대결하게 된다. 그러면 기도하는 이는 당연히 실망할 것이다. 자신의 갈망에 따라서 하느님께 다다른 뒤에 그분에 의해서 나중에 진리의 보편성 안으로 들어갔다면 당연히 실망할 것이다. 하느님께 대한 첫 번째 열망은 창조의 신비에 속한다. 이로써 인간은 아담처럼 창조주 하느님께 의존하면서 그리고 그분에 대한 열망을 품고서 그분 앞에 선다. 그러나 하느님께서는 당신이 인간으로부터 무엇을 만들어 내려고 하는지 이미 아신다. 비유를 들자면, 피정 지도자는 피정 첫날에 피정자인 젊은이가 수도자 직분으로 부르심을 받았는지 알 수 있다. 그렇다면 그에게 그것을 깨닫게 해 주려고 애써야 한다. 피정 지도자는 아직 그것을 예감하지 못하는 젊은이를 기도하도록 이끌어 준다. 그리고 젊은이는 주관적 기도 체험을 통해서 하느님의 뜻을 객관적으로 통찰하게 된다. 이 과정은 심리적 놀이가 아니다. 왜냐하면 피정 지도자도 하느님의 뜻을 객관적으로 명료하게 깨달았고, 피정자는 어떤 것 안으로 들어가는 게 아니라 기도 안에서 진실을 알게 되기 때문이다. 그리고 하느님께서는 그의 영혼이 아닌, 그가 존재함에 호소하신다. 존재함

안에 하느님의 뜻에 부합할 가능성, 하느님께 응답할 가능성이 깃들어 있다. 내가 존재함은 하느님의 창조 의지 안에서 이해되기 때문이다. 드러난 명료함은 오늘날의 나라는 사람에 대한 명료함일 것이다. 그러나 이 명료함은 내가 지금까지 사람들과 맺은 관계들, 내가 대체로 표현한 소망들, 의도들, 선호하는 것들에서 눈을 돌린다. 나를 원 상태로, 하느님을 통하여 창조된 본래의 상태로 되돌리기 위해서다. 심리 상태가 문제가 되었다면, 나의 경험, 나의 구체적인 영적 체험, 나의 구체적인 발전 과정을 시험해야지, 하느님으로부터 빚어진 존재의 이 원시적 상태를 시험해서는 안 되었을 것이다. 심리적 측면을 더 강조하는 사람은 더 이상 순종할 수 없다. 왜냐하면 곳곳에서 자신의 반응과 정신적 습관을 보게 되고 그것을 계산에 넣으며 이런 까닭에 하느님에게서 비롯된 본래의 모습으로, 말하자면 아직 형성되지 않은 모습으로 되돌아갈 수 없기 때문이다. 모든 개인적 체험에서 눈을 돌리게 하고 피정의 토대가 되는 객관성은 하느님께서 원하시는 기도의 열매에 올바르게 다가가게 해 준다. 하느님의 진리를 자기 것으로 만드는 것과 그것으로부터 사는 것이 기도의 열매다.

A. v. Speyr

그러나 기도는 주변으로도, 교회 안으로도, 세상 속으로도 영향을 미친다. 누군가가 자기는 기도를 많이 한다고 생각한다면, 그의 기도는 두 가지 방식으로 주변 세계에 의해서 받아들여진다. 첫째, 외적으로 받아들여진다. 그의 가족, 친구들은 이 기도 생활에 대해서 알아차린다. 주변 사람들은 그가 성당에 가는 것을 본다. 집에서 조용히 앉아 있는 모습도 본다. 그런 가운데 각자 자신이 그의 이러한 행위와 대결한다는 것을 피할 수 없을 테고, 자신의 문제와 어려움에 대해 일종의 보호와 도움을 그에게 바랄 것이다. 또한 그의 기도로 보호받음을 느끼고, 무언가를 기대할 것이다. 둘째, 주변 사람들을 포함시키는 그의 기도는 하느님께 받아들여지므로, 그들이 안고 있는 문제들로부터 뭔가가 그들에게서 떨어져 나간다. 그리고 그들은 자신이 이 기도와 관계있음을 의식하면서 자기가 가진 것과 자신의 생각으로 기도하는 친구에게 맞추기 위해 노력할 것이다. 그들은 그가 기도하면서 자아내는 분위기에 비추어 그의 말과 결정을 풀이하려고 애쓸 것이고, 그리하여 인간적으로 그리고 자연스럽게 그의 기도 생활에 다가갈 것이다. 자연적인 것과 초자연적인 것, 공로와 은총이라는 풀기 힘든 놀이가 있다. 그들은 여기서 누군가가 기도한다는 사실을 통해 외부를 향한 기도에 마음이 크게 열린다. 동시에 그의 기도가 미치는 내적 효과로 인해 하느님께서 기도를 통하여 자기에게 선사하시려는 모든 것에 대해 내면으로부터 깨닫게 된다. 기도하는 이와 그의 주변 사람들은 일상의 요구들과 결정들을 기도 안으로 가져갈 수 있다는 것을 점점 더 많이 경험할 것이다. 그리하여 그것들을 기도 안에서 시험할 수 있으며, 기도를 토대로 삶을 꾸리게 될 것이다. 기도하는 이가 어떤 상태에 있더라도, 사람들은 그의 결정과 행동이 기도의 세계에서 나온다는 것, 그것들은 이 기도의 세계로부터 성숙해지고 증진되어 다시 일상 세계로 들어가 영향을 미친다는 것을 알아차릴 것이다.

기도의 효과는 모든 것에 미칠 수 있다. 기도하는 이가 특히 자신의 기도에 포함시키는 것, 또 다른 모든 것에도 영향을 미칠 수 있다. 그가 단호히 기도 안에서 내놓고 열망하는 것에도 영향을 미칠 수 있다. 그는 자기가 원한 응답, 명백한 허락, 자신이 추구한 것의 열매를 얻으므로 하느님의 은총을 깨닫는 것이 어렵지 않다. 그러나 어떤 것들은 자기가 상상하거나 바란 것과는 전혀 다른 방식으로 허락된다. 그렇지만 기도의 은총은 그런 가운데서도 그로 하여금 하느님의 사랑과 허락을 인식하게 할 것이다. 기도의 효과는 대부분 눈으로 볼 수 없다. 바로 비가시적 열매가 기도하는 이를 하느님과 더 깊이 결속시키고, 하느님 쪽으로 더 강하게 끌어당긴다. 나아가 그를 하느님의 도구로 만든다. 그가 기도 안에서 자신과 하느님 사이에는 아무 문제가 없음을 안다면, 기도 밖에 있더라도 명확한 응답을 드리게 된다. 그는 더 이상 자신의 뜻, 자신의 계산, 자신의 잣대를 일어나 사건에 들이대지 않고, 점점 더 하느님의 뜻을 따르는 법을 배운다. 그리고 자신의 이성으로는 더 이상 따라갈 수 없는 영역에서도 하느님의 뜻과 위력을 인식하는 법을 배운다. 그의 기도가 옳다면, 기도 밖에 있는 듯 보이더라도 자기는 하느님 안에 머물고 하느님의 뜻을 실행한다는 것, 그리고 열매를 손으로 쥘 수 없더라도 그 열매는 하느님께 속하고 그분께서 쥐실 수 있는 곳에 달린다는 확신을 얻게 될 것이다. 그는 더 신비 속으로, 그렇지 않으면 자기는 다가갈 수 없을 영적 영역으로 들어간다. 그는 하느님의 뜻을 이해할 수 없더라도 그분을 흠숭하는 법을 배운다. 이로써 그는 기도의 세계로 더 깊이 들어가 살게 되고, 하느님과 교류하면서, 하느님께 자신을 내놓으면서, 하느님과 신적인 것들을 오롯이 느끼면서 더 안전해진다.

  이에 비추어 기도는 교회와 세상에 영향을 미친다는 것을 이해할 수 있다. 기도하는 이는 누구나 모든 성인의 통공에 참여한다. 그는 단지 개인적 사안만 가지고 있지 않으며 교회의 사안을 기도 안으로 받아들이고 자기 것으로 바라본다. 그렇다. 기도하는 이는 결국 하느님의 모든 사안을 자기 것으로 보아야 한다. 그가 하느님의 피조물이고 그분과 결속되어 있기를 바란다면 그렇게 해야 한다. 그렇기 때문에 그는 교회를 위해 기도하는 데 익숙해질 것이다. 그는 교회의 사안을 처음부터 간과하지 않는다. 교회의 사안은 그에게 열려 있고 그를 구속하지 않는다. 그것은 교회에만 묶여 있다. 그는 교회의 한 지체로서 교회에 연결되어 있다. 이렇게 그는 교회에 속해 있지만 교회 자체가 아니기 때문에, 교회의 사안을 거의 느끼지 못하거나 이해하지 못한다.

교회는 신랑인 그리스도의 신부라는 것, 신부와 신랑 사이에는 많은 신비가 존재한다는 것, 이 많은 신비에 자기는 알 수 없는(신비스러운) 방식으로 참여할 수 있지만 그 신비들을 상세히는 통찰하지 못한다는 것, 자기는 하느님의 뜻 안에서 그 신비들에 참여하므로 기도를 통하여 그 신비들에 영향을 주어야 한다는 것, 그러나 이 영향의 효과는 명료하지 않다는 것을 떠올릴 것이다. 이렇게 참여하는 것은 그가 신부와 신랑 사이에 존재하는 신비를 이해하는 가장 실제적인 것이리라. 기도하는 이는 몇 가지 말로 표현할 수 있다. 그는 교회의 안녕을 위해서, 죄인들의 회개를 위해서, 복음 전파를 위해서 기도할 수 있다. 그리고 하느님과 교회는 그가 이렇게 완전히 이해할 수 있는 것들을 위해 기도한다는 것을 받아들이신다. 그러나 또한 하느님께서는 그가 이것으로 멈추지 않고 자신이 다가갈 수 없는 것을 위해서도 기도한다는 것을 받아들이신다. 그가 기도하면서 자신이 교회의 모든 신비에 참여한다는 것을 의식한다면, 그는 이 신비에 참여한 것에 힘입어 효과에 대한 모든 시험을 처음부터 포기하고, 자신의 기도를 제한하는 것도 그만둘 것이다. 그는 자기에게 머물고 있는 신비에 참여한다는 것을 의식하면서 자신이 바치는 기도의 효과를 자기가 접근할 수 있는 일이나 사건들에서도 더 이상 시험하지 않을 것이다. 그는 기도를 더 이상 단지 제한된 행위(말로 하든지, 묵상하든지 간에)로 바라보지 않고, 자신이 가져오는 결과를 알려 달라고 요구하지 않는 신뢰 행위로 바라볼 것이다. 신뢰 행위는 새로운 신뢰 행위를 낳고, 어떤 기도는 이렇게 낳는 것과 변화되는 것이 인지되지 않은 채 새로운 기도로 바뀐다. 이 말은 기도의 종류, 곧 흠숭과 감사와 청원, 염경 기도와 관상 기도, 개인의 기도와 공동체의 기도에 적용된다. 기도의 효과를 눈으로 볼 수 없을 때, 기도하는 이는 성장하여 더 활기찬 믿음을 지니게 된다.

아드리엔 폰 슈파이어의

생애와 영성

> "지상에서 천국의 삶을
> 살도록 부르심받은 이"

"아드리엔 폰 슈파이어는 삼위일체, 강생, 십자가를 비롯해 여타 많은 것들에 대한 신학적 직관을 갖고 있었습니다. 이는 1940년대 이후부터 마지막까지 줄곧 제게 영감을 불어넣어 주었습니다. 제 모든 활동은 거대한 가톨릭적인 전망의 관점 안에서 자리하고 있습니다."

― 한스 우르스 폰 발타사르

슈파이어의 생애

아드리엔 폰 슈파이어Adrienne von Speyr는 1902년 9월 20일, 스위스 라쇼드퐁에서 4남매 중 둘째로 태어났다. 쾌활하고 온화한 성격이었던 그녀는 어릴 때부터 안과 의사였던 아버지를 따라다니며 아픈 아이들을 많이 만났다. 그리고 아버지가 아이들을 고쳐 주는 모습을 보면서 의사가 되겠다는 꿈을 가졌다.

슈파이어는 독실한 개신교 집안에서 자랐지만 목사가 말하는 개신교가 공허하다고 느꼈다. 목사가 말하는 하느님은 자신이 아는 하느님과 달랐기 때문이다. 9세 때는 예수회원들과 묵상 기도에 관한 강의를 했다. 그때 이미 그녀의 마음속에는 가톨릭 신앙이 싹트고 있었다.

의학을 공부하며 꿈을 키워 나가던 어느 날, 아버지가 돌아가셨다. 겨우 10대 중반이었다. 집안 형편이 어려워져 그녀는 학업을 계속하면서 집안 살림도 해야 했다. 결국 1년도 채 지나지 않아 건강이 약해져, 의사에게 다음 해까지 살 수 없을 거라는 말을 들었다.

의사의 길을 포기하고 요양하면서 기도하는 데 오랜 시간을 보낸 그녀는 기도의 세계와 고통의 세계를 경험했다. 그리고 앞으로 더욱 기도하는 삶을 살아야겠다고, 고통스러워하는 이들을 돕기 위해 의사가 되어야겠다고 결심했다.

기적적으로 건강을 회복한 그녀는 다시 의학을 공부하기 시작했다. 그러던 중 1927년에 이탈리아로 휴가를 가는데, 그때 거기서 만난 역사학자 에밀 뒤르와 결혼했다. 1928년에 시험을 보고 마침내 의사가 되었다. 병원을 개업하자 많은 환자들이 몰려들었다. 슈파이어는 자신이 결심한 대로 가난한 사람은 무료로 진료하고, 수

많은 아이의 생명을 구했으며, 미혼모와 그 자녀들을 관심을 가지고 돌보았다. 또한 의사와 환자의 관계에 관한 여러 글을 남겼다.

1934년, 남편이 갑작스럽게 사망했다. 슈파이어는 슬픔에 빠진 채 남편의 아이 둘을 키우며 살아가야 했다. 그러다 1936년에 두 아이에게 헌신적인 아버지이자 슈파이어의 영적 생활을 존중하는 남편의 조교수 베르너 캐기와 재혼했다.

슈파이어는 가톨릭 신앙을 가졌음을 깨달은 뒤 여러 번 사제를 만나 개종하려 하였으나 실패하였다. 하지만 1940년 11월 1일, 모든 성인 대축일에 한스 우르스 폰 발타사르 신부에게 세례를 받고 가톨릭 신자가 되었다. 그리고 그와 지속적으로 영적인 교류를 나누다 1945년에 함께 재속 수도회를 설립하였다.

건강이 점점 약해지던 그녀는 기력이 없어 더 이상 환자들을 진료하기가 어려워졌다. 결국 1950년대 중반에 의료 행위를 그만두게 되었다. 그 후로도 기도하고, 뜨개질을 하고, 편지를 쓰고 책을 읽으며 활동하던 슈파이어는 죽음을 앞두고 "죽는 것이 얼마나 아름다운가."라고 말하였다. 그 이유는 오직 하느님만이 우리 앞에 계시기 때문이었다.

1967년 9월 17일, 그녀가 세상을 떠난 그날은 빙엔의 힐데가르트 축일이었다. 슈파이어의 전 생애는 전적으로 하느님께 순명하고 하느님의 사랑으로 스며드는 삶이었다.

영성과 신비 체험

슈파이어가 지옥에 대한 환시를 보고 성모 마리아, 이냐시오 성인 및 다른 성인들과 대화를 나눴다는 말을 들으면 그 시대 사람들은 의구심을 가졌을 것이다. 그러나 발타사르가 슈파이어의 저서를 출판할 때까지 가족조차도 그녀가 겪은 신비 체험에 관해 아는 것이 없었다. 가족들은 그녀가 밤마다 기도하고 일기와 편지를 썼다는 것, 책 몇 권을 출판했다는 것 정도는 알고 있었지만, 그 책들을 읽어 본 적도 없고 그녀의 신비로운 삶에 대해 전혀 알지 못했다.

슈파이어는 자신의 신비 체험을 영적 지도자이자, 고해 신부인 발타사르에게만 알렸다. 이러한 체험에는 오상五傷의 신비를 포함하여 천사들과 성인들에 둘러싸인 성모 마리아의 환시가 있다. 또한 다양한 현시와 탈혼 가운데 이냐시오 성인, 소화 데레사 성녀, 아르스의 비안네 성인, 여러 사도들과 교회의 교부들과 만나는 등 많은 신비 체험을 했다. 발타사르는 슈파이어의 신비 체험을 기록하고 묵상을 받아 적었다. 또한 그녀에게는 외적인 은사들도 있었다. 특히 슈파이어와 환자 사이에서 이루어졌던 설명할 수 없는 치유의 은사가 있다.

슈파이어의 신비 체험 중에 성토요일에 대한 체험 또한 널리 알려져 있다. 슈파이어의 성토요일 신비 체험은 '그리스도께서 지옥에 내려가심은 성부를 향한 그분의 최종적인 순명을 드러내는 것'

으로 이해할 수 있다. 그리스도께서는 지옥에서 자신의 구원 업적을 발견하신다. 슈파이어는 성자 그리스도께서 부활 이전의 성인을 풀어 주기 위해(마태 27,52 참조) 불타는 칼을 들고 지옥의 앞마당으로 들어가는 신화적 영웅의 대중적 이미지가 아니라, 이냐시오 성인의 '받으소서Suscipe' 기도에서처럼 아무것도 모르고, 움직이지 않고, 기억하지 못하는 순종으로, 아버지에 대한 엄격한 순종으로 지옥의 깊은 곳을 여행한다고 설명한다. 슈파이어는 아들의 승리(부활절의 승리자가 아닌 순명의 극한적인 밤에 드러나는 승리자, 진정한 '시체의 순종'을 이룬 승리자)가 성부 아버지께 대한 완전한 순종에 있다고 말한다. 그분은 순종적인 사랑으로 죽음과 지옥을 통과하여 아버지께 나아간다. 성부께서는 성토요일에 이 신비를 위한 열쇠를 성자께 건네주셨다.

슈파이어는 성자의 '받으소서'의 완전한 구현이 아버지의 사랑과 완전한 개방성과 상호 사랑의 삼위일체 관계를 세상에 드러낸다고 말한다. 이는 철학적 범주보다는 기도를 통해 삼위일체 위격들의 일치와 구별을 한 것이다. 그녀는 사랑의 비유와 성사적 결혼의 비유로 이를 설명하고 있다. 이냐시오 성인이 일상적인 용어로 말하였듯이, 슈파이어도 복잡한 신학적 개념을 표현하기 위해 일상적인 언어를 사용하고 있다. 따라서 슈파이어의 일상적인 비유는 그녀의 신학적 개념과 영성을 이해하는 데 중요하다.

슈파이어의 작품

슈파이어는 어린 시절부터 몸소 겪은 신비 체험을 토대로 의사이자 신비가로 활동하면서 많은 영성 서적 및 신학 서적을 집필하였다. 이미 신비 체험을 통해 가톨릭 교회의 교의를 거의 통달한 수준이었다. 그래서 그녀가 작품을 통해 전하는 신학을 '체험 교의 신학experimentelle Dogmatik'이라고 부른다.

위대한 신학사 발타사르 신부와 맺은 특별한 인연은 그녀의 기도 및 관상 활동에 적지 않은 영향을 미쳤다. 그녀의 요한 복음서 주해와 성경 주석들, 신학적·영성적 물음을 제기한 많은 작품들은 모두 발타사르 신부와 공동으로 작업한 것이다. 그 모든 작품은 발타사르가 설립한 요하네스 출판사를 통해 출간되었고, 독일어 외의 40여 개의 언어로 옮겨져 전 세계에 소개되고 있다.